KB028027

수사학 / 시학

Techne rhetorike
Peri poietikes
by ARISTOTELES

수사학 / 시학

아리스토텔레스

천병희 옮김

숲

아리스토텔레스,
창작에 관한 변치 않는 이론을 제시하다

고대 세계의 학문을 체계적으로 정립한 아리스토텔레스는 기원전 384년 그리스 북동부 칼키디케(Chalkidike) 반도의 스타게이로스 (Stageiros)에서 태어났다. 그의 아버지 니코마코스(Nikomachos) 는 마케도니아(Makedonia) 왕 아뮌타스(Amyntas) 2세의 궁정 의사 였다. 아리스토텔레스는 17세에 아테나이(Athenai)로 가서 플라톤 (Platon)이 운영하던 학원인 아카데메이아(Akademeia)에 입학해 수학, 윤리학, 정치학 등을 공부하며 학생이자 교수로 그곳에서 20년 동안 머물렀다. 이 시기에 그는 스승인 플라톤의 영향을 받아 윤리학과 정치학에 관한 대화편들을 써서 출간한 것으로 보인다. 아쉽게도 문체가 유려하다고 키케로(Cicero) 등에게 칭찬받던 그의 대화편들은 지금은 모두 없어졌다. 기원전 347년 플라톤이 세상을 떠나자 아리스토텔레스는 아카데메이아를 떠났는데, 플라톤의 후임 수장으로 선출되지 않은 것에 실망했기 때문이라고도 하고, 아카데메이아에서는 더 이상 배울 것이 없다고 보았기 때문이라고도 한다.

아카데메이아에서 함께 학문을 닦았던 헤르메이아스(Hermeias)가 자신을 초빙하자 아리스토텔레스는 제자 몇 명을 데리고 소아시아로 건너가서 그가 다스리던 트로아스(Troias) 지방 해안 도시 앗소스(Assos)에 정착해 자연과학 연구에 몰두한 것으로 보인다. 아리스토텔레스는 헤르메이아스의 양녀 퓌티아스(Pythias)와 결혼해 퓌티아스라는 이름의 딸을 두었다. 기원전 343년 친(親)마케도니아파인 헤르메이아스가 페르시아인들에게 살해당하자 그는 에게 해 북동부의 레스보스(Lesbos) 섬으로 옮겨가 자연과학 연구를 계속한 것으로 보인다. 그 뒤 고향으로 돌아온 아리스토텔레스는 기원전 342년 필립포스(Philippos) 2세의 열세 살 난 아들로 후일 페르시아 제국을 정복한 알렉산드로스(Alexandros) 대왕의 스승이 되었다. 아리스토텔레스는 약 2년 동안 알렉산드로스를 가르쳤는데 무엇을 가르치고 어떤 영향을 주었는지는 확실치 않다. 그 뒤 4~5년 동안 그가 무엇을 했는지는 알 수 없다. 기원전 335년, 13년 만에 아테나이로 돌아간 아리스토텔레스는 얼마 뒤 아내인 퓌티아스가 세상을 떠나자 여생을 노예인 헤르퓔리스(Herpyllis)와 살았는데, 아들이 태어나자 할아버지의 이름을 따서 니코마코스라고 불렀다.

아테나이 시민이 아니라 거류민(metoikos)이던 아리스토텔레스는 아테나이의 부동산을 소유할 수 없었다. 그래서 당시 알렉산드로스의 위임을 받아 마케도니아와 그리스 도시국가들을 통치한 안티파트로스(Antipatros)와 마케도니아를 지지한 아테나이 부유층 후원으로 아테나이 동쪽 근교 아폴론 뤼케이오스(Apollon Lykeios)에게 바쳐진 원림(園林)에 세워진 체육관에서 학생들을 가르쳤다. 이 학원은 뤼케이온(Lykeion)이라 불렸고, 그의 제자들은 지붕으로 덮인 그곳의 산책로(peripatos)를 거닐며 토론을 했다 하여 '소요학파(逍遙學派 hoi apo tou peripatou)'라고 불렸다.

두 번째 아테나이 체류 기간은 아리스토텔레스에게는 가장 중요하고도 생산적인 시기로 그의 제자 알렉산드로스가 동방 세계를 정복하던 시기이기도 하다. 그러나 그의 저술 어디에도 그 정복에 관한 언급은 찾아볼 수 없다는 점이 그에 관한 수수께끼 중 하나이다. 이때 아리스토텔레스는 문학, 자연과학, 철학 등을 가르치고 연구하며 방대한 양의 필사본과 지도 등을 수집해 고대에서는 처음으로 대규모 도서관과 자연사 박물관을 세울 수 있었고, 알렉산드로스의 도움 또한 컸다고 한다. 뤼케이온 학원에는 158개 국가의 정체(政體)에 관한 자료가 수집되어 있었다고 하는데, 그중 『아테나이인들의 정체』(Athenaion politeia)만이 19세기 말 이집트에서 파피루스 형태로 발견되었다. 기원전 323년 알렉산드로스가 귀국 도중 세상을 떠나면서 아테나이에 반(反)마케도니아 감정이 팽배하자, 신변에 위협을 느낀 아리스토텔레스는 소크라테스(Sokrates)를 독살한 아테나이가 또다시 철학자를 죽이는 죄를 짓지 않게 하기 위해 어머니의 고향인 에우보이아(Euboia) 섬의 칼키스(Chalkis) 시로 건너갔다. 그곳에서 위장병이 악화되어 이듬해인 기원전 322년에 62세를 일기로 세상을 떠났다.

아리스토텔레스의 저술들은 학원 외부의 일반 독자들을 위한 저술들(exoterika)과 학원 내부용 강의 노트들(esoterika 또는 akroatika)로 나뉘는데, 이 중 그의 생전에 출간된 전자의 저술들은 주로 대화편으로 지금은 몇몇 제목만 전해진다. 지금 우리가 아는 저술들은 모두 후자에 속하는 것들이다. 이 저술들은 그의 생전에는 출간되지 않고, 필사본만 이곳저곳 돌아다니다가 기원전 1세기 뤼케이온 학원 원장이었던 로도스(Rhodos) 출신의 안드로니코스(Andronikos)에 의해 로마에서 출간되었다. 이 판본이 그리스어나 다른 언어로 된 현존하는 모든 아리스토텔레스 필사본의 대본이 되었다. 아리스토텔레스는 여러 분야에 관해 400여 편의 글을 썼다고 하나 지금은 50여 편 정도 남아 있다.

현존하는 아리스토텔레스의 저술들은 크게 다음과 같이 나뉜다. ①논리학에 관한 것들 일명 오르가논(Organon '도구'): 『범주론』(Kategoriai 라/Categoriae), 『명제론』(Peri hermeneias 라/De interpretatione), 『분석론 전서』(Analytika protera 라/Analytica priora), 『분석론 후서』(Analytika hystera 라/Analytica posteriora), 『궤변론』(Sophistikoi elenchoi 라/Sophistici elenchi) 등. ②이론철학적인 것들: 『형이상학』(Ta meta ta physika 라/Metaphysica), 『자연학』(Physike akroasis 라/Physica), 『천체론』(Peri ouranou 라/De caelo), 『생성과 소멸에 관하여』(Peri geneseos kai phthoras 라/De generatione et corruptione), 『기상학』(Meteologika 라/Meteologica), 『혼에 관하여』(Peri psyches 라/De anima) 등. ③실천철학적인 것들: 『정치학』(Politika 라/Politica), 『니코마코스 윤리학』(Ethika Nikomacheia 라/Ethica Nikomachea), 『에우데모스 윤리학』(Ethika Eudemeia 라/Ethica Eudemia), 『대(大) 윤리학』(Ethika megala 라/Magna moralia). ④창작에 관한 것들: 『시학』(Peri poietikes 라/Poetica), 『수사학』(Techne rhetorike 라/Rhetorica).

그리스 수사학은 기원전 5세기 중엽 시칠리아 섬의 도시국가에 군림하던 참주들이 몰락하자 이들에 의해 추방당하거나 재산이 압류된 시민들이 소유권 회복 소송을 위해 소피스트에게 도움을 청하면서 본격적으로 태동하기 시작했다. 이들 가운데 쉬라쿠사이(Syrakousai) 시 출신인 코락스(Korax)는 『수사학 입문』(technai '기술')을 저술했다. 역시 『수사학 입문』을 저술한 그의 제자 테이시아스(Teisias)는 소피스트 수사학을 대표하는 시칠리아 레온티노이(Leontinoi) 시 출신 고르기아스(Gorgias)와 아테나이의 대표적 연설가 뤼시아스(Lysias)와 이소크라테스(Isokrates)의 개인교사였다. 테이시아스는 또한 고르기아스가 아테나이에 사절로 갔을 때 그와 동행했다. 이때 고르기아스는 현란한 연설로 아테나이인들의 마음을 사로잡았다고 한다.

한편 아테나이는 수사학에서 이들 시칠리아 또는 서부 그리스 학파 말고도 그리스 본토와 동부 그리스 학파의 영향도 많이 받았는데, 압데라(Abdera) 시 출신 소피스트 프로타고라스(Protagoras)와 케오스(Keos) 섬 출신 소피스트 프로디코스(Prodikos) 등이 대표적 인물이다. 그러나 아리스토텔레스에게 가장 큰 영향을 준 이는 그의 스승 플라톤인데, 플라톤은 대화편 『고르기아스』와 『파이드로스』(Phaidros)에서 단순히 설득을 위한 수사학은 의술을 자처하는 요리 기술과도 같은 것이라고 매도한다. 수사학은 청중의 마음을 마음대로 움직일 수 있는 설득의 기술이기에 사회적으로 출세하고 싶은 젊은이는 반드시 배워야 한다는 소피스트의 주장과 수사학은 지식에 근거한 것이 아니므로 일종의 속임수라는 플라톤의 주장 사이에서 아리스토텔레스는 고민했다. 수사학에 대한 수요가 급증하면서 곧 그는 수사학에 철학을 접목시켜 수사학을 체계적으로 배울 수 있는 하나의 학문으로 정립할 필요를 느낀 것 같다.

그의 『수사학』은 연설을 셋으로 나눈다. 대중을 상대로 무엇을 권유하거나 만류하는 심의용 연설 또는 정치 연설이 그 첫 번째이다. 그리고 축제나 추도식 등의 행사에서 누군가를 찬양하거나 집회에서 누군가를 탄핵하는 연설이 있는데, 아리스토텔레스는 이를 과시용 연설이라 불렀다. 마지막으로, 누군가를 고발하거나 변론하는 법정 연설이 있다. 청중 또는 재판관에게서 유리한 판결을 이끌어내기 위해서는 말하는 사람이 우선 자기는 어떤 성격(ethos)의 소유자이고 의도하는 바가 무엇인지 밝히고 나서 청중 또는 재판관의 환심을 사기 위해 이들의 감정(pathos)에 호소하면서 자신의 주장이 옳다는 것을 논리적으로 (logos) 설명해야 한다. 이 세 가지 연설을 위하여 말하는 사람이 무엇을 어떻게 해야 하는지 아리스토텔레스의 『수사학』은 세세히 논한다.

수사학 자체는 민주주의와 성쇠를 같이하지만 아리스토텔레스의 『수사학』은 로마의 키케로와 퀸틸리아누스(Quintilianus)를 거쳐 중세에 이르기까지 결정적인 영향을 미쳤으며, 오늘날에도 그의 『수사학』을 출발로 삼지 않고서 새로운 수사학을 논한다는 것은 불가능하다고 해도 지나친 말은 아니다.

아리스토텔레스의 『시학』(Peri poietikes)은 서양에서 가장 오래되고 가장 체계적인 문예학 창작 이론서로 간주되지만, 어떻게 하면 훌륭한 비극을 작시(作詩)할 수 있는가라는 실용적인 목적을 위해 저술되었다. 그것은 마치 그의 『수사학』이 연설에 대해 가장 체계적으로 분석하고 있는 이론서이지만, 어떻게 하면 듣는 사람을 가장 효과적으로 설득할 수 있는가라는 실용적 목적을 위해 저술된 것과도 같다. 『시학』에서 아리스토텔레스의 확고한 신념은 예술은 본질적으로 모방이고, 인간 삶의 모방은 시뿐 아니라 음악, 무용, 그림, 조각 등 모든 예술 형식에서 느낄 수 있는 즐거움의 원천이며, 예술가는 유사점들을 지적하여 이를테면 이것은 그 사람을 그린 것이로구나 하고 헤아려 알게 하는 방식으로 사물을 더 잘 이해하게 해준다는 것이다. 말하자면 플라톤이 모방의 부정적 기능을 강조한 것과는 달리 아리스토텔레스는 모방의 긍정적 기능을 강조한다.

아리스토텔레스는 보통 이상의 인간을 모방하느냐 보통 이하의 인간을 모방하느냐에 따라(비극은 보통 이상의 인간을, 희극은 보통 이하의 인간을 모방한다), 그리고 서술하느냐(서사시) 실제로 연기하느냐에 따라 시를 구분한다. 그는 비극과 희극의 기원과 발전 과정을 추적하고 나서, "비극은 진지하고 일정한 크기를 가진 완결된 행동을 모방하며, 듣기 좋게 맛을 낸 언어를 사용하되 이를 작품의 각 부분에 종류별로 따로 삽입한다. 비극은 드라마 형식을 취하고 서술 형식을 취하지 않는데, 연민과 공포를 불러일으키는 사건으로 바로 이러한 감정의 카타르시스를 실현한다"고 비극을 정의한다. 그에 따르면 비극의 구성 요소 여섯 가지는 플롯, 성격, 조사, 사상, 볼거리, 노래인데, 비극의 가장 중요한 부분인 플롯은 일정한 크기를 가진 단일한 행위를 재현해야 하며, 시인의 목표는 재현을 통해 (남들을 위해) 연민과 (자신을 위해) 공포의 감정을 불러일으킴으로써 관객이 즐거움을 느끼게 하는 것이다. 플라톤은 훌륭한 사람이 억누르고자 하는 감정들을 북돋운다고 하여 비극을 깎아내렸지만, 아리스토텔레스는 이런 감정의 '카타르시스'는 정신건강에 유익할 수도 있다고 완곡히 주장한다.

아리스토텔레스는 플롯을 주인공의 운명이 뒤바뀌는 급반전과 상대방이 누군지 알게 되는 발견을 포함하는 복합적인 것과 반전과 발견이 없는 단순한 것으로 나누면서, "시는 역사보다 더 철학적이고 진지하다. 시는 보편적인 것을 말하는 경향이 더 강하고, 역사는 개별적인 것을 말하기 때문이다. '보편적인 것을 말한다' 함은 말하자면 이러저러한 사람은 개연적으로 또는 필연적으로 이러저러한 것을 말하거나 행할 것이라고 말하는 것을 의미한다. 비록 시가 등장인물에게 고유한 이름을 붙인다 해도 시가 추구하는 것은 보편적인 것이다. '개별적인 것을 말한다' 함은 예를 들어 알키비아데스는 무엇을 행하거나 무엇을 당했는지 말하는 것을 의미한다"고 말한다. 또한 그는 비극이 경연에서 성공하려면 어떻게 작시해야 하는지 실용적 조언을 해준다.

이어서 그는 서사시가 지켜야 할 규칙과 운율에 관해 논하고 나서 호메로스에 대한 평론가들의 비평에 어떻게 대처해야 하는지 세세히 일러주며 비극과 서사시 가운데 어느 쪽이 더 우수한 예술인가 하는 토론으로 논의를 끝맺는다.

아리스토텔레스의 『시학』은 서양에서 후세에 가장 많은 영향을 준 문예학 논문이다. 물론 이는 아리스토텔레스가 방대한 자료를 수집하여 분석하고 종합한 덕분이지만, 그의 간결하고 압축된 견해와 문체로 인해 후세 사람이 그의 견해를 확대 재생산할 수 있기 때문이기도 하다. 예를 들어 프랑스 고전주의 극작가들이 고집하는 시간, 장소, 행위의 '3일치법(三一致法)'은 그들이 이탈리아 르네상스 학자들 특히 스칼리게르(Julius Caesar Scaliger)의 『시학』(Peri poietikes, 1561년)의 영향을 받아 행위의 통일만을 요구한 아리스토텔레스의 주장을 확대 해석한 데서 비롯된 것처럼.

　　1975년에 처음 그리스어 번역을 시도한 『시학』을 이제야 새 번역으로 세상에 선보이게 되었다. 아직 소개되지 않은 고전의 번역도 중요하지만, 오래된 번역을 읽기 불편해하는 독자에게는 이 또한 시급한 일이라고 생각했다. 또한 그때 대본으로 한 바이워터(I. Bywater)의 교열본은 옥스퍼드 클래시컬 텍스트(Oxford Classical Texts)에서도 이미 카셀의 교열본으로 대체되었다. 이에 옮긴이는 카셀(Rudolf Kassel)의 교열본을 할리웰(S. Halliwell)이 다시 교열한 것을 대본으로 삼아 번역하였다. 『시학』은 우리가 이해하는 시(詩)에 대한 것이 아니라 문예 창작 전반을 아우르는 큰 원리를 담고 있다. 서사나 이야기를 공부하는 사람에게는 반가운 빛이 되어줄 것으로 생각한다.

2017년 2월

천병희

주요 연대표

(이 연대표의 연대는 모두 기원전임)

399년 소크라테스가 아테나이에서 재판받고 사형당하다. 이때 플라톤은 30
세쯤 된 청년이었다.

384년 아리스토텔레스가 그리스 북동부 스타게이로스에서 태어나다. 그의
아버지 니코마코스는 마케도니아 궁정 의사였다.

367년 아리스토텔레스가 아테나이에 가서 플라톤의 아카데메이아에서 수
학하다.

347년 플라톤이 죽자 그의 조카 스페우십포스가 아카데메이아의 후임 수장
이 되다. 소아시아 앗소스의 통치자인 헤르메이아스가 자신을 초빙하
자 아리스토텔레스는 아테나이를 떠나 그곳으로 가 헤르메이아스의
양녀 퓌티아스와 결혼하다.

345년 아리스토텔레스가 레스보스 섬의 뮈틸레네 시로 건너가 앗소스에서
시작한 자연과학 연구를 계속하다.

342년 아리스토텔레스가 마케도니아 왕 필립포스 2세의 아들로 후일 '대왕'
이 된 알렉산드로스의 스승이 되다.

338년 카이로네이아 전투에서 필립포스 2세가 테바이와 아테나이 연합군
을 격파하고 그리스 세계의 맹주로 추앙받다.

336년 필립포스 2세가 세상을 떠나자 그의 아들 알렉산드로스가 마케도니아 왕이 되다.

335년 아리스토텔레스가 스타게이로스에 잠시 머문 뒤 아테나이로 돌아가 뤼케이온 학원을 세우다. 아내가 죽자 여생을 노예인 헤르퓔리스와 함께 보내다. 둘 사이에서 아들 니코마코스가 태어나다.

323년 알렉산드로스가 귀국 도중 죽음을 맞자 아테나이에 반(反)마케도니아 감정이 팽배하다. 아리스토텔레스가 신변의 위험을 느껴 아테나이를 떠나 어머니의 고향인 에우보이아 섬의 칼키스로 건너가다.

322년 아리스토텔레스가 에우보이아 섬의 칼키스에서 62세를 일기로 세상을 떠나다.

차 례

일러두기

1. 『수사학』의 대본은 *Aristotelis Ars Rhetorica*, recognovit W. D. Ross, Oxford 1959 (Oxford Classical Texts)의 그리스어 텍스트이다. 현대어로 옮긴 책 중에서는 W. Rhys Roberts (The Modern Library, New York 1984), H. C. Lawson-Tancred (Penguin Classis 2004), J. H. Freese (Harvard University Press, Loeb Classical Library 2006)의 영어판과 G. Krapinger (Reclam 1999)의 독일어판을 참고했다. 『시학』의 대본은 카셀 (Rudolf Kassel)의 교열본 (Oxford Clarendon Press 1965)을 다시 할리웰(S. Halliwell)이 교열한 *Aristotle: Poetics*, Loeb Classical Library (Harvard University Press 21999)이다. 주석은 주로 루카스(D. W. Lucas)의 것(Oxford 1968)을 참고했다. 현대어 번역 중에서는 주로 위 S. Halliwell, A. Kenny(Oxford World's Classics 2013), M. Heath(Penguin Classics 1996)의 영어판, Gigon의 독일어판, 손명현의 한국어판을 참고했다.

2. 아리스토텔레스의 텍스트를 인용하거나 옮길 때는 대개 베커(Immauel Bekker) 판 ("Aristotelis opera ex recensione", Immanuelis Bekkeri Academia, edidit *Regia Borussica*, Berlin 1831)의 쪽수, 단수, 행수를 따르는데 독자들이 원하는 부분을 쉽게 찾을 수 있도록 이런 관행을 따랐다. 예컨대 1354a 5~1354b 10은 베커 판의 1354쪽 왼쪽 단 5행에서 1354쪽 오른쪽 단 10행까지라는 뜻이다. 참고로 『수사학』은 위 베커 판의 1354~1420쪽까지이고, 『시학』은 1447~1462쪽까지이다.

3. 『수사학』의 각 장 소제목은 옮긴이가 H. C. Lawson-Tancred 판을 참고하여 만들었다. 『시학』의 '목차'는 옮긴이가 로스의 것을 참고하여 만들었다.

4. 고유명사는 고대 그리스어 발음대로 읽었다. 예, 아테나이(아테네), 시켈리아(시칠리아).

5. 본문 중 설명이 필요한 부분에는 각주를 달았고, 너무 긴 문단은 나누어 읽기도 했다.

6. 행 일부가 없어진 경우 ···로 표시했고, 행 전부가 없어진 경우 ······로 표시했다.

7. [ ] 안에 든 부분은 후일에 가필된 것이 확실시되는 부분이다.

8. ( ) 안은 훗날 가필된 것으로 추정되는 부분이다.

수사학

Techne rhetorike

수사학 차 례

제 1 권

제1장—수사학의 본성

수사학은 변증술[1]과 짝을 이룬다. 둘 다 어떤 의미에서는 모든 사람이 이해할 수 있지만 특정한 지식 분야에 속하지 않는 주제들을 다루기 때문이다. 따라서 어떤 의미에서는 모든 사람이 이 둘에 관여한다. 모
5 든 사람이 얼마쯤은 캐묻거나 설명하려 하고, 자신을 옹호하거나 남들을 비판하려 하니까. 대중 가운데 일부는 되는대로 그렇게 하고, 다른 일부는 버릇이 되어 습관적으로 그렇게 한다. 두 방법이 다 가능하다면 체계적으로 그렇게 하는 것 또한 분명 가능할 것이다. 습관으로 만들어 성공하는 사람과 되는대로 그렇게 하는 사람이 성공하는 이
10 유는 규명할 수 있기 때문이다. 그리고 그것을 규명하는 것이 기술[2]이 할 일이라는 데는 누구나 동의할 것이다.

그러나 지금까지 수사학에 관해 글을 쓴 사람들은 이 기술의 일부만을 제공했을 뿐이다. 수사학에서는 증거[3]만이 본질적인 것이고 그 밖의 다른 것은 모두 부속물에 불과하기 때문이다. 하지만 그들은 증거의 몸체인 생략삼단논법[4]에 대해서는 아무 말도 하지 않고 주로 부
15 차적인 것들을 다룬다. 모함, 연민, 분노 같은 감정은 우리 주제에는 속하지 않고, 재판관에게만 영향을 미칠 것이기 때문이다. 따라서 모

---

1 dialektike. 또는 '대화술'.
2 techne. 여기서는 '수사학'이라는 뜻이다.
3 pistis. 문맥에 따라 '설득 수단'으로도 옮겼다.
4 enthymema. 강한 효과를 얻기 위해 대전제, 소전제, 결론의 삼단논법 전개 단계 중 하나를 생략한 것이다. 이를테면 '모든 사람은 죽는다(대전제)' '그러므로 소크라테스는 죽는다(결론)'라고만 하고 '소크라테스는 사람이다(소전제)'를 생략하는 따위를 말한다.

든 재판이, 잘 다스려지고 있는 몇몇 국가에서 진행되는 것처럼 진행
된다면 이들 저술가는 할 말이 하나도 없을 것이다. 모든 사람이 법률   20
은 그런 규정을 정해야 한다고 믿거나 실제로 그런 법률을 가져서 아
레이오스 파고스[5]에서처럼 본론에서 벗어난 발언은 금할 것이기 때
문이다. 그리고 그것은 바람직한 규정이다. 분노하거나 시기하거나 동
정하게 함으로써 재판관이 마음을 가누지 못하게 하는 것은 옳지 못
하며, 그것은 사용하기 전에 누가 자(尺)를 구부려놓는 것과도 같다.   25
또한 소송 당사자가 할 일은 분명 문제의 사건이 그런지 그렇지 않은
지, 일어났는지 일어나지 않았는지 증명하는 것뿐이다. 문제의 사건
이 중요한지 중요하지 않은지, 옳은지 옳지 않은지는 입법자가 규정해
놓지 않은 경우 재판관이 스스로 결정해야지 소송 당사자가 재판관에   30
게 가르칠 일이 아니다.

　따라서 법률이 훌륭하게 제정되었을 경우 되도록 모든 것을 스스
로 결정하고 재판관에게는 되도록 적게 맡기는 것이 가장 바람직하
다. 첫째, 입법을 하고 판결을 내릴 수 있는 지각 있는 사람은 다수보
다는 한 명 또는 몇 명을 찾아내는 것이 더 쉽기 때문이다. 둘째, 입법   1354b
은 오랜 숙고의 산물인 데 반해 판결은 당장에 내려지기에 재판관들
이 올바르고 적절하고 훌륭하게 재판하기가 어렵기 때문이다. 그러나
가장 중요한 것은 입법자의 판단은 개별 사건에 적용되는 것이 아니   5
라 미래와 보편적 사건에 적용되는 반면, 민회 구성원이나 재판관은

5　아레이오스 파고스(Areios pagos '아레스의 언덕')는 아크로폴리스 정문 맞은편에
있는 언덕으로 고대에는 이곳이 아테나이 최고법정이었다.

현재의 특정 사건을 재판하기에 그들의 경우에는 종종 편애와 증오와 사적인 이익이 개입되므로 자신의 즐거움과 괴로움에 판단력이 흐려

10 져서 더는 진상을 제대로 파악할 수 없다는 것이다.

따라서 방금 말했듯이 일반적으로 말해 재판관에게는 되도록 적게 맡겨야 한다. 하지만 어떤 것이 일어났느냐 일어나지 않았느냐, 일어날 것이냐 일어나지 않을 것이냐, 존재하느냐 존재하지 않느냐 하는

15 문제는 반드시 재판관의 판단에 맡겨야 한다. 입법자가 그런 것들을 예견한다는 것은 불가능하기 때문이다. 그게 그렇다면 이를테면 도입부와 진술과 담론에 있는 그 밖의 다른 부분들의 내용이 어떤 것이어야 하는지 규정하는 자들은 분명 주제와 무관한 것을 논하고 있다. 그들의 유일한 관심사는 재판관의 심적 상태에 영향을 미치는 것이며,

20 논리적 증거들은 아무것도 보여주지 않기 때문이다. 생략삼단논법의 대가(大家)가 되는 것은 그런 것들에 달려 있는데도 말이다.

따라서 대중 연설[6]과 법정 연설[7]에 똑같은 방법이 적용되고 대중 연설을 하는 것이 개인 간의 관계에 한정된 법정 연설보다 더 훌륭하고

25 공동체 이익에 더 부합하지만, 이들 저술가는 대중 연설에 대해서는 언급하지 않고 하나같이 법정 연설 기술만 개발해왔다. 대중 연설에서는 주제와 무관한 것을 말할 이유가 적고, 또한 대중 연설은 더 보편적인 쟁점을 다루는지라 법정 연설보다는 속이기가 쉽지 않기 때문이

30 다. 대중 연설에서 청중은 자신의 이해관계를 판단하는 까닭에, 어떤

---

6 ta demegorika. 대중에게 무엇을 권유하거나 만류하는 연설.
7 ta dikanika. 법정에서 상대방을 고발하거나 자신이나 피고인을 변호하는 연설.

조치를 권유하는 사람의 말이 사실인지 입증되기만 하면 된다. 그러나 법정에서는 그것으로 충분하지 않고, 청중의 마음을 사로잡는 것이 유익하다. 청중은 재판이 남의 일에 관련된 만큼 자신의 이익만을 생각하고 느긋하게 귀기울이며 실제로 판결을 내리는 대신, 소송 당사자가 하자는 대로 하기 때문이다. 그래서 아까 말했듯이, 많은 나라 1355a 에서는 법정에서 주제와 무관한 발언을 하지 못하도록 법으로 금한다. 한편 대중 연설에서 그렇게 하는 것은 청중 자신이 충분히 막을 수 있다.

따라서 수사학은 엄밀한 의미에서 설득과 관계가 있으며, 설득은 증명의 일종이다. (무엇이 증명되었다고 믿을 때 가장 믿음이 가기 때 5 문이다.) 수사학적 증명은 하나의 생략삼단논법이고, 생략삼단논법은 일반적으로 말해 가장 강력한 증거이다. 생략삼단논법은 일종의 삼단논법[8]이고, 모든 종류의 삼단논법을 고찰하는 것은 변증술 전체 또는 그것의 한 분야가 할 일이다. 따라서 삼단논법이 어떤 요소들에 10 서 어떻게 이루어지는지 가장 잘 판단할 수 있는 사람은 만약 거기에 더하여 생략삼단논법의 주제가 무엇이며 그것이 어떤 점에서 논리적 삼단논법과 다른지 배운다면 분명 생략삼단논법에도 가장 능할 것이다. 진리와 진리에 가까운 것은 같은 능력에 의해 파악되는 데다가, 인 15 간은 진리를 찾고자 하는 본능을 충분히 타고났으며 대개는 진리에 이르기 때문이다. 따라서 진리[9]를 잘 알아맞히는 사람은 개연성이 있

8 syllogismos.
9 aletheia.

는 것[10]들도 잘 알아맞힐 것이다.

따라서 수사학에 관해 쓴 평범한 저자들이 주제와 무관한 것들을 다룬다는 것이 밝혀졌고, 그들이 수사학 중에서도 법정 연설 쪽을 더 선호하는 이유도 밝혀졌다. 하지만 수사학은 유용하다. 참된 것들과 올바른 것들은 그와 반대되는 것들보다 본성적으로 더 우월하기 때문이다. 판정이 제대로 내려지지 못할 경우, 필연적으로 참된 것들(진실)과 올바른 것들(정의)이 그 반대되는 것들(허위와 불의)에 의해 무너질 수밖에 없다. 이는 비난받아 마땅하다. 또한 어떤 청중 앞에서는 우리가 정확한 지식을 갖고 있다 하더라도 그런 지식을 이용해 설득하기가 쉽지 않을 것이다. 과학적으로 설명하려면 가르침이 필요한데, 우리가 가르칠 수 없는 사람도 있기 때문이다.

『토피카』[11]에서 말했듯이, 대중과 대담할 때는 우리의 증명과 논의는 오히려 상투적인 원칙에 근거해야 한다. 또한 우리는 삼단논법에서처럼 반대되는 것도 증명할 수 있어야 한다. 두 가지를 다 행하기 위해서가 아니라(나쁜 짓을 하도록 사람들을 설득해서는 안 되니까), 사건의 진상을 규명하고 남이 반대되는 것을 악용하면 논박할 수 있기 위해서이다. 따라서 모든 기술 중에서 수사학과 변증술만이 반대되는 것을 증명하며, 둘 다 똑같이 반대되는 결론을 이끌어낸다.

하지만 주제들은 그렇지 않으며 참되고 본성상 더 훌륭한 것이 언제나 증명하고 설득하기가 더 쉽다. 또한 몸으로 자기를 지키지 못하

---

10 ta endoxa.

11 『토피카』(*Topika*) 1권 2장 101a, 30~34장 참조. '토피카'는 '일반 논제들'이라는 뜻으로 여덟 권으로 된, 변증술에 관한 아리스토텔레스의 논문이다.

는 것은 수치스러운 일이지만 말로 자기를 지키지 못하는 것은 수치스러운 일이 아니라고 생각하는 것은 불합리하다. 몸을 사용하는 것보다는 말을 사용하는 것이 인간에게 더 고유한 특징이기 때문이다. 그리고 만약 말의 그런 힘을 악용하는 자가 큰 해악을 끼칠 것이라고 이의를 제기한다면, 우리는 미덕[12]을 제외한 모든 좋음,[13] 특히 체력, 건강, 부, 용병술같이 가장 유익한 것에 대해서도 똑같이 그런 이의를 제기할 것이다. 이런 것들은 잘 이용하면 가장 큰 이익이 되고 잘못 사용하면 가장 큰 해악을 끼칠 수 있기 때문이다.

따라서 수사학은 특정 부류의 주제를 다루는 것이 아니라 변증술처럼 보편적으로 적용되는 유익한 기술임이 분명하다. 또한 수사학이 할 일은 설득하는 것이라기보다는 모든 경우에 설득 수단을 찾아내는 것이며, 이 점은 다른 기술에서도 마찬가지임이 분명하다. 이를테면 의술이 할 일은 환자의 건강을 회복시키는 것이 아니라 환자를 최대한 건강하게 만드는 것이다. 건강을 회복시킬 수 없는 환자도 적절히 돌볼 수는 있기 때문이다. 또한 참된 삼단논법과 겉모양만의 삼단논법을 찾아내는 것이 변증술에 속하듯이, 참된 증거와 겉모양만의 증거를 찾아내는 것은 수사학에 속하는 일임이 분명하다. 누군가를 '소피스트'[14]로 만드는 것은 능력이 아니라 의도이다. 다른 점이라면 수

1355b

5

10

15

---

12 arete.

13 ta agatha.

14 소피스트의 그리스어 소피스테스(sophistes)는 형용사 소포스(sophos '지혜로운')에서 파생한 명사로 '지혜로운 사람'이라는 뜻이다. 이 말은 기원전 5세기에 보수를 받고 지식을 가르쳐주는 순회 교사들을 의미했다. 그들이 가르치는 과목은 수학, 문법,

사학에서는 지식에 의거한 연설가와 의도에 의거한 연설가가 있는 반면, 변증술에서는 의도에 의거해 소피스트가 되는 사람이 있지만 변증가가 되는 것은 의도가 아니라 능력에 달려 있다.

　이제 어떤 수단들로 어떻게 우리의 목적을 달성할 수 있을지 방법 자체를 논하기로 하자. 말하자면 처음으로 되돌아가 수사학이 무엇인지 정의한 뒤 나머지를 논하자.

지리 등 다양했는데 사회적 출세를 위해 젊은이에게 주로 수사학을 가르쳤다. 진리의 상대성을 주장한 까닭에 '궤변론자'라고 부르기도 한다.

제2장—수사학의 정의

수사학은 주어진 경우에 가능한 모든 설득 수단을 찾아내는 능력이 25라고 정의할 수 있다. 다른 어떤 기술도 이런 기능을 갖고 있지 않다. 다른 기술은 저마다의 고유한 영역에서 가르치고 설득할 수 있다. 이를테면 의술은 건강과 질병을, 기하학은 크기의 특성을, 산술은 수를 30다루며, 다른 기술과 지식도 그 점에서는 마찬가지이다. 그러나 수사학은 말하자면 우리에게 어떤 주제가 주어져도 설득 수단을 찾아낼 수 있을 것으로 생각된다. 그래서 우리는 수사학의 기술 능력이 특정 부류의 사물에 국한되지 않는다고 주장하는 것이다.

증거 가운데 어떤 것은 기술에 속하고 어떤 것은 기술에 속하지 않 35는다. 기술에 속하지 않는 것이란 증언, 고문, 계약서 따위처럼 우리가 만든 것이 아니라 사전에 존재하는 증거들을 말하고, 기술에 속하는 것들이란 수사학적 원칙에 따라 우리가 구성할 수 있는 모든 증거를 말한다. 둘 중 전자는 우리가 사용하기만 하면 되지만, 후자는 찾아내야 한다.

말로 제시하는 증거에는 세 가지가 있다. 첫 번째 것은 말하는 사람 1356a의 성격에 달려 있고, 두 번째 것은 청중이 어떤 심적 상태에 있게 하느냐에 달려 있으며, 세 번째 것은 말이 증명하거나 증명하는 것처럼 보이는 하는 말 그 자체에 달려 있다. 말하는 사람의 말이 믿음직스럽게 5들릴 때 그는 성격을 통해서 설득한다. 우리는 대체로 매사에 정직한 사람을 더 기꺼이 더 빨리 신뢰하며, 정확성을 기할 수 없고 의견이 엇갈릴 때는 특히 그러하기 때문이다. 그러나 이런 믿음도 말하는 사람의 말을 통해 생겨나야지, 말하는 사람에게 갖는 선입관을 통해 생겨 10

나서는 안 된다. 몇몇 수사학 전문가가 주장하듯, 말하는 사람이 드러내는 개인적 정직성은 그의 설득력에 전혀 기여하지 않는다는 것은 사실이 아니다. 오히려 성격은 말하는 사람이 지닌 가장 효과적인 설득 수단이라고 할 수 있다.

말하는 사람이 청중의 감정을 자극할 때는 청중을 통해 설득한다. 우리는 괴로울 때나 슬플 때, 사랑할 때나 미워할 때 동일한 판단을 내리지 않기 때문이다. 그런데 앞서 말했듯이, 오늘날의 수사학자들은 이런 효과를 내는 데만 정성을 쏟는다. 우리는 감정에 대해 논할 때 이 문제들을 상세히 논할 것이다. 마지막으로, 우리가 개별 사항에 적합한 설득 수단을 통해 진리 또는 진리인 것처럼 보이는 것을 증명할 때는 말 자체로 설득한다.

증거들은 이런 세 가지 수단에 의해 산출되므로, 이런 수단들을 파악하려면 분명 논리적 사고를 할 수 있어야 하고, 각종 성격과 미덕과 세 번째로 각종 감정의 성질과 성격과 발생 원인과 양상을 규명할 수 있어야 한다. 따라서 수사학은 말하자면 변증술과 윤리학의 한 분과이며, 윤리학은 정치학이라 불려 마땅할 것이다.[15] 그래서 수사학은 정치학의 가면을 쓰는 것이며, 수사학 지망생들은 무식해서 또는 우쭐대고 싶어서 또는 다른 인간적 약점 때문에 정치학자인 체한다. 사실 우리가 처음에 말했듯이,[16] 수사학은 변증술의 한 부분이자 닮은

---

15 윤리학은 개인의 행복과 미덕을 추구하는 데 반해, 정치학은 공동체의 행복과 미덕을 추구한다.
16 1권 1장 1354a 1 참조.

꼴이다. 수사학도 변증술도 특정 주제를 과학적으로 탐구하는 것이 아니라, 둘 다 논거를 대는 능력에 지나지 않기 때문이다.

이상으로 변증술과 수사학의 능력과 그것들의 상호관계에 대해서는 충분히 말했다고 할 수 있다. 참된 증명 또는 겉모양만의 증명에 의 35 한 설득으로 넘어가도록 하자. 변증술에는 귀납[17]과 참된 삼단논법과 겉모양만의 삼단논법이 있는데, 이는 수사학의 경우도 마찬가지이다. 1356b 수사학에서는 예증[18]이 귀납이고, 생략삼단논법이 삼단논법이며, 겉모양만의 생략삼단논법이 겉모양만의 삼단논법이기 때문이다. 그래서 나는 생략삼단논법을 수사학적 삼단논법이라 부르고, 예증을 수 5 사학적 귀납이라 부른다. 증거를 통해 설득하려는 사람은 모두 예증이나 생략삼단논법을 제시할 뿐이고 그 밖의 다른 방법은 없다. 따라서 무엇인가를 삼단논법이나 귀납으로 증명할 필요가 있을 때는 생략삼단논법은 삼단논법이고 예증은 귀납일 수밖에 없다. 이것은 『분석 10 론』[19]에서 밝혀진 것이다. 예증과 생략삼단논법의 차이는 귀납과 삼단논법을 먼저 논한 『토피카』에서 분명히 밝혔다.[20] 어떤 명제의 증거가 일련의 유사한 경우에 근거하면 그것이 변증술에서는 귀납이고, 수사학에서는 예증이다. 어떤 명제가 참이면 다른 명제도 반드시 또 15 는 대개 참이라는 것이 밝혀지면 그것은 변증술에서는 삼단논법이라

17　epagoge.

18　paradeigma.

19　*Analytika*. 『분석론 전서』(*Analytika protera*) 2권 23장, 『분석론 후서』(*Analytika hystera*) 1권 1장 참조.

20　『토피카』 1권 2, 12장 참조.

불리고, 수사학에서는 생략삼단논법이라 불린다.

분명 이들 수사학의 유형은 나름대로 이점이 있다. 『방법론』[21]에
서 말한 것이 이 경우에도 적용되기 때문이다. 수사학은 예증이 특징
인 것도 있고 생략삼단논법이 특징인 것도 있으며, 그 점에서는 연설
가들 자신도 마찬가지이다. 그러나 예증에 의존하는 연설은 설득력
을 갖는다는 점에서는 손색이 없지만, 생략삼단논법에 의존하는 연
설은 언제나 갈채를 받는다. 그 이유와 그 각각의 사용법에 대해서는
나중에[22] 논할 것이다. 지금은 이런 증거들을 좀더 정확히 정의하기
로 하자.

어떤 말이 설득력이 있고 믿음이 가는 것은 그 자체가 자명하기 때
문이거나, 자명함이 다른 말들에 의해 증명된 것처럼 보이기 때문이
다. 어느 경우에도 그것이 설득력이 있는 것은 거기에 설득당하는 누
군가가 있기 때문이다. 그러나 기술은 어느 것도 개별적 경우들을 이
론화하지 않는다. 이를테면 의술은 소크라테스나 칼리아스[23]의 몸에
좋은 게 아니라 이런저런 부류의 사람들의 몸에 좋은 것을 이론화한
다. (이것이 기술이 할 일이고, 개별적 경우들은 한없이 다양하여 그
것들을 다루는 체계적 지식은 불가능하기 때문이다.) 마찬가지로 수
사학도 소크라테스나 힙피아스[24] 같은 특정인에게 있을 법해 보이는
것이 아니라, 특정 부류의 인간들에게 있을 법해 보이는 것을 이론화

---

21 *Methodika*. 논리학에 관한 아리스토텔레스의 논문으로 지금은 남아 있지 않다.

22 2권 20~24장 참조.

23 Sokrates, Kallias.

24 Hippias.

한다. 이 점은 변증술의 경우도 마찬가지이다. 변증술은 아무 전제들 35
에서나 추론하는 것이 아니라(미치광이에게도 의견이 있기 때문이
다), 사리에 맞는 토론을 요하는 주제들에서 추론한다. 수사학도 심
의(審議)의 통상적 주제들에서 추론한다.

그러면 수사학이 할 일은 우리가 심의는 하되 체계적 규칙을 갖지 1357a
않은 것들을 다루는 것이다. 그것도 전체를 개관할 수 없고 일련의 긴
논의를 따라갈 수 없는 청중들 앞에서 말이다. 그리고 우리는 이럴 수
도 있고 저럴 수도 있을 것 같은 것들을 심의한다. 과거에 달라질 수 없 5
었거나 현재나 미래에 달라질 수 없는 것들은 그것들이 그렇다고 생각
하는 한 어느 누구도 심의하지 않는다. 그렇게 심의하더라도 얻을 것
이 없기 때문이다. 삼단논법과 추론의 전제들은 이전에 삼단논법에
의해 증명된 것들이거나, 아직 증명되지 않고 받아들여지지도 않아
증명할 필요가 있는 것들일 수 있다. 둘 중 전자는 길어서 따라가기가 10
어려울 수밖에 없다. (청중은 평범한 사람으로 생각되니까.) 후자는
합의에 이르지 못할 것이며, 있을 법한 전제들에 근거하지 않으므로
설득력이 없다. 따라서 생략삼단논법과 예증은, 예증은 귀납이 되고
생략삼단논법은 삼단논법이 됨으로써 대체로 달라질 수 있는 것들에
관여해야 하며, 더 적은 전제들로 때로는 통상적 삼단논법보다 더 적 15
은 전제로 이루어져야 한다. 전제 중 어떤 것이 잘 알려져 있다면 듣는
사람이 스스로 덧붙일 수 있으니 굳이 언급할 필요가 없기 때문이다.
이를테면 도리에우스[25]가 경기에서 우승의 영관(榮冠)을 차지했다는

---

25 Dorieus.

것을 증명하기 위해서는 그가 올림피아 경기²⁶에서 우승했다고 말하
20 기만 하면 충분하다. 올림피아 경기에서의 상을 영관이라고 덧붙일
필요는 없다. 누구나 다 아는 사실이니까.

수사학적 삼단논법의 전제들이 필연적인 경우는 드물다. 우리의 판
단과 검토 대상들은 대부분 상반된 두 가능성을 갖는데, 우리의 심의
25 와 검토 주제인 행위들도 모두 그런 성질의 것이어서 대체로 말해서
그중 어느 것도 필연적인 것은 아니기 때문이다. 또한 통상적으로 일
어나거나 단지 가능할 뿐인 사실들은 같은 종류의 사실들에 의해 증
명되어야 하고, 필연적인 사실들은 필연적인 사실들에 의해 증명되어
30 야 하는데, 이 점은 『분석론』에서 밝힌 바 있다.²⁷ 따라서 생략삼단논
법의 전제 가운데 더러는 필연적인 것이지만 대부분은 분명 개연적인
것이다. 또한 생략삼단논법은 실은 개연성과 지표²⁸에서 비롯되므로
개연성은 개연적 전제에, 지표는 필연적인 전제에 부합해야 한다.

개연적인 것은 통상적으로 일어나지만, 어떤 사람들이 정의하듯
35 무조건 일어나는 것이 아니라 다르게 될 수 있는 것과 관련하여 일어
1357b 나며, 관련되는 것과 그것의 관계는 특수한 것과 보편적인 것의 관계
와도 같다. 지표 가운데 어떤 것은 그것이 뒷받침하는 명제에 대해 특
수한 것이 보편적인 것과 맺는 관계를 갖고, 어떤 것은 보편적인 것이

---

26 고대 그리스의 4대 경기 중 가장 규모가 컸던 올림피아 경기(ta Olympia)는 최고신
제우스를 기리기 위해 펠로폰네소스(Peloponnesos) 반도 서북부 엘리스(Elis) 지방의
소도시 올림피아(Olympia)에서 4년마다 개최되었다.

27 『분석론 전서』 2권 1, 8, 13~14장 참조.

28 semeion.

특수한 것과 맺는 관계를 갖는다. 그중 필연적인 지표는 '완전 증거'[29]라 불리고, 필연적이지 않은 지표는 특별한 이름이 없다. '필연적인 지표'란 삼단논법을 구성할 수 있는 전제들을 말한다. 그래서 그런 지표는 '완전 증거'라고 한다. 자신들의 발언이 논박될 수 없다고 생각할 때 사람들은 그 발언이 완전 증거를 제시하며 무엇인가가 최종적으로 증명되었다고 믿기 때문이다. 옛날에는 페라스[30]와 테크마르[31]는 동의어였으니까. 그것이 뒷받침하는 명제에 대해 특수한 것이 보편적인 것과 맺는 관계를 갖는 지표들은 다음과 같이 설명할 수 있다. "소크라테스가 지혜롭고 올바르다는 것은 지혜로운 사람은 올바르다는 지표이다"라고 말하는 사람이 있다고 가정해보라. 이것은 분명 지표이다. 하지만 그것이 지시하는 것이 참이라 하더라도 엄밀한 의미의 삼단논법을 구성할 수는 없으므로 논박될 수 있다. 그러나 "그의 몸에서 열이 난다는 것은 그가 몸이 아프다는 지표이다" 또는 "그녀에게서 젖이 나온다는 것은 그녀가 아이를 낳았다는 지표이다"라고 말하는 사람이 있다고 가정해보라. 이런 것이 필연적인 지표이다. 이런 지표만이 '완전 증거'이다. 이런 지표만이 그것이 참일 때 논박될 수 없기 때문이다. 그것이 뒷받침하는 명제에 대해 보편적인 것이 특수한 것과 맺는 관계를 갖는 지표들도 있는데, "그가 숨을 가쁘게 쉰다는 것은 그의 몸에서 열이 난다는 지표이다"라고 말하는 사람이 있는 경우가

---

29   tekmerion.
30   peras. '끝' '경계'.
31   tekmar. '표지' '목표' '끝'.

20 그렇다. 이 경우는 참이라 하더라도 논박될 수 있다. 누군가는 열이 나

지 않아도 숨을 가쁘게 쉴 수 있기 때문이다. 이상으로 우리는 개연성

과 지표와 완전 증거가 무엇이며 그것들의 차이점이 무엇인지 설명했

다. 우리는 『분석론』에서 그것들을 더 자세히 정의하며,[32] 어째서 그

25 중 어떤 것은 삼단논법으로 바뀔 수 있고 어떤 것은 그럴 수 없는지 설

명한 바 있다.

또한 우리는 예증은 일종의 귀납이며, 무엇과 관련하여 그런지도

설명한 바 있다. 명제와 맺는 예증의 관계는 전체와 맺는 부분의 관계

도 아니고 부분과 맺는 전체의 관계도 아니며 전체와 맺는 전체의 관

계도 아니고, 부분과 맺는 부분의 관계이자 같은 것과 맺는 같은 것의

30 관계이다. 두 명제가 같은 부류에 속하고 그중 하나가 다른 것보다 더

잘 알려졌을 때 더 잘 알려진 것이 예증이 된다. 이를테면 디오뉘시오

스 1세[33]가 자신을 위해 호위대를 요구하는 것은 참주[34]가 되기 위해

서라는 것을 증명하려면, 이전에 페이시스트라토스[35]와 메가라의 테

아게네스[36]도 호위대를 요구하다가 국가에서 요구를 들어주자 참주

가 된 선례를 말하면 될 것이다. 그래서 디오뉘소스 1세가 정말로 호

35 위대를 요구했는지 알 수 없지만 알려진 모든 경우가 디오뉘소스의

---

32 『분석론 전서』 2권 27장 참조.

33 Dionysios I. 시칠리아 섬에 있는 쉬라쿠사이(Syrakousai) 시의 참주(기원전
405~367년).

34 tyrannos. 일종의 군사 독재자.

35 Peisistratos. 기원전 6세기의 아테나이 참주.

36 Theagenes. 기원전 7세기 후반의 메가라 참주. 메가라(Megara)는 아테나이와 코
린토스(Korinthos) 사이에 있는 도시이다.

예증이 될 수 있다. 그것들은 모두 참주가 되려고 하는 자는 호위대를 요구한다고 일반화할 수 있다.

　이상으로 우리는 이른바 예증적 증거들의 전제에 대해 설명했다. 그러나 생략삼단논법들 사이의 가장 큰 차이가 삼단논법의 변증술적 방법에도 똑같이 존재함에도 거의 모든 사람이 이를 간과했다. 어떤 종류의 삼단논법이 실은 변증술에 속하듯이, 어떤 종류의 생략삼단 논법은 실은 수사학에 속하기 때문이다. 그런가 하면 다른 것들은 다른 기술과 기능에 속하고, 그중 어떤 것은 이미 존재하고, 어떤 것은 아직 정립되지 않았기 때문이다. 그래서 말하는 사람이 그것을 간과 하고 주제를 특화할수록 순수 수사학이나 변증술에서 더 멀어진다. 이 점은 더 자세히 설명하면 더 명료해질 것이다. 내가 말하는 변증술 적이고 수사학적인 삼단논법의 주제들이란 우리가 일반적 논제[37]라 고 부르는 것들에 관련되는데, 이것들은 올바른 태도, 자연학, 정치 학, 서로 성격이 다른 여러 문제에도 적용될 수 있다. 이를테면 더 많 음과 더 적음의 논제는 올바른 태도, 자연학, 그 밖에 무엇에서든 이 들 주제의 성격이 다르더라도 삼단논법과 생략삼단논법에 똑같이 적 용될 수 있다. 한편 특수한 논제들은 개별 부류에 특유한 전제들에서 도출된다. 이를테면 윤리학에 생략삼단논법이나 삼단논법을 댈 수 없 는 자연학에 관한 전제들이 있는가 하면, 자연학에 관한 결론을 도출 하는 데 아무 쓸모없는 윤리학에 관한 전제들이 있다. 이 점은 모든 분야에 적용된다. 일반적 논제는 특수한 주제를 다루지 않으므로 우

37　topos.

리의 이해를 실제적으로 증진시키지는 않을 것이다. 반면 특수한 논제는 적합한 전제들을 더 잘 선택할수록 부지중에 변증술이나 수사학과는 다른 학문을 만들어낼 것이다. 누가 일단 제1원리와 마주하면 그의 활동은 더는 변증술이나 수사학이 아니라 그 원리를 그가 이용하는 바로 그 학문이 될 것이기 때문이다. 사실 생략삼단논법은 대부분 이들 특수한 또는 특별한 논제들에서 도출되고, 비교적 소수만이 일반적 논제들에서 도출된다. 따라서 『토피카』에서 그랬듯이[38] 우리는 여기서도 생략삼단논법을 구성하는 특수한 논제와 일반적 논제를 구분해야 한다. 나는 각 부류에 특수한 전제들을 특수한 논제들이라 부르고, 모든 부류에 공통된 전제들을 일반적 논제들이라 부른다. 그러면 먼저 특수한 논제들을 논하되, 그러기 전에 수사학의 여러 종류를 알아보자. 그 종류가 얼마나 많은지 알아보고 나서 우리가 개별적으로 수사학의 여러 종류의 요소와 전제를 알아낼 수 있도록 말이다.

---

38 『토피카』1권 10, 14장 3, 5절 참조.

제3장—수사학의 종류

수사학에는 세 종류가 있다. 청중의 유형이 세 가지이기 때문이다. 모든 연설은 말하는 사람, 주제, 듣는 사람이라는 세 요소로 구성되는데, 수사학의 목적이 관여하는 것은 이 가운데 맨 나중 것, 즉 듣는 사 1358b 람이기에 하는 말이다. 듣는 사람은 필연적으로 관찰자이거나 판단자이며, 판단자일 경우 과거사를 판단하거나 미래사를 판단한다. 이를테면 민회 구성원은 미래사를 판단하고 재판관은 과거사를 판단하 5 며 관찰자는 말하는 사람의 능력을 평가한다. 따라서 연설에는 필연적으로 심의용 연설, 법정 연설, 과시용 연설,[39] 이 세 종류가 있다.

심의용 연설은 어떤 일을 하라고 권유하거나 하지 말라고 만류한다. 개인적으로 권유하는 사람들도 대중에게 말을 건네는 사람들도 언제나 권유하거나 아니면 만류하기 때문이다. 법정 연설은 누군가를 10 고발하거나 변호한다. 소송 당사자는 반드시 고발하거나 변호해야 하니까. 과시용 연설은 누군가를 찬양하거나 비난한다.

이들 세 종류의 연설은 또한 서로 다른 세 종류의 시간에 관여한다. 심의하는 연설가는 미래사를 심의하므로 그에게는 미래가 가장 중요하고, 소송 당사자에게는 그가 고발하는 것도 변호하는 것도 이미 일 15 어난 일이므로 과거가 가장 중요하며, 과시용 연설가는 모두 사물의 현재 상태에 근거해 찬양하거나 비난하므로 그에게는 현재가 가장 중요하다. 그들도 가끔 지난 일을 상기시키고 미래사를 미리 짐작하지 않는 것은 아니지만 말이다.

---

39   symbouleutikos, dikanikos, epideiktikos.

이들 세 종류는 저마다 다른 표적을 가지며, 수사학에 세 종류가 있
듯이 연설 표적에도 세 종류가 있다. 심의하는 연설가의 표적은 유익
이거나 해악이다. 그가 어떤 행위를 권유할 때는 더 유익하기에 권유
하는 것이고 만류할 때는 더 유해하기에 만류하는 것이며, 그에게 정
의와 불의, 아름다움이나 추함 같은 것은 부차적 고려사항들이다. 법
정 연설가의 표적은 정의와 불의이다. 그도 이런 것들에 다른 부차적
고려사항들을 끌어들이겠지만 말이다. 과시용 연설가의 표적은 아름
다움과 추함이다. 그들도 이것들에 다른 고려사항들을 끌어들이겠지
만 말이다.

세 종류의 수사학이 우리가 말한 저마다의 표적을 겨냥한다는 것
은 연설가가 그 밖의 다른 점들은 때때로 논박하지 않는다는 사실에
의해 입증된다. 이를테면 소송 당사자는 어떤 행위가 일어났다거나 자
기가 가해했다는 것을 언제나 부인하지는 않겠지만, 자기 행위가 불의
하다는 것은 인정하지 않을 것이다. 인정할 경우 소송할 필요가 없을
테니까. 마찬가지로 심의하는 연설가는 다른 점에서는 가끔 양보하더
라도 자기가 불리한 것을 권유한다거나 유익한 것을 만류한다는 것은
결코 인정하지 않을 것이다. 하지만 그는 아무 해코지도 하지 않은 인
접국 시민들을 노예로 삼는 것은 불의한 짓이 아닌가 하는 문제와 관
련해서는 때로는 전혀 고민하지 않을 것이다. 마찬가지로 찬양하거나
비난하는 사람들은 누가 자기에게 유익한 것을 행했느냐 유해한 것을
행했느냐는 고려하지 않고 그가 자기 이익을 무시하고 고매하게 행동
한 것을 때로는 칭찬의 대상으로 삼을 것이다. 이를테면 그들은 원수
를 갚지 않으면 살 수 있지만 원수를 갚는다면 죽을 줄 뻔히 알면서도

죽은 전우 파트로클로스의 원수를 갚으러 갔기 때문에 아킬레우스[40]를 찬양한다. 사는 것이 더 유익하지만, 그에게는 그렇게 죽는 것이 더 명예로웠던 것이다.

앞서 말한 것들에서 분명한 것은 연설가는 무엇보다도 이런 것들과 관련하여 전제들을 준비해야 한다는 것이다. 그런데 수사학에서 전제들이란 완전 증거와 개연성과 지표들을 말한다. 삼단논법은 일반적으로 전제들로 구성되고, 생략삼단논법은 방금 언급한 전제들로 구성된 특수 삼단논법이다.

또한 가능한 것들은 행해졌을 수도 있고 행해질 수도 있지만 불가능한 것들은 행해졌을 수도 행해질 수도 없으며, 일어나지 않았거나 일어나지 않을 것은 행해졌을 수도 행해질 수도 없다. 따라서 심의하는 연설가와 법정 연설가와 과시하는 연설가는 가능한 것과 불가능한 것과 관련해, 그리고 어떤 것이 일어났거나 일어날 것이냐 아니면 일어나지 않았거나 일어나지 않을 것이냐와 관련해 저마다 전제들을 준비해야 한다. 또한 모든 연설가는 칭찬하든 비난하든, 권유하든 만류하든, 고발하든 변호하든, 우리가 언급한 것들뿐 아니라 그와 같은 것들이 큰지 작은지도, 좋은지 나쁜지도, 고매한지 저속한지도, 올바른지 그른지도, 그 자체가 그러한지 상대적으로 그러한지도 증명하려고 하는 만큼 분명 큼과 작음, 더 큰 것과 더 작은 것과 관련해 보편적

---

40 Achilleus. 트로이아 전쟁 때 으뜸가는 그리스군 용장으로 『일리아스』의 주인공이다. 그는 죽마고우인 파트로클로스(Patroklos)가 적장 헥토르(Hektor)의 손에 죽자 헥토르 다음으로 자기가 죽을 것을 알면서도 다시 싸움터에 뛰어들어 친구의 원수를 갚는다.

전제들과 특수한 전제들도 준비해야 한다. 이를테면 우리는 무엇이
₂₅ 더 큰 또는 더 작은 좋음, 불의, 정의인지 따위를 말할 수 있어야 한다.
이상으로 어떤 주제들에서 전제들을 이끌어내야 하는지 설명했으니,
이번에는 심의용 연설과 과시용 연설과 세 번째로 법정 연설에 관련되
는 전제들을 유형별로 구분해보자.

제4장―심의 범위

먼저 우리는 심의하는 연설가가 심의하는 것이 어떤 종류의 좋음 또
는 나쁨인지 파악해야 한다. 그가 모든 것을 심의할 수 있는 게 아니
라, 일어날 수 있거나 일어나지 않을 수 있는 것들만 심의하기 때문이
다. 반드시 존재하거나 존재할 것 또는 존재할 수 없거나 생겨날 수 없
는 것은 심의 대상이 아니다. 가능한 것이라 해도 모두 심의 대상이
되지는 않는다. 거기에는 자연발생적이고 우발적인 좋음[41]도 포함되
는데, 그런 것은 심의할 가치가 없기 때문이다. 우리의 심의 대상이 어
떤 주제들인지는 명백하다. 그 대상들은 당연히 우리 자신과 관계가
있고, 그 생성의 제1원인은 우리 자신에게 있는 모든 것이다. 우리는
그런 것들을 수행할 수 있는지 없는지 알아낼 때까지 계속해서 심의 1359b
한다.

그러나 지금으로서는 토론의 통상적 주제들을 정확히 열거하고 분
류하거나 그것들을 최대한 정확하게 정의하려고 애쓸 필요는 없다.
그것은 수사학의 기술이 아니라 오히려 더 지성적이고 참된 기술[42]의 5
영역에 속하지만, 사람들(다른 수사학자들)은 수사학에 적당 수준
이상의 탐구 주제를 부여하고 있기 때문이다. 우리는 앞서 수사학은
변증술과 정치학의 윤리적 부문이 결합된 것으로 변증술을 닮은 데
도 있고 소피스트적 토론을 닮은 데도 있다고 말한 바 있는데,[43] 우리 10

---

41 agathon.
42 정치학.
43 1권 2장 1356a 25 이하 참조.

수사학 / **제1권** 45

의 이런 주장은 사실이기 때문이다. 그러나 우리가 변증술 또는 수사학을 원래 그대로 실용적 능력이 아니라 학문으로 만들려고 노력할

15 수록 본의 아니게 그것들의 본성을 망칠 것이다. 그것들을 개조하여 단순한 논의가 아닌 특정 주제들을 다루는 학문의 분야로 만듦으로써 말이다. 그럼에도 우리가 분석할 필요가 있는 것들을 지금이라도 언급하기로 하자. 본격적 연구는 정치학에 맡기기로 하더라도.

심의의 가장 중요한 주제이며 심의하는 연설가가 가장 자주 논의하

20 는 주제는 사실상 다섯 가지인데, 세수입, 전쟁과 평화, 국방, 수출입, 입법이 그것이다.

따라서 세수입에 관해 조언하려는 연설가는 어떤 것이 빠졌으면 채우고 어떤 것이 모자라면 늘릴 수 있도록 국가 재원의 특성과 규모를

25 알아야 한다. 그는 또한 불필요한 것은 없애고 지출이 너무 큰 것은 줄일 수 있도록 국가 지출도 모두 알아야 한다. 사람들은 가진 재산을 늘려도 부자가 되지만 지출을 줄여도 더 부유해지기 때문이다. 이런

30 문제들을 개인적 경험을 통해 포괄적으로 개관한다는 것은 불가능하다. 그런 문제들과 관련한 조언을 하려면 다른 나라에서 시행되는 방법들도 공부할 필요가 있다.

전쟁과 평화와 관련하여 연설가는 나라의 현재 군사력과 잠재적 군사력의 규모와 특성을 알아야 하며, 나라가 어떤 전쟁을 어떻게 치렀

35 는지도 알아야 한다. 그는 이런 것들을 자기 나라와 관련해서도, 이웃 나라들과 관련해서도, 특히 교전이 예상되는 나라들과 관련하여 알아야 한다. 더 강한 나라들과는 평화를 유지하고, 더 약한 나라들과

1360a 전쟁을 하느냐 마느냐 결정하는 권한이 자기 나라에 있도록 말이다.

그는 또한 다른 나라 군사력이 자기 나라 군사력과 같은지 다른지도 알아야 한다. 이것도 양국의 상대적인 힘에 영향을 미치기 때문이다. 그 밖에도 그는 이런 것들과 관련하여 자기 나라가 치른 전쟁뿐 아니라 다른 나라들이 치른 전쟁과 그 결과도 검토해야 할 것이다. 원인이 같으면 당연히 결과도 같기 때문이다. 5

국방과 관련하여 연설가는 나라가 어떻게 지켜지는지 몰라서는 안 된다. 그는 군대의 수와 성격과 배치된 위치를 알아야 한다. (그것은 나라의 지세를 모르는 사람에게는 불가능하다.) 군대가 너무 부족하면 증원하고 인원이 남아돌면 줄여서 더 중요한 일에 관심을 더 집중 10 할 수 있게 하기 위해서 말이다.

식량 공급과 관련하여 그는 어느 정도 규모면 나라의 수요를 충당할 수 있는지, 어떤 종류의 먹을거리를 국내에서 생산하거나 수입할 수 있는지, 어떤 것을 수출하고 수입해야 하는지 알아야 한다. 거래하는 국가들과 계약과 협정을 체결하기 위해서 말이다. 자기 나라보다 15 더 강한 국가들이나, 교류하는 것이 유익한 국가들과는 동료 시민들이 사이좋게 지내게 해야 하기 때문이다.

연설가는 국가 안전을 위해 이 모든 것을 판단할 수 있어야 하지만 특히 입법을 이해하는 것이 중요하다. 국가 안전은 법률에 있기 때문이다. 따라서 그는 정체(政體)[44]의 종류가 얼마나 많으며, 각각은 어 20 떤 조건에서 번창하며, 어떤 내재적 또는 외적 요인에 의해 파괴되는 경향이 있는지 알아야 한다. 내재적 요인에 의해 파괴된다는 것은 최

44 politeia.

선의 정체를 제외한 모든 정체는 지나치게 이완되거나 긴장됨으로써
25 파괴된다는 것을 뜻한다. 이를테면 민주정체는 이완될 때뿐 아니라
지나치게 긴장될 때도 약화되어 과두정체가 되고 만다. 이는 매부리
코나 납작코가 이런 결함이 지나치지 않으면 정상 코가 되지만, 지나
치게 매부리코나 납작코면 전혀 코로 여겨지지 않는 것과도 같다.

30 또한 입법을 하는 데서는 자기 나라에 어떤 정체가 바람직한지 알
기 위해 자기 나라 역사를 연구해야 할 뿐 아니라 다른 나라들의 정체
를 알고, 어떤 종류의 민족에게 어떤 정체가 적합한지 배우는 것이 유
익하다. 따라서 입법을 위해서는 분명 여행기가 유익하며(여행기는
35 다른 나라들의 법률을 이해하는 데 도움을 주니까), 정치적 심의를
위해서는 역사서들이 유익하다. 그러나 이 모든 것은 정치학 영역이지
수사학 영역이 아니다.

이런 것들이 심의하는 연설가가 반드시 알아야 할 가장 중요한 문
1360b 제들이다. 이번에는 이런 것들뿐 아니라 다른 문제들과 관련해 권유
또는 만류의 전제들을 살펴보자.

48

제5장—행복

사실상 인간은 누구나 사적으로나 공적으로 추구하는 목표가 있고, 그것을 달성하기 위해 어떤 것들을 택하기도 하고 피하기도 한다. 그 5 것은 간단히 말해 행복[45]과 행복을 구성하는 요소들이다. 그러니 우리는 행복이란 도대체 무엇이며, 행복을 구성하는 요소는 무엇인지 설명하기로 하자. 모든 권유와 만류는 행복과 행복에 도움이 되거나 불리한 것들에 관련되기 때문이다. 따라서 우리는 행복이나 행복을 10 구성하는 요소 중 하나를 만들거나 늘리는 것은 하되, 행복을 파괴 또는 방해하는 것이나 행복과 반대되는 것들을 만들어내는 것은 하지 말아야 한다.

우리는 행복을 미덕[46]과 결합된 안녕, 자족적인 삶, 가장 즐겁고 안전한 삶, 물질적이고 신체적인 번영에 그런 것들을 지키고 이용할 능 15 력을 곁들인 것이라고 정의할 수 있다. 행복이 이 가운데 하나 또는 여럿이라는 데는 분명 누구나 동의할 것이다. 행복이 그런 것이라면 그 구성 요소는 틀림없이 좋은 가문, 수많은 친구, 훌륭한 친구, 부(富), 20 훌륭한 자식, 수많은 자식, 행복한 노년과 그 밖에 건강, 아름다움, 체력, 체격, 경기 능력 같은 신체적 탁월함, 명성, 명예, 행운, 미덕(또는 미덕의 요소들인 지혜, 용기, 올바름, 절제) 등이 될 것이다. 사람은 이런 내적이고 외적인 좋음을 가져야만 가장 자족할 수 있다. 그 밖에 가 25 질 것이라곤 달리 아무것도 없으니까. 내적인 좋음이란 혼과 몸의 좋

---

45   eudaimonia.
46   arete. 문맥에 따라 '탁월함'으로 옮길 수 있다.

음이고, 외적인 좋음이란 좋은 가문, 친구, 부, 명예이다. 이런 것들에 우리는 영향력과 행운이 덧붙여져야 한다고 생각한다. 그래야만 인생이 진실로 안전할 테니까. 행복 일반이 무엇인지 검토했듯이, 이번에
30 는 행복의 이런 구성 요소들을 하나씩 검토해보자.

민족이나 국가의 경우 가문이 좋다는 것은 그 구성원이 토박이로서 오래되었으며, 그 최초 구성원이 지도자로서 유명했고 그들의 수많은 자손이 남의 부러움을 살 만한 자질로 이름을 날렸다는 것을 의미한다. 개인의 경우 가문이 좋다는 것은 친가 쪽과 외가 쪽으로 양쪽 부
35 모가 모두 자유민이라는 것을 의미한다. 또한 국가의 경우처럼 그 가문의 시조가 미덕과 부와 그 밖에 사람들이 존중하는 어떤 것들로 유명했고, 남녀노소 할 것 없이 수많은 탁월한 인물이 그 가문에 속한다는 것을 의미한다.

'훌륭한 자식'과 '수많은 자식'이 무엇을 의미하는지는 설명할 필요가 없을 것이다. 공동체의 경우 그것은 체격, 아름다움, 체력, 경기 능
1361a 력 같은 몸의 탁월함에서 뛰어난 수많은 젊은이가 있다는 것을 의미한다. 하지만 젊은이의 혼의 미덕은 절제와 용기이다. 그런가 하면 개인의 경우 그것은 자식들이 수가 많고 우리가 말한 훌륭한 자질을 가
5 졌음을 의미한다. 여기에는 남자도 여자도 모두 포함된다. 몸에서 여자의 탁월함은 아름다움과 몸매이며, 혼에서 여자의 탁월함은 절제와 굴종하지 않는 근면성이다. 개인도 공동체도 남자도 여자도 이런 자질을 모두 겸비하려고 노력해야 한다. 라케다이몬[47]처럼 여자들의

---

47 Lakedaimon. 대개 스파르테(Sparte)를 달리 부르는 이름. 스파르테와 그 주변 지

품행이 단정하지 못한 국가들은[48] 사실상 자신들의 행복을 반쯤 포기 10
하는 것으로 볼 수 있다.

부의 구성 요소들은 돈과 땅이 많고, 수와 규모와 아름다움에서 두
드러진 부동산과 세간과 노예와 가축 떼를 소유하는 것이다. 하지만
이 모든 것이 내 것이고 안전하며 자유민에게 어울리고 쓸모 있어야
한다. 재산은 생산적인 것이 더 쓸모 있고, 재산 가운데 즐기기 위한 15
것이 자유민에게 더 어울린다. '생산적인' 것이란 수입원을 말하고, '즐
기기 위한' 것이란 그것을 사용하는 것 말고는 이렇다 할 가치가 없는
것을 말한다. '안전하다'는 것은 재산을 우리가 마음대로 사용할 수 20
있는 장소에 우리가 마음대로 사용할 수 있는 상태로 소유하는 것을
말한다. 소유란 증여하든 매도하든 재산을 양도할 수 있는 권리를 말
한다. 한마디로 부의 가치는 소유하는 데 있기보다는 사용하는 데 있
다. 부란 재산을 활성화하는 것[49] 즉 사용하는 것이니까.

명성은 누구에게나 존경받는 것 또는 모두나 대다수나 훌륭한 사 25
람들이나 지혜로운 사람들이 바라는 어떤 자질을 갖는 것을 의미
한다.

명예는 선행을 베풀어 유명해졌다는 징표이다. 이미 선행을 베푼
사람들이 누구보다도 존경받는 것은 당연한 일이지만, 선행을 베풀
수 있는 사람도 존경받을 수 있다. 선행은 생명의 안전과 생존 수단이 30

역을 일컫기도 한다.

48 아리스토텔레스, 『정치학』 2권 9장 5절 참조.

49 energeia.

나 부나, 일반적으로 또는 특정한 장소나 시기에는 취득하기가 쉽지 않은 그 밖의 다른 좋은 것에 관련된다. 사실 많은 경우 사소해 보이는 일들로 명예가 주어진다. 그러나 그것은 시기와 장소에 좌우된다. 명예의 구성 요소들은 공물, 운문과 산문으로 쓰인 기념물, 특전, 토지 하사, 윗자리, 장례, 입상(立像), 나라의 재정으로 부담하는 부양,[50] 머리를 조아리는 것 같은 야만족의 관행, 자리 양보하기, 누구나 높이 평가하는 선물 등이다. 선물은 재산의 양도이자 명예의 표지이기 때문이다. 그래서 돈을 좋아하는 사람도 명예를 좋아하는 사람도 선물을 바란다. 선물은 돈을 좋아하는 사람에게는 재산을 취득한 것이 되고 명예를 좋아하는 사람에게는 명예가 되므로 이들 두 부류의 사람에게 그들이 원하는 것을 가져다주기 때문이다.

몸의 탁월함은 건강, 말하자면 병에 걸리지 않고 우리 몸을 사용할 수 있는 상태이다. 많은 사람이 헤로디코스[51]가 말했다고 전해오는 식으로 건강하기에 하는 말이다. 하지만 그들은 모든 또는 거의 모든 인간 활동을 멀리하는 만큼 그들의 건강을 부러워할 사람은 아무도 없을 것이다.

아름다움은 나이에 따라 다르다. 젊은이의 아름다움이란 경주든 체력 경기든 모든 노고를 참고 견딜 수 있는 몸을 갖되 그 자신도 보기

---

50 연금.

51 Herodikos. 기원전 5세기 말에 활동한 의사이자 체육교사로, 환자들이 걸어서 아테나이에서 메가라까지 갔다가 돌아오게 했다고 한다. 플라톤, 『국가』(Politeia) 3권 406a 이하 참조.

에 즐거운 것이다. 그래서 5종경기[52] 선수들이 가장 아름답다. 그들은 10
체력과 날렵함을 동시에 타고났기 때문이다. 한창때 남자의 아름다
움은 전쟁의 노고를 견딜 수 있고, 보기 좋으면서도 경외심을 불러일
으킨다. 노인의 아름다움은 피할 수 없는 노고는 능히 감당하고 노년
을 괴롭히는 온갖 추한 것들은 멀리함으로써 남에게 폐를 끼치지 않
는 것이다.

체력은 남을 마음대로 움직일 수 있는 힘이다. 그러려면 당기고 밀 15
고 들고 누르고 죌 수 있어야 한다. 따라서 강자는 이 가운데 모든 것
또는 일부에서 강해야 한다. 체격의 탁월함이란 너무 지나쳐서 동작
이 느려지지 않을 정도로 몸의 높이와 두께와 너비에서 대부분의 사
람을 능가하는 것이다. 20

몸의 경기 능력은 체구, 체력, 빠른 발로 이루어진다. 빠른 사람이
강하기 때문이다. 어떤 방법으로든 두 다리를 앞으로 뻗어 빠르게 멀
리 움직일 수 있는 사람이 훌륭한 경주자이다. 또한 상대를 누르고 제
압할 수 있는 사람이 훌륭한 레슬링 선수이고, 주먹으로 가격하여 상
대를 밀어낼 수 있는 사람이 훌륭한 권투 선수이며, 레슬링과 권투 모 25
두에 능한 사람이 훌륭한 팡크라티온[53] 선수이고, 이 모든 종목에 능
한 사람이 5종경기 선수이다.

행복한 노년이란 고통 없이 천천히 늙는 것이다. 빨리 늙는 이도, 천
천히 늙되 고통스럽게 늙는 이도 노년이 행복하지 못하기 때문이다.

---

52 당시 5종경기는 멀리뛰기, 달리기, 원반던지기, 창던지기, 레슬링이었다.
53 pankration. 레슬링과 권투를 합친 격투기.

행복한 노년은 신체적 탁월함과 행운의 산물이다. 병으로부터 자유롭지 못하고 강하지 않은 사람은 고통으로부터도 자유롭지 못할 것이고, 운이 따르지 않으면 고통 없이 오래 살 수도 없기 때문이다. 하지만 체력과 건강 없이 장수할 수 있는 다른 가능성도 있다. 많은 사람이 신체적 탁월함 없이도 장수하기 때문이다. 그러나 지금으로서는 이런 문제들을 세세히 검토할 필요가 없다.

'수많은 친구'와 '훌륭한 친구'가 무엇을 의미하는지는 친구를 정의해보면 쉽게 이해할 수 있다. 친구란 남을 위해 남에게 이롭다고 생각되는 것을 해주려고 노력하는 사람이다. 그런 사람들이 많은 사람은 친구가 많고, 그런 사람들이 존경스러우면 친구가 훌륭한 것이다.

행운은 운[54]이 그 원인인 좋은 것들을 모두나 대부분 또는 그중 가장 중요한 것들을 취득하거나 소유하는 것이다. 운은 기술의 산물뿐 아니라 기술과 무관한 수많은 산물의 원인인데, 이를테면 자연의 산물이 그렇다. (하지만 운의 산물은 자연에 반(反)할 수도 있다.) 기술은 건강의 원인이고, 자연은 아름다움과 체격의 원인이기 때문이다. 대체로 말해 운에서 비롯되는 좋은 것은 시기의 대상이 된다. 또한 운은 설명할 수 없는 좋음의 원인이기도 하다. 이를테면 자기 형제들은 모두 추남인데 그는 미남이라든가, 다른 사람은 보물을 발견하지 못했는데 그는 발견했다든가, 화살이 옆 사람을 맞히고 정작 그는 맞히지 못했다든가, 늘 어떤 곳을 찾던 사람이 유일하게 그날 그곳에 가지 않았는데 그날 그곳에 처음 간 사람들은 죽임을 당하는 경우가 그렇다.

---

54 tyche.

이 모든 경우가 행운의 본보기로 여겨진다.

　　미덕은 칭찬과 밀접한 관계가 있는 주제이므로 칭찬에 관해 논의할 때 미덕도 정의하기로 하자.

15 그러면 연설가가 권유하거나 만류할 때 일어날 법한 것들과 이미 존재
하는 것 가운데 무엇을 목표로 삼아야 하는지는 자명하다. 권유해야
할 것과 만류해야 할 것은 상반되기 때문이다. 그런데 심의하는 연설
가의 목표는 유익이고 사람들은 목표가 아니라 목표에 이르는 수단
을, 즉 무엇이 실제로 유익한 조치인지를 심의하는 것이고 유익한 것

20 은 곧 좋음이므로, 좋음과 유익 일반이 대체 무엇인지 파악해야 한다.
우리는 좋음을 그 자체로 바람직한 것, 또는 그것을 위해 우리가 다른
것을 선택하는 것, 또는 모든 것이나 감각적 지각[55]과 지성[56]을 가진
모든 것이 추구하는 것, 또는 지성을 지니면 모두가 추구할 것, 또는

25 지성 일반이 각 개인에게 배정하거나 각자에게는 그것이 좋음이므로
개별 지성이 각자에게 배정하는 것, 또는 그것의 존재가 누군가를 기
분 좋고 자족적이게 하는 것, 또는 자족 일반, 또는 좋음과 반대되는
것은 막고 파괴하되 그런 종류의 것들은 산출하고 보존하고 수반되게
하는 것으로 정의할 수 있다. 어떤 것은 다른 것에 두 가지 방법으로

30 수반되는데, 그중 하나는 동시적이고, 다른 하나는 계기적이다. 이를
테면 지식은 배움과 계기적이지만 삶은 건강과 동시적이다. 그런데 생
산에는 세 가지가 있다. 그래서 첫째, 건강함이 건강을 낳고 둘째, 음
식이 건강을 낳으며 셋째, 운동이 대개 건강을 낳는다. 그렇게 확정되
었으니, 좋음을 취하는 것도 나쁨을 버리는 것도 필연적으로 좋다. 후

---

55 aisthesis.
56 nous.

자의 경우에는 나쁨으로부터 즉시 자유로워지고, 전자의 경우에는 뒤 35
이어 좋음을 갖기 때문이다. 이는 더 작은 좋음 대신 더 큰 좋음을 얻
어내고, 더 큰 나쁨 대신 더 작은 나쁨을 얻어내는 경우에도 마찬가지
이다. 더 큰 것이 더 작은 것을 초과하는 만큼 좋음은 더 얻어내고 나 1362b
쁨은 더 버리기 때문이다.

　미덕 또한 필연적으로 좋은 것이다. 미덕을 가진 사람은 건전한 상
태에 있고, 미덕도 좋은 것이고 실용적이기 때문이다. 그러나 우리는
그것들이 각각 무엇이고 어떤 것인지 따로 설명해야 한다. 즐거움[57]도 5
좋은 것임이 틀림없다. 모든 생명체는 본성적으로 즐거움을 갈구하기
때문이다. 따라서 즐거운 것도 아름다운 것도 좋은 것임이 틀림없다.
즐거운 것은 즐거움을 낳고, 아름다운 것 중에 어떤 것은 즐겁고, 다
른 것은 그 자체로 바람직하기 때문이다.

　그것들을 일일이 열거하자면 다음과 같은 것이 틀림없이 좋은 것이 10
다. 행복은 그 자체로 바람직하고 자족적이고 그것 때문에 우리가 많
은 것을 선택하므로 좋은 것이다. 정의, 용기, 절제, 고결함, 아량과 그
밖에 그와 비슷한 심적 상태도 혼의 미덕이므로 좋은 것이다. 건강,
아름다움 등등도 좋은 것이다. 그것들은 몸의 미덕으로서 다른 좋은 15
것을 많이 낳기 때문이다. 이를테면 건강은 즐거움과 생명을 낳는다.
그래서 건강은 즐거움과 생명이라는, 대중이 가장 높이 평가하는 두
가지를 낳기에 가장 좋은 것으로 여겨진다. 부는 소유의 미덕이고 많
은 것을 낳으므로 좋은 것이다. 친구와 우정도 좋은 것이다. 친구는

57　hedone. 문맥에 따라 '쾌락'으로 옮길 수 있다.

그 자체로 바람직하고 많은 것을 낳기 때문이다. 명예와 명성도 좋은 것이다. 그것들은 즐겁고 많은 것을 낳고 대개는 사람들을 존경받게 해주는 것들이 따라오기 때문이다. 말할 줄 아는 능력과 행동할 줄 아는 능력도 좋은 것이다. 그런 것들은 모두 좋은 것을 낳기 때문이다. 또한 소질, 기억력, 쉽게 배우는 능력, 재치 등등도 좋은 것이다. 그런

25 능력은 좋은 것을 낳기 때문이다. 이 점은 모든 지식과 기술은 물론이고 생명의 경우에도 해당한다. 거기에서 다른 좋은 것이 생기지 않더라도 그 자체로 바람직하기 때문이다. 끝으로 정의도 공공복리에 유익하므로 좋은 것이다.

　이상이 이론의 여지없이 좋은 것들의 목록이다. 이론의 여지가 있

30 는 좋은 것들의 경우는 다음과 같은 전제들에서 추론할 수 있다. 나쁨과 반대되는 것은 좋은 것이다. 적에게 유익한 것에 반(反)하는 것은 좋은 것이다. 이를테면 우리가 비겁한 것이 적에게는 매우 유익하지만, 용기는 분명 동료 시민에게 아주 유익하다. 일반적으로 말해 우리의 적이 바라거나 기뻐하는 것과 반대되는 것이 유익한 것 같다. 그래

35 서 다음과 같이 말하는 것이다.

　　프리아모스가 정말로 기뻐하겠구려.[58]

---

58 『일리아스』 1권 255행. 그리스군 총사령관 아가멤논(Agamemnon)과 그리스군의 으뜸가는 용장 아킬레우스가 사소한 일로 언쟁을 벌이자 노장 네스토르(Nestor)가 한 말이다. 프리아모스(Priamos)는 트로이아(Troia) 전쟁 때 트로이아의 왕이다.

이런 원칙은 대개는 적용되지만 항상 적용되는 것은 아니다. 같은 것이 양쪽 적대자 모두에게 유익하지 말란 법이 없기 때문이다. 그래서 양쪽이 같은 것에게 위협당할 때는 불행이 사람을 뭉치게 한다는 말이 있다. 1363a

지나치지 않은 것은 좋은 것이고, 필요 이상으로 큰 것은 나쁜 것이다. 많은 노력과 비용을 들인 것도 좋은 것이다. 그런 것은 분명 좋은 것이고, 그런 것은 하나의 결실, 그것도 많은 노력의 결실로 볼 수 있기 때문이다. 결실은 좋은 것이다. 그래서 다음과 같이 말하는 것이다. 5

> 그들⁵⁹은 프리아모스와 [트로이아인들에게] 그들의 자랑거리인
> 아르고스의 헬레네를 남겨둔 채 떠나야 하나요?⁶⁰

그리고

> 이토록 오래 기다리다가 빈손으로 돌아간다는 것은 치욕이오.⁶¹

59 그리스군.

60 『일리아스』 2권 160행. [트로이아인들에게]는 원문에 없는 것을 넣은 것이다. 그리스군이 트로이아 성을 함락하지 못하고 철군하려 하자 이를 만류하며 헤라(Hera)가 아테나(Athena)에게 한 말이다. 헬레네(Helene)는 스파르테의 왕비로 그녀가 트로이아 왕자 파리스(Paris)에게 납치됨으로써 트로이아 전쟁이 일어났다. 아르고스(Argos)는 펠로폰네소스 반도 북동 지방을 말하는데, 펠로폰네소스 반도와 같은 말로 쓰이기도 한다.

61 『일리아스』 2권 298행. 오뒷세우스(Odysseus)가 그리스군을 격려하며 트로이아의 마지막 날을 보고 귀향하자고 한 말이다.

이 때문에 "문턱까지 다 와서 물동이를 깬다"는 속담이 생겼다.

많은 사람이 열망하고 분명 다수에게 경쟁 대상이 되는 것도 좋은 것이다. 모두가 열망하는 것은 좋은 것으로 여겨질 수 있고, '다수'는 '모두'의 동의어일 수 있기 때문이다. 찬양 대상이 되는 것도 좋은 것이

10 다. 좋지 않은 것은 누구도 찬양하지 않기 때문이다. 적과 하찮은 자가 찬양하는 것도 좋은 것이다. 어떤 것에 해를 입은 사람조차도 그것을 찬양한다는 것은 모두가 그것의 좋음을 인정한다는 것을 의미하고, 그들이 그것을 찬양하는 것은 그것이 좋다는 것이 분명하기 때문이다. 이는 친구가 비난하는 자는 하찮은 자이고, 적도 비난하지 않는

15 자는 훌륭한 사람인 것과 같은 이치이다. (그래서 시모니데스[62]가 다음과 같이 썼을 때) 코린토스인들은 자신들이 모욕당했다고 느낀 것이다.

그래서 일리온은 코린토스인들을 비난하지 않는 것이다.[63]

아테나 여신이 오뒷세우스를, 테세우스가 헬레네를, 여신들이 알렉산드로스를, 호메로스가 아킬레우스를 선택한 것처럼[64] 지혜롭거

---

62 Simonides(기원전 556~468년). 케오스(Keos) 섬 출신 합창서정시인.

63 자신의 조상이 그리스 코린토스에서 소아시아 뤼키아(Lykia)로 이주해 기반을 닦은 글라우코스(Glaukos)는 트로이아 전쟁 때 동맹군 장수로 트로이아인들에게 우대받는다. 시모니데스는 이를 칭찬하려 한 것인데, 코린토스인들은 시모니데스가 자기들을 배신자로 취급한다고 오해한 것이다. 일리온(Ilion)은 트로이아 성을 달리 부르는 이름이다.

64 아테나는 오뒷세우스의 수호 여신이다. 테세우스(Theseus)는 아테나이를 강력한

나 훌륭한 남자 또는 여자가 선호한 것도 좋은 것이다.

대체로 말해 사람들이 신중하게 선택한 것은 모두 좋은 것이다. 그 ₂₀리고 사람들은 앞서 말한 것들과 적에게 해로운 것과 친구에게 유익한 것과 가능한 것을 신중하게 선택해 행한다. 가능한 것은 일어날 수 있는 것과 쉽게 일어날 수 있는 이 두 가지이다. 쉽게 일어날 수 있는 것이란 힘들이지 않고 단시간에 일어나는 것을 말한다. 어렵다는 것은 힘이 들거나 오래 걸리는 것이라고 정의할 수 있을 테니까. 사람들이 원하는 대로 되는 것도 좋은 것이다. 사람들은 전혀 해롭지 않거나 유 ₂₅익한 점보다 해로운 점이 더 적은 것을 원하는데, 이런 일은 처벌이 눈에 띄지 않거나 경미할 때 일어난다. 특별한 것, 다른 누구도 갖지 않은 것, 예사롭지 않은 것도 좋은 것이다. 이런 것들은 명예를 드높여주기 때문이다. 사람들에게 어울리는 것도 좋은 것이다. 출신과 권능에 적절한 모든 것, 사람들이 사소한 것임에도 자기에게 부족하다고 느끼고는 그것을 얻기로 신중하게 선택해 행하는 것이 그런 것들이다. ₃₀쉽게 성취할 수 있는 것도 좋은 것이다. 그런 것은 쉽기에 가능하기 때문이다. 모든 사람이나 대부분의 사람 또는 우리와 대등한 사람들이나 우리보다 열등한 사람들이 성공적으로 해낸 것이 그런 것이다. 친

통일 국가로 만든 전설적 영웅인데 제우스의 딸 헬레네와 결혼하려고 그녀를 납치한 적이 있다. 알렉산드로스(Alexandros '남자를 막아내는 자')는 트로이아 왕자 파리스를 달리 부르는 이름이다. 불화의 여신 에리스(Eris)가 '가장 아름다운 이에게'라고 적은 사과를 신들의 잔치자리에 던지자 헤라와 아테나와 아프로디테(Aphrodite)가 그 사과는 자기 것이라며 다툰다. 여신들은 장성하면 트로이아를 망칠 것이라는 이유로 산중에 버려져 목동 생활을 하던 미남 파리스에게 심판받자고 합의하는데, 파리스는 절세미인 헬레네를 아내로 주겠다고 약속하는 아프로디테의 손을 들어준다.

구를 즐겁게 하거나 적을 짜증나게 하는 것은 좋은 것이다. 우리가 경탄하는 사람들이 신중하게 선택해 행하는 것도 좋은 것이다. 또한 우리에게 소질이 있거나 경험이 있는 것도 좋은 것이다. 우리는 그런 것들에는 더 쉽게 성공할 것이라고 생각하기 때문이다. 하찮은 자라면 그 누구도 원하지 않는 것도 좋은 것이다. 그런 것들은 더더욱 칭찬받을 만하기 때문이다. 사람들이 간절히 바라는 것도 좋은 것이다. 그런 것들은 더 즐거울 뿐만 아니라 더 훌륭해 보이기 때문이다. 무엇보다도 사람들은 저마다 자기가 바라는 것을 좋은 것이라고 생각한다. 승부욕이 있는 자들은 승리를, 야심가들은 명예를, 돈을 좋아하는 자들은 돈을 좋은 것이라고 여기는 식으로 말이다. 이런 것들이 좋은 것과 유용한 것과 관련하여 증거들을 대야 하는 논제들이다.

제7장—상대적 유용성

그러나 사람들은 흔히 두 가지 모두 유용하다는 데는 동의하면서도 5
어느 것이 더 유용한지를 두고 다투므로 이번에는 어느 것이 더 좋고
더 유용한지 논해야 한다. 웃도는 것은 그만큼 크고도 좀더 큰 것이
고, 밑도는 것은 다른 것 안에 포함되는 것이라고 하자. '더 크다'와 '더
많다'는 언제나 '더 적은' 것에 상대적이고, '크다' '작다' '많다' '적다' 10
는 사물의 통상적 크기에 상대적이다. 큰 것은 통상적 크기를 웃도는
것이고, 작은 것은 통상적 크기를 밑도는 것이다. '많다' '적다'도 이 점
은 마찬가지이다.

따라서 우리가 좋음이라고 부르는 것은 다른 것 때문이 아니라 그
자체로 바람직한 것, 모두가 갈망하는 것, 지성과 실천적 지혜[65]를 가
진 자라면 선택할 만한 것, 그런 좋음을 낳거나 보존하거나 그런 좋 15
음이 늘 뒤따르는 것이다. 또한 (그 때문에 무엇인가가 행해지는 것은
목표이고) 목표는 그 때문에 다른 것들이 행해지는 것이고, 각 개인
에게는 자신과 관련해 이런 조건들을 충족하는 것이 좋음이다. 만약
하나나 소수의 좋음이 다수의 좋음에 포함된다면 틀림없이 다수의
좋음이 하나나 소수의 좋음보다 더 큰 좋음이다. 다수는 소수를 웃
돌고 다수에 포함되는 소수는 다수를 밑돌기 때문이다. 20

그리고 한 부류의 가장 큰 구성원이 다른 부류의 가장 큰 구성원을
능가하면, 첫 번째 부류는 두 번째 부류를 능가할 것이다. 또한 한 부

---

65 phronesis. 소피아(sophia)가 '사변적 지혜'인 데 반해 프로네시스(phronesis)는 '실
천적 지혜'이다.

류가 다른 부류를 능가하면 첫 번째 부류의 가장 큰 구성원은 두 번째
부류의 가장 큰 구성원을 능가할 것이다. 이를테면 가장 큰 남자가 가
25 장 큰 여자보다 더 크다면 남자 일반이 여자 일반보다 더 클 것이며, 남
자 일반이 여자 일반보다 더 크다면 가장 큰 남자도 가장 큰 여자보다
더 클 것이다. 부류 사이의 우위는 그 부류에 포함된 개체의 우위에
비례하기 때문이다.

A는 B에 따라오는데 B는 A에 따라오지 않을 때는 B가 A보다 더 크
다. A의 사용은 B의 사용에 포함되기 때문이다. 사물은 다른 사물에
30 동시적이거나 계기적으로 또는 잠재적으로 따라온다. 살아 있다는 것
은 건강에 동시적으로 따라오지만, 건강이 살아 있다는 것에 동시적
으로 따라오지는 않는다. 지식은 배움에 계기적으로 따라오고, 절도
는 성물 절취에 잠재적으로 따라온다. 성물 절취범은 언제든지 훔칠
수 있기 때문이다.

또한 둘 다 제3의 것을 능가할 경우 더 많이 능가하는 것이 둘 중 더
크다. 그것은 다른 둘 가운데 더 큰 것도 더 작은 것도 능가하기 때문
35 이다. 또한 더 큰 좋음을 낳는 것이 더 크다. 우리는 이것이 더 큰 것을
낳는 것을 의미한다는 데 동의한 바 있다. 마찬가지로 더 큰 좋음이 낳
는 것이 더 크다. 만약 건강에 좋은 것이 즐거움을 주는 것보다 더 바
람직하고 더 큰 좋음이라면, 건강도 즐거움보다 더 큰 좋음이다. 또한
1364a 그 자체로 바람직한 것은 그 자체로 바람직하지 않은 것보다 더 큰 좋
음이다. 이를테면 체력은 건강에 좋은 것보다 더 큰 좋음이다. 건강에
좋은 것은 그 자체 때문에 추구하는 것이 아니지만, 체력은 그 자체 때
문에 추구하니까. 우리는 이것이 좋음의 의미라는 데 동의한 바 있다.

64

또한 둘 중 하나는 목표이고 다른 것은 목표가 아니라면 전자가 더 큰 좋음이다. 전자는 그 자체로 바람직하지만 후자는 다른 것 때문에 바람직하니까. 이를테면 운동은 몸을 좋은 상태로 유지하기 위한 수단이다. 또한 둘 중 다른 것 또는 다른 것들이 덜 필요한 것이 더 자족적이므로 더 큰 좋음이다. 그리고 덜 필요하다는 것은 더 적은 것 또는 더 쉬운 것이 필요하다는 뜻이다. 둘 중 하나는 다른 것의 도움 없이는 존재하지 않고 생성될 수 없는데 다른 것은 도움 없이도 존재할 수 있다면, 도움이 필요 없는 것이 더 자족적이고 따라서 분명 더 큰 좋음이다.

또한 다른 것들의 제1원리[66]인 것이 제1원리가 아닌 것보다 또는 다른 것들의 원인인 것이 원인이 아닌 것보다 더 큰 좋음이다. 그 이유는 같다. 말하자면 원인과 제1원리 없이는 그 무엇도 존재하거나 생성될 수 없다. 또한 서로 다른 두 제1원리 또는 원인이 있다면, 더 중요한 제1원리 또는 원인의 결과가 더 중요하다. 반면에 두 제1원리 또는 원인이 있다면 더 중요한 결과를 낳는 것이 더 중요하다. 따라서 앞서 말한 바에 따르면 하나의 사물은 분명 두 관점에서 더 중요해 보일 수 있다. 그것은 제1원리인데 다른 것은 제1원리가 아니라면 그렇고, 그것은 제1원리가 아니라 목표인데 다른 것은 제1원리라면 그렇다. 더 중요한 것은 목표이지 제1원리가 아니기 때문이다. 그래서 레오다마스는 칼리스트라토스를 고발하며 조언하는 사람이 없었다면 조언대로 행해질 수 없었을 테니 조언하는 자가 조언한 대로 행하는 자보다 죄가 더

66 arche.

많다고 말했다. 반대로 레오다마스는 카브리아스를 고발하며 음모의 목적은 행동인 만큼 행하는 자가 없었다면 어떤 행위도 행해질 수 없었을 테니 행하는 자가 조언하는 자보다 죄가 더 많다고 말했다.[67]

또한 더 귀한 것이 흔한 것보다 더 큰 좋음이다. 그래서 금이 무쇠보다 더 좋은 것이다. 금은 쓸모는 더 적지만 얻기가 더 어렵기에 그만큼 더 소유할 가치가 있다. (하지만 관점에 따라서는 흔한 것이 귀한 것보다 더 좋은 것이다. 흔한 것이 더 자주 쓰이기 때문이다. 자주 쓰이는 것은 드물게 쓰이는 것을 능가하니까. 그래서 다음과 같은 말이 생겨난 것이다.)

　　가장 좋은 것은 물이다.[68]

대체로 더 어려운 것이 더 쉬운 것보다 좋다. 더 어려운 것이 더 귀하기 때문이다. 하지만 관점에 따라서는 더 쉬운 것이 더 어려운 것보다 더 좋다. 더 쉬운 것은 우리가 원하는 대로 되기 때문이다. 더 쉬운 것

67　기원전 366년 테바이(Thebai)군이 앗티케(Attike) 지방의 변경도시 오로포스(Oropos)를 점령하자 아테나이 정치가 칼리스트라토스(Kallistratos)는 테바이인들에게 철군을 종용해보자고 제안한다. 그래서 그의 동료 카브리아스(Chabrias)가 협상을 했으나 테바이군이 철군을 거부하자 아테나이 웅변가 레오다마스(Leodamas)가 칼리스트라토스와 카브리아스를 고발한다.

68　핀다로스(Pindaros), 『올륌피아 경기 우승자들에게 바치는 송가』(*Olympionikai*) 제1가(歌) 1행. 핀다로스(기원전 518~446년 이후)는 테바이 근처에서 태어난 그리스 서정시인으로 그리스 4대 경기에서 우승한 자들을 위해 써준 승리의 송시(epinikion)들이 유명하다.

과 반대되는 것이 더 큰 나쁨이고, 나쁨을 더 많이 상실한 것이 더 큰 좋음이다. 미덕은 악덕이 아닌 것보다 더 중요하고, 악덕은 미덕이 아닌 것보다 더 중요하다. 미덕과 악덕은 목표이고, 악덕이 아닌 것과 미덕이 아닌 것은 목표가 아니기 때문이다. 또한 사물의 기능이 고매한가 아니면 열등한가에 비례하여 사물 자체도 좋거나 나쁘다. 반대로 사물 자체가 좋은가 아니면 나쁜가에 비례하여 사물의 기능도 좋거나 35 나쁘다. 결과의 성질은 원인과 제1원리의 성질에 부합하며, 거꾸로 원인과 제1원리의 성질은 결과의 성질에 부합하기 때문이다. 또한 능가하는 것이 더 바람직하고, 더 훌륭한 것이 더 큰 좋음이다. 이를테면 시각이 날카로운 것이 후각이 날카로운 것보다 더 바람직하다. (시각이 후각보다 더 바람직하기 때문이다.) 또한 친구를 사랑하는 것이 돈 1364b 을 사랑하는 것보다 더 고매하다. 따라서 친구에 대한 사랑이 돈에 대한 사랑보다 더 고매하다. 그런가 하면 정상적인 두 사물 가운데 A가 B보다 더 훌륭하거나 더 고매하다면, A가 비범한 것이 B가 비범한 것보다 더 훌륭하거나 더 고매하다. 또한 그것을 욕구하는 것이 더 고매 5 하고, 더 훌륭한 것이 그 자체로도 더 고매하고 더 훌륭하다. 더 큰 욕구는 더 큰 것을 지향하기 때문이다. 같은 이유에서 A가 B보다 더 고매하고 더 훌륭하다면 A를 욕구하는 것이 더 고매하고 더 훌륭하다.

A라는 학문[69]이 B라는 학문보다 더 고매하고 더 진지하다면 A가 다루는 주제들도 더 고매하고 더 진지하다. 학문에 따라 그것이 추구하는 진리도 달라지고 학문은 저마다 자기 영역에 속하는 것을 정해

---

69 episteme.

10 주기 때문이다. 따라서 같은 논리에 따라 학문 대상이 더 진지하고 더 고매할수록 학문 자체도 더 진지하고 더 고매한 것이다. 또한 지혜로운 사람 모두나 대다수, 또는 다수나 가장 능력 있는 사람이 더 큰 좋음이라고 판단하거나 판단한 것도 무조건 또는 그들이 지혜로운 사람으로서 판단한 만큼 틀림없이 그런 것이다. 이것은 다른 것에도 적용

15 되는 보편 원칙이다. 본성과 양과 질도 학문과 지혜로 규정되는 그런 것이기 때문이다.

하지만 여기서 이런 원칙은 좋음에만 적용된다. 우리는 좋음이란 모든 것이 실천적 지혜를 가지면 주어진 경우에 선택할 법한 것이라고 정의한 바 있다. 따라서 실천적 지혜가 그렇다고 인정하는 것이 분명

20 더 큰 좋음이다. 또한 더 훌륭한 사람이 소유하는 것이 일반적으로 또는 더 훌륭한 범위에서 더 훌륭하다. 이를테면 용기가 체력보다 더 훌륭하다. 또한 훌륭한 사람이 일반적으로 또는 더 훌륭한 사람이기에 선택할 법한 것이 더 큰 좋음이다. 이를테면 불의를 행하는 것보다 불의를 당하는 것이 더 좋은 것이다. 더 올바른 사람은 불의를 당하는 쪽을 선택할 법하기 때문이다. 또한 더 즐거운 것이 덜 즐거운 것보다 더 큰 좋음이다. 모든 것이 즐거움을 추구하고 그 자체를 위해 즐거움

25 을 원하기 때문이다. 그리고 이런 것은 좋음과 목표를 규정하는 두 특징이다. 그리고 덜 고통스럽고 더 오래가는 것이 더 즐거운 것이다. 또한 더 고매한 것이 덜 고매한 것보다 더 좋은 것이다. 고매한 것은 즐겁거나 그 자체로 바람직한 것이니까. 사람들이 자신이나 친구를 위해 간절히 마련하고 싶어하는 것들이 더 큰 좋음이고, 사람들이 그러기

30 를 가장 덜 바라는 것들이 더 큰 나쁨이다. 또한 오래가는 것이 단명

68

한 것보다 더 좋고, 안전한 것이 안전하지 못한 것보다 더 좋다. 오래가는 것은 오래 쓸 수 있고, 안전한 것은 우리가 원할 때마다 거기 있어 우리 뜻을 더 따르기 때문이다.

어원이 같은 말과 동일한 어간에서 활용된 말 사이의 관계는 모든 경우에 적용된다. 이를테면 만약 '용감하게'가 '절제 있게'보다 더 고 35 매하고 더 바람직하다면, '용기'가 '절제'보다 더 바람직하고 '용감하다'가 '절제 있다'보다 더 바람직하다. 또한 모두가 선택하는 것이 모두가 선택하지 않는 것보다, 다수가 선택하는 것이 소수가 선택하는 것보다 더 큰 좋음이다. 좋음은 모두가 바라는 것이고, 따라서 많은 사 1365a 람이 바라는 것일수록 더 큰 좋음이기 때문이다. 경쟁관계에 있는 자나 적대관계에 있는 자, 또는 권한을 부여받은 재판관이나 이들이 자신을 대리하도록 선출한 자가 더 좋다고 인정하는 것도 더 좋은 것이다. 처음 두 경우는 사실상 모두가 선택하는 것이고, 나중 두 경우는 권위 있는 자와 전문가가 선택하는 것이기 때문이다.

또한 때로는 모두가 참여하는 것이 더 큰 좋음이다. 거기에 참여하지 못하는 것은 치욕이니까. 때로는 아무도 참여하지 않거나 소수만 5 참여하는 것이 더 큰 좋음이다. 더 귀한 것이니까. 또한 더 칭송받는 것이 더 큰 좋음이다. 더 고매한 것이니까. 마찬가지로 더 큰 명예가 주어지는 것이 더 큰 좋음이다. 명예는 일종의 가치 척도이니까. 반대로 더 큰 벌을 받는 것은 더 큰 나쁨이다. 좋다고 인정받거나 믿어지는 다른 것보다 더 좋은 것도 더 좋은 것이다. 또한 같은 것을 부분으로 10 나누기만 해도 더 커 보인다. 그것은 전보다 더 많은 것을 능가하는 것처럼 보이니까. 그래서 시인[70]은 멜레아그로스[71]가 다음과 같은 말에 설득되어 자리를 박차고 일어나 싸웠다고 말한다.

> 함락된 도성의 주민이 당하는 온갖 슬픔을 빠짐없이 다
> 말해주었소. 전사들은 도륙되고, 도시는 불에 타 잿더미가 되고,
15 > 아이들은 이방인에게 끌려간다고.[72]

에피카르모스[73] 식으로 사실들을 결합하고 축적하는 것도 같은 이유에서 같은 효과를 낼 수 있다. 결합도 (크게 능가한다는 인상을 주고) 중대한 결과들의 원리이자 원인인 것 같으니까. 또한 구하기 더 어렵고 더 귀한 것이 더 좋은 것이므로 특별한 기회, 나이, 장소, 시간, 20 타고난 힘도 큰 효과를 낼 수 있다. 타고난 능력이나 나이나, 비슷한 사람들이 할 수 있는 것을 능가하는 것을 특정한 방법으로 특정한 장소와 특정한 시간에 성취하는 사람이 있다면, 그의 행위는 크게 고매하거나 훌륭하거나 올바르거나 아니면 그런 것들과 반대될 것이다.

---

70 호메로스(Homeros). 기원전 730년경에 활동한 그리스 서사시인이다. 그의 작품으로는 『일리아스』와 『오뒷세우스』가 남아 있다.
71 Meleagros. 칼뤼돈(Kalydon) 시의 왕 오이네우스(Oineus)와 알타이아(Althaia)의 아들로 온 나라를 유린하던 거대한 멧돼지를 퇴치한 영웅이다. 멧돼지의 뒤처리를 놓고 다투다가 외삼촌들을 죽인 까닭에 어머니가 자신을 저주하자 나가 싸우기를 거부하고 두문불출한다. 하지만 전쟁에서 패한 나라의 참상을 아내가 생생하게 알리며 간절히 애원하자 자리를 박차고 일어나 적군을 물리친다.
72 『일리아스』 9권 592~594행.
73 Epicharmos. 기원전 6세기 말에서 5세기 초에 활동한 시칠리아 출신 그리스 희극 작가.

그래서 올림피아 경기 우승자를 다룬 경구가 생겨난 것이다.

> 이전에 나는 양어깨에 딱딱한 막대기를 메고   25
>
> 아르고스에서 테게아[74]로 물고기를 나르곤 했지요.[75]

그래서 이피크라테스[76]도 자기는 미천한 집안에서 출세했다고 자화자찬했던 것이다. 또한 타고난 것이 얻은 것보다 더 좋은 것이다. 타고나는 것이 더 어렵기 때문이다. 호메로스는 다음과 같이 말한다.

> 나는 독학했습니다.[77]   30

또한 좋은 것 중에서 가장 좋은 것이 가장 바람직하다. 그래서 페리클레스[78]는 추도사에서 나라가 젊은이를 빼앗기는 것은 한 해의 봄을 빼앗기는 것과 같다고 말했던 것이다.[79] 늙었거나 병들었을 때처럼 더

---

74 아르고스는 펠로폰네소스 반도 북동부에 있는 아르골리스(Argolis) 지방의 도시이고, 테게아(Tegea)는 펠로폰네소스 반도 내륙 지역인 아르카디아(Arkadia) 남동부에 있는 도시이다.

75 시모니데스, 단편 163(Bergk). 시모니데스(기원전 556~467년)는 케오스 섬 출신의 서정시인이다.

76 Iphikrates. 제화공 아들로 태어나 아테나이 장군이 된 인물로 아리스토텔레스와 동시대인이다.

77 『오뒷세이아』 22권 347행.

78 Perikles(기원전 495년경~429년). 페리클레스는 아테나이 직접민주제를 완성한 정치가이자 장군이다.

79 이런 말은 투퀴디데스(Thoukydides)가 쓴 『펠로폰네소스 전쟁사』(*Ho polemos ton*

필요할 때 도움이 되는 것이 더 좋은 것이다. 둘 가운데 목표에 더 가
35 까운 것이 더 좋은 것이다. 특정 개인에게도 쓸모 있고 일반적으로도
쓸모 있는 것이 더 바람직한 것이다. 또한 가능한 것이 불가능한 것보
다 더 좋은 것이다. 가능한 것은 쓸모가 있지만, 불가능한 것은 쓸모
가 없기 때문이다. 삶의 목표에 도달한 것도 더 좋은 것이다. 목표에
가까운 것일수록 그만큼 더 목표와 같기 때문이다.

1365b   또한 실재를 겨냥하는 것이 겉모양을 겨냥하는 것보다 더 좋은 것
이다. 후자는 남의 눈에 띄지 않는다면 아무도 선택하지 않을 법한 것
이라고 정의할 수 있기 때문이다. 그래서 선행을 베푸는 것보다 선행
을 받는 것이 더 좋은 것이라고 생각된다. 선행을 받는 것은 아무도
알아주지 않더라도 누가 선택할 법하지만, 선행을 베푸는 것은 아무
5 도 알아주지 않으면 누가 선택할 법하지 않기 때문이다. 우리가 그렇
게 보이기보다는 참으로 그러기를 원하는 것이 더 좋은 것이다. 그러
기를 원하는 것이 더 실재를 겨냥하기 때문이다. 그런데 사람들은 정
의로운 것보다 정의롭게 보이는 것이 더 바람직하다는 이유로 정의**80**
도 하찮은 것이라고 말한다. 그러나 건강의 경우는 그렇지 않다. 사는
데, 잘사는 데, 즐기는 데, 고매하게 행동하는 데 쓸모 있는 것처럼 여
10 러 목적에 더 쓸모 있는 것이 더 좋은 것이다. 건강과 부는 이런 특징
을 모두 갖기에 가장 큰 좋음이라고 생각된다. 또한 고통이 없고 즐거

Peloponnesion kai Athenaion)의 페리클레스 추도사(기원전 431년)에는 나오지 않는다.
아마도 사모스(Samos)에서 전사한 젊은이들을 기리기 위한 추도사(기원전 440년)에
서 그가 한 말인 것 같다.
80 dikaiosyne.

움이 수반되는 것이 더 좋은 것이다. 거기에는 고통 없음과 즐거움이라는 두 가지 좋음이 있기 때문이다. 둘이 같은 것에 보태졌을 때 그 중 전체를 더 크게 만드는 것이 더 큰 좋음이다. 또한 있다는 것이 눈에 보이는 것은 실재에 더 관여하므로 있다는 것이 눈에 보이지 않는 것보다 더 좋은 것이다. 그래서 부는 소유하고 있다는 것이 남에게 알 15 려질 때 더 큰 좋음인 것 같다. 또한 때로는 혼자 있을 때, 때로는 다른 것들과 같이 있을 때 소중한 것도 더 큰 좋음이다. 그래서 외눈박이를 눈멀게 하는 자와 두 눈을 가진 사람을 눈멀게 하는 자는 상대방에게 똑같은 상해를 입히는 것이 아니다. 외눈박이는 가장 소중한 것을 잃기 때문이다. 이상으로 권유하거나 만류할 때 설득 수단들을 이끌어 20 내야 할 논제들을 사실상 다 열거했다.

제8장—정체들

그러나 청중을 설득하고 훌륭한 조언을 할 수 있는 모든 수단 가운데 가장 중요하고 가장 효과적인 것은 모든 정체(政體)를 알고 각 정체의 관습과 제도와 이점을 구별하는 것이다. 모든 사람은 자신에게 유익한 25 것에 설득되고, 유익한 것은 정체를 보전하기 때문이다. 또한 권위 있는 결정을 내리는 것은 최고 권위의 몫인데, 이것은 정체 형태에 따라 달라진다. 실제로 정체 형태만큼이나 많은 최고 권위가 있다. 정체는 민주정체, 과두정체, 귀족정체, 전제정체[81] 이렇게 네 가지가 있다. 따라서 30 최고 권위와 결정을 내리는 것은 이들 중 하나이거나 이들 전부이다.

민주정체는 추첨으로 관직이 배정되고, 과두정체는 재산등급[82]으로 관직이 배정된다. 귀족정체는 교육[83]으로 관직이 배정되는 정체인데, '교육'이란 여기서는 법률로 정해진 교육을 의미한다. 실제로 귀족 35 정체에서는 통치권이 법률이 정하는 깃에 충실한 자들의 수중에 있 1366a 다. 그들은 최선자들[84]로 보일 수밖에 없는데, 거기서 귀족정체란 명칭이 유래했다. 전제정체란 말 그대로 한 사람이 모두의 주인인 정체이다. 전제정체는 두 가지가 있는데, 그중 어떤 규정의 제약을 받는 것은 왕도정체[85]이고 아무런 제약도 받지 않는 것이 참주정체[86]이다.

81 demokratia, oligarchia, aristokratia, monarchia.
82 timema.
83 paideia.
84 hoi aristoi. 귀족정체는 원래 '최선자 또는 최선자들의 정체'라는 뜻이다.
85 basileia.
86 tyrannis. 참주는 일종의 군사 독재자이다.

또한 우리는 각 정체가 추구하는 목표를 간과해서는 안 된다. 사람들은 목표를 실현할 만한 행동을 선택하기 때문이다. 민주정체의 목표는 자유[87]이고, 과두정체의 목표는 부이며, 귀족정체의 목표는 교육과 법규와 관계가 있으며, 참주정체의 목표는 참주 자신을 지키는 것이다. 그래서 각 정체의 목표를 실현할 관습과 법규와 이점을 분명 구별해야 한다. 사람은 자신의 목표에 맞춰 수단을 선택하니까.

그러나 설득 수단은 증명하는 논증뿐 아니라 도덕적 논증에 의해서도 산출되므로 ─ 우리는 어떤 자질, 즉 좋음이나 선의나 이 둘을 모두 보여주는 연설가를 신뢰하니까 ─ 각 정체에 고유한 도덕적 자질을 알아야 한다. 각 정체에 고유한 도덕적 성격은 우리가 그 정체를 다룰 때 틀림없이 가장 효과적인 설득 수단을 제공할 것이기 때문이다. 우리는 정체의 자질을 개인의 자질을 아는 것과 같은 방법으로 알 것이다. 정체의 자질은 계획적 선택 행위에서 드러나고, 계획적 선택 행위는 목표에 의해 결정되기 때문이다.

이상으로 무엇을 권유할 때 미래의 것이든 현재의 것이든 어떤 것을 고려해야 하며, 어떤 논제들에서 그것들이 유용하다는 증거를 이끌어내야 하는지 밝혔다. 또한 우리는 여러 정체의 특성과 관행을 어떤 수단과 방법으로 잘 알 수 있는지도 간단하게 살펴보았다. 지금 당장 필요한 범위 내에서 말이다. 그런 것들은 『정치학』에서 자세히 논의된 바 있다.[88]

---

87 eleutheria.
88 아리스토텔레스, 『정치학』 3권 7~18장, 4권.

제9장─과시용 연설

이번에는 미덕과 악덕, 고매함과 비열함에 대해 논하기로 하자. 그런
것들이 찬양과 비난의 대상이기 때문이다. 그런 것들을 논의함으로
25 써 우리는 부차적으로 우리가 이러저러한 성격임을 밝히는 수단들을
드러낼 텐데, 그것은 앞서 말했듯이 두 번째 설득 수단이다.[89] 우리가
미덕과 관련해 우리 자신을 믿게 만드는 방법과 남을 믿게 만드는 방
법은 같은 것이니까. 그런데 사람들은 농담조로도 진지하게 찬양할
30 수 있고 때로는 인간이나 신만이 아니라 무생물이나 아무 동물이나
찬양할 수 있으므로, 여기서도 무엇에 근거하여 논의를 전개해야 하
는지 알아야 한다. 그러니 예증 차원에서라도 그런 것들에 대해 논의
하도록 하자.

고매한 것[90]은 그 자체로 바람직하고 칭찬받을 만한 것, 또는 좋기
도 하고 좋기에 즐겁기도 한 것이다. 이것이 고매한 것이라면, 미덕은
35 틀림없이 좋은 것이다. 좋은 것은 칭찬받아 마땅하니까. 또한 미덕은
일반적 견해에 따르면 좋은 것을 낳고 보전할 수 있는 능력이자 많고
큰 좋음을, 사실상 모든 경우에 모든 것을 가져다주는 능력이다. 미
1366b 덕의 구성 요소는 올바름, 용기, 절제, 통 큼,[91] 호방함,[92] 후함,[93] 온유

---

89 1권 2장 1356a 참조.
90 kalon. 또는 '아름다운 것'.
91 megalopsychia.
92 megaloprepeia.
93 eleutheriste.

76

함,[94] 실천적 지혜, 사변적 지혜이다. 만약 미덕이 남에게 선행을 베풀 수 있는 능력이라면, 남에게 가장 유용한 미덕이 가장 큰 미덕이다. 그래서 사람들은 올바름과 용기를 가장 존중한다. 용기는 전쟁 때 남에게 유용하고, 올바름은 평화 시에도 남에게 유용하기 때문이다. 그다음은 후함이다. 다른 사람들은 무엇보다도 돈을 탐하는데, 후한 사람은 인색하거나 돈 문제로 다투지 않기 때문이다. 올바름은 각자가 법률에 따라 자기 것을 누리는 미덕이고, 불의[95]는 사람들이 법률을 어기고 남의 것을 누리는 악덕이다. 용기는 사람들이 법률이 시키는 대로 법의 명령에 따라 위험해도 고매한 행위를 하게 하는 미덕이고, 비겁함은 그 반대이다. 절제는 몸의 즐거움과 관련해 사람들이 법률이 시키는 대로 행하고 싶게 하는 미덕이고, 방종[96]은 그 반대이다. 후함은 남을 위해 돈을 쓰게 만들고, 인색[97]은 그 반대이다. 통 큼은 사람들이 남을 위해 크게 선행을 베풀게 하는 미덕이고, 옹졸함[98]은 그 반대이다. 호방함은 금전을 지출하는 데서 크게 베푸는 미덕이고, 통 큼과 도량의 반대가 각각 옹졸함과 쩨쩨함[99]이다. 실천적 지혜는 사람들이 앞서 말한 좋은 것들[100]과 나쁜 것들을 행복과 관련해 현명하게 심

94   praotes.
95   adikia.
96   akolasia.
97   aneleutheria.
98   mikropsychia.
99   mikroprepeia.
100   1권 6장 1362b 참조.

의할 수 있게 해주는 사고[101]의 미덕이다.

미덕과 악덕 일반과 그 여러 형태에 대해서는 현재로서는 이상으로 충분히 언급했으며, 그것들의 다른 국면을 식별하는 것은 어려운
25 일이 아니다. 미덕을 낳는 것은 (미덕을 지향하는 한) 분명 고매한 것임이 틀림없고, 미덕에서 생겨나는 것도 미덕의 지표이자 작품이므로 고매한 것임이 틀림없으니까. 그리고 미덕의 지표와 훌륭한 사람이 행하거나 당하는 것은 고매하므로, 용기 또는 모든 용감한 행위의 지표
30 와 작품도 당연히 고매하다. 그 점에서는 올바른 것과 올바르게 행한 것도 마찬가지이다. (그러나 우리가 정당하게 당하는 것은 그렇지 않다. 미덕 중에서도 이 경우만은 정당하게 당하는 것이 언제나 고매한 것은 아니기 때문이다. 이를테면 누가 처벌받을 경우 부당하게 처벌받는 것보다 정당하게 처벌받는 것이 더 수치스럽다.) 다른 미덕도 마찬가지이다.

35 그 보답이 명예뿐이거나 돈보다도 명예인 행위는 고매하다. 누가 남을 위해 행하는 바람직한 행위도, 누가 자기 이익은 무시하고 나라를 위해 행하는 것과 같은 절대적으로 훌륭한 행위도, 본성상 훌륭한 행위, 행위자 개인을 위해 좋은 것이 아닌 행위도 고매하다. 행위자 개
1367a 인을 위해 좋은 행위는 그 동기가 이기적이기 때문이다. 또한 그 이익을 살아생전보다는 사후에 누릴 수 있는 행위가 고매하다. 그 이익을 살아생전에 누릴 수 있는 행위는 그 동기가 더 이기적이기 때문이다. 남을 위한 행위도 고매하다. 이런 행위는 덜 이기적이기 때문이다. 자

---

101 dianoia.

78

신이 아니라 남을 이롭게 하는 모든 성공도, 은인을 위한 모든 봉사도 5
고매하다. 은인을 위한 봉사는 정당하기 때문이다. 한마디로 선행은
고매하다. 선행은 사심이 없기 때문이다. 또한 우리가 부끄러워하는
것과 반대되는 행위도 고매하다. 사람들은 수치스러운 것을 말하거나
행하거나 의도하는 것을 부끄러워하기 때문이다. 그래서 알카이오스
가 "나는 고백하고 싶은데 수치심이 나를 방해하는구려"[102]라고 말했
을 때, 삽포는 다음과 같이 대답했던 것이다.

> 그대가 훌륭하고 고매한 것을 원했고,   10
>
> 나쁜 것을 말하려고 혀를 움직인 것이 아니라면,
>
> 부끄러움이 그대의 두 눈을 사로잡지 않았을 것이며
>
> 그대는 올바른 것을 말했겠지요.[103]   15

　사람들이 두려움 없이 쟁취하려고 하는 것들도 고매하다. 사람들
은 좋은 평판을 얻게 해주는 좋은 것에 그런 감정을 느끼기 때문이다.
본성적으로 더 진지한 자의 미덕과 행위가 더 고매하다. 이를테면 남
자의 미덕과 행위가 여자의 미덕과 행위보다 더 고매하다. 또한 자신
보다 남을 즐겁게 해주는 미덕과 행위가 더 고매하다. 그래서 올바른
것과 올바름이 고매한 것이다. 원수에게 복수하고 타협하지 않는 것   20

102　알카이오스(Alkaios), 단편 55(Bergk). 알카이오스는 기원전 7세기에 활동한 레
스보스(Lesbos) 섬 출신 그리스 서정시인이다.

103　삽포(Sappho), 단편 28(Bergk). 삽포는 기원전 600년경에 활동한 레스보스 섬 출
신 그리스 여류 시인이다.

이 고매하다. 복수하는 것은 올바르고, 올바른 것은 고매하고, 지지 않는 것은 용기의 징표이기 때문이다. 승리와 명예도 고매한 것에 속한다. 그것들은 둘 다 수익이 없어도 바람직하고, 그래서 그것들의 미덕이 우월하다는 것을 입증하기 때문이다. 기억할 만한 가치가 있는

25 것들은 고매하며, 고매한 것일수록 더 오래 기억된다. 그리고 사후에도 지속되는 것, 명예가 따라오는 것, 걸출한 것, 단 한 사람만이 가진 것이 고매하다. 이런 것들은 더 잘 기억되기 때문이다. 수익이 없는 재산도 고매하다. 그런 것은 자유민에게 더 어울리기 때문이다. 각 집단 특유의 자질과 각 집단이 각별히 높이 평가하는 것의 지표도 모두 고

30 매하다. 이를테면 라케다이몬인 사이에서는 긴 머리가 고매하다. 자유민의 지표이기 때문이다. 머리가 긴 사람은 천한 일을 하기가 쉽지 않으니까. 어떤 수공업[104]에도 종사하지 않는 것 역시 고매하다. 남이 시키는 대로 살지 않는 것이 자유민의 지표이기 때문이다.

　　또한 누군가를 칭찬하거나 비난하고 싶을 때는 그가 실제로 가진 자질과 비슷한 자질은 실제로 가진 자질과 같은 것이라고 여겨야 한

35 다. 이를테면 조심스러운 사람은 냉철하고 사려 깊으며, 어리석은 사람은 정직하고, 둔감한 사람은 점잖다고 여겨야 한다. 우리는 매번 누군가에게 그의 실제 자질과 비슷한 미덕을 덧씌움으로써 그를 이상화할 수 있다. 이를테면 성급하고 격정적인 사람이 솔직하고, 거만한

1367b 사람이 도량이 넓고 위엄이 있다고 말할 수 있다. 또한 극단으로 흐르는 사람들은 그에 상응하는 미덕을 가진 사람이며, 대담한 사람은 용

104　banausos techne.

80

감하며, 낭비벽이 있는 사람은 후하다고 말할 수 있다. 대다수 사람은 그렇게 생각할 것이고, 그와 동시에 동기에서 잘못된 결론을 이끌어 낼 것이기 때문이다. 그럴 필요도 없는데 위험을 무릅쓴다면 고매한 일이라면 더욱더 위험을 무릅쓸 것이라고 여기고, 아무에게나 후하다면 친구에게도 그럴 것이라고 여길 테니 말이다. 미덕의 극치는 모두에게 잘해주는 것이니까. 또한 우리는 어떤 사람들 면전에서 칭찬하는지 살펴보아야 한다. 소크라테스가 말했듯이 아테나이인 사이에서 아테나이인들을 칭찬하기는 어렵지 않기 때문이다.[105] 우리는 우리의 청중이 스퀴타이족[106]이건 라케다이몬인들이건 철학자들이건 간에 그들이 존중하는 것을 거론해야 한다. 대개 존중받는 것은 고매한 것으로 분류된다. 사람들은 이 둘을 사실상 같은 것으로 여기기 때문이다.

또한 행위자에게 걸맞은 모든 행위는 고매하다. 이를테면 그의 선조나 이전 업적에 걸맞은 행위가 그렇다. 그런 행위는 행복하게 해주고, 이전 명예에 새 명예를 덧붙인다는 것은 고매한 일이기 때문이다. 걸맞지 않은 행위라도 예상과는 달리 더 훌륭하고 더 고매하게 행해지면 고매하다. 이를테면 어떤 사람이 행운은 별로 타고나지 못해도 불운을 맞아서 꿋꿋하거나 출세할수록 더 훌륭해지거나 더 유화적이 된다면 그 또한 고매하다. 바로 이것이 "나는 어디에서 출발해 어디까지

---

105 플라톤, 『메넥세노스』(*Menexenos*) 235d 참조. 소크라테스는 아테나이 철학자로 플라톤의 스승이다.

106 Skythai. 흑해 북쪽 기슭과 남러시아에 살던 기마유목 민족.

왔는가!"라는 이피크라테스의 발언과 올륌피아 경기 우승자를 다룬

나는 전에 양어깨에 투박한 바구니를 메고 · · ·

라는 시행과

그녀는 아버지도 남편도 오라비들도 모두 참주였다.[107]

20 라는 시모니데스의 시행이 말하려고 하는 것이다.

그런데 우리는 누군가를 그의 실제 행위 때문에 칭찬하고, 훌륭한 행위는 그 의도가 좋다는 점에서 다른 행위와 구별되므로 우리는 우리 주인공의 고매한 행위가 의도적이라는 것을 입증하려고 노력해야 한다. 그러려면 그가 전에도 여러 번 그렇게 행동한 것처럼 보이는 것

25 이 유리하다. 그래서 우리는 부수적 상황과 우연의 일치를 의도된 것이었다고 주장해야 한다. 유사한 실례가 많이 제시되면 사람들은 그것이 행위자의 미덕과 의도를 가리키는 것이라고 여길 테니까.

칭찬은 누군가의 훌륭한 자질이 탁월하다는 것을 말로 표현하는 것이다. 따라서 우리는 그의 행위가 그런 자질의 산물임을 보여주어야 한다. 그러나 찬사[108]는 실제 행동에 관련되며, 좋은 집안이나 교육

---

107 시모니데스, 단편 111(Bergk). 아테나이의 마지막 참주 힙피아스는 딸 아르케디케(Archedike)를 소아시아 람프사코스(Lampsakos)의 참주 힙포클레스(Hippokles)의 아들인 아이안티데스(Aiantides)에게 시집보냈다.

108 enkomion.

같은 부차적인 것들에 대한 언급은 우리 이야기가 그럴듯하게 들리도 30록 하는 데 도움을 줄 뿐이다. 훌륭한 부모가 훌륭한 자식을 낳고, 훌륭한 교육이 훌륭한 성격을 만들어낼 개연성이 많기 때문이다. 그래서 우리는 무엇인가를 성취한 사람들에게 찬사를 지어 바치는 것이다. 그런데 성취는 행위자의 성격을 나타낸다. 실제로 아무것도 성취하지 못한 사람이라도 그가 그런 일을 해낼 만한 사람이라고 믿는다면 우리는 그를 칭찬하니 말이다. 축복과 축하는 서로 같은 것이지만 35칭찬과 찬사와 같은 것은 아니다. 미덕이 행복에 포함되듯 칭찬과 찬사는 축하에 포함되기 때문이다.

칭찬과 권유는 닮은 점이 있다. 누가 조언하며 권유하는 것은 표현 방식을 바꾸면 찬사가 되기 때문이다. 따라서 우리가 무엇을 하고 어 1368a떤 자질을 갖추어야 하는지 알 때는 이런 앎을 권유로 받아들여 거기에 맞게 표현을 바꾸어야 한다. 이를테면 "우리는 운수 덕분이 아니라 자력으로 성취한 것에 자부심을 느껴야 한다"고 말한다면 이는 권유가 될 것이지만, "그는 운수 덕분이 아니라 자력으로 성취한 것에 자부심을 느낀다"고 표현하면 이는 칭찬이 될 것이다. 따라서 누군가를 5칭찬하고 싶을 때는 무엇을 권유할지 살펴보고, 누군가에게 권유하고 싶을 때 무엇을 칭찬할지 살펴보라. 금지를 권유로 바꿀 때 표현 방법은 반드시 그 반대가 되어야 할 것이다.

또한 칭찬의 효과를 강화하는 유용한 방법도 많다. 이를테면 누가 무엇을 혼자서나 맨 먼저 또는 몇 안 되는 사람과 함께 또는 가장 특출 10하게 해낸 경우가 그렇다. 이런 것들은 모두 고매하기 때문이다. 마찬가지로 시간과 상황을 다루는 논의들도 예상을 뛰어넘을 때는 그럴 수 있다. 누가 같은 일에 거듭해서 성공한 경우도 그럴 수 있다. 그것은 강점이며 운수 덕분이 아니라 자력으로 성취한 것으로 보일 수 있기 때문이다. 격려하거나 명예를 드높이는 행사가 우리의 주인공 때문에 창안되고 정립된 경우도 그렇다. 또한 힙폴로코스[109]처럼 처음으로 찬사가 헌정되거나, 하르모디오스와 아리스토게이톤[110]처럼 시장에 입상이 세워지는 경우도 그럴 수 있다. 이와 반대되는 이유로 우리는 사악한 자들을 비판할 수 있다.

또한 주인공 자신에게서 그런 것을 발견할 수 없을 때는 그를 다른 사람과 비교해야 한다. 법정 연설 경험이 없는 이소크라테스[111]의 수법이기는 하지만 말이다.[112] 하지만 그를 유명인과 비교해야 한다. 그것은 그대의 논리를 강화하는 효과가 있고, 그가 위대한 사람들보다 더 훌륭하다는 것이 입증된다면 그것은 고매한 일이기 때문이다. 효과를 강화하는 방법은 당연히 칭찬하는 연설에 속한다. 그런 방법은 남보다 우월하다는 것을 증명하려 하고, 그런 우월함은 고매함의 일종이기 때문이다. 그래서 우리 주인공을 유명인과 비교할 수 없다면 평범한 사람과 비교해야 한다. 우월함은 미덕을 암시하는 것으로 여겨지기 때문이다. 일반적으로 모든 연설에 공통된 현상 가운데 '효과의 강화'

109 Hippolochos. 그에 관해서는 달리 알려진 것이 없다.
110 동성애를 나누던 하르모디오스(Harmodios)와 아리스토게이톤(Aristogeiton)은 기원전 514년 판아테나이아(Panathenaia) 축제 때 힘을 모아 아테나이 참주인 힙피아스의 아우 힙파르코스(Hipparchos)를 암살해 독재에 저항하는 영웅의 본보기가 되었다.
111 Isokrates(기원전 436~338년). 아테나이의 유명한 연설가.
112 남들과 비교하는 것은 과시용 연설에는 쓸모가 있지만 법정 연설에서는 적합하지 않다.

는 과시용 연설에 가장 적합하고(청중은 주인공의 행위를 이론의 여
지가 없는 것으로 받아들이므로 청중은 그의 행위에 위대함과 고매
함을 덧붙이기만 하면 되니까), 예증은 심의용 연설에 가장 적합하며
(우리는 과거사를 미루어 미래사를 판단하니까), 생략삼단논법은 법 30
정 연설에 가장 적합하다(과거사에 대한 의혹은 특히 원인과 책임을
밝히는 데 적합하니까).

　이상이 칭찬이나 비난의 사실상 모든 자료이고, 칭찬하거나 비난
할 때 명심해야 할 것들이며, 찬사와 비방의 구성 요소들이다. 그런 35
것들을 알면 우리는 그와 반대되는 것들도 알게 된다. 그리고 비난은
그와 반대되는 것에서 비롯된다.

제10장—불의

1368b 그다음으로 우리가 할 일은 '고소'와 '변론'에 관해 논하고 거기서 사용되는 삼단논법의 구성 요소를 열거하고 기술하는 것이다. 우리가 고려해야 할 것은 세 가지인데 첫째, 사람들이 불의를 저지르는 동기의 성질과 개수이고 둘째, 불의를 저지르는 자의 심적 상태이며 셋째, 불의를 저지르는 자의 성격과 기질이다.

5 그렇다면 불의[113]를 고의적인 불법적 가해행위[114]로 정의하기로 하자. '법'은 특별하거나 일반적이다. 여기서 '특별법'이란 특정 공동체의 삶을 규제하는 성문법을 말하고, '일반법'이란 누구나 동의할 것으로 보이는 불문율을 말한다. 고의적 행위란 강요받지 않고 자신이 무엇을 하는지 알고 행하는 행위이다. 고의적 행위가 모두 계획적인 것은 10 아니지만, 계획적 행위는 모두 알고 행하는 행위이다. 어느 누구도 자신이 계획적으로 행하는 것을 모를 수 없기 때문이다. 사람들이 남을 해코지하고 법을 어기며 비열한 짓을 저지르는 것은 악덕과 무절제[115] 15 탓이다. 누가 남에게 저지르는 불의는 그가 가진 나쁜 자질 또는 자질들에 상응하는 것일 테니까. 이를테면 인색한 사람은 돈과 관련하여, 방종한 사람은 육체적 즐거움과 관련하여, 유약한 사람은 안일함과 관련하여, 겁쟁이는 위험과 관련하여 불의하다. (그는 겁에 질려 위기에 처한 동료들을 버릴 테니까.) 또한 야심가는 명예 때문에, 성마른

---

113 to adikein.

114 to blaptein.

115 kakia, akrasia.

자는 분노 때문에, 승부욕 있는 자는 승리 때문에, 원한이 사무친 자 20
는 복수심 때문에, 어리석은 자는 올바름과 불의를 혼동하기 때문에,
파렴치한 자는 세인의 평판을 경멸하기 때문에 불의하다. 마찬가지로
그 밖의 다른 사람들도 저마다 자신의 남다른 성격상 결함 때문에 불
의하다.

이런 점들은 앞서 미덕에 관한 언급에서 일부 밝혀졌고, 앞으로 감 25
정[116]에 관한 언급에서 더욱더 분명히 밝혀질 것이다. 우리에게 남은
일은 불의를 저지르는 자들의 동기와 심적 상태와 그 피해자에 관해
고찰하는 것이다.

먼저 불의를 저지르려고 하는 자가 노리는 것이 무엇이며, 피하는
것이 어떤 것인지 구별하기로 하자. 고소인은 당연히 이런 동기 가운 30
데 얼마나 많은 것이 어떻게 상대편에게 영향을 주었는지 검토해야 하
고, 피고인은 그중 얼마나 많은 것이 그리고 어떤 것이 자기에게 영향
을 주지 않았는지 알아야 하니까.

그런데 모든 인간의 모든 행위는 스스로 행한 것이거나 스스로 행
하지 않은 것이다. 스스로 행하지 않은 것은 더러는 우연 때문에 더
러는 필연 때문에 생긴다. 필연 때문에 생기는 것은 더러는 강요 때문 35
에 더러는 본성 때문에 생긴다. 따라서 스스로 행하지 않은 모든 행위
는 우연 탓이거나 본성 탓이거나 강요 탓이다. 그리고 사람들이 스스
로 행해 스스로에게 책임이 있는 행위는 더러는 습관[117] 탓이고 더러 1369a

---

116   pathos.
117   ethos.

는 욕구[118]탓인데, 욕구 탓인 것은 더러는 합리적인 욕구로, 더러는 불합리한 욕구 때문에 행해진다. 소망[119]은 좋은 것을 바라는 합리적 욕구이고(좋은 것이라고 생각하지 않는 한 무엇을 소망할 사람은 아무도 없을 테니까), 분노와 욕망[120]은 불합리한 욕구이다. 따라서 인간의 모든 행위는 반드시 다음 일곱 가지 원인 가운데 하나 때문에 일어나는데, 우연, 본성, 강요, 습관, 계산,[121] 분노, 욕구가 그것이다. 행위를 행위자의 나이나 기질 등으로 세분할 필요는 없다. 이를테면 젊은이가 성급하고 욕구가 강한 것은 사실이지만 젊은이가 그렇게 행동하는 것은 젊음 때문이 아니라 분노와 욕구 때문이니까. 또한 사람들이 행동하는 것은 부나 가난 때문도 아니다. 가난한 사람이 돈이 없어서 돈을 욕구하고 부자가 불필요한 즐거움을 누릴 수 있기에 그런 즐거움을 욕구하는 것은 물론 사실이지만, 이 경우에도 그들이 그런 행동을 하는 것은 부나 가난 때문이 아니라 욕구 때문이다. 마찬가지로 올바른 사람과 불의한 자, 그리고 앞서 자신의 기질에 따라 행동한다고 말한 바 있는 그 밖의 다른 사람도 그게 계산이든 감정이든 같은 동기에서 행동한다. 그러나 어떤 사람은 좋은 습관과 감정에서, 다른 사람은 나쁜 습관과 감정에서 행동한다. 그래서 좋은 기질은 좋은 결과를 유발하고 나쁜 기질은 나쁜 결과를 유발한다. 절제하는 사람은 절제가 있으므로 즐거움과 관련해 곧바로 건전한 의견과 욕구를 가지고,

---

118 orexis.

119 boulesis.

120 epithymia.

121 logismos. 문맥에 따라 '셈' '추리'로 옮길 수 있다.

무절제한 자는 불건전한 의견과 욕구를 가질 테니까. 그러니 그런 구분은 제쳐두고, 대개 어떤 사람이 어떤 행동을 하는지 살펴보자. 어떤 사람의 피부색이 흰가 검은가, 키가 큰가 작은가 하는 것이 어떤 행위를 할 것인지 결정하지는 않지만, 그가 젊은가 늙은가, 올바른가 불의한가에 따라서는 차이가 난다. 일반적으로 사람의 성격을 차이 나게 만드는 이런 부차적 자질은 모두 중요한데, 자신이 부자이거나 가난뱅이라는 생각과 행운아이거나 불운아라는 생각이 거기에 속한다. 하지만 이는 나중에 논의하기로 하고, 지금은 못 다한 이야기를 먼저 하기로 하자.

우연히 일어나는 것은 모두 정해진 원인이 없고, 목적이 없으며, 언제나 발생하는 것도 통상 발생하는 것도 규칙적으로 발생하는 것도 아니다. (이런 점은 우연을 정의해보면 명확해질 것이다.) 본성에 따라 일어나는 것은 모두 원인이 그 자체 안에 있고 정해져 있다. 그런 것은 언제나 또는 대개 같은 방식으로 일어나기 때문이다. 본성에 반해 일어나는 것은 그것이 어떤 본성적 요인에 의해서인지 다른 원인 때문인지 세세히 따질 필요가 없다. 하지만 그런 것은 우연 탓이라고 생각할 수도 있다. 강요에 의한 행위란 행위자 자신의 욕구나 계산에 반하는 행위이다. 습관에 의한 행위란 사람이 이전에 자주 행한 적이 있기에 행하는 행위이다. 계산에 의한 행위란 앞서 말한 좋음 중 어느 하나와 관련해 목적으로서 또는 목적을 위한 수단으로서 유익해 보이기 때문에 그 유익함을 좇아 행하는 행위이다. 방종한 자도 어떤 유익한 행위를 하지만 유익함을 위해서가 아니라 자신의 즐거움을 위해 그렇게 하니 말이다. 분노와 격분은 모든 보복행위의 원인이다. 그러나 복수와

벌은 서로 다르다. 벌은 벌받는 사람을 위한 것이고, 복수는 복수하는
자의 자기만족을 위한 것이다. 분노가 무엇인지는 감정을 논할 때 설명
15 할 것이다. 욕구는 즐거워 보이는 모든 행위의 원인이다. 습관은 단순
히 익숙해진 것이건 노력을 통해 얻은 것이건 즐거운 것에 속한다. 사
람들은 일단 익숙해지면 본성상 즐겁지 않은 일도 많이 한다. 요컨대
20 사람들이 스스로 행하는 것은 좋거나 좋아 보이는 것 또는 즐겁거나
즐거워 보이는 것이다. 그리고 스스로 행하는 모든 행위는 자발적이고
스스로 행하지 않는 모든 행위는 자발적이지 않으므로 당연히 자발적
으로 행하는 모든 것은 좋거나 좋아 보이거나, 즐겁거나 즐거워 보일
것이다. 왜냐하면 나는 나쁘거나 나빠 보이는 것을 피하는 것과 더 큰
25 나쁨을 더 작은 나쁨으로 바꾸어놓는 것도(둘 다 어떤 의미에서는 바
람직하니까) 좋은 것에 포함시키고, 마찬가지로 괴롭거나 괴로워 보이
는 것을 피하는 것과 더 큰 괴로움을 더 작은 괴로움으로 바꾸어놓는
것도 즐거운 것에 포함시키기 때문이다. 그러니 우리는 유익하고 즐거
운 것이 얼마나 많고 어떤 것인지 알아야 한다. 심의용 연설에 관해 논
30 할 때[122] 유익한 것에 대해서는 이미 언급했으니 이번에는 즐거운 것에
관해 논하기로 하자. 그리고 우리의 정의(定義)가 모호하고 너무 현학
적이지 않는 한 충분한 것으로 여겨야 한다.

---

122 1권 6장 참조.

제11장—즐거움

즐거움은 우리가 지각할 수 있게 혼이 즉각 본래 상태로 진정되는 혼의 운동이며, 괴로움은 그 반대라고 가정하자. 만약 즐거움이 그런 것 35 이라면, 방금 말한 그런 상태를 낳는 것은 분명 즐거운 것이고, 그런 1370a 상태를 망치거나 그와 반대되는 상태가 되는 것은 괴로운 것이다. 따라서 자연스러운 상태로 이행하는 것은 대개 즐거울 수밖에 없는데, 자연스럽게 일어난 것이 본래 상태를 회복했을 때 특히 그렇다. 습관 5 도 즐겁기는 마찬가지이다. 습관화된 것은 사실상 자연스럽다. 실제로 습관은 자연과 비슷하다. 자연스러운 것은 늘 일어나고 습관적인 것은 자주 일어나는데, 자주 일어나는 것은 늘 일어나는 것과 별 차이가 없기 때문이다. 강요되지 않은 것 역시 즐겁다. 강요는 부자연스러운 것이니까. 따라서 강요된 것은 괴롭고, "모든 강요된 행위는 당연 10 히 불쾌하다"[123]는 말은 옳다.

따라서 집중과 노력과 긴장을 요하는 행위는 괴롭다. 습관화되지 않은 이상 그런 것에는 필연과 강요가 내포되기 때문이다. 그러나 습관화되면 그런 것도 즐겁다. 그런 것과 상반되는 것은 즐겁다. 그래서 편안함, 여가, 이완, 놀이, 휴식과 잠은 즐거운 것에 속하는데, 어느 것 15 도 강요된 것이 아니기 때문이다. 욕구의 대상은 무엇이든 즐겁다. 욕구는 즐거움을 갈망하는 것이기 때문이다. 욕구 가운데 어떤 것은 비

---

123 에우에노스(Euenos), 단편 8(Bergk). 파로스(Paros) 섬 출신 소피스트이자 서정 시인인 그에 관해서는 소피스트 수사학 이론 정립에 기여했다는 것 말고는 알려진 것이 거의 없다.

이성적이고 어떤 것은 이성적이다. 나는 추정에 근거한 모든 욕구를
20 비이성적이라고 부른다. (자연스럽다고 일컬어지는 욕구들, 이를테면
식욕 즉 배고픔과 목마름, 특히 이런저런 음식에 대한 욕구, 미각과 성
욕 한마디로 촉각, 후각, 청각, 시각과 관련된 욕구처럼 몸에서 비롯
25 되는 욕구가 그런 욕구이다.) 우리가 설득되어 갖는 욕구를 나는 이성
적 욕구라고 부른다. 우리가 남의 말을 듣고 좋은 것이라고 설득된 나
머지 보거나 갖기를 욕구하는 것이 많기 때문이다. 또한 즐거움은 어
떤 감정을 지각하는 것이고 상상은 약한 지각이므로 무엇인가를 기억
하거나 기대하는 사람의 마음속에는 언제나 그가 기억하거나 기대하
30 는 것과 관련된 상(像)이 있을 것이다. 그렇다면 기억과 기대도 지각
이 뒤따르므로 즐거움이 뒤따를 것이다. 따라서 즐거움은 현재의 것
을 지각하는 데 있거나, 과거의 것을 기억하는 데 있거나, 미래의 것을
35 기대하는 데 있을 것이다. 우리는 현재의 것은 지각하고 과거의 것은
1370b 기억하고 미래의 것은 기대하니까. 그런데 현재의 것으로 지각할 때
즐거운 것뿐 아니라 즐겁지 않은 것이 기억나더라도 그 결과가 고매하
고 좋을 경우에는 역시 즐겁다. 그래서 다음과 같이 말한 것이다.

살아남은 자에게는 고생스러웠던 일을 회상하는 것도 즐겁다.[124]

5   그리고

---

124 에우리피데스(Euripides), 『안드로메다』(*Andromeda*) 단편 133(Nauck). 에우리
피데스는 고대 그리스 3대 비극 시인 중 한 사람이다.

> 많은 고생을 하고 많은 일을 성취한 사람에게는
>
> 고통조차도 나중에는 즐거운 법이지.[125]

그 이유는 고생을 하지 않는 것 역시 즐겁기 때문이다. 우리가 기대하는 것이 즐거운 것은 그것의 현존이 우리에게 고통 없이 큰 즐거움과 이익을 가져다줄 것처럼 보일 때이다. 한마디로 그것이 현존해서 우리를 즐겁게 하는 것은 우리가 기대하거나 기억만 해도 대체로 즐겁다. 그래서 화를 내는 것도 즐거운 것이다. 호메로스는 분노에 관해 이렇게 말한다.

> 분노란 똑똑 떨어지는 꿀보다 달콤하다.[126]

(복수할 수 없을 것 같은 사람이나 자기보다 훨씬 강력한 사람에게는 화내는 사람은 아무도 없기 때문이다. 그런 사람에게는 화를 내지 않거나 화를 덜 낸다.) 대부분의 욕구에도 어떤 즐거움이 수반된다. 우리는 과거를 기억하고 미래를 기대할 때 어떤 즐거움 같은 것을 느끼기 때문이다. 그래서 몸에 열이 오르거나 갈증에 시달리는 사람에게는 물을 마셨던 일을 기억하거나 물을 마시게 될 것이라고 기대하는 것이 즐겁다. 그래서 상사병에 걸린 사람에게는 자신이 사랑하는

---

125 『오뒷세이아』 15권 400~401행. 현존하는 텍스트와 조금 다르다.
126 『일리아스』 18권 109행.

20 연동(戀童)[127]에 관해 말하거나 쓰거나 작시(作詩)하는 것이 언제나 즐겁다. 이 모든 경우 그는 기억함으로써 자신이 연동을 본다고 생각하기 때문이다. 그리고 연동이 곁에 있으면 행복하고 연동이 곁에 없으면 기억하는 것, 이것이 모든 사람에게 사랑의 시작이다. 그래서 연 25 동이 곁에 없는 것이 괴롭지만 슬픔과 탄식 속에도 어떤 즐거움이 깃드는 것이다. 그가 곁에 없어 괴롭기는 하지만 그를 기억하는 것은, 그의 모습을 떠올리며 그의 행위와 됨됨이를 회상하는 것은 즐거운 일이니까. 그래서 다음과 같은 말은 개연성이 높다.

이런 말로 그는 모든 사람에게 울고 싶은 욕망을 불러일으켰다.[128]

30 복수하는 것 또한 즐겁다. 실패하면 괴롭고 성공하면 즐겁기 때문이다. 그런데 화난 사람은 복수하지 못하면 무척 괴로워하고 복수할 수 있다고 예상되면 즐거워한다.

이기는 것 또한 이기기를 좋아하는 사람뿐 아니라 모두에게 즐겁다. 이기면 우월감을 느끼는데, 그것은 정도의 차이는 있어도 모두가 35 욕구하는 것이기 때문이다. 이기는 것은 즐거운 것이므로 운동 경기 1371a 나 지적 토론 역시 즐겁다. (때로는 그런 것들에서도 이길 수 있기 때문이다.) 거기에는 공기놀이, 공놀이, 주사위놀이, 장기도 포함된다.

---

127 eromenos. 고전기 그리스의 동성애에서 수동적 역할을 하는 연하의 소년. 능동적 역할을 하는 연상의 남자, 즉 연인(戀人)은 그리스어로 에라스테스(erastes)이다.
128 『일리아스』 23권 108행.

94

이는 진지한 경기도 마찬가지이다. 어떤 것은 익숙해지면 즐겁고, 어떤 것은 사냥개 사냥이나 일반 사냥처럼 처음부터 즐겁다. 경쟁이 있는 곳에는 승리가 있기 때문이다. 그래서 법정에서의 활동과 토론이, 거기에 익숙하고 유능한 자에게는 즐거운 것이다. 명예와 좋은 평판도 가장 즐거운 것에 속한다. 사람은 저마다 자기가 훌륭한 자질을 지녔다고 믿으며, 진실하다고 생각되는 사람들이 그렇다고 말해줄 때 특히 그렇다. 그리고 그에게는 멀리 사는 사람보다는 이웃이, 외지인보다는 친한 사람이나 동료 시민이, 후세 사람보다는 동시대인이, 어리석은 사람보다는 지혜로운 사람이, 소수보다는 다수가 그런 사람이다. 그런 사람이 그와 반대되는 사람보다 진실할 개연성이 더 높기 때문이다. 어린아이나 동물처럼 자기보다 훨씬 열등하다고 생각되는 자들이 자기를 존경하고 좋게 평하더라도 그는 그 자체 때문에 그것을 높이 평가하지 않는다. 그가 그것을 높이 평가한다면 그것은 다른 이유 때문이다.

친구도 즐거운 것에 속한다. 사랑하는 것은 즐겁고(술이 즐겁지 않은데 술을 좋아할 사람은 아무도 없을 것이다) 사랑받는 것도 즐겁기 때문이다. 이 경우에도 사람은 자기가 훌륭한 자질을 타고났다고 생각한다. 그것은 그것을 느끼는 사람이면 누구나 욕구하는 것이니까. 그리고 사랑받는다는 것은 자신이 타고난 자질 때문에 사랑받는 것을 의미한다.

찬탄받는 것도 존경받는 것과 같은 이유에서 즐겁다. 아첨과 아첨꾼도 즐겁다. 아첨꾼은 외견상으로는 찬탄자이고 친구이기 때문이다. 같은 일을 여러 번 하는 것도 즐겁다. 우리는 익숙한 것은 즐겁다는 데 동의했으니까.[129] 하지만 변화도 즐겁다. 변한다는 것은 자연의 질서에 순응하는 것이기 때문이다. 늘 같다는 것은 기존 상태를 과도하게 연장하는 것이니까. 그래서 다음과 같은 말이 생겨난 것이다.

모든 [사물의] 변화는 즐거운 것이다.[130]

30   그래서 사람이든 사물이든 간간이 보아야 즐겁다. 변화는 이전 상태가 바뀌는 것이고, 간간이 나타나는 것이라야 희소가치가 있기 때문이다. 배우는 것과 찬탄하는 것도 대체로 즐겁다. 찬탄한다는 것은 배우고 싶은 욕구를 내포하고 있어 찬탄의 대상은 욕구의 대상이고, 배운다는 것은 정상 상태로의 회귀를 의미하기 때문이다. 혜택을 베
35 푸는 것과 혜택을 받는 것도 즐거운 것에 속한다. 혜택을 받는다는 것
137ib 은 우리가 욕구하는 것을 얻는 것이고, 혜택을 베푼다는 것은 소유한다는 것과 넉넉히 소유한다는 것을 의미하는데, 이것은 둘 다 바람직한 것이다. 선행은 즐거운 것이므로 이웃을 다시 일으켜 세우고, 그들에게 부족한 것을 대주는 것 역시 즐겁다. 또한 배우는 것과 찬탄하
5 는 것은 즐거운 것이므로 그와 관련된 모든 것, 말하자면 그림, 조각, 시 같은 모방 행위와, 설령 모방 대상 자체가 즐겁지 않은 것이라 하더라도 잘 모방된 모든 것은 당연히 즐겁다. 즐거움은 모방 대상 자체에 있는 것이 아니라, 보는 사람이 '이것은 그것을 모방한 것이로구나' 하

---

129   1권 10장 1369b 16 참조.
130   에우리피데스, 『오레스테스』(*Orestes*) 234행.

고 추론함으로써 무엇인가를 새로 배우는 데 있기 때문이다. 극적 반 10
전과 아슬아슬한 위기 탈출도 즐겁다. 그런 것은 모두 경탄을 자아내
기 때문이다. 또한 자연스러운 것은 즐겁고 같은 종류의 것들은 서로
에게 자연스러우므로 같은 종류의 것이거나 같은 것은 대개 서로에게
즐겁다. 이를테면 사람은 사람에게, 말은 말에게, 젊은이는 젊은이에
게 즐겁다. 그래서 다음과 같은 속담이 생겨난 것이다. 15

　　동년배에게는 동년배가 즐겁다.

　　끼리끼리 어울린다.

　　짐승은 짐승끼리 알아본다.

　　까마귀는 까마귀끼리 논다.

　기타 등등. 또한 같거나 같은 종류의 것은 모두 서로에게 즐겁고,
각자는 다른 누구보다 자기와 같고 자기에게 같은 종류이므로 모든
사람은 다소간 자기를 사랑할 수밖에 없다. 같거나 같은 종류인 상태 20
는 특히 각자의 자신에 대한 관계에서 발견되기 때문이다. 그리고 모
든 사람은 자기를 사랑하므로, 모두에게는 작품이든 말이든 자신의
것이 즐거울 수밖에 없다. 그래서 우리는 대개 아첨꾼, 연인,[131] 명예와

131　erastes. 1권 주 127 참조.

25 자식을 사랑한다. 자식은 우리 자신의 작품이므로. 부족분을 보충해
주는 것 역시 즐겁다. 그러면 그것은 우리 자신의 업적이 되므로. 또
한 다스린다는 것은 가장 즐거운 일이므로 지혜롭다고 여겨진다는 것
역시 즐겁다. 실천적 지혜는 통치자답고 사변적 지혜는 많은 감탄스러
운 것에 대한 지식[132]이기 때문이다. 또한 우리는 대개 야심가이므로
30 이웃을 비난하고 다스리는 것도 당연히 즐겁다. 또한 각자에게는 자
기가 최고라고 자부하는 일로 소일하는 것이 즐겁다. 그래서 에우리
피데스는 다음과 같이 말한다.

> 그는 자신이 가장 잘할 수 있는 일에
> 그날그날의 대부분을 할당하며 매진한다.[133]

35 　마찬가지로 놀이와 모든 오락과 웃음도 즐거운 것에 속하므로 우스
1372a 꽝스러운 것은 사람이든 말이든 행동이든 당연히 즐겁다. 우스꽝스러
운 것에 관해서는 『시학』에서 따로 논의한 바 있다.[134] 즐거운 것에 관해
서는 이쯤 해두자. 괴로운 것은 분명 즐거운 것과 반대일 것이다.

132　episteme.
133　에우리피데스, 『안티오페』(*Antiope*) 단편 183(Bergk).
134　현존하는 아리스토텔레스의 『시학』(*Peri Poietikes*)에는 그런 대목이 없다.

제12장―범죄 심리

그런 것들이 범죄를 저지르는 동기이다. 이번에는 범죄를 저지르는 자와 그 피해자의 심적 상태를 논하기로 하자. 사람들이 범죄를 저지르 ₅ 는 것은 범죄가 실행될 수 있고 자신도 실행할 수 있다고 생각할 때이다. 말하자면 자신의 범죄가 들키지 않을 것이라고 생각하거나, 들키더라도 벌받지 않을 것이라고 생각하거나, 벌받더라도 그 불이익이 자신이나 자신이 돌보는 자에게 돌아갈 이익에 비해 경미하다고 생각할 때이다. 어떤 것이 가능해 보이고 어떤 것이 불가능해 보이는지는 나 ₁₀ 중에[135] 논의할 것이다. (그런 것은 모든 연설에 공통되기 때문이다.) 그런데 누구보다도 자신은 벌받지 않고 범죄를 저지를 수 있다고 생각하는 자는 연설할 줄 아는 자, 실무에 밝은 자, 소송 경험이 많은 자, 친구와 돈이 많은 자이다. 그들이 몸소 앞서 말한 이점을 가지면 자신만만해진다. 그러나 그런 이점이 없어도 그런 이점을 가진 친구나 조 ₁₅ 력자나 공범이 있으면 그들은 만족한다. 그런 것에 힘입어 그들은 범죄를 저지르고도 들키지 않아 처벌을 피할 수 있기 때문이다. 또한 그들은 자기들이 피해자나 재판관의 친구일 경우에도 안전하다고 생각한다. 친구는 피해를 입지 않을까 경계하지 않고 고소하는 대신 화해하려 하며, 재판관도 친구에게는 우호적이어서 형벌을 완전히 면제해 ₂₀ 주거나 가볍게 처벌하기 때문이다.

　그 성격이 고소 내용에 맞지 않는 자는 들키지 않는다. 이를테면 약골이 폭행죄로 고소되거나 가난뱅이나 못생긴 자가 간통죄로 고소될

---

[135]　2권 19장 참조.

때가 그렇다. 모두가 보는 앞에서 공공연하게 행해진 범죄도 마찬가지이다. 아무도 그런 범죄는 경계하지 않기 때문이다. 사실 누가 그런 범죄가 가능하다고 생각하겠는가! 또한 아무도 저지르지 않을 법한 중대하고 엄청난 범죄도 들키지 않는다. 그런 범행은 아무도 경계하지 않는다. 모든 사람은 통상적 질병이나 범죄를 경계하지, 누구도 걸린 적이 없는 질병을 경계하는 사람은 아무도 없기 때문이다. 그대에게 적이 없거나 적이 많아도 들키지 않는다. 적이 없으면 감시당하지 않을 테니 그대는 자신이 들키지 않을 것이라고 생각할 수 있고, 적이 많으면 감시당할 테니 사람들[136]은 그대가 감히 그런 짓을 저지를 엄두를 못 낼 것이라고 생각할 것이고, 그대는 결코 그런 모험을 할 수 없었을 것이라고 주장함으로써 그대의 결백을 증명할 수 있을 테니까. 장물을 숨길 방법과 장소가 있고 처분할 기회가 많은 사람도 들키지 않는다.

들키더라도 재판을 저지하거나 연기하거나 재판관을 매수할 수 있거나, 벌금을 선고받더라도 그 집행을 면제받거나 장기간 유예할 수 있거나, 가진 게 없어 아무것도 잃을 것이 없거나, 범죄로 얻을 수익이 크거나 확실하거나 가까운데 처벌은 경미하거나 불확실하거나 먼 경우에도 사람들은 자신이 안전하다고 느낄 수 있다. 범죄로 얻는 수익이 받을 수 있는 어떤 처벌보다 더 큰 경우도 마찬가지이다. 이를테면 쿠데타가 이에 해당하는 것 같다. 또한 확실한 수익을 가져다주는 범

---

136 피해자들.

죄를 저질렀는데 처벌은 비난에 불과하거나, 반대로 제논[137]이 그랬듯이 누가 아버지나 어머니의 원수를 갚을 때처럼 범죄는 명성을 얻게 해주는데 처벌은 벌금이나 추방 따위에 그치는 경우도 마찬가지이다. 5 사람들은 이익과 명예라는 두 가지 동기와 심적 상태에서 범죄를 저지르기 때문이다. 그러나 양자는 성격이 같지 않고 다르다.[138] 또한 가끔 들키지 않거나 벌을 면한 적이 있거나 시도했지만 가끔 실패한 적이 있는 자들도 자신이 안전하다고 느낄 수 있다. 범죄꾼 중에는 포기 10 하기를 거부하고 전사처럼 다시 시도하는 자들도 있기 때문이다. 쾌락과 이익은 당장의 일이지만 고통과 처벌은 나중 일이라고 생각하는 자들도 용감하기는 마찬가지이다. 그런 자들은 의지가 약하고, 의지가 약한 것은 욕구 대상과 관계가 있기 때문이다. 반대로 고통이나 처벌은 당장의 일이지만 쾌락이나 이익은 나중 일이거나 더 오래간다고 생각하는 자들도 마찬가지이다. 더 절제 있거나 더 지혜로운 자들은 15 그런 목표들을 추구하기 때문이다. 또한 우연이나 필연이나 본성이나 습관 때문에 그런 짓을 한 것이라고, 한마디로 범죄보다는 실수를 범한 것이라고 보일 수 있거나, 남들이 너그럽게 봐줄 수 있거나, 무엇이 필요한 경우도 마찬가지이다. 필요한 경우는 두 가지인데, 그중 하나는 가난한 사람에게처럼 생필품이 필요한 경우이고, 다른 하나는 부자에게처럼 사치품이 필요한 경우이다. 아주 평판이 좋은 자와 아주 20

---

137 Zenon. 여기 나오는 제논에 관해서는 달리 알려진 것이 없다.
138 어떤 사람은 이익을 위해 범죄를 저지르고 어떤 사람은 칭찬받기 위해 범죄를 저지른다. 그러나 전자는 이익을 위해 명예를 희생하고, 후자는 명예를 위해 이익을 희생한다.

평판이 나쁜 자도 마찬가지이다. 전자는 그런 짓을 할 것이라고 의심받지 않고, 후자는 평판이 더 나빠질 수 없기 때문이다.

이상이 사람들이 남에게 범죄를 저지르는 여러 심적 상태인데, 범죄자들은 다음과 같은 사람들에게 다음과 같은 방법으로 범죄를 저지른다. 범죄자들의 범행 대상은 멀리 떨어져 있건 가까이 있건 자신들에게 없는 생필품이나 사치품이나 즐길 거리를 가진 자들이다. 피해자가 가까이 있으면 빨리 취득할 수 있고, 멀리 떨어져 있으면 보복이 느리기 때문이다. 이를테면 카르케돈[139]을 약탈하는 자들은 그렇다고 생각했다. 조심하고 경계하는 대신 남을 곧잘 믿는 자들도 범행 대상이다. 그런 자들은 눈치채지 못하게 만들기가 더 쉽기 때문이다. 안일한 자들도 마찬가지이다. 범죄자를 고소하는 것은 성가신 일이니까. 점잔 빼는 자들도 범행 대상이다. 그들은 돈 문제로 싸우고 싶이 하지 않으니까. 많은 사람에게 불의한 짓을 당해도 고소한 적이 없는 자들도 범행 대상이 되기는 마찬가지이다. "뮈시아인들 약탈하기"[140]라는 속담도 있지 않은가! 불의를 당한 적이 없는 자와 여러 번 불의를 당한 자도 마찬가지이다. 전자는 불의를 당한 적이 없기에, 후자는 다시는 불의를 당하는 일이 없을 것이라고 생각하기에 방심하기 때문이다. 모함당한 적이 있거나 쉽게 모함당할 수 있는 자들도 마찬가지

---

139 Karchedon. 카르타고(Carthago)의 그리스어 이름. 그러나 본토가 아닌 남부 이탈리아와 시칠리아에 거주하던 그리스인들에게 카르타고는 결코 만만한 상대가 아니었다.

140 '쉬운 먹잇감'이라는 뜻이다. 뮈시아(Mysia)는 소아시아 북서 지방으로 그곳 사람들은 겁쟁이들로 여겨졌다.

이다. 그런 자들은 재판관이 두려워 고소할 생각도 없고 고소하더라도 재판관을 설득할 수 없기 때문이다. 미움 받거나 인망이 없는 자들이 이 부류에 속한다. 가해자가 자신이나 선조나 소중한 사람들에게 그들 자신이나 그들의 선조나 친구가 가해했거나 가해하려 했다고 핑계를 댈 수 있는 자들도 마찬가지이다. "악의에 필요한 것은 핑계뿐이다!"라는 속담도 있지 않은가. 적과 친구도 범행 대상이 되기는 마찬가지이다. 친구를 가해하기는 쉽고, 적을 가해하면 즐겁기 때문이다. 친구가 없는 자들과 언변에 능하지 못하고 실행 능력이 없는 자들도 마찬가지이다. 그들은 고소하려 하지 않거나, 타협하려 들고 아무것도 끝까지 못 해내기 때문이다. 외지인이나 자작농처럼 판결이나 그 집행을 기다리며 시간 낭비하는 것이 이로울 것이 없는 자들도 마찬가지이다. 그들은 쉽게 타협하려 들고 소송도 취하하려 들기 때문이다.

수많은 범죄를 저질렀거나 지금 자신들이 당하는 범죄를 저지른 자들도 마찬가지이다. 남에게 습관적으로 저지르곤 하는 범죄를 당하는 것은 사실상 범죄라고 생각하지 않기 때문이다. 싸움꾼에게 상해를 입히는 경우가 그렇다. 남에게 나쁜 짓을 저질렀거나 저지르려고 했거나 하거나 할 법한 자들도 범행 대상이 되기는 마찬가지이다. 그럴 경우 복수는 즐겁고 고매할뿐더러 사실상 나쁜 짓을 저지른 것이 아닌 것처럼 보일 테니까. 누군가 그들을 가해함으로써 친구나 자신이 경탄하는 사람이나 사랑하는 사람이나 주인을, 한마디로 자신의 삶을 지배하는 사람을 기쁘게 해줄 수 있는 자들도 마찬가지이다. 범행을 저질러도 관대한 처분을 기대할 수 있는 경우도 마찬가지이다. 전에 고소하거나 다툰 적이 있는 사람들도 마찬가지이다. 그래서 칼립

1373a

5

10

15

20 포스는 디온을 살해했다.[141] 그 경우 그의 행동은 사실상 불의를 저지

른 것이 아닌 것처럼 보일 테니까. 가해자 자신이 아니더라도 남이 가

해하려 한 자도 마찬가지이다. 숙고할 시간이 없기 때문이다. 그래서

아이네시데모스는 겔론이 어떤 도시를 예속시켰을 때 축하하기 위해

콧타보스 게임의 상(賞)을 겔론에게 보냈는데, 자기가 하려던 것을 겔

25 론이 선수를 쳐서 먼저 해치웠기 때문이다.[142] 범행 대상이 되고 나면

올바른 일을 많이 할 수 있게 해주는 자도 마찬가지이다. 그러면 피해

를 치유하기가 쉽기 때문이다. 그래서 텟살리아[143]의 이아손[144]은 올

바른 일을 많이 할 수 있기 위해서라도 가끔은 범죄를 저질러야 한다

고 말했던 것이다.

　　모두 또는 대다수가 습관적으로 저지르는 범죄도 사람들은 쉽게

저지른다. 용서받을 수 있다고 생각하기 때문이다. 쉽게 감출 수 있

30 는 것들도 마찬가지이다. 먹을거리처럼 빨리 소모할 수 있는 것, 모양

과 색깔과 구성 요소가 쉽게 변할 수 있는 것, 사실상 아무 곳에나 쉽

게 감출 수 있는 것, 집어 가서 구석에 감출 수 있는 것과 도둑이 비슷

141　디온(Dion)은 쉬라쿠사이 시를 디오뉘시오스 2세의 참주정체에서 해방시키고
친구인 플라톤의 도움으로 이상 국가를 건설하려 했으나 심복인 칼립포스(Kallippos)
에게 살해된다. 칼립포스의 변명을 듣자면 자기가 디온을 살해하려 한다는 것을 디온
이 안 이상 자기가 선수를 치지 않으면 자기가 당했으리라는 것이었다.

142　레온티노이(Leontinoi)의 참주 아이네시데모스(Ainesidemos)와 쉬라쿠사이
참주 겔론(Gelon)이 예속시키려던 도시가 어느 도시인지는 확실하지 않다. 콧타보스
(kottabos)는 술잔에 남은 포도주 찌꺼기를 뿌려 특정 목표물을 맞히는 게임으로 술자리
에서는 인기 있는 놀이의 하나였는데, 그 상은 계란과 케이크 같은 단것이었다고 한다.

143　Thessalia. 그리스 반도 북동 지방.

144　Iason. 기원전 4세기 텟살리아 지방 페라이(Pherai) 시의 참주.

한 것을 이미 많이 갖고 있어 구별하기가 어려운 것이 그런 것들이다. 집안의 여자들이나 본인이나 아들들이 당한 폭행처럼 피해자가 입 밖에 내기가 창피한 범행도 거기에 속한다. 고소하면 고소인이 소송하기를 좋아한다는 인상을 줄 수 있는 범행도 있는데, 사소하거나 대개 용서받는 범행이 그런 것이다. 35

이상으로 사람들이 범죄를 저지르는 심적 상태와 범죄의 성질과 동기, 피해자가 어떤 사람이고 그 이유가 무엇인지에 대해서는 사실상 다 설명했다.

제13장—범죄와 처벌

이제 모든 올바른 행위와 불의한 행위를 구분하되 다음을 논의의 출발점으로 삼기로 하자. 올바른 행위와 불의한 행위를 우리는 두 가지 법률과 두 부류의 사람과 관련해 정의한 바 있다. 두 가지 법률이란 특별법과 일반법이다. 특별법이란 각 공동체가 자신의 구성원을 위해

5 제정한 것인데, 성문법과 불문율로 나뉜다. 일반법이란 인간 본성에 바탕을 둔 불문율이다. 서로 간에 교류가 없고 합의가 이루어지지 않더라도 우리 모두는 본성적으로 보편적 올바름과 불의 같은 것이 존재한다는 것을 어렴풋이 알기에 하는 말이다. 소포클레스의 안티고네가 비록 국가에서 금지하지만 오라비 폴뤼네이케스의 시신을 매장하는 것은 정당하다고 선언할 때 그녀가 말하는 것은 분명 바로 이런 것인

10 것 같다. 그녀의 말에 따르면 그것은 본성적으로 옳다는 것이다.

> 그 불문율은 어제오늘에 생긴 게 아니라
>
> 영원히 살아 있고, 어디서 왔는지 아무도 모르니까요.[145]

---

145 소포클레스(Sophokles), 『안티고네』(Antigone) 456~457행. 소포클레스(기원전 496년경~406/5년)는 아이스퀼로스(Aischylos 기원전 525~456년), 에우리피데스(기원전 485년경~406년)와 함께 고대 그리스의 3대 비극 시인이다. 그의 작품으로는 『안티고네』, 『오이디푸스 왕』(Oidipous tyrannos) 등 모두 일곱 편의 비극이 남아 있다. 『안티고네』의 줄거리는 이러하다. 오이디푸스의 두 아들 에테오클레스(Eteokles)와 폴뤼네이케스(Polyneikes)가 테바이 성을 두고 공방전을 벌이다가 서로에게 죽임을 당하자 에테오클레스에 이어 새로 왕이 된 크레온(Kreon)이 에테오클레스는 후히 장사 지내되 조국을 공격한 폴뤼네이케스는 매장하지 말고 새와 개의 밥이 되게 시신을 내다 버리라는 엄명을 내린다. 오이디푸스의 딸 안티고네가 오라비 폴뤼네이케스를 몰래 매장하다가 발각되어 국법보다 천륜이 먼저라고 주장하지만 결국 산 채로 돌무덤에 갇혀

엠페도클레스도 살아 있는 것을 죽이지 말라고 요구하며, 죽이지 않는 것은 어떤 사람들에게는 올바르지 않지만 어떤 사람들에게는 올바른 그런 것이 아니라고 말한다. 15

> 그것은 만유를 위한 법으로서 광대한 하늘과
> 끝없는 대지에 끊어지지 않고 펼쳐져 있다.[146]

알키다마스도 멧세네인들의 해방 축하 연설에서 같은 취지의 말을 한다.[147] 또한 법률은 사람들과 관련해서도 두 가지로 구분된다. 누군가 해야 할 것과 해서는 안 되는 것은 공동체 전체에 관련되거나 그 구 20 성원 가운데 한 명에게 적용되기 때문이다. 따라서 올바른 행위와 불의한 행위는 두 가지인데, 그런 행위는 특정 개인이나 공동체에게 행할 수 있다. 간통한 남자나 폭력범은 특정 개인에게 불의를 저지르고, 병역 기피자는 공동체에 불의를 저지르는 것이니까.

그곳에서 목매달아 죽는다. 그러자 크레온의 아들로 안티고네의 약혼자였던 하이몬(Haimon)도 뒤따라 자살한다.

146 엠페도클레스(Empedokles), 단편 135. 엠페도클레스는 기원전 450년경에 활동한 시칠리아 아크라가스(Akragas) 시 출신 철학자이자 정치가이다.

147 알키다마스(Alkidamas)는 소아시아 서북부 아이올리스(Aiolis) 지방에 있는 엘라이아(Elaia) 시 출신 수사학자로 소피스트 고르기아스(Gorgias)에게 가르침을 받았다. 멧세네(Messene)인들이 300년 동안 스파르테에 예속되었다가 해방되자 그는 멧세네인들이 해방되는 것은 당연하다는 취지의 연설을 했는데, '과시용 연설'의 본보기로 여겨지던 이 연설문은 현재 남아 있지 않다. 그러나 고전 주석학자(scholiast)에 따르면 알키다마스는 "신은 만인을 자유민으로 내보냈고, 자연은 어느 누구도 노예로 만들지 않았다"고 말했다고 한다.

25 　이렇듯 모든 불의한 행위는 두 가지로 나뉘는데, 그중 어떤 것은 공동체에 영향을 미치고 어떤 것은 한 명 또는 여러 개인에게 영향을 미친다. 이번에는 남은 것을 논의하기 전에 불의를 당한다는 것이 무엇인지 다시 상기해보자. 우리는 앞서[148]불의를 행하는 것은 고의적 행위라고 정의했으니, 불의를 당한다는 것은 고의적 가해자에게 불의한 짓을 당하는 것이다. 불의를 당하기 위해서는 피해자가 반드시, 그

30 것도 자신의 의사에 반해 피해를 보아야 한다. 피해의 여러 종류에 관해서는 앞서[149]좋은 것들과 나쁜 것들을 구별하면서 설명한 바 있다. 또한 우리는 고의적 행위란 행위자 자신이 무엇을 하는지 알고 행하는 행위라고 말했다.[150] 따라서 모든 범행은 공동체나 개인을 대상으로 하며, 반드시 범인이 모르고 자신의 의사에 반해 저지르거나 알면

35 서도 고의적으로 저지르는데, 후자의 경우 계획적으로 저지르는 것일 수도 있고 감정[151]에 휩쓸려 그럴 수도 있다. 우리는 감정에 대해 논할 때[152] 분노[153]에 대해 언급할 것이고, 범죄의 동기와 범인의 심적 상

1374a 태에 대해서는 이미[154] 설명했다. 가끔 피고인이 사실을 인정하면서도 고소인이 씌우는 죄목에는 동의하지 않을 때도 있다. 이를테면 그는 가져간 것은 인정하면서도 훔치지는 않았다고 주장하고, 먼저 때린

148　1권 10장 참조.
149　1권 6장 참조.
150　1권 10장 참조.
151　pathos.
152　2권 2장 참조.
153　thymos.
154　1권 12장 참조.

것은 인정하면서도 폭행은 하지 않았다고 주장하고, 여자와 성관계를 맺은 것은 인정하면서도 간통은 하지 않았다고 주장한다. 또는 무엇인가를 훔쳤으나 그것은 봉헌된 것이 아닌 만큼 성물을 절취한 것은 아니라고 주장하거나, 남의 땅을 침범했으나 공유지를 침범한 것은 아니라고 주장하거나, 적과 내통했으나 반역죄를 범한 것은 아니라고 주장한다. 그래서 범행이 저질러졌는지 저질러지지 않았는지 입증하고 싶을 경우 사건의 진상을 파악하기 위해서는 도둑질과 폭행과 간통이 무엇인지 정의할 필요가 있다. 이 모든 경우 쟁점은 피고인이 불의하고 하찮은 인간인지 아닌지 알아내는 것이다. 사악함과 불의함은 의도에 있고, 도둑질과 폭행 같은 용어는 의도를 가리키기 때문이다. 때린다고 해서 모두 폭행이 되는 것이 아니라, 이를테면 모욕감을 주기 위해서나 재미 삼아 때려야만 폭행이 되니 말이다. 또한 몰래 가져간다고 해서 모두 도둑질이 되는 것이 아니라, 주인에게 해를 끼치거나 자신이 덕을 보기 위해 몰래 가져가야만 도둑질이 된다. 다른 행위도 이와 같은 점에서는 마찬가지이다.

올바른 행위와 불의한 행위는 두 가지가 있다는 것이(어떤 것들은 성문법이고, 어떤 것들은 불문율이니까) 밝혀졌는데, 우리는 법률이 선포하는 것에 대해서는 이미 설명했다. 불문율에는 두 가지가 있다. 그중 한 가지는 남다른 미덕과 악덕에서 비롯되고 거기에는 비난과 명예 실추 또는 칭찬과 명예와 보답이 뒤따르는데, 은인에게 후하게 사례하는 것, 선을 선으로 갚는 것, 친구를 돕는 것 등이 거기에 속한다. 다른 한 가지는 특별 성문법에서 누락된 것을 포함한다. 공정한 것은 정당해 보이고, 공정성은 성문법을 넘어서는 정당함이기 때문이다.

그런 것이 누락된 것은 입법자들이 의도한 것일 때도 있고 의도한 것이 아닐 때도 있다. 입법자들이 모르고 누락한 때는 의도한 것이 아니고, 입법자들이 모든 경우에 해당하는 보편적 정의를 내릴 수가 없어

30 모든 경우가 아니라 대부분의 경우에 적용되는 보편적 규정을 만들 수밖에 없어 누락한 때는 의도한 것이다. 또한 무한한 가능성 때문에 규정하기가 쉽지 않을 때도 마찬가지인데, 부상을 입히는 데 사용할 무기의 종류와 크기를 규정하는 경우가 그렇다. 모든 가능성을 죄다 열거하자면 한평생도 모자랄 테니까. 따라서 정확하게 규정하는 것이 불가능하더라도 입법할 필요가 있다면, 일반적으로 표현해야 한다. 그래서 만약 반지 낀 사람이 때리려고 손을 들어 올리거나 실제로 남

35 을 때리면 성문법에 따르면 그는 유죄이고 범행을 저지르는 것이지만,

1374b 실제로는 그는 범행을 저지르는 것이 아니다. 그리고 이것이 공정성이다. 만약 공정성이 우리가 말한 그런 것이라면, 어떤 것들이 공정하고 어떤 것들이 공정하지 않은지, 그리고 어떤 사람들이 공정하지 못한지 분명하다. 용서받을 수 있는 행위에는 공정성이 적용돼야 한다.

5 범죄와 실수 또는 불운을 같은 벌을 받아 마땅한 것으로 봐서는 안 된다. 불운은 예상할 수 있는 것은 아니지만 악의의 산물은 아니다. 실수는 예상할 수 있는 것이지만 역시 악의의 산물은 아니다. 하지만 범죄는 예상된 것이자 악의의 산물이다. 욕구에서 비롯된 행위는 악의의 산물이기 때문이다. 인간적 약점을 용서하는 것도 공정하다. 또한

10 법보다는 입법자를, 법조문보다는 입법자의 의도를, 행위 자체보다는 목적을, 부분보다는 전체를, 어떤 사람이 지금 어떠한가보다는 그

15 가 늘 또는 대개 어떠했는가를 살펴보는 것도 공정하다. 또한 푸대접

보다는 후한 대접을, 베푼 은혜보다는 받은 은혜를 기억하는 것이 공정하다. 또한 불의를 당했을 때 참는 것과, 폭력보다는 이성에 호소하는 것과, 법정에 제소하기보다는 중재재판에 회부하는 것도 공정하다. 중재자는 공정성에 주안점을 두는데, 재판관은 법률을 보기 때문 20
이다. 그래서 공정성을 확보하기 위해 중재재판 제도가 창안되었던 것이다. 공정성에 대한 설명은 이쯤 해두자.

제14장—상대적으로 중대한 범죄들

범행의 경중은 그것을 낳은 불의의 경중에 비례한다. 그래서 아주 사
25 소한 행위가 가장 몹쓸 짓이 될 수 있다. 이를테면 칼리스트라토스는
신전 건축 담당관들에게서 봉헌받은 반(半)오볼로스짜리 세 닢을 횡
령했다고 멜라노포스[155]를 고발했다. 사실 그건 법적으로는 그리 중
대한 사건이 아니다. 그런데도 고발한 것은 바늘 도둑이 소도둑이 될
수 있기 때문이다. 봉헌받은 반오볼로스짜리 세 닢을 훔친 자라면 무
슨 범죄인들 저지르지 못하겠는가! 범죄는 때로는 그런 시각에서 볼
30 때, 때로는 그것이 안겨준 손해에 근거해 더 무겁다고 판단된다. 또한
적절한 처벌이 이루지지 않고 어떤 처벌도 충분하지 못할 때도 범죄가
더 무겁다고 생각된다. 교정할 길이 없을 때도 마찬가지이다. 그럴 경
우 사실상 범죄를 치유할 수 없기 때문이다. 또한 피해자가 가해자를
법적으로 처벌할 수 없을 때도 마찬가지이다. 법적인 처벌이 치료제인
만큼 그럴 경우 범죄를 치유하는 것이 불가능하기 때문이다. 또한 불
35 의를 당한 피해자가 어떤 끔찍한 자해행위를 한 경우 가해자는 더 무
거운 벌을 받아 마땅하다. 그래서 소포클레스는 폭행을 당한 뒤 자살
한 에우크테몬을 위해 변호하며, 자기는 피해자가 자신을 위해 산정한

---

155 멜라노포스(Melanopos)에 관해서는 달리 알려진 것이 없다. 기원전 4세기 초
아테나이 웅변가이자 정치가인 칼리스트라토스에 관해서는 1권 주 67 참조. 문제
의 고발사건에 관해서는 알려진 것이 없다. 오볼로스(obolos)는 화폐단위로, 1드라크
메(drachme)는 6오볼로스이고, 100드라크메는 1므나(mna)이고, 60므나는 1탈란톤
(talanton)이다. 반오볼로스는 푼돈이지만 당시 아테나이 법정은 종교 문제에서는 사소
한 범죄라도 관용을 베풀지 않았다고 한다.

것 못지않은 벌을 요구할 것이라고 말했던 것이다.[156]

또한 누가 유일하게 또는 처음으로 또는 사실상 혼자서 저지른 범죄도 더 무겁다고 보기는 마찬가지이다. 같은 범죄를 여러 차례 저지르거나, 그 범죄로 인해 새로운 예방조치를 찾고 생각해내는 경우도 마찬가지이다. 그래서 아르고스에서는 그로 인해 새로운 법률이 제정되는 자도 그로 인해 감옥이 지어지는 자도 처벌받았던 것이다. 또한 범죄는 야만적일수록, 사전에 모의한 것일 때, 그리고 듣는 사람들이 동정하기보다는 두려움에 떨 때 더 무겁다고 본다. 이를 위한 수사학적 기법은 다음과 같다. 피고인은 맹세, 약속, 서약, 결혼의 신성함 같은 정의의 원칙을 하나도 아닌 여럿을 무시하고 어겼다고 진술하는 것이다. 그것은 범죄에 범죄를 쌓는 것이 되기 때문이다. 범인이 위증죄 등으로 처벌받는 곳에서 범죄가 저질러질 경우 범죄는 더 무거워진다. 법정에서 범죄를 저지르는 자라면 어디에서나 범죄를 저지를 테니까. 창피가 막심한 범죄도 더 무겁다고 생각되기는 마찬가지이다. 범인이 은인에게 범죄를 저지른 경우도 마찬가지이다. 범인은 범죄를 저질렀을 뿐 아니라 선을 선으로 갚지 않았다는 점에서 이중 범죄를 저질렀기 때문이다. 불문율을 범할 때도 범죄가 더 무겁다고 본다. 더 나은 사람은 강요받지 않고도 올바르게 행동할 것이기 때문이다. 그런데 성문법은 강제성을 띠고, 불문율은 강제성을 띠지 않는다. 그러나 다른 시각에서 보면 성문법을 어길 때 범죄는 더 무거워진다. 처벌받을

---

156 여기 나오는 소포클레스는 비극 시인이 아니라 아테나이 웅변가이자 정치가이다. 에우크테몬(Euktemon)과 문제의 사건에 관해서는 달리 알려진 것이 없다.

끔찍한 범죄를 저지르는 자라면 처벌받지 않을 범죄도 주저 없이 저지

20   를 테니까. 범죄의 경중에 대한 논의는 이쯤 해두자.

제15장―기술(技術) 외적 설득 수단들

우리의 다음 과제는 방금 논의한 것에 이어 이른바 기술 외적 설득 수단들을 대략 살펴보는 것이다. 그런 것들이 법정 연설의 특징이기 때문이다. 그것들은 다섯 가지인데, 법률, 증인, 계약, 고문, 선서가 그것이다. 먼저 법률과 관련해 설득하거나 만류할 때, 고발하거나 변호 25 할 때 그것들을 어떻게 사용해야 하는지 논하기로 하자. 만약 성문법이 우리 입장에 어긋나면 우리는 분명 일반법을 이용해 그것이 더 공정하고 더 옳다고 주장해야 하기 때문이다. 또한 우리는 "양심에 따라 재판하겠다"는 배심원의 선서는 그가 성문법만 고수하지는 않겠다 30 는 뜻이며, 공정성은 자연에 근거한 일반법과 마찬가지로 영원불변하지만 성문법은 가끔 변하며 그것이 소포클레스의 비극 『안티고네』에 나오는 시행의 의미라고 주장해야 한다. 안티고네는 자신이 오라비를 매장해준 것은 크레온의 법을 어긴 것이지 불문율을 어긴 것은 아니 35 라며 자신의 행위를 변호한다.

> 그 불문율은 어제오늘 생긴 게 아니라 영원히 살아 있고, 1375b
>
> 나는 한 인간이 두려워 그 불문율들을 어기고 싶지 않았어요.[157]

또한 우리는 진짜 정의는 유익하지만 가짜 정의는 그렇지 못하며, 성문법도 법률로서 그 구실을 다하지 못하는 만큼 유익하지 못하다

---

[157] 소포클레스, 『안티고네』 456행 이하. 후반부는 현존하는 텍스트와 조금 다르다.

고 주장해야 한다. 또한 우리는 재판관은 은의 순도를 분석하는 사람과 같아서 가짜 정의와 진짜 정의를 구별하는 것이 그의 직분이며, 성문법보다는 불문율을 따르고 고수할수록 더 훌륭한 사람이라고 주장해야 한다. 법률이 정평 있는 다른 법률이나 그 자체와 어긋나는지 고찰할 필요도 있다. 이를테면 어떤 법률은 모든 계약은 구속력이 있다고 규정하는가 하면, 다른 법률은 불법 계약을 체결하는 것을 금하니 말이다. 또한 법률 뜻이 모호하면 그것을 뒤집어서 어떻게 해석해야 옳고 유익하겠는지 살펴보고 나서 거기에 맞춰 사용해야 한다. 또한 법률은 아직 남아 있지만 그런 법률을 제정하게 한 상황은 이미 존재하지 않는다면 이를 밝혀야 하고 그렇게 밝힘으로써 한물간 법률에 맞서 싸워야 한다. 그러나 성문법이 우리 입장에 유리하면 "양심에 따라 재판하겠다"는 배심원 선서는 법률에 반해 재판하라는 뜻이 아니라, 배심원이 법률의 진의를 알지 못할 경우 위증죄를 면하게 해주겠다는 의미일 뿐이라고 주장해야 한다. 또한 우리는 아무도 절대적으로 좋은 것을 선택하지는 않으며 저마다 자기에게 좋은 것을 선택한다고, 또한 법률을 적용하지 않는 것은 법률을 제정하지 않는 것만큼이나 나쁘다고 주장해야 한다. 또한 우리는 다른 기술들에서도 의사보다 더 지혜로워지려고 하는 것은 이로울 게 없다고 주장해야 한다. 의사가 저지르는 실수는 권위에 불복종하는 습관만큼 해를 끼치는 것은 아니기 때문이다. 법률보다 더 지혜로워지려고 하는 것은 바로 가장 훌륭하기로 정평이 난 법전도 금하는 것이라고 우리는 주장해야 한다. 법률에 관해서는 이쯤 해두자.

증인에는 두 종류가 있는데, 옛날 증인과 요즘 증인이 그것이다. 후자 가운데 더러는 재판의 위험을 함께하고, 더러는 함께하지 않는다. '옛날 증인'이란 시인과, 그들의 판단이 우리 모두에게 알려져 있는 기타 유명인을 말한다. 이를테면 아테나이인들은 살라미스 섬에 관한 증인으로 호메로스를 내세웠고,[158] 근래에는 테네도스인들이 시게이온인들에 맞서 코린토스의 페리안드로스를 내세웠다.[159] 또한 클레오폰은 크리티아스[160] 가족이 오래전부터 타락했다는 취지의 솔론의 비가(悲歌) 시행을 인용하며, 그러지 않았다면 솔론이 다음과 같은 시행을 쓰지 않았을 것이라고 주장했다.

30

---

158 기원전 480년 아테나이 해군과 페르시아 해군이 결전을 벌인 살라미스(Salamis) 섬을 두고 기원전 6세기 초 아테나이와 메가라가 영유권을 다툴 때 중재를 맡은 스파르테인들은 "아이아스(Aias)는 살라미스에서 함선 열두 척을 이끌고 와서 아테나이인들의 대열이 서 있는 곳에 세웠다"는 호메로스의 『일리아스』 2권 557~558행을 근거로 아테나이에 유리한 판결을 내려주었다고 한다. 아이아스는 트로이아 전쟁 때 아킬레우스에 버금가는 그리스군 용장이다.

159 테네도스(Tenedos)는 트로이아 남서쪽에 있는 에게 해 섬이고, 시게이온(Sigeion)은 소아시아 북서쪽 끝에 있는 도시 이름이자 곶 이름이다. 페리안드로스(Periandros)는 기원전 7세기 코린토스의 유명한 참주이다. 여기서 언급되는 사건에 관해서는 달리 알려진 것이 없다.

160 클레오폰(Kleophon)과 크리티아스(Kritias)는 펠로폰네소스 전쟁 말기에 각각 아테나이의 민중 지도자와 과두제 지지자로 정적(政敵) 사이였다. 솔론(Solon)은 아테나이 입법자이자 시인으로 기원전 5세기 초에 집정관인 아르콘을 지낸 적이 있다. 아르콘(archon '통치자')은 아테나이를 포함해 대부분의 그리스 도시국가에서 사법권과 행정권을 가진 최고 관리들에게 주어진 이름이다. 기원전 11세기경 왕정이 끝나면서 아테나이에서는 귀족 계급에서 선출된 3명의 아르콘이 정부를 맡았다. 이들의 임기는 처음에는 10년이었으나, 기원전 683년부터는 1년이었으며 기원전 487년부터는 추첨으로 임명되었다. 그중 아르콘 에포뉘모스(eponymos '이름의 원조')는 수석 아르콘으로, 그의 임기에 해당하는 해는 당시에는 널리 쓰이는 연호가 없어 '아무개가 아르콘이던 해'라는 식으로 그의 이름에서 연호를 따온 까닭에 그렇게 불렸다.

일러주게 빨간 머리 크리티아스에게, 아버지가 시키는 대로 하라고.[161]

35   과거사를 위해서는 그런 증인에게 호소하되, 미래사를 위해서는
1376a 신탁 해설자에게 호소해야 한다. 이를테면 테미스토클레스는 '나무
성벽'[162]이라는 예언을 해전(海戰)을 뜻하는 것으로 해석했다.[163] 앞서
말했듯이[164] 속담도 일종의 증거이다. 남에게 노인과 친하게 지내지
말라고 조언하는 사람이 있다면 그는 속담에서 증거를 찾을 수 있다.

5   노인에게는 잘해주지 마라.[165]

또한 아버지를 죽였으면 그의 아들들도 제거해야 한다고 남에게 조
언할 경우 그는 말할 수 있다.

     아버지는 죽이고 그 자식들을 살려두는 것은 바보짓이다.[166]

161 솔론, 단편 22a(West).

162 to xylon teichos.

163 헤로도토스(Herodotos), 『역사』(histories apodexis) 7권 141, 143장 참조. 테미스
토클레스(Themistokles)는 페르시아 전쟁 때 살라미스 해전에서 승리를 거둔 아테나
이 정치가이자 장군이다.

164 속담에 대해서는 앞서 언급한 적이 없다. 속담도 앞서 지적한 의미에서, 즉 미래
사를 위한 증거라는 뜻인 것 같다.

165 그러나 그리스인들은 대개 노인에게 호의적이었다.

166 스타시노스(Stasinos), 『퀴프리아』(Kypria) 단편 2. 스타시노스는 퀴프로스
(Kypros) 섬 출신의 이른바 서사시권(epikos kyklos) 서사시인이다. 현재 단편만 남
아 있는 『퀴프리아』는 펠레우스(Peleus)와 테티스(Thetis)의 결혼식, 파리스의 심판,

'요즘 증인'이란 어떤 것에 관해 결정을 내린 유명인을 말한다. 같은 문제점을 두고 다투는 사람들에게는 그들의 결정이 유용하다. 이를테면 에우불로스는 법정에서 카레스를 공박할 때, "지금 이 나라에서는 자신이 악당이라고 공개적으로 고백하는 일이 아주 관습이 되었다"는, 플라톤이 아르키비오스에게 한 말을 써먹었다.[167] 거기에는 위증을 하는 것으로 간주되면 재판의 위험을 감수해야 하는 자들도 포함된다. 그러나 그런 사람들은 어떤 사건이 일어났는지 일어나지 않았는지 증언해줄 뿐이고, 사건이 정당한가 아니면 불의한가, 유리한가 아니면 불리한가처럼 사건의 도덕적 성격을 증언해주지 않는다. 이런 문제들과 관련해서는 국외자의 증언이 믿음직하지만, 가장 믿음직한 것은 옛날 증인의 증언이다. 그들은 매수될 수 없기 때문이다. 자신의 진술을 확인해줄 증인이 없으면 재판관은 개연성에 따라 재판해야 하고, 이것이 "양심에 따라 재판하겠다"는 배심원의 선서가 의미하는 것이며, 개연성은 법정을 오도하도록 매수될 수도 없고 위증을 했다고 유죄 판결을 받은 적도 없다고 말할 수 있다. 그러나 자기에게는

헬레네의 납치, 그리스 함대의 집결, 제물로 바쳐지려는 순간 이피게네이아(Iphigeneia)가 여신 아르테미스(Artemis)에게 구출된 일, 트로이아에서의 첫 번째 전투 등 호메로스의 『일리아스』가 시작되기 이전까지의 사건들을 다룬다. 서사시권 서사시란 기원전 7~6세기에 여러 시인이 쓴 일련의 서사시들을 말하는데 현재는 그중 120여 행이 남아 있다. 이 시들의 내용은 기원후 5세기의 신플라톤학파 철학자 프로클로스(Proklos)의 요약본을 통해 알려졌다. 이 시들은 조금밖에 남지 않았지만 호메로스의 작품에는 나오지 않는 이야기들도 담고 있다.

167 에우불로스(Euboulos)는 기원전 4세기 아테나이 정치가이다. 카레스(Chares)는 아테나이 장군이다. 여기 나오는 플라톤은 희극 시인인 듯하고, 아르키비오스(Archibios)에 관해서는 달리 알려진 것이 없다.

증인이 있고 상대방에게는 증인이 없을 때는 개연성은 책임질 수 없으며, 만약 논증만으로 진상을 충분히 규명할 수 있다면 증인 같은 것은 필요하지 않았을 것이라고 말할 수 있다.

증언 가운데 어떤 것은 우리 자신에 관련되고, 어떤 것은 상대방에 관련되며, 어떤 것은 사건 자체에 관련되고 어떤 것은 사건의 도덕적 성격에 관련된다. 따라서 유리한 증언이 없어 난처한 일은 분명 있을 수 없다. 만약 사건 자체와 관련하여 우리 입장을 뒷받침해주거나 상대방 입장에 상반되는 증거가 없다면, 사건의 도덕적 성격과 관련하여 우리의 공정성이나 상대방의 비열함을 증명해줄 증거는 언제든지 발견할 수 있기 때문이다. 증인에 관한 다른 문제점들, 즉 그가 친구인가 적인가 중립인가, 그의 평판이 좋은가 나쁜가 보통인가, 그 밖에 그런 차이점에 관해서는 우리가 생략삼단논법을 이끌어내는 것과 같은 논리에 의거하여 구성해야 한다.

계약과 관련해서는 논의는 계약의 중요성과 신빙성을 확대하거나 축소하는 데 사용되어야 한다. 계약이 자신에게 유리하면 계약의 중요성과 신빙성을 확대하려 해야 하고, 상대방에게 유리하면 계약의 중요성과 신빙성을 축소하려 해야 한다. 계약의 신빙성을 확인하거나 훼손하는 방법은 증인의 경우와 다르지 않다. 계약의 신빙성은 계약에 서명하거나 계약을 수탁한 사람의 성격에 달려 있기 때문이다. 계약이 존재한다는 것이 인정되면, 계약이 우리에게 유리할 경우 그것의 중요성을 강조해야 한다. 우리는 계약은 사적이고 특별한 종류이기는 하지만 법률이라고, 그리고 물론 계약은 법률이 구속력을 갖게 해주지 않지만 법률은 적법한 계약이 구속력을 갖게 해준다고, 그리

고 법률 자체는 전체적으로 일종의 계약이므로 계약을 무시하거나 거 10
부하는 자는 법률 자체를 거부하는 것이라고 주장해야 한다. 또한 대
부분의 합의는, 그중에서도 특히 자발적 합의는 계약에 의해 이루어
지므로 이런 계약이 구속력을 갖지 못한다면 인간의 상호교류는 소
멸할 것이다. 이에 맞는 다른 논리도 쉽게 찾아낼 수 있다. 그러나 계
약이 우리에게 불리하고 상대방에게 유리할 때는, 첫째로 우리에게 15
불리한 법률에 맞서 싸우는 데 사용할 수 있는 논리들이 적합하다. 우
리가 입법자의 실수로 잘못 제정된 법률은 준수할 의무가 없다고 생
각하면서도 계약은 반드시 준수해야 한다고 생각한다면 불합리하니
말이다. 또한 우리는 재판관은 정의의 사도인 만큼 계약 내용이 아니 20
라 무엇이 더 옳은지를 고려해야 한다고 말해야 한다. 또한 정의는 자
연에 근거하는 만큼 기만이나 강압에 의해 꺾일 수 없지만, 계약은 한
쪽 당사자가 기만당하거나 강요당해 체결할 수도 있다고 주장해야 한
다. 또한 우리는 계약이 우리 나라나 외국의 성문법이나 일반법이나
이전의 또는 나중의 다른 계약에 어긋나는지 검토해야 한다. 나중 계 25
약이 유효하면 먼저 계약은 유효하지 않고, 먼저 계약이 옳으면 나중
계약은 기만적이기 때문이다. 우리는 이 점을 어떤 방법으로든 이용
할 수 있다. 또한 우리는 계약이 어떤 의미에서 재판관의 이익에 어긋
나는지 유용성의 문제도 검토해야 한다. 그 밖에도 그런 것들이 많지
만, 이 역시 쉽게 검토할 수 있는 것들이다. 30

　고문에 의한 자백은 일종의 증거이며, 그것이 믿을 수 있는 것처럼
보이는 것은 어떤 강압이 행사되기 때문이다. 그것에 관해 어떤 논리
로 무슨 말을 해야 하는지 알아내기는 어렵지 않다. 고문에 의한 자백

이 우리에게 유리하면, 그것이야말로 유일하게 참된 진술이라고 주장

함으로써 그것의 중요성을 과장해야 하며, 우리에게 불리하고 상대방

에게 유리하면 고문에 대한 진실을 말함으로써 그것을 반박해야 한

다. 말하자면 우리는 사람들이 강압적 고문을 받으면 진실을 말하기

보다는 무엇이든 당할 각오가 되어 있기 때문이든 아니면 고문에서

되도록 속히 벗어나려고 남들을 쉽게 무고하기 때문이든 참말 못지않

5 게 거짓말도 많이 한다고 말해야 한다. 그리고 우리는 재판관도 잘 아

는 그런 실례들을 들 수 있어야 한다. 또한 우리는 고문에 의한 증거는

믿을 수 없다고 말해야 한다. 아둔하고 살갗이 두껍고 대담한 사람들

은 대체로 영웅처럼 시련을 견뎌내지만, 겁이 많고 조심스러운 사람

들은 고문 도구들을 보기 전까지만 대담무쌍하기 때문이다. 그래서

고문에 의한 증거는 믿을 것이 못 된다.

　선서는 네 가지로 구분할 수 있다. 누군가 선서를 할 수도 있고 받

을 수도 있으며, 선서를 하지도 받지 않을 수도 있으며, 한 가지는 하

10 고 다른 것은 하지 않을 수도 있는데, 이 경우 선서는 하되 받지 않거

나 선서는 받되 하지 않을 수 있다. 그 밖에 선서를 자신이나 상대방이

이미 받아들였는지도 검토할 수 있다. 그대가 선서하기를 거부할 경

우 사람들이 거리낌 없이 거짓 맹세를 하기 때문이라고 주장할 수 있

다. 그래서 상대방이 서약을 하면 그대가 돈을 돌려받지 못할 수 있지

만, 만약 상대방이 서약하지 않으면 재판관이 상대방에게 유죄 판결

을 내릴 것이라고, 그리고 재판관은 믿을 수 있어도 상대방은 믿을 수

15 없으므로 사건을 재판관의 판단에 맡기는 위험을 무릅쓰는 편이 더

낫다고 주장할 수 있다. 그대가 선서하기를 거부할 경우, 서약을 받아

들이는 것은 언제나 돈을 바라기 때문이라고 주장할 수 있다. 따라서 그대가 악당이었다면 당장 서약을 받아들였을 것이라고 주장할 수 있다. 아무것도 받지 못하느니 무엇인가를 받고 악당이 되는 편이 더 나은 만큼 그럴 경우에는 승소하기 위해 서약을 받아들이겠지만, 그대가 이처럼 서약을 받아들이기를 거부하는 것은 위증을 하지 않을까 하는 두려움 때문이 아니라 미덕에 근거한 것이라고 주장할 수 있다. 여기에는 크세노파네스[168]의 경구가 적절하다.

> 불경한 자가 경건한 자에게 도전하는 것[169]은 온당하지 못하다.

그것은 강자가 약자에게 한 대 치거나 한 대 맞아보라고 위협하는   20
것과도 같다. 그대가 선서를 받아들일 경우 그대는 상대방을 믿는 것이 아니라 자신을 믿는다고 말할 수 있다. 그리고 크세노파네스의 경구를 뒤집어 불경한 자는 선서를 하고 경건한 자는 선서를 받아들이는 것이 온당하다고, 그리고 재판관에게는 판결을 내리기 전에 선서를 받으라고 요구하면서 정작 자신은 선서를 받아들이지 않는다는 것은 아주 못된 짓이라고 말할 수 있다. 그러나 그대가 선서를 요구하는   25
경우 그대가 사건의 결말을 신에게 맡기는 것은 경건한 행동이라고, 그리고 그대가 상대방에게 결정을 맡기는 만큼 상대방이 다른 재판

---

168 Xenophanes. 기원전 6세기 소아시아 콜로폰(Kolophon)에서 태어난 철학자로 남이탈리아로 이주해 엘레아(Elea)학파의 창시자가 되었다.
169 서약하라고 요구하는 것.

관을 찾을 필요는 없을 것이라고, 그리고 이 문제를 두고 상대방이 재판관에게는 선서를 받으라고 요구하면서 정작 자신은 선서를 받아들이지 않는다는 것은 불합리하다고 주장할 수 있다.

30 　　이제 개개 경우에 우리가 어떻게 말해야 하는지 분명해졌으니 개별 경우가 결합되었을 때는 어떻게 말해야 하는지도 분명하다. 말하자면 그대는 선서를 받고는 싶되 하고는 싶지 않을 수도 있고, 선서를 하고는 싶되 받고는 싶지 않을 수도 있으며, 선서를 받고도 싶고 하고도 싶을 수도 있으며, 선서를 받고 싶지도 않고 하고 싶지도 않을 수 있다.

1377b 그런 경우들은 앞서 언급한 경우들의 결합이므로 그 논리들도 앞서 언급한 것들의 결합이다. 그대가 현재의 선서에 어긋나는 선서를 한 적이 있다면, 그대는 그것이 위증은 아니라고 주장해야 한다. 위증은 범죄이고 범죄는 고의적 행위인데 반해 타인의 강압과 기만으로 인한

5 행위들은 고의성이 없기 때문이다. 여기서 우리는 위증은 말이 아니라 의도성에 달려 있다는 결론을 내려야 한다. 그러나 현재의 선서에 어긋나는 선서를 한 적이 있는 것이 그대의 상대방일 경우 그가 만약 자신의 선서를 지키지 않는다면 사회의 적이며, 재판관이 법률을 집행하기 전에 선서를 받아두는 것도 그 때문이라고 주장해야 한다. 그리고 그대는 다음과 같이 말해야 한다. "나의 상대방은 재판관인 당

10 신들에게는 선서를 지키기를 요구하면서도 자신은 선서를 지키지 않는군요." 그 밖에도 선서의 중요성을 강조할 수 있는 다른 방법들이 있다. 기술 외적 설득 수단들에 대해서는 이쯤 해두자.

제 2 권

제1장—감정과 성격의 역할

1377b 이상으로 권유하거나 만류할 때, 칭찬하거나 비난할 때, 법정에서 고
발하거나 변론할 때 사용해야 하는 요소들과, 청중을 설득하는 데 유
용한 의견들과 전제들에 대해서는 이미 설명했다. 생략삼단논법은 그
20 런 것들을 다루며, 각각의 연설에 적합하게 그런 것들로부터 생겨나
기 때문이다.

그러나 수사학의 목표는 판단이므로(심의용 연설도 듣고 판단을
해야 하고 법정의 판결도 일종의 판단이니까) 연설가는 자신의 연설
을 과시하며 설득력 있게 만들려고 노력할뿐더러, 자신이 어떤 성격
의 소유자인지 확실히 보여줌으로써 듣고 판단할 사람이 어떤 심적
상태에 있게 만들어야 한다. 법정 연설에서도 그렇지만 특히 과시용
25 연설에서는 연설가가 이처럼 자신이 어떤 유형의 사람인지 보여주고
청중으로 하여금 자신이 어떤 마음으로 그들을 대하는지, 그리고 청
중은 어떤 마음으로 자기를 대해야 하는지 생각하게 만드는 것은 설
득력을 높이는 데 큰 도움이 된다. 연설가가 어떤 유형의 사람인 것처
30 럼 보이는 것은 심의용 연설에서 더 유용하고, 법정에서는 청중이 어
떤 심적 상태에 있느냐 하는 것이 더 중요하다. 사람들이 누군가를 사
랑하고 마음이 차분하면 생각이 한결같지만, 화가 나고 적대감을 느
끼면 사물들을 전혀 다르게 생각하거나, 같은 것이라도 다른 강도로
1378a 느낀다. 자신이 판결하는 사람에게 호감을 느끼는 사람이 있다면 피
고인은 전혀 범행을 저지르지 않았거나 사소한 범행을 저질렀다고 생
각하겠지만, 적대감을 느끼는 사람이 있다면 정반대로 생각할 테니
말이다. 또한 일어날 일이 즐거운 일이라면 그러기를 바라고 그럴 것

이라고 낙관하는 사람은 반드시 그런 일이 일어날 것이고 그것은 좋은 일일 것이라고 생각하겠지만, 냉담하고 의기소침한 사람은 반대로 5
생각할 것이다.

　연설가가 청중을 설득하기 위해서는 세 가지 자질이 필요하다. 증명과는 별도로 남이 나를 믿도록 만드는 것은 세 가지 즉 상식[1], 미덕, 호의[2]이기 때문이다. 사람들이 거짓말을 하거나 그릇된 조언을 하는 것은 다음 세 가지 이유 전부 때문이거나 그중 하나 때문이다. 말하자 10
면 상식이 부족해 그릇된 의견을 지니거나, 바른 의견을 지니지만 사악해 자신이 생각하는 바를 말하지 않거나, 상식도 있고 성품도 고결하지만 청중에게 느끼는 호감이 결여되어 알면서도 가장 훌륭한 조언을 하지 않기 때문이다. 그 밖의 다른 경우는 있을 수 없다. 따라서 이 세 자질을 모두 지닌다고 생각되는 연설가는 틀림없이 청중을 설득할 15
것이다. 연설가가 상식 있고 진지해 보이게 만드는 수단들은 이미 제시한 미덕들에 대한 분석[3]에서 추론할 수 있다. 자신을 그런 사람으로 보이게 만드는 수단들은 남을 그런 사람으로 보이게 만드는 수단들과 같기 때문이다. 호의와 우정에 관해서는 감정에 대한 논의에서 논해야 할 것이다.

　감정은 사람들이 자신의 판단과 관련하여 의견을 바꾸게 하는 모 20
든 느낌이며, 괴로움이나 즐거움이 수반된다. 이를테면 분노, 연민,

1　phronesis. 문맥에 따라 '(실천적) 지혜'로 옮길 수 있다.
2　eunoia.
3　1권 9장 참조.

공포 따위와 그와 반대되는 것들을 말한다. 감정은 저마다 세 국면으로 나뉘어야 한다. 이를테면 분노의 경우, 우리는 화난 사람들의 심적 상태는 어떠하며, 그들은 대개 어떤 사람에게 화를 내며, 어떤 이유에서 화를 내는지 알아야 한다. 세 국면 전부가 아니라 그중 하나 또는 둘만 있다면 화나게 할 수 없다. 이 점은 다른 감정도 마찬가지이다. 앞선 논의에서 우리는 연설가를 위한 전제들을 일일이 검토한 바 있는데,[4] 여기서도 같은 방법으로 감정을 분류하기로 하자.

4 1권 2장 22 참조.

제2장―분노

분노는 자신이나 자신의 친구가 까닭 없이 명백하게 멸시당한 것을 두 30
고 복수하고 싶어하는, 고통이 뒤따르는 욕구라고 정의할 수 있다. 만
약 분노가 그런 것이라면, 분노하는 사람은 틀림없이 언제나 인류 전
체가 아니라 이를테면 클레온[5] 같은 특정 개인에게 화를 낼 것이며,
그 이유는 이 특정 개인이 분노하는 사람 자신이나 그의 친구를 해코
지했거나 해코지하려 하기 때문일 것이다. 또한 모든 분노에는 언젠가 1378b
는 복수할 수 있을 것이라는 즐거움이 수반된다. 달성할 수 없는 것을
목표로 삼는 사람은 아무도 없고 분노하는 사람도 달성할 수 있는 것
을 목표로 삼는데, 목표를 달성할 수 있다는 믿음은 즐거운 것이니까.
따라서 분노를 다음과 같이 표현한 것은 적절하다.   5

> 분노란 똑똑 떨어지는 꿀보다 달콤해서
> 인간의 가슴속에서 점점 커지는 법이지요.[6]

첫째, 이런 이유에서, 그리고 사람들이 복수하겠다는 생각에 온 정
신을 쏟기에 분노에는 쾌감이 수반되기 때문이다. 사실 그럴 때에 상
상하는 것은 꿈속에서 상상하는 것 못지않게 즐겁다.   10
경멸은 아무 가치가 없어 보이는 것에 대한 의견이 실현된 것이다.

---

5 Kleon. 고대 그리스에서는 흔한 이름이다.
6 『일리아스』18권 109~110행. 이 책 1권 11장 1370b에서도 부분적으로 인용된 바
있다.

(우리는 실제로 좋은 것들과 나쁜 것들이나 그런 경향이 있는 것들은 주목할 가치가 있다고 생각하지만, 사소하거나 중요하지 않은 것들은 검토할 가치가 없다고 생각하기 때문이다.) 경멸에는 세 가지가 있는

15 데, 멸시, 원한, 모욕이 그것이다. 멸시는 일종의 경멸이기 때문이다. 사람들은 가치가 없다고 생각하는 것들을 멸시하며, 사람들이 경멸하는 것도 그런 것이니까. 원한에 찬 사람도 경멸하는 것처럼 보인다. 원한은 자신의 이익을 위해서가 아니라 단지 상대방의 불이익을 위해 상대방의 소원이 이루어지는 것을 막기 때문이다. 원한은 이처럼 자

20 신의 이익을 위한 것이 아니므로 멸시이다. 원한에 찬 사람은 분명 상대방이 자기를 해코지할 수 없을 것이라고 생각하니 말이다. 그렇지 않다면 상대방을 멸시하는 대신 두려워할 테니까. 또한 그는 상대방이 자기에게 이렇다 할 도움을 줄 수 없을 것이라고 생각한다. 그렇지 않다면 상대방과 친해지려고 할 테니까. 모욕도 일종의 경멸이다. 모욕은 그렇게 했다는 것 말고는 자신의 다른 이익을 위해서가 아니라

25 피해자가 수치심을 느낄 것들을 재미 삼아 행하거나 말하는 것이다. 앙갚음하는 것은 모욕하는 것이 아니라 복수하는 것이다. 모욕하는 사람이 쾌감을 느끼는 것은 남을 학대할 때 우월감을 느끼기 때문이다. (그래서 젊은이와 부자는 곧잘 모욕하는 경향이 있는데, 그들은 모욕함으로써 우월감을 느끼기 때문이다.) 불명예도 모욕의 특징 중 하나이다. 그래서 상대방에게 불명예를 안기는 것은 상대방을 경멸

30 하는 것이다. 아무 가치가 없는 것에는 좋고 나쁘고를 떠나 아무런 명예가 주어지지 않기 때문이다. 그래서 화가 난 아킬레우스는 다음과 같이 말한다.

아가멤논이 나를 모욕하고 내 명예의 선물을 몸소 빼앗아 가졌어요.[7]

그리고

내가 아무런 명예도 없는 거류민인 양……[8]

이것이 그가 화가 난 이유라는 뜻으로 말이다. 사람들은 신분이나 능 35
력이나 미덕이나 일반적으로 자신이 남보다 훨씬 우월하다고 생각하
는 점에서 자기보다 열등한 자에게 존경받을 권리가 있다고 생각한 1379a
다. 이를테면 돈과 관련해서는 부자가 가난한 사람에게, 말과 관련해
서는 웅변에 소질 있는 사람이 말할 줄 모르는 사람에게, 통치자는 통
치를 받는 자에게, 본인이 다스리기에 적합하다고 자부하는 사람은
다스려지기에 적합한 사람에게 그런 태도를 취한다. 그래서 다음과
같이 말하는 것이다.

제우스께서 양육하신 왕들의 마음은 거만한 법이라오.[9]　　　　5

그리고

7　『일리아스』 1권 356행. 아가멤논은 트로이아 전쟁 때 그리스 연합군 총사령관이고,
아킬레우스는 으뜸가는 그리스군 용장이다.
8　『일리아스』 9권 648행.
9　『일리아스』 2권 196행.

앙갚음할 때까지는 언제나 가슴속에 원한을 품기 마련이지요.[10]

왕들이 분노하는 것은 자신들의 지위가 우월하다고 믿기 때문이다. 또한 사람은 자신이 후하게 대접받을 권리가 있다고 생각하는 사람들에게 경멸받을 때도 분노하는데, 그가 몸소 또는 대리인이나 친구 중 한 명을 통해 호의를 베풀었거나 호의를 베풀거나, 호의를 베풀려고 하거나 호의를 베풀려고 했던 사람들이 그런 사람들이다.

10   이상으로 사람들이 어떤 심적 상태에서 누구에게 왜 분노하는지 이미 분명해졌다. 사람은 고통을 느낄 때 분노한다. 고통을 느끼는 사람은 언제나 무엇인가를 목표로 삼기 때문이다. 따라서 목마를 때 마시지 못하는 경우에 남이 그를 직접적으로 저지하건 저지하지 않건 그에게는 같은 행위로 보인다. 그래서 그가 그런 심적 상태에 있을 때 15 남이 방해하거나 돕기를 거부하거나 다른 방법으로 괴롭히면 그는 이 모든 경우에 분노한다. 따라서 병이나 가난이나 사랑이나 갈증에 시달리는 사람, 한마디로 욕구가 충족되지 않은 사람들은 특히 자신의 현재 괴로움을 경멸하는 자에게 쉬 분노하고 흥분한다. 이를테면 병자는 자신의 병을 대수롭지 않게 여기는 자에게 화를 내고, 가난한 20 사람은 자신의 가난을 대수롭지 않게 여기는 사람에게 화를 내며, 전사는 전쟁을 대수롭지 않게 여기는 사람에게 화를 내고, 사랑에 빠진 사람은 사랑을 대수롭지 않게 여기는 사람에게 화를 내고, 이는 다른 경우도 마찬가지이다. 각자는 자신의 현재 괴로움을 통해 나름대로

10 『일리아스』 1권 82행.

분노하기 때문이다.

사람들은 뜻밖의 결과가 나올 때도 분노한다. 마치 뜻밖의 소원성 취가 더 즐겁듯이 뜻밖의 재앙일수록 더 괴롭기 때문이다. 이로써 사 25 람들이 어떤 계절, 시간, 심적 상태, 연령에 쉬 분노하며, 언제 어디서 그런 일이 일어나는지 분명해졌다. 또한 사람들이 그런 것들의 영향 을 많이 받을수록 더 쉽게 분노한다는 것도 분명해졌다.

이상이 사람들이 쉬 분노하는 심적 상태이다. 사람들이 분노를 느 30 끼는 대상은 자신들을 비웃고 조롱하고 야유하는 자들이다. 그런 태 도는 모욕적이기 때문이다. 그런 행위는 보복이나 보은의 성격을 띠 지 않는 것이어야 한다. 그래야만 단순히 모욕하기 위한 것처럼 보일 테니까. 사람들은 자신에게 악담하거나 자신들이 가장 중요시하는 35 것을 무시하는 자들에게 분노한다. 이를테면 철학에 야망이 있는 자 는 철학에 악담하는 자에게 분노하고, 자신의 미모에 자부심을 느끼 는 자는 자신의 미모에 대해 악담하는 자에게 분노한다. 이 점은 다른 경우에도 마찬가지이다. 그러나 사람들은 자신들이 그런 자질을 완전 히 또는 충분히 가지고 있지 않다고 의심하거나, 자신들이 그런 자질 을 가진다고 남이 생각하지 않을 때 특히 분노한다. 사람들은 자신들 1379b 이 야유의 대상이 되는 자질에서 탁월하다고 확신할 때는 야유를 받 아도 무시할 수 있기 때문이다. 또한 사람들은 남보다도 친구들에게 더 분노하는데, 친구들에게는 푸대접받기보다는 후하게 대접받아야 한다고 생각하기 때문이다. 사람들은 또한 자신들을 늘 존중하고 경 의를 표하던 자들이 그런 태도로 대하지 않으면 분노하는데, 그들이 5 자신들을 무시한다고 생각하기 때문이다. 그러지 않는다면 그들이 자신들을 종전처럼 대했을 테니까. 사람들은 자신들의 호의에 전혀 또는 적절히 보답하지 않는 자들에게도 분노하고, 자신들에 대해 반대하는 자들에게도 그들이 열등한 자들일 때는 분노한다. 그런 사람들은 모두 우리를 무시하는 것처럼 보이는데, 우리에 대해 반대하는 자들은 우리를 자신들보다 열등하다고 생각하는 것처럼 보이고, 우리의 호의에 보답하지 않는 자들은 그런 호의를 열등한 자들한테서 받았다고 생각하는 것처럼 보이기 때문이다.

그래서 우리는 보잘것없는 자들에게 멸시당하면 특히 분노한다. 멸시에 대한 분노는 멸시할 자격이 없는 자들에게 터뜨려야 한다는 것이 우리 생각인데, 열등한 자들은 우월한 자들을 멸시할 자격이 없기 때문이다. 또한 우리는 우리를 좋게 말하지 않거나 잘 대해주지 않으면 친구들에게 분노하며, 이를 행동으로 옮기면 더더욱 분노한다. 우리에게 필요한 것을 친구들이 감지하지 못할 때도 마찬가지이다. 그래서 안티폰의 비극에서 플렉십포스가 멜레아그로스에게 분노하는 것이다.[11] 그런 것을 감지하지 못하는 것은 무시한다는 징표이기 때문이다. 우리가 아끼는 사람들에게 필요한 것이라면 우리가 감지하지 못할 리가 없으니까. 또한 우리의 불행을 기뻐하거나 대체로 즐기는 자들에게도 우리는 분노한다. 그런 태도는 그들이 우리를 적대시하거나 무시

---

11 안티폰(Antiphon)은 기원전 4세기 그리스 비극 시인이다. 칼뤼돈 왕 오이네우스의 아들 멜레아그로스는 천하의 영웅들을 초빙해 국토를 유린하던 거대한 멧돼지를 사냥하고는 그 가죽을 아탈란테(Atalante)라는 처녀 사냥꾼에게 준다. 그러자 그의 외삼촌 플렉십포스(Plexippos)가 부당한 처사라며 격렬히 항의하다가 멜레아그로스의 손에 살해된다.

한다는 증거이기 때문이다. 우리에게 고통을 주고도 알지 못하는 자들에게도 우리는 분노한다. 그래서 우리는 나쁜 소식을 전하는 자들에게 분노한다. 우리가 잘못한 일을 귀담아듣거나 우리의 약점을 지켜보는 자들에게도 우리는 분노한다. 그런 짓은 우리를 경멸하거나 증오하는 것과도 같다. 친구는 우리를 동정하고, 자신의 약점이 노출되는 것을 보면 누구나 괴롭기 때문이다. 또한 다섯 부류의 사람들 앞에서 우리를 경멸하는 자들에게 우리는 분노한다. 우리의 경쟁자, 우리가 칭송하는 자, 우리가 칭송받고 싶어하는 자, 우리가 존경하는 자, 우리를 존경하는 자가 그들이다. 이들 앞에서 우리를 경멸하는 사람이 있다면 우리는 특히 분노한다. 부모, 자식, 아내, 하인처럼 우리가 당연히 지켜주어야 할 사람들을 경멸하는 자들에게도 우리는 분노한다. 배은망덕한 자들에게도 우리는 분노한다. 그런 경멸은 정당화될 수 없기 때문이다. 우리는 진담을 하는데 농담으로 대꾸하는 자들에게도 분노한다. 그런 태도는 경멸을 의미하기 때문이다. 남들에게는 잘하면서 우리에게는 잘하지 않는 자들에게도 우리는 분노한다. 우리를 남들만큼 대접받을 자격이 없다고 여기는 것은 우리를 경멸하는 것이니까. 이름을 잊는 것 같은 사소한 망각도 우리를 화나게 한다. 망각도 경멸의 징표라고 여기기 때문이다. 망각은 무관심 탓이고, 무관심은 일종의 경멸이니까.

이상으로 우리가 어떤 사람에게 어떤 심적 상태에서 왜 분노하는지 설명했다. 따라서 연설가는 반드시 청중은 분노하는 심적 상태가 되게 하되, 자신의 상대방은 사람들이 분노하는 그런 사람이며 사람들이 분노하는 일들에 책임이 있다는 것을 보여주어야 한다.

제3장—차분함

화나는 것은 차분해지는 것의 반대이고, 분노는 차분함의 반대이므로 우리는 사람들이 어떤 심적 상태에서 누구 앞에서 왜 차분해지는지 확인해야 한다. 차분해지는 것은 분노가 가라앉거나 진정되는 것이라고 정의할 수 있다. 만약 우리를 경멸하는 자들에게 우리가 분노하고 경멸하는 것이 고의적인 것이라면, 이 둘 중 어느 것도 행하지 않거나 행하기는 하되 본의 아니게 행하거나 본의 아니게 행하는 것처럼 보이는 자들 앞에서 우리는 분명 차분해진다. 자신이 행한 것과 반대되는 것을 의도했던 사람들에게도 우리는 차분해진다. 또한 우리를 대했던 것처럼 자신을 대하는 자들에게도 우리는 차분해질 것이다. 자신을 경멸할 사람은 아무도 없을 테니까. 그 점은 자신의 과오를 인정하고 후회하는 자들에게도 마찬가지이다. 범인이 자신의 행위를 대하며 느끼는 괴로움을 우리가 사죄로 받아들인다면 분노는 가라앉기 때문이다. 하인에게 내리는 처벌이 이를 입증해준다. 우리는 이의를 제기하며 자신의 잘못을 부인하는 하인은 더 엄하게 처벌하지만, 자신이 처벌받는 것이 정당하다는 것을 인정하는 하인에게는 분노가 가라앉으니 말이다. 그 이유는 명백한 것을 부인하는 것은 파렴치한 짓이고, 우리에게 파렴치한 짓을 하는 자들은 우리를 경멸하고 멸시하기 때문이다. 아무튼 우리가 철저히 경멸하는 자들 앞에서 우리는 부끄러워하지 않는다. 겸손하며 이의를 제기하지 않는 자들 앞에서도 우리는 차분해진다. 그런 자들은 자신들이 열등하다는 것을 인정하는 것처럼 보이며, 열등한 자들은 두려워하고 두려워하는 자들은 아무도 남을 경멸하지 않기 때문이다. 개도 사람이 앉아 있을 때는 물지

않는데, 이는 겸손한 자들 앞에서는 분노가 가라앉는다는 것을 말해 25
준다. 우리가 진지할 때 진지한 사람들에게도 우리는 차분해진다. 그
런 사람들은 우리를 진지하게 대하고 멸시하지 않는다고 여겨지기 때
문이다. 우리가 베푼 것 이상으로 우리에게 호의를 베푼 자들에게도
우리는 차분해진다. 우리에게 부탁하고 간청하는 자들에게도 우리는
차분해진다. 그런 사람들은 상대적으로 겸손하기 때문이다. 누군가
를 또는 훌륭한 사람들을 또는 우리 자신과 같은 사람들을 모욕하거 30
나 조롱하거나 경멸하지 않는 자들에게도 우리는 차분해진다. 대체로
말해서 우리를 차분하게 하는 것들은 우리를 분노하게 하는 것들에
서 유추할 수 있다. 우리가 두려워하거나 존경하는 사람들 앞에서도
우리는 화내지 않는다. 우리가 그들을 두려워하고 존경하는 동안에
는 두려움과 분노를 동시에 느낄 수는 없으니까. 홧김에 행동한 자들
에게도 우리는 전혀 화내지 않거나 화를 덜 내는데, 그런 사람들이 우
리를 무시해서 그렇게 행동했다고 생각하지 않기 때문이다. 어느 누 35
구도 분노할 때는 남을 경멸하지 않으니까. 경멸에는 고통이 수반되지
않지만, 분노에는 고통이 수반되기 때문이다. 우리는 우리를 존경하 1380b
는 사람들에게도 화내지 않는다.

　사람들은 분명 화나게 하는 것과는 반대되는 상태에 있을 때 차분
해진다. 이를테면 놀 때, 웃을 때, 축제 때, 잘나갈 때, 성공했을 때, 대
체로 말해 고통에서 해방되었을 때, 모욕감을 느끼지 않고 즐길 때,
희망에 차 있을 때가 그런 경우이다. 또한 세월이 흘러 분노의 기세가 5
누그러질 때도 마찬가지이다. 분노에는 세월이 약이니까. 누군가에게
느끼는 분노가 더 크다 하더라도 그를 대신하여 다른 사람에게 미리

복수하면 분노가 진정되기 때문이다. 그래서 필로크라테스[12]는 민중이 그에게 분노하는데 "왜 변명하지 않으시오?"라고 누군가 물었을 때 "아직은 때가 아니오"라고 대답한 것이다. "그게 언제지요?" "나 말고 누군가 다른 사람이 고발당하는 것을 볼 때지요." 사람들은 다른 사람에게 분통을 터뜨리고 나면 차분해지기 때문이다. 이를테면 에르고필로스에게 그런 일이 일어났다. 아테나이인들은 칼리스테네스[13]에게보다도 그에게 더 분개했지만 전날에 칼리스테네스에게 사형을 선고한 까닭에 그를 무죄 방면했으니 말이다. 사람들은 동정할 때도 차분해진다. 또한 사람들은 자신들이 홧김에 입혔을 것보다 더 큰 피해를 가해자가 입었을 때도 차분해진다. 이미 복수했다고 여기니까. 자신이 나쁜 짓을 하기에 그렇게 당해도 싸다고 생각할 때도 차분해진다. 정당한 것에는 화가 나지 않기 때문이다. 그럴 경우 사람들은 더는 부당하게 당한다고 생각하지 않는다. 바로 이것이 분노의 본질이니까. 그래서 먼저 말로 꾸짖어야 한다. 그러면 노예들이라도 덜 화가 나기 때문이다. 또한 가해자가 우리 때문에 벌받는 것이고 왜 벌받는지 모를 것이라고 생각될 때도 우리는 차분해진다. 앞서 분노를 정의할 때 분명히 말했듯이 분노는 개인을 향한 것이기 때문이다. 그래서 호메로스가 다음과 같이 말하는 것은 옳다.

---

12 필로크라테스(Philokrates)는 웅변가 데모스테네스(Demosthenes)의 정적으로 아테나이의 친(親)마케도니아파 정치가 중 한 명인데, 아테나이에서 추방된 뒤 열린 결석재판에서 사형을 선고받는다.

13 에르고필로스(Ergophilos)와 칼리스테네스(Kallisthenes)는 기원전 4세기 중엽 북부 그리스에서 마케도니아(Makedonia)군과 싸우다가 패한 아테나이 장군이다.

그대를 눈멀게 한 것은 도시의 파괴자 오뒷세우스라고 말하시오.[14]

마치 자신이 누구 때문에, 왜 눈이 멀었는지 폴뤼페모스가 모르면 오뒷세우스가 복수한 것이 아니란 듯이 말이다.[15] 그래서 우리는 우리 25 가 화났다는 것을 알 수 없는 자들에게는, 특히 이미 죽은 사람들에게는 화내지 않는다. 그들은 가장 험한 꼴을 당했고, 고통은 물론이고 우리가 홧김에 그들이 느끼게 하려 했던 그 밖의 다른 감정도 느끼지 못할 것이라고 여기기 때문이다. 따라서 아킬레우스가 죽은 헥토르에게 내는 화를 멈추게 하려고 호메로스가 아폴론으로 하여금 다음과 같이 말하게 하는 것은 옳다.

그는 분을 못 이겨 무심한 대지를 욕보이고 있으니 말이오.[16] 30

따라서 청중을 진정시키고 싶으면 분명 이런 전제들에서 말하며 청중이 적절한 심적 상태가 되게 해야 하며, 그들이 분개하는 자들을 두려운 자들, 존경스러운 자들, 호의를 베푼 자들, 본의 아니게 행동한 자들 또는 자신의 행위 때문에 지나치게 고통당한 자들로 그려야 한다.

14 『오뒷세이아』 9권 504행.
15 트로이아를 함락하고 귀향하던 오뒷세우스는 먹을거리를 구하기 위해 전우 몇 명을 데리고 외눈박이 식인 거한 폴뤼페모스(Polyphemos)의 동굴을 찾았다가 구사일생으로 탈출한다. 위 시행은 폴뤼페모스를 화나게 하려고 오뒷세우스가 한 말이다.
16 『일리아스』 24권 54행.

제4장—우정과 적개심

35 이제는 우정[17]과 사랑이 무엇인지 정의하고 나서 사람들은 어떤 사람들을 좋아하거나 싫어하며, 그 이유가 무엇인지 따져보자. 누군가를 사랑한다는 것은 우리가 좋다고 믿는 것들을 우리 자신을 위해서가 아니라 그를 위해 바라면서 힘닿는 데까지 그런 것들을 해주려고 하

1381a 는 것이라고 정의할 수 있다. 친구란 다른 누군가를 사랑하고 그 보답으로 사랑받는 사람이며, 자신의 관계가 그런 것이라고 생각하는 사람은 자신을 친구라고 여긴다. 그러면 다른 이유에서가 아니라 우리를 위해 좋을 때는 함께 즐거워하고 괴로울 때는 함께 괴로워하는 사

5 람이 당연히 친구이다. 모든 사람은 원하는 일이 일어나면 기뻐하고 그와 반대되는 일이 일어나면 괴로워하므로 즐거움과 괴로움은 모든 이가 무엇을 원하는지 알려주는 지표이기 때문이다. 좋은 것과 나쁜 것에 대한 생각이 같고, 사랑하고 싫어하는 사람이 같은 사람들도 친구이다. 그들은 필시 같은 것을 원하기 때문이다. 따라서 자신을 위해

10 원하는 것을 다른 사람을 위해 원하는 사람은 분명 다른 사람의 친구이다. 또한 우리는 우리 자신이나 우리가 아끼는 사람들에게 통 크게 또는 진심으로 잘해준 또는 급할 때 잘해준 사람들을 좋아한다. 그것이 우리 자신을 위한 것이라면 말이다. 또한 우리는 우리에게 잘해주려 한다고 생각되는 사람들도 좋아한다. 또한 우리는 우리 친구의 친구들이나, 우리가 좋아하는 사람을 좋아하거나 우리가 좋아하는 사

15 람에게 사랑받는 사람들을 좋아한다. 또한 우리는 우리가 적대시하는

---

17 philia.

140

자를 적대시하고 우리가 미워하는 자를 미워하는 사람들과, 우리가 미워하는 자들에게 미움 받는 사람들을 좋아한다. 그런 사람들은 모두 좋은 것에 대해 우리와 생각이 같아서 우리에게 좋은 것을 원하기 마련인데, 그것이야말로 앞서 말했듯이 친구의 특징이기 때문이다.

우리는 금전 문제나 신변 안전 문제와 관련해 우리에게 도움을 줄 용의가 있는 사람들을 좋아한다. 그래서 우리는 후하고 용감하고 올바른 사람들을 좋아한다. 그리고 우리는 남에게 의존하지 않고 살아 20 가는 사람들 즉 스스로 노력해서 살아가는 사람들, 그중에서도 특히 농부들과 그 밖의 다른 자영업자들을 올바른 사람들이라고 생각한다.

우리는 절제 있는 사람들을 좋아한다. 그런 사람들은 남에게 불의를 저지르지 않기 때문이다. 또한 우리는 같은 이유에서 남의 일에 참견하지 않는 사람들을 좋아한다. 우리는 우리가 그들의 친구이기를 원하는 사람들을 좋아한다. 그들도 분명 그러기를 원한다면 말이다. 25 도덕적으로 훌륭한 사람들과 모든 사람 또는 가장 훌륭한 사람들 또는 우리가 찬탄하는 사람들 또는 우리를 찬탄하는 사람들 사이에서 평판이 좋은 사람들이 그런 사람들이다.

또한 우리는 함께 살고 함께 소일하는 것이 즐거운 사람들을 좋아한다. 붙임성이 좋고 공연히 트집 잡지 않으며 시비 걸거나 다투기 좋아하지 않는 사람들이 그런 사람들이다. 트집 잡거나 시비 걸거나 다 30 투기 좋아하는 자들은 언제나 우리와 싸우기 좋아하고, 우리와 싸우는 자들은 우리가 원하는 것과 반대되는 것들을 원하기 때문이다. 또한 우리는 농담할 줄도 알고 받아넘길 줄도 아는 사람들을 좋아한다.

재치 있게 농담할 줄 아는 것도 농담을 받아넘길 줄 아는 것도 둘 다 이웃과 같은 것을 추구하는 것이기 때문이다. 우리는 특히 우리에게

35 는 없다고 생각한 좋은 자질을 우리가 가졌다고 칭찬하는 사람들을 좋아한다.

또한 우리는 용모와 복장이 단정하고 생활 방식 전체가 깔끔한 사

1381b 람들을 좋아한다. 우리는 우리의 실수나 선행을 헐뜯지 않는 사람들을 좋아한다. 그런 행위는 둘 다 우리를 비판하는 것이기 때문이다. 또한 우리는 앙심을 품지 않고 원한을 키우지 않으며 쉬 화해하는 사람들을 좋아한다. 왜냐하면 우리는 그들이 남에게 하는 것처럼 우리에

5 게도 하리라고 생각하기 때문이다.

우리는 험담하지 않으며 이웃이나 우리의 나쁜 점은 알려고 하지 않고 우리의 좋은 점만 알려고 하는 사람들을 좋아한다. 그런 것들은 훌륭한 사람이 하는 행동이기 때문이다. 또한 우리는 우리가 화가 나거나 무언가에 전념할 때 훼방 놓지 않는 사람들을 좋아한다. 그럴 때 훼방 놓는 것은 우리와 싸우겠다는 것이니까. 우리는 이를테면 우리

10 를 찬탄하거나 우리를 훌륭한 사람이라고 여기거나 우리와 함께하기를 즐기는 것처럼 어떻게든 우리를 진지하게 대하는 사람들을 좋아한다. 특히 우리가 찬탄받거나 존경받거나 사랑받기를 특히 원하는 자질과 관련해 우리를 진지하게 대하는 사람들을 좋아한다. 또한 우리는 우리와 성격과 직업이 같은 사람들을 좋아한다. 그들의 이해관계

15 가 우리의 이해관계와 충돌하지 않고, 그들이 같은 방법으로 생계를 유지하지 않는다면 말이다. 그럴 경우에는 "도공(陶工)이 도공을 시

기하는"[18] 일이 벌어질 테니까.

우리는 우리와 같은 것을 욕구하는 사람들을 좋아한다. 우리와 그들이 모두 거기에서 이익을 볼 수 있다면 말이다. 그렇지 않을 경우 여기서도 마찬가지 문제가 생긴다. 또한 우리는 그들의 의견을 무시하지는 않지만 대중이 나쁘다고 여기는 실수를 저질러도 그 앞에서 우리가 얼굴을 붉힐 필요가 없는 사람들도 물론 좋아하지만, 정말로 나쁜 20 짓을 저지르면 우리가 그 앞에서 얼굴을 붉히는 사람들도 좋아한다. 우리는 우리의 경쟁자들과, 우리를 시기하는 것이 아니라 찬탄했으면 싶은 사람들도 좋아한다. 우리는 이들을 좋아하거나 이들과 친구가 되기를 원한다. 또한 우리는 그로 인해 큰 손해를 볼 것 같지 않으면 그들이 좋은 것을 얻도록 도와주고 싶은 사람들도 좋아한다. 우리는 함께할 때나 함께하지 않을 때나 우리를 똑같이 사랑하는 사람들을 25 좋아한다. 그래서 누구나 다 고인이 된 친구를 변함없이 사랑하는 사람들을 좋아하는 것이다. 한마디로 우리는 진심으로 친구를 좋아하고 어려울 때 친구를 버리지 않는 사람들을 좋아한다. 우리는 훌륭한 사람 중에서도 훌륭한 친구들을 가장 좋아하기 때문이다. 또한 우리는 우리 앞에서 시치미 떼지 않는 사람들을 좋아하는데, 우리에게 자신의 약점도 털어놓는 사람들이 그런 사람들이다. 앞서 말했듯이, 우 30 리는 친구 앞에서는 대중이 나쁘다고 여기는 실수를 저질러도 부끄러

---

18 헤시오도스(Hesiodos), 『일과 날』(*Erga kai hemerai*) 25행. 헤시오도스는 기원전 700년경에 활동한 그리스 서사시인으로 『일과 날』 외에 『신들의 계보』(*Theogonia*)가 그의 작품으로 남아 있다. '동업자들은 경쟁하기 마련이다'라는 뜻이다.

워하지 않기 때문이다. 따라서 부끄러워하는 사람은 친구가 아니며, 부끄러워하지 않는 사람은 십중팔구 친구이다. 또한 우리는 우리가 두려워하지 않는 사람들과 우리를 거북해하지 않는 사람들을 좋아한다. 자기가 두려워하는 사람을 좋아할 사람은 아무도 없기 때문이다.

35   우정의 종류에는 동료 의식, 친밀감, 동족 의식 등이 있으며, 우정을 낳는 것은 호의와 부탁받지 않고 해주기와 해주고 나서 공개하지 않기이다. 그래야만 다른 이유 때문이 아니라 우리를 위해서 그렇게 한 것처럼 보일 테니까.

1382a   적대감과 증오는 분명 그와 반대되는 것들에 비추어 검토되어야 할 것이다. 적대감을 낳는 것은 분노, 모욕, 험담이다. 분노는 우리와 관련있는 것에서 비롯되지만, 증오는 우리와 무관한 것에서 비롯될 수도 있다. 우리는 사람들을 단순히 어떤 성격의 소유자라고 여기기 때문에 미워할 수 있으니까. 분노는 언제나 칼리아스[19]나 소크라테스 같

5   은 개인과 관계가 있는 데 반해, 증오는 어떤 부류를 향할 수도 있다. 도둑과 밀고자는 모든 사람이 미워하니까. 또한 분노는 시간이 지나면 치유되지만, 증오는 그렇지 않다. 분노는 고통을 안겨주려 하지만, 증오는 해를 입히려 한다. 분노하는 사람은 자기 피해자들이 무엇을 느끼기를 원하지만, 미워하는 사람은 피해자들이 무엇을 느끼든 말

10   든 상관없다. 고통스러운 것은 모두 느낄 수 있지만, 불의나 어리석음처럼 가장 큰 해를 입히는 것들은 느낄 수 없기 때문이다. 악덕[20]은

19   Kallias.
20   kakia.

존재하더라도 고통을 야기하지 않으니까. 또한 분노는 고통을 수반해도, 증오는 그렇지 않다. 분노하는 사람은 고통을 느껴도, 증오하는 사람은 그렇지 않기 때문이다. 분노하는 사람은 연민의 정을 느낄 때가 많지만, 증오하는 사람은 어떤 경우에도 연민을 느끼지 않는다. 분 15 노하는 사람은 자신을 화나게 하는 사람이 그 대가로 고통 받기를 원하지만, 증오하는 사람은 자신의 적이 없어지기를 원하기 때문이다.

이 모든 것으로 미루어 우리는 사람들이 적인지 친구인지 분명 검증할 수 있다. 적이나 친구가 아니라면 적이나 친구로 만들 수 있으며, 적이나 친구라고 주장하면 반박할 수 있고, 분노와 증오를 통해 상대방을 우리가 원하는 방향으로 이끌 수 있다.

제5장—두려움과 자신감

20 이어질 고찰에서는 우리가 어떤 것과 어떤 사람을 어떤 심적 상태에서 두려워하는지 밝힐 것이다. 두려움은 파괴나 고통을 야기할 임박한 위험을 생각할 때 느끼는 일종의 고통 또는 불안이라고 정의할 수 있다. 우리는 모든 해악을 두려워하는 것이 아니라, 파괴나 고통을 야기할 해악만 두려워하니까. 이를테면 우리는 불의해지거나 아둔해지는 것은 두려워하지 않지만, 큰 고통이나 파괴를 야기할 해악이 멀리

25 있지 않고 임박한 것처럼 보일 때만 두려워한다. 우리는 아주 멀리 있는 것은 두려워하지 않는다. 이를테면 모든 사람은 자기가 죽을 것이라는 것을 알지만, 죽음이 가까이 있지 않으므로 죽음에 무관심하다. 두려움이 그런 것이라면, 큰 파괴력을 가지거나 우리에게 큰 고통을 안겨줄 해악을 끼칠 능력이 있어 보이는 그런 것들이 두려운 것임이 틀

30 림없다. 그런 깃들은 징후조차도 두렵다. 두려운 것이 가까이 있다고 생각되고, 위험이란 바로 두려운 것이 다가오는 것이기 때문이다.

그런 징후로는 우리를 해코지할 수 있는 자들의 적대감과 분노가 있다. 그들은 분명 해코지하고 싶어하기에 바야흐로 그렇게 하려 하

35 기 때문이다. 힘을 가진 불의도 그런 징후이다. 불의한 자가 불의한 것
1382b 은 불의를 행하려는 의도 때문이니까. 힘을 가진 미덕이 모욕당할 때도 마찬가지이다. 미덕은 모욕당하면 언제나 복수하기를 원하며, 이 경우에는 그럴 힘도 있기 때문이다. 우리를 해코지할 수 있는 자들이 느끼는 두려움도 마찬가지이다. 그런 자들도 틀림없이 행동할 준비가 되어 있기 때문이다. 또한 대부분의 사람은 열등하고 탐욕의 노예이

5 고 위기가 닥칠 때 비겁한 까닭에 자신이 남의 처분에 맡겨지면 대체

146

로 두려워한다. 그래서 우리가 범죄를 저지른 경우 공범이 우리를 배신하거나 버리지 않을까 두려운 것이다. 또한 불의를 행할 수 있는 자들도 불의를 당할 수 있는 자들에게는 두렵다. 사람들은 불의를 행할 수 있을 때는 대개 불의를 행하니까. 불의를 당했거나 당했다고 생각하는 자들도 두렵기는 마찬가지이다. 그런 자들은 언제나 기회를 엿 10 보기 때문이다. 불의를 행한 자들도 힘이 있을 때는 두렵다. 그런 자들은 복수당할까 두려워하기 때문이다. 우리는 이미 힘 있는 사악함은 두렵다고 말한 바 있다. 공유할 수 없는 이익을 두고 경쟁하는 자들도 마찬가지이다. 그런 자들은 늘 서로 다투기 때문이다. 또한 우리는 우리보다 더 강한 자가 두려워하는 자들도 두려워한다. 우리보다 더 강한 자를 해코지할 수 있는 자들이라면 우리를 더더욱 해코지할 15 수 있을 테니까. 우리는 같은 이유에서 우리보다 실제로 더 강한 자도 두려워한다. 또한 우리는 우리보다 더 강한 자를 없앤 자들과 우리보다 더 약한 자를 공격하는 자들도 두려워한다. 그들은 이미 두렵거나 더 강해지고 나면 두려울 테니까. 우리가 행한 불의를 당한 자들과 우리의 적이나 경쟁자 중에서 우리가 두려워해야 할 이들은 성급하고 노골적인 자들이 아니라, 온유하고 시치미 잘 떼고 무슨 짓이든 하는 자 20 들이다. 그들이 행동하려는 때가 임박했는지 알 수 없기에 그들이 멀리 떨어져 있어 안전하다고 확신할 수 없기 때문이다. 두려운 모든 것은 그것이 전혀 불가능하기 때문이든 아니면 우리에게 달려 있는 것이 아니라 우리 적에게 달려 있기 때문이든 우리 실수를 바로잡을 수 없을 때 더 두렵다. 우리가 도울 수 없거나 돕기 어려운 것들도 더 두렵다. 한마디로 남에게 일어나거나 일어날 법하면서 우리가 연민의 정을 25

느끼게 만드는 것은 모두 두렵다.

　이런 것들이 사실상 가장 두려운 것이고, 실제로 우리가 두려워하는 것이다. 이번에는 우리가 어떤 상태에 있을 때 두려움을 느끼는지 논의해보자. 어떤 파괴적인 일이 우리에게 일어날 것이라는 예상에 뒤따르는 것이 두려움이라면, 자신에게는 아무 일도 없을 것이라고 믿는 사람은 분명 아무도 두려움을 느끼지 않는다. 우리는 우리에게 일어날 수 없을 것이라고 믿는 것도, 우리를 해코지할 수 없을 것이라고 믿는 자들도 두려워하지 않으며, 우리가 그들로부터 안전하다고 믿을 때도 두려워하지 않는다. 따라서 두려움은 특정한 사람에게 특정한 방법으로 특정한 때에 자신이 해코지당할 것이라고 예상하는 자가 느낀다. 크게 번성하거나 그렇다고 믿는 자는 자신이 해코지당하는 일이 없을 것이라고 생각한다. (그래서 그들은 교만하고 남을 무시하고 무모한데, 그들을 그렇게 만드는 것은 부와 체력과 많은 친구와 권력이다.) 이는 매를 맞아 초주검이 된 자처럼 이미 온갖 끔찍한 일을 당해 미래에 대해 냉담해진 자도 마찬가지이다. 두려움을 느끼려면 고통에서 살아남을 수 있으리라는 희망이 있어야 한다. 그 증거로 두려움은 무엇을 할 수 있을지 사람들이 숙고하게 만들지만 희망이 없는 것은 아무도 숙고하지 않는다. 따라서 청중에게 겁주는 것이 더 바람직할 때는 연설가는 그들보다 더 강한 자들도 그런 일을 당했으며, 그들과 대등한 자도 예상치 못한 자에게 예상치 못한 방법으로 예상치 못한 때에 당하거나 당했던 일을 지적함으로써 그들도 당할 수 있다고 생각하게 해야 한다.

　이상으로 두려움이 무엇이고 두려운 것들이 어떤 것이며 어떤 심적 상태에서 두려움을 느끼는지 설명했다. 이로써 우리는 자신감이 무엇이며 어떤 것이 자신감을 주며 어떤 심적 상태에서 자신감을 갖는지 알 수 있다. 자신감은 두려움과 반대되는 것이고, 자신감을 주는 것은 두려움을 느끼게 하는 것과 반대된다. 따라서 자신감은 우리를 구원해주는 것은 가까이 있고 두려운 것은 없거나 멀리 있다는 생각에 따르는 기대이다. 자신감이 생기는 것은 두려운 것은 멀리 있고 자신감을 불어넣어주는 것은 가까이 있을 때이다. 또한 우리가 고통을 치유하거나 예방할 수단이 많거나 뛰어나거나 많고도 뛰어날 때도, 남에게 불의를 행하지도 않았고 당하지도 않았을 때도, 우리에게 경쟁자가 전혀 없거나 강력한 경쟁자가 없을 때도, 강력한 경쟁자가 우리 친구이거나 우리에게 잘해주었거나 우리가 그들에게 잘해주었을 때도, 우리와 이해관계가 일치하는 자들이 더 다수이거나 더 강자이거나 더 다수이고 더 강자일 때도 자신감이 생긴다.

심적 상태에 관해 말하자면, 우리는 종종 성공을 거두었고 실패한 적이 없다고 믿거나 종종 위험에 직면했으나 거기에서 벗어났다고 믿을 때 자신감이 생긴다. 두 경우에 사람들은 차분하게 위험에 대처하는데, 위험에 직면해본 경험이 없거나 대비책을 세워두었을 때이다. 이를테면 해난 사고 때 미래의 일에 자신감을 갖는 자는 폭풍을 경험해본 적이 없는 자와 경험을 통해 대비책을 세워둔 자이다. 또한 우리는 어떤 것이 우리와 대등한 자들 또는 우리보다 약한 자들 또는 그들보다 우리가 더 강하다고 여기는 자들에게 두렵지 않을 때도 자신감이 생긴다. 그리고 상대가 그들 자신이든 그들보다 더 강한 자이든 그들과 대등한 자이든 우리가 이긴 자보다는 우리가 더 강하다고 믿는

35 다. 또한 우리는 가진 자들을 두려워하게 만드는 이점을 우리가 경쟁

자보다 더 많이 더 훌륭한 것으로 가진다고 생각할 때도 자신감이 생

1383b 긴다. 큰돈, 체력, 영향력 있는 친구, 영토, 모든 또는 가장 중요한 전

쟁 장비가 그런 것이다. 또한 이는 우리가 누구에게도 불의를 행하지

않았거나 소수에게만 불의를 행했거나 우리가 두려워하는 자들에게

불의를 행하지 않았을 때도 마찬가지이다. 대체로 말해 우리가 전조

5 나 신탁과 관련해 신들과 관계가 원만할 때도 우리는 자신감이 생긴

다. 무엇보다도 분노가 자신감을 불어넣어주는데, 분노는 우리가 불

의를 행했을 때보다 불의를 당했을 때 느끼는 법이다. 신들은 불의를

당한 자들을 도와준다고 사람들은 믿기 때문이다. 끝으로 우리는 어

떤 일을 시작하며 당장 또는 나중에 실패하지 않을 것이라고 또는 반

드시 성공할 것이라고 믿을 때 자신감이 생긴다. 두려움과 자신감이

10 생기게 하는 것들에 대해서는 이쯤 해두자.

제6장—수치심

다음을 고찰하면 사람들이 수치심을 느끼거나 느끼지 않는 것들은 어떤 것들이며, 누구 앞에서 어떤 상태에서 그러는지는 분명해질 것이다. 수치심은 불명예를 안겨줄 성싶은 과거, 현재 또는 미래의 비행 (非行)과 관련된 일종의 고통 또는 불안이라고 정의할 수 있다. 파렴치는 똑같은 비행과 관련된 일종의 경멸 또는 무관심이라고 정의할 15 수 있다. 수치심을 그렇게 정의하는 것이 옳다면, 우리는 우리 자신이나 우리가 돌보는 사람들의 명예를 실추시킬 성싶은 비행은 무엇이든 수치스럽게 여겨야 한다. 무엇보다도 악덕에서 기인하는 행위가 그런 종류의 비행이다. 이를테면 들고 있던 방패를 내던지거나 싸움터에서 도주하는 것처럼 말이다. 이런 행위는 비겁함에서 비롯되니까. 맡긴 20 돈을 횡령하거나 그 밖의 금전문제로 남에게 비행을 저지르는 것도 그런 종류의 행위이다. 그것은 불의에서 비롯되니까. 그래서는 안 될 사람과 그래서는 안 될 곳에서 그래서는 안 될 때 살을 섞는 것도 마찬가지이다. 그것은 방종에서 비롯되니까. 또한 사소한 것이나 수치스러운 것이나 거지나 죽은 자처럼 무력한 자들에게서 이익을 취하는 것도 마찬가지이다. 그래서 "시신의 호주머니도 털 놈"이라는 속담이 생 25 긴 것이다. 그것은 수전노와 깍쟁이의 특징이니까. 능력이 있는데도 금전 지원을 전혀 하지 않거나 조금밖에 하지 않는 것도 마찬가지이다. 우리보다 더 어려운 사람에게 도움을 받는 것도, 남이 돈을 빌려달라고 할 성싶을 때 빌리는 것도, 빌려준 돈을 돌려받기 원하는 사람에게 돈을 빌려달라는 것도, 빌리고 싶어하는 사람에게 빚을 갚으라고 요구하는 것도, 부탁하는 것처럼 보이기 위해 누군가를 칭찬하는

것도, 거절당한 뒤에도 계속해서 부탁하는 것도 마찬가지이다. 그런

30 것은 모두 인색한 사람의 특징이니까. 사람들을 면전에서 칭찬하는

것도, 누군가의 좋은 점은 지나치게 칭찬하고 나쁜 점은 쉬쉬하는 것

도, 면전에서 남의 슬픔을 지나치게 슬퍼하는 것 따위도 마찬가지이

다. 그런 것은 모두 아첨꾼의 특징이니까. 또한 우리보다 더 연로하거

1384a 나 더 사치스럽게 살거나 지위가 더 높은 사람들, 한마디로 우리보다

참을성이 모자라는 사람들도 견뎌낸 노고를 감수하기를 거부하는 것

도 마찬가지이다. 그런 것은 모두 나약함의 징표이기 때문이다. 남들

에게 자주 덕을 보면서도 그들의 선행을 비난하는 것도 마찬가지이다.

5 그런 것은 모두 옹졸함과 야비함의 징표이니까. 자신을 끊임없이 떠벌

리며 큰 소리로 자랑하고 남의 공적을 가로채는 것도 마찬가지이다.

그것은 허풍선이의 특징이니까. 다른 도덕적 결함과 그것에서 비롯되

는 행위와 그것의 징표들과 그것과 유사한 것들도 마찬가지이다. 그런

것은 모두 불명예스럽고 파렴치하기 때문이다. 모든 사람 또는 우리

와 같은 무리가 모두 또는 대부분 관여하는 좋은 것에 관여하지 못하

10 는 것도 수치스럽기는 마찬가지이다. 여기서 '우리와 같은 무리'란 같

은 민족, 같은 도시, 같은 나이, 같은 가족에 속하는 사람들, 한마디로

우리와 동등한 사람들을 말한다. 이를테면 남만큼 교육받지 못하는

것은 수치스러운 일이며, 그 밖의 다른 좋은 것도 마찬가지이다. 이 모

든 것은 그 책임이 우리 자신에게 있는 것처럼 보일 때 더 수치스럽다.

과거와 현재와 미래의 상황은 그에 대한 책임을 우리 자신이 질 때 그

15 만큼 더 우리의 악덕 탓으로 보이기 때문이다. 또한 우리는 불명예나

비난을 안겨줄 행위를 했거나 하거나 하려고 하는 것도 수치스러워한

다. 이를테면 몸을 팔거나, 성도착 같은 변태행위를 하는 것 말이다. 남의 방종에 굴복하는 행위도 자발적이든 본의 아니든 수치스럽기는 마찬가지이다. 둘 중 강요에 의한 행위는 본의 아닌 것이다. 굴복하고 저항하지 않는 것은 남자답지 못함이나 비겁함의 징표이기 때문이다. 20

사람들이 수치스러워하는 것은 이런 것들과 이와 유사한 것들이다. 수치심은 불명예에 대해 느끼는 인상이고 그 결과 때문이 아니라 그 자체 때문에 느끼는 것이므로, 그리고 우리는 우리에게 명예를 부여하는 사람들의 의견에만 관심이 있으므로 필연적으로 그들의 의견이 우리에게 중요한 사람 앞에서 수치심을 느낀다. 그런 사람들은 우 25 리에게 감탄하는 자들, 우리가 감탄하는 자들, 우리가 감탄받고 싶은 자들, 우리의 경쟁자들, 그들의 의견을 우리가 존중하는 자들이다. 그런데 우리는 높이 평가받는 무언가 좋은 것을 가진 사람들 또는 우리가 그들로부터 연인들처럼 그들이 줄 수 있는 무엇인가를 간절히 얻고 싶은 사람들에게 감탄받고 싶어하고, 그런 사람들을 칭찬하고 싶 30 어한다. 우리는 그들과 경쟁관계에 있다. 우리는 실천적 지혜를 가진 사람들, 이를테면 연장자나 잘 교육받은 사람들의 의견을 진실이라고 여긴다. 또한 우리는 만인의 눈앞에서 공개적으로 행해진 것에 더 수치심을 느낀다. (그래서 "수치심은 눈 안에 있다"[21]는 속담이 생긴 것이다.) 그런 이유로 우리는 늘 우리와 함께할 사람들과 우리를 지켜보 35 는 사람들 앞에서 더 수치심을 느낀다. 이 두 경우 우리는 남들의 눈 1384b 안에 있기 때문이다. 또한 우리는 우리와 같은 죄를 지을 법하지 않은

---

21 에우리피데스, 『크레스폰테스』(*Kresphontes*) 단편 457(Nauck).

사람들 앞에서도 수치심을 느낀다. 그들은 분명 우리와 의견을 달리할 테니까. 우리는 실수하는 것처럼 보이는 사람에게 너그럽지 못한 자들 앞에서도 수치심을 느낀다. 우리는 자기가 저지른 짓을 남이 저지르면 나무라지 않는다는 말이 있는 만큼, 자기가 저지르지 않는 짓을 남이 저지르면 나무랄 것이 확실하기 때문이다. 또한 우리는 험담하기 좋아하는 자들 앞에서도 수치심을 느낀다. 남이 잘못해도 험담하지 않는다는 것은 잘못을 잘못으로 여기지 않는 것과도 같으니까. 그런데 험담하기 좋아하는 자들은 불의를 당한 자들이다. 그들은 언제나 우리를 해코지할 기회를 엿보니까. 또한 그들은 독설가이다. 그들이 무고한 사람들도 비방한다면 잘못을 저지른 자들은 더더욱 비방할 테니까. 또한 우리는 이웃의 잘못을 찾는 일로 소일하는 자들, 이를테면 풍자 작가들이나 희극 작가들 앞에서도 수치심을 느낀다. 그들은 어떤 의미에서 악의적인 독설가이니까. 우리는 우리의 청을 한 번도 거절한 적이 없는 사람들 앞에서도 수치심을 느낀다. 그들의 그런 태도는 우리를 존경한다는 것을 의미하니까. 그래서 우리는 처음으로 무엇인가를 부탁하는 사람들 앞에서 수치심을 느낀다. 우리는 그들에게 명망을 잃은 적이 없기 때문이다. 최근에야 우리 친구가 되고 싶어하는 자들이 그런 자들이다. (그들은 우리의 가장 좋은 점만 보았기 때문이다. 그 점에서 에우리피데스가 쉬라쿠사이인들에게 대답한 것은 옳다.)[22] 우리와 오래 사귀었으나 우리의 비행을 알지 못

---

22 그리스 고대 주석학자에 따르면, 평화협상 차 아테나이 사절로 쉬라쿠사이를 찾은 에우리피데스는 협상이 결렬되자 "우리가 여러분에게 경의를 표하는 만큼 여러분도 우

하는 자들도 그런 자들이다. 우리는 앞서 말한 수치스러운 행위뿐 아니라 그 증거도 부끄러워한다. 예를 들어 우리는 성행위뿐 아니라 그 증거도 부끄러워한다. 또한 수치스러운 짓을 행하는 것뿐 아니라 말하는 것도 부끄러워한다. 마찬가지로 우리는 앞서 언급한 자들뿐 아 20 니라 우리가 행한 일을 그들에게 일러바칠 자들, 말하자면 그들의 하인이나 친구 앞에서도 수치심을 느낀다.

대체로 우리는 진리에 대한 의견이라는 게 별로 믿을 게 못 되는 자들 앞에서는 수치심을 느끼지 않으며(아이들이나 동물들 앞에서 수치심을 느끼는 자는 아무도 없으니까), 안면이 있는 자들과 안면이 없는 자들 앞에서 수치심을 느끼는 것은 다른데, 안면이 있는 자들 앞에 25 서는 실제로 수치스러운 것에 수치심을 느끼고, 안면이 없는 자들 앞에서는 관습적으로 수치스러운 것에 수치심을 느낀다.

우리는 다음과 같은 상황에서 수치심을 느낀다. 첫째, 그 앞에서 우리가 수치심을 느낀다고 말한 그런 자들과 연루될 때이다. 앞서 말했듯이 우리가 찬탄하는 자들, 또는 우리를 찬탄하는 자들, 또는 우리가 찬탄받고 싶어하는 자들, 또는 우리가 망신 당하면 받을 수 없는 어떤 도움을 줄 수 있는 자들이 그런 자들이다. 그들은 실제로 지켜보는 30 자들이거나(퀴디아스[23]가 사모스 섬의 토지 분배에 관해 대중 연설을 하면서, 헬라스인들이 둘러서서 그들이 어떤 결정을 내리는지 듣기만

리를 존중해야 할 것이오" 라는 답변을 했다고 한다. 이는 근거 없는 주장으로 에우리피데스가 아테나이 정치에 관여했다는 기록은 어디에도 없다.

23 퀴디아스(Kydias)에 관해서는 달리 알려진 것이 없다. 문제의 연설은 기원전 440년 아테나이인들이 사모스 섬을 다시 함락했을 때 행한 것 같다.

하는 것이 아니라 실제로 지켜보고 있다고 상상해보라고 아테나이인

35 들에게 요구했듯이 말이다), 가까이 있는 자들이거나, 우리가 무슨 말

을 하고 무슨 짓을 하는지 알아낼 법한 자들이다. 그래서 우리는 한때

우리처럼 되기 원했던 자들에게 우리의 불운한 모습을 보이고 싶어하

1385a 지 않는다. 그런 태도는 그들이 우리를 찬탄한다는 것을 의미하기 때

문이다. 또한 우리는 자신의 것이든 선조의 것이든 인척의 것이든 부

끄러운 행위나 발언에 연루될 때도 수치심을 느낀다. 대체로 우리는

우리가 존경하는 사람들 앞에서 수치심을 느낀다. 앞서 언급한 자들

5 과 우리를 본보기로 삼는 자들, 우리가 스승이었거나 조언자였던 자

들, 우리와 경쟁관계에 있는 우리와 비슷한 자들이 그런 자들이다. 그

런 자들 앞에서 우리는 수치심 때문에 많은 것을 하기도 하고 하지 않

기도 하니까. 그리고 우리는 우리의 치욕을 아는 자들이 계속해서 우

10 리를 지켜본다 싶을 때 더 수치심을 느낀다. 그래서 비극 시인 안티폰

은 디오뉘시오스의 명령으로 죽을 때까지 채찍질을 당하기 직전에[24]

함께 죽을 자들이 성문을 지날 때 얼굴을 가리는 것을 보고 물은 것이

다. "그대들은 왜 얼굴을 가리는가? 이 구경꾼 중에 누가 내일 그대들

을 알아볼까봐 그러는가?" 수치심에 대해서는 이쯤 해두자. 파렴치에

15 관해서는 그와 반대되는 경우를 검토하면 필요한 지식을 분명 쉽게

얻을 수 있다.

---

24 아테나이 연설가 안티폰은 쉬라쿠사이 참주 디오뉘시오스의 궁전에 사절로 파견

되었다가 아테나이 참주 살해자 하르모디오스와 아리스토게이톤을 찬양한 죄로 처형

되었다고 한다.

제7장—호의

호의[25]가 무엇인지 정의하고 나면 우리가 어떤 사람에게 어떤 상황 아래 어떤 심적 상태에서 호의를 베푸는지 분명해질 것이다. 그 영향을 받으면 사람이 친절해진다는 호의는 대가를 바라거나 도움 주는 자의 이익을 위해서가 아니라 도움 받는 자를 위해 그에게 필요한 도움을 주는 것이라고 정의할 수 있다. 도움을 받는 자의 사정이 몹시 딱하거 20 나, 그에게 크고도 어려운 도움이 필요하거나, 그가 크고도 어려운 시련을 겪거나, 도움을 주는 자가 한 명뿐이거나 맨 처음이거나 가장 많이 베풀면 호의는 커진다. 필요란 욕구, 특히 충족되지 않으면 고통이 따르는 욕구를 의미한다. 이를테면 성욕 같은 욕망과 몸이 불편하거 나 위험을 무릅쓸 때 생기는 욕망이 그런 욕구이다. 사람은 위험을 무릅쓸 때도 괴로울 때도 무엇인가를 욕구하기 때문이다. 그래서 우리 25 가 가난하거나 추방당했을 때 도와주는 사람들은 사정이 딱하고 꼭 필요할 때 도와주는 까닭에 작은 호의를 베풀어도 호감을 산다. 예컨 대 뤼케이온에서 거적을 건네준 사람이 그렇다.[26] 가능하다면 도움 받는 자가 이 정도로 급할 때 도움을 주어야 하며, 그러지 못하면 이에 필적하거나 더 큰 필요에 부응할 수 있어야 한다.

어떨 때 어떤 이유에서 어떤 심적 상태에서 호감을 느끼는지 밝혔 30 으니, 우리는 분명 이런 사실에 근거해 도움을 받는 쪽은 앞서 언급한

---

25 charis.

26 이에 얽힌 일화에 관해서는 알려진 것이 없다. 아마 누가 거지나 노숙자에게 깔고 자라고 거적을 주어 화제의 주인공이 되었던 것 같다. 아테나이의 뤼케이온(Lykeion) 은 아리스토텔레스가 학원을 세운 곳이다.

것과 같은 고통과 필요를 느끼거나 느꼈고, 도움을 주는 쪽은 그처럼 필요할 때 필요한 도움을 주었거나 준다는 것을 보여주어야 한다. 또한 우리는 어떻게 하면 호의의 요소들을 제거하고 우리 적대자들이 1385b 호의를 베푸는 것이 아닌 것처럼 보이게 하는지도 알 수 있다. 우리는 그들이 단순히 자신들의 이익을 위해 도와주거나 도와주었다고(그러면 그것은 호의가 아닐 것이다), 그들의 행위는 우발적이거나 강요된 것이라고, 그것은 그들이 알든 모르든 갚는 것이지 베푸는 것이 아니라고 주장할 수 있다. 어느 경우든 그것은 보답하는 것이고 거기에 호의는 없기 때문이다. 또한 우리는 이 주제를 모든 범주²⁷와 관련해 검 5 토해야 한다. 어떤 행위가 호의라면 그것은 특정한 것이고, 특정한 크기나 질을 가지거나 특정한 시간에 특정한 장소에서 행해졌기에 호의적 행위일 수 있기 때문이다. 호의가 결여됐다는 증거로 우리는 그들이 도움이 필요한 사람에게는 더 작은 도움도 주지 않았지만, 그의 적에게는 같은 또는 대등한 또는 더 큰 도움을 베풀었다는 사실을 지적할 수 있다. 이런 사실은 도움을 받는 사람을 위해 문제의 도움을 베푼 것이 아니라는 것을 말해주기 때문이다. 또는 우리는 도움을 주었다고 주장하는 경우에 원하는 도움은 사소한 것이고 도와주는 사람도 그 점을 알았다고 지적할 수 있다. 도움을 받는 사람에게는 사소한 10 것이 필요하다는 데 아무도 동의하지 않을 테니까.

27 kategoria.

158

제8장—연민

호의와 호의적이지 않은 감정에 대해서는 이쯤 해두자. 이번에는 어떤 것이 연민의 정을 불러일으키며, 우리는 어떤 사람에게 어떤 심적 상태에서 연민의 정을 느끼는지 논의하기로 하자. 연민[28]은 그런 일을 당할 만하지 않은 사람이 치명적이거나 고통스러운 변고를 당하는 것을 보고 느끼는 고통의 감정이라고 정의할 수 있을 텐데, 그 변고는 연민의 정을 느끼는 사람이 볼 때 자신이나 자신의 친구 중 한 명이 머지 않아 당할 법한 그런 것이어야 한다. 연민의 정을 느끼자면 우리는 분명 우리 자신이나 우리 친구 중 한 명이 어떤 변고를, 그것도 우리가 연민에 관한 정의에서 말한 것과 같거나 그와 거의 비슷한 변고를 당할 수 있다고 생각할 수 있어야 한다. 따라서 완전히 망한 사람들은 (이미 최악의 변고를 당한 만큼 더는 변고를 당하지 않을 것이라고 생각하므로) 연민의 정을 느끼지 않으며, 이 점은 자신을 엄청난 행운아라고 생각하는 자들도 마찬가지이다. 그들은 오히려 오만해질 것이다. 그들은 자신이 좋은 것은 다 가졌다고 생각하기에 분명 자신은 변고를 당할 수 없다고 생각할 것이다. 변고를 당하지 않는 것도 좋은 것 중 하나이니까. 이미 변고를 당한 적이 있고 거기에서 벗어난 적이 있는 자들도 자신이 변고를 당할 것이라고 생각한다. 지혜와 경험이 풍부한 나이 많은 사람들, 허약자들, 상대적으로 비겁한 자들도 마찬가지이다. 교육받은 자들도 마찬가지이다. 이들은 먼일을 내다볼 수 있기 때문이다. 부모와 처자가 살아 있는 자들도 마찬가지이다. 이들은

15

20

25

28 eleos.

그들 자신의 일부이고, 앞서 언급한 변고를 당할 수 있기 때문이다. 연민의 정을 느끼는 것은 분노나 자신감 같은 용맹성(이런 감정은 미래를 고려하지 않으니까)에 영향 받는 자들이나, 마음가짐이 교만한 자들(이들도 미래의 변고 따위는 고려하지 않는다)이 아니라, 그 중간에 있는 자들이다. 극심한 두려움을 느끼는 자들도 아니다. 두려움에 휩싸인 사람들은 자신의 감정에 휘둘려 연민의 정을 느낄 수 없기 때문이다. 또한 연민의 정을 느끼자면 훌륭한 사람이 적어도 몇 명은 있다고 믿어야 한다. 훌륭한 사람이 한 명도 없다고 믿는 사람은 모두가 변고를 당해 마땅하다고 생각할 테니까. 대체로 말해서 우리는 그런 변고가 우리 자신이나 우리 친구 중 한 명에게 일어났던 일을 기억하거나 앞으로 일어날 것이라고 예상할 때 연민의 정을 느낀다.

우리가 어떤 심적 상태에서 연민의 정을 느끼는지는 이쯤 해두자. 우리가 무엇에 연민의 정을 느끼는지는 연민을 정의할 때 분명히 말한 바 있다. 불쾌하고 고통스러운 것은 파괴적이고 완전히 없애버리는 경향을 띨 때 모두 연민의 정을 불러일으키며, 우발적 변고도 심각할 때는 마찬가지이다. 고통스럽고 파괴적인 변고란 죽음, 고문, 학대, 늙음, 질병, 기근이다. 우발적 변고란 친구가 없거나 적은 것(그래서 친구나 동료들과 떨어지는 것은 연민의 정을 불러일으킨다), 못생김, 허약함, 불구, 당연히 좋은 일이 생겼어야 하는데 나쁜 일이 생기는 것, 그런 불운이 자주 일어나는 것, 디오페이테스[29]가 죽은 후에야 대왕

---

29 디오페이테스(Diopeithes)는 기원전 342~341년 트라케(Thraike)의 케르소네소스(Chersonesos) 반도에서 마케도니아의 필립포스(Philippos) 왕에 대항한 아테나이

이 그에게 보낸 선물들이 도착하는 것과 같이 고생을 다 한 뒤에 좋은 일이 생기는 것, 좋은 일이 하나도 생기지 않거나 생길 때는 누릴 수 없는 것이다.

　이런 것과 이와 비슷한 것에 우리는 연민의 정을 느낀다. 우리가 연민의 정을 느끼는 사람들은 안면은 있지만 아주 가까운 사이는 아니어야 한다. (그런 경우에는 우리 자신이 위험에 처한 것 같은 느낌이 들 테니까. 그래서 전하는 이야기에 따르면, 아마시스는 아들이 처형되기 위해 끌려갈 때는 눈물을 흘리지 않았으나 친구가 구걸하는 것을 보고는 눈물을 흘렸다.³⁰ 나중 장면은 연민의 정을 느끼게 하지만, 먼젓번 장면은 끔찍하기 때문이다. 끔찍한 것은 가련한 것과 다르다. 그것은 연민의 정을 몰아내는 경향이 있으며, 때로는 연민과 반대되는 감정을 유발한다. 그래서 우리는 끔찍한 것이 다가오면 연민의 정을 느끼지 못한다.) 또한 우리는 나이, 성격, 습관, 사회적 지위, 출신에서 우리와 같은 사람들에게 연민의 정을 느낀다. 그런 모든 경우에 우리도 같은 변고를 당할 개연성이 높기 때문이다. 여기서도 우리 자신에게 일어날까 두려운 것이 남에게 일어날 때 우리가 연민의 정을 느낀다는 원칙을 명심해야 한다. 또한 남의 변고는 가까워 보일 때 연민의 정을 느끼게 하고, 1만 년 전에 일어난 변고는 기억할 수가 없고 1만 년 후에 일어날 변고는 예상할 수가 없어 우리는 연민의 정을 전혀

장군이다. 여기 나오는 대왕 즉 페르시아 왕은 아르타크세르크세스(Artaxerxes) 3세로 그가 왜 디오페이테스에게 선물을 주었는지는 확실치 않다.

30　헤로도토스, 『역사』 3권 14장. 이것은 이집트 왕 아마시스(Amasis)가 아니라 그의 아들 프삼메니토스(Psammenitos)의 이야기이다.

느끼지 못하거나 조금밖에 느끼지 못하므로, 몸짓이나 목소리나 의상이나 연기 일반으로 효과를 높이는 자들이 당연히 연민의 정을 더 느끼게 할 것이다. (그들은 변고를 방금 일어났거나 곧 일어날 것처럼 우리 눈앞에 제시함으로써 우리와 더 가까워지게 하니까.) 같은 이유에서 방금 일어났거나 곧 일어날 것은 연민의 정을 더 느끼게 한다. 변고를 당한 사람의 의상 같은 징표와, 실제로 죽어가는 사람처럼 변고를 당하는 사람의 말과 행동과 그 밖의 다른 것들도 연민의 정을 느끼게 한다. 특히 연민의 정을 느끼게 하는 것은 고매한 사람이 그런 시련을 당할 때이다. 변고가 우리에게 가까이 있는 듯 여기게 함으로써 이 모든 것이 연민의 정을 더 느끼게 하는데, 피해자가 무고해 보이기도 하고 변고가 눈앞에서 펼쳐지기도 하기 때문이다.

제9장—분개

연민에 가장 대립되는 것이 이른바 분개[31]라는 감정이다. 부당한 행운을 보고 괴로워하는 것은 어떤 의미에서는 부당한 불운을 보고 괴로워하는 것과 상반되지만 같은 감정에서 비롯된다. 두 감정 모두 훌륭한 성격을 가진 사람이 느낄 수 있는 것이다. 부당하게 고통 받는 자들을 동정하고 연민하되 부당하게 번영하는 자들에게는 분개하는 것이 우리의 도리이기 때문이다. 분수에 맞지 않는 것은 불의하니까. 그래서 우리는 분개를 신들에 속하는 것으로 여긴다.[32] 시기[33] 또한 어떤 의미에서는 연민과 상반된 감정인 것처럼 보인다. 시기는 분개와 유사하거나 동일하기 때문이다. 그러나 이 둘은 서로 다르다. 시기 역시 남이 잘되는 것을 보고 배 아파하는 것이지만, 그럴 자격이 없는 자가 아니라 우리와 대등하거나 같은 자들이 잘되는 것을 보고 배 아파하는 것이니까.

이 두 감정의 공통점은 어떤 불상사가 우리 자신에게도 일어날 수 있다고 예상하기 때문이 아니라, 단지 이웃에게 일어나는 일 때문에 생긴다는 것이다. 만약 괴로워하고 배 아파하는 것이 남이 잘되면 우리에게 해로울 수 있다는 생각 탓이라면, 감정은 시기와 분개가 아니라 두려움이 될 테니까. 이런 감정에는 분명 상반된 감정이 뒤따른다. 남이 부당하게 고통 받는 것을 보고 괴로워하는 사람은 고통 받아 마

---

31 nemesan.

32 네메시스(nemesis '응보')라는 명사는 나중에 인간의 오만을 벌하는 여신의 이름이 되었다.

33 phthonos.

땅한 자가 괴로워하는 것을 보면 기뻐하거나 적어도 괴로워하지는 않을 것이다. 그래서 훌륭한 사람이라면 친부 살해범이나 암살범이 처벌받는 것을 보고 괴로워하지 않을 것이다. 우리는 자격이 있는 자들이 잘되는 것을 보고 좋아하듯이, 그런 자들이 그런 일을 당하는 것을 보고 좋아해야 하니까. 그런 일은 둘 다 올바르고, 정직한 사람을 행복하게 만들기 때문이다. 정직한 사람은 자기와 같은 사람에게 일어난 일은 자기에게도 일어날 것이라고 예상할 수밖에 없으니까. 이런 모든 감정은 같은 성격에서 비롯되고, 그와 반대되는 감정은 반대되는 성격에서 비롯된다. 남의 불운을 좋아하는 자는 남이 잘되는 것을 시기하는 자이기도 하다. 남이 어떤 것을 얻거나 가지기에 배 아파하는 자는 그것이 없어지거나 파괴된다면 좋아할 수밖에 없기 때문이다. 그래서 그런 감정은 비록 앞서 말한 이유에서 서로 다르기는 하지만 연민의 정을 느끼는 것을 방해하며, 그래서 가련하게 보이지 않도록 하는 데 모두 다 똑같이 쓸모가 있다.

먼저 우리가 어떤 사람에게 무엇 때문에 어떤 심적 상태에서 분개하는지 고찰한 다음에 다른 감정을 논하도록 하자. 이런 질문에 대한 대답은 우리가 앞서 말한 것에서 구할 수 있다. 만약 분개가 남의 부당한 행운을 보고 괴로워하는 것이라면, 무엇보다도 우리가 모든 좋은 것에 분개한다는 것은 분명 불가능하다. 누가 올바르거나 용감하거나 어떤 미덕을 갖춘다고 해서 그 때문에 그에게 분개할 사람은 아무도 없을 테니까. (또한 우리는 그와 반대되는 자질을 가진 경우에는 연민의 정을 느끼지 않을 것이다.) 오히려 우리는 부와 권력, 한마디로 훌륭한 사람과 좋은 가문이나 미모 따위의 이점을 타고난 사람만이 누릴 자격이 있는 그런 것에 분개한다. 또한 오래된 것은 자연적으로 존재하는 것과 유사해 보이므로 만약 양쪽이 똑같이 좋은 것을 가진다면 우리는 최근에 그것을 얻었고 그것에 힘입어 번영을 누리는 쪽에 더 분개한다. 벼락부자가 오래된 세습 부자보다 약오르게 하기 때문이다. 통치자, 권력자, 친구가 많은 자, 자식이 훌륭한 자 등도 마찬 20 가지이다. 또한 이런 이점이 그들에게 다른 이점을 안겨줄 때도 우리는 똑같이 분개한다. 이런 경우에도 벼락부자는 부에 힘입어 관직에 진출함으로써 오래된 부자보다 더 약오르게 하기 때문이다. 이와 비슷한 다른 경우도 마찬가지이다. 그 이유는 오래된 부자는 제 것을 소유하고 있는 것처럼 보이지만, 벼락부자는 그렇지 않기 때문이다. 언 25 제나 어떤 것이라고 여겨지는 것이 실재한다고 간주되므로 벼락부자는 제 것이 아닌 것을 소유하는 것처럼 보인다. 또한 모든 종류의 좋음이 아무에게나 적합한 것은 아니고, 어떤 유사성과 적합성이 필요하다. 이를테면 훌륭한 무기는 올바른 사람이 아니라 용감한 사람에게 적합하며, 남달리 성대한 결혼식은 벼락부자가 아니라 명문가 출신에게 적합하다. 그래서 훌륭한 사람이 자신에게 어울리는 것을 얻지 못 30 하면 분개한다. 특히 같은 분야에서 열등한 자가 우월한 자와 다툴 때도 마찬가지이다. 그래서 시인은 이렇게 말한다.

> 헥토르는 텔라몬의 아들 아이아스와는 싸우기를 피했다.
> 더 강한 자와 싸웠을 때 제우스가 그에게 화를 냈기 때문이다.[34]

34 『일리아스』 11권 542~543행. 543행은 현존 필사본에는 없다. 텔라몬(Telamon)

1387b 같은 분야가 아니더라도 열등한 자가 우월한 자와 무엇을 두고 다툴 때도 마찬가지이다. 예를 들어 음악가가 올바른 사람과 다툴 때가 그렇다. 정의는 음악보다 더 훌륭한 것이기 때문이다.

이상으로 우리가 어떤 사람에게 무엇 때문에 분개하는지 밝혔다.

5 그것은 방금 언급한 경우이거나 그와 유사한 경우이다. 우리가 분개하기 쉬운 때는 첫째, 우리가 가장 큰 이점을 누릴 자격이 있고 또 그런 것을 얻었을 때이다. 우리만 못한 자들이 똑같은 이점을 누릴 자격이 있다고 여겨지는 것은 옳지 못하니까. 둘째, 우리가 실제로 훌륭하고 정직한 사람일 때이다. 우리의 판단은 건전하고 불의를 미워할 테

10 니까. 또한 우리가 야망이 많고 어떤 관직을 열망할 때, 특히 남이 자격도 없이 점유하고 있는 것을 우리가 열망할 때이다. 대체로 말해서 남은 어떤 이점을 누릴 자격이 없지만 우리 자신은 누릴 자격이 있다고 생각할 때 우리는 그런 이점 때문에 남에게 분개한다. 그래서 노예근성이 있고 보잘것없고 야망이 없는 사람들은 분개하지 않는다. 그

15 들이 스스로 누릴 자격이 있다고 생각하는 것이라곤 없기 때문이다.

이로써 우리가 어떤 종류의 사람의 불운과 재앙과 실패를 기뻐해야 하는지 또는 괴로워해서는 안 되는지 밝혔다. 우리가 이미 말한 것과 반대되는 것도 분명하기 때문이다. 따라서 우리 연설이 배심원들을 적절한 심적 상태로 이끌어 정상참작을 요구하는 자들과 그들이 내세우

20 는 이유들이 정상참작의 대상이 되기는커녕 기각되어야 한다는 것을 증명한다면, 배심원들이 그들에게 연민의 정을 느낄 수는 없을 것이다.

의 아들 아이아스는 트로이아 전쟁 때 아킬레우스에 버금가는 그리스군 용장이다.

166

제10장—시기

또한 우리가 어떤 사람에게 무엇 때문에 어떤 심적 상태에서 시기하는지도 분명하다. 시기는 우리가 앞서 언급한 좋은 것들로 이루어진 행운을 보고 느끼는 괴로움이다. 우리는 우리와 대등한 자들을 시기하되, 우리를 위해 무엇인가를 얻기 위해서가 아니라 남이 그것을 가지기 때문에 시기한다. 우리가 시기하는 것은 우리와 대등한 자들이 25 우리 곁에 있거나 있다고 생각할 때이며, 내가 말하는 '대등한 자들'이란 출생, 혈연, 나이, 마음가짐, 명성, 재산에서 대등한 자들을 의미한다. 그런 이점을 거의 다 가지다시피 할 때도 우리는 시기한다. (그래서 큰일을 시도해 성공한 자들도 시기한다). 그들은 남들은 누구나 자신들의 것을 빼앗으려 한다고 생각하니까. 어떤 특별한 이유 때문 30 에, 특히 지혜와 행운 때문에 남달리 존경받는 사람이 있을 때도 우리는 시기한다. 또한 야심가는 야심 없는 사람보다 더 시기한다. 사이비 현인들도 시기하기는 마찬가지이다. 그들에게는 지혜에 대한 야심이 있기 때문이다. 대체로 어떤 일로 이름을 날리고 싶어하는 자들은 그 일에 관한 한 시기한다. 쩨쩨한 자들도 시기한다. 그들에게는 모든 것이 커 보이기 때문이다. 시기의 대상이 되는 이점에 대해서는 이미 언 35 급했다. 영광과 명예와 명성에 대한 욕구를 자극하는 거의 모든 행위 1388a 와 소유물, 그리고 온갖 종류의 뜻밖의 행운이 시기의 대상이 된다. 특히 우리가 그것을 스스로 욕구하거나 그것을 가져야 한다고 생각하거나, 우리가 그것을 가지면 남보다 약간 낫거나 그것을 갖지 못하면 남보다 약간 못할 때 그렇다. 우리가 어떤 사람을 시기하는지도 분명 5 하다. 그것은 우리가 이미 말한 것에 내포되어 있기 때문이다. 우리는 시간과 장소와 나이와 명성에서 우리와 가까운 사람들을 시기한다. 그래서 다음과 같은 말이 생겨난 것이다.

친척은 시기할 줄도 안다.[35]

또한 우리는 우리의 경쟁자들도 시기하는데, 이들이 누구인지는 방금 말했다. 우리는 1만 년 전에 살았거나 아직 태어나지 않았거나 이미 죽었거나 헤라클레스의 기둥들[36] 근처에 사는 자들과는 경쟁하지 않는다. 또한 우리는 우리가 보거나 남이 보기에 우리보다 훨씬 못하거나 훨씬 나은 사람과도 경쟁하지 않는다. 우리는 우리와 같은 목적을 추구하는 자들과 경쟁한다. 따라서 우리는 체육 경기의 적수나 연애의 경쟁자를, 한마디로 우리와 같은 목적을 추구하는 자들을 가장 시기할 수밖에 없다. 그래서 다음과 같은 말이 생긴 것이다.

도공이 도공을 시기하는 것이다.[37]

또한 우리는 소유하거나 성공한 것이 우리에게 비난거리가 되는 자

---

35 아이스퀼로스, 단편 305(Nauck). 아이스퀼로스는 그리스 3대 비극 시인 중 한 사람으로 『아가멤논』, 『제주를 바치는 여인들』(Choephoroi), 『결박된 프로메테우스』(Prometheus desmotes) 등 일곱 편의 비극이 남아 있다.
36 지금의 지브롤터(Gibraltar) 해협 동쪽 끝에 있는 두 개의 바위를 말한다. 고대 그리스인들은 이곳이 세계의 서쪽 끝이라고 믿었다.
37 헤시오도스, 『일과 날』 25행. 이 책 2권 4장 1381b 16~17 참조.

들도 시기하는데, 이들은 우리 이웃이자 우리와 대등한 자들이다. 우리가 문제의 좋은 것을 얻지 못한 것은 분명 우리 자신의 책임이므로, 그것이 우리를 아프게 하고 시기하게 한다. 또한 우리는 우리가 가져야 하는 것을 가지거나, 한때는 우리가 가졌던 것을 얻은 자를 시기한다. 그래서 노인은 젊은이를 시기한다. 또한 같은 것을 얻기 위해 많이 지출한 자들은 적게 지출한 자를 시기하고, 어떤 것을 얻지 못했거나 간신히 얻은 자들은 빨리 얻은 자를 시기한다. 또한 어떤 것이 시기심 강한 자를 행복하게 하며, 어떤 심적 상태에서 그들이 그런 감정을 느끼는지도 분명하다. 그들을 불행하게 하는 심적 상태와 반대되는 심적 상태가 그들을 행복하게 만들 테니까. 따라서 만약 배심원들의 마음이 시기하는 상태가 되고, 동정이나 어떤 혜택을 요구하는 자들이 우리가 앞서 말한 그런 자들이라면, 이들은 분명 판결을 내려야 할 사람들에게 동정받지 못할 것이다.

제11장—경쟁심

이번에 우리는 경쟁심을 고찰할 것인데, 사람들이 어떤 심적 상태에서 무엇에 대해 그리고 어떤 사람에게 경쟁심을 느끼는지는 다음의 고찰에서 분명해질 것이다. 경쟁심[38]은 우리도 얻을 수 있는, 높이 평가받는 좋은 것이 본성상 우리와 비슷한 자에게 분명히 존재하는 것을 보고 느끼는 괴로움이다. 그러나 시기심은 남이 그런 좋은 것을 가지기 때문이 아니라, 우리 자신이 얻지 못했기 때문에 느끼는 괴로움

35 이다. (따라서 경쟁심은 훌륭한 사람이 느끼는 훌륭한 감정이지만, 시기심은 나쁜 사람이 느끼는 나쁜 감정이다. 한쪽은 경쟁심을 통해 스스로 좋은 것을 얻으려 하지만, 다른 쪽은 시기를 통해 이웃이 좋은 것을 갖지 못하게 방해하기 때문이다.)

따라서 자신이 얻지 못한 좋은 것을 가질 자격이 있다고 자부하는

1388b 자들은 경쟁심을 느낄 수밖에 없다. 불가능해 보이는 것을 요구할 사람은 아무도 없으니까. (그래서 젊은이들과 고결한 사람들은 경쟁심이 강하다.) 또한 존경받는 사람에게 어울리는 좋은 것을 가진 사람

5 들도 경쟁심이 강하다. 부, 많은 친구, 관직 등이 좋은 것에 속한다. 그들은 본성적으로 훌륭한 사람이 가져야 하는 좋은 것을 자신들도 가져야 한다고 믿기에 그런 좋은 것을 가지려고 노력한다. 또한 남이 그런 좋은 것을 가질 자격이 있다고 여기는 사람들도 경쟁심을 느낀다. 선조나 친척이나 식솔이나 씨족이나 국가의 명성을 드날린 자들도 그런 명예와 관련하여 경쟁심을 느낀다. 그들은 그런 명예는 자기들에

---

38 zelos.

게 맞는 것이며, 자기들이 그런 명예를 누릴 자격이 있다고 생각하기 때문이다. 또한 높이 평가받는 좋은 것이 모두의 경쟁 대상이라면, 여 10
러 미덕과 남에게 도움이 되고 유익한 것이 틀림없이 그런 대상이다. (사람들은 베푸는 자와 훌륭한 사람을 존경하니까.) 우리 이웃이 함께 누릴 수 있는 좋은 것들도 그렇다. 그래서 건강보다는 부와 아름다움이 더 그렇다.

또한 어떤 사람이 경쟁 대상인지도 분명하다. 그들은 용기, 지혜, 15
관직(관직에 있는 자들도 많은 사람에게 잘해줄 수 있으니까)처럼 이미 언급한 바 있는 좋은 것 또는 그와 유사한 것을 가진 자들이다. 장군들과 연설가들과 그런 능력을 지닌 자들도 모두 마찬가지이다. 또한 많은 사람이 닮기를 원하는 자, 지인이나 친구가 많은 자, 많은 사람 또는 우리 자신이 찬탄하는 자, 시인이나 산문 작가가 칭찬하고 찬 20
양하는 자도 경쟁 대상이다. 그와 반대되는 자는 경멸 대상이다. 경멸은 경쟁의 반대이고, 경멸하는 것은 경쟁하는 것의 반대이기 때문이다. 따라서 남과 경쟁하거나 남에게 경쟁 대상이 된 자들은 그런 자들과 경쟁 대상인, 좋은 것에 반대되는 나쁜 것에 시달리는 자를 모두 경멸하기 마련이다. 그래서 우리는 그들의 행운에 높이 평가받는 좋 25
은 것이 뒤따르지 않을 경우, 행운을 누리는 자들을 종종 경멸한다.

이상으로 여러 감정이 무엇 때문에 생겨나고 해소되며, 그것에 관련된 설득 수단을 어디서 구할 수 있는지 설명했다. 30

제12장—성격, 청년기

이번에는 감정과 자질과 관련해 여러 유형의 인간 성격을 고찰하되 그것이 우리의 연령대와 운수에 어떻게 부합하는지 살펴보자. 내가 말하는 감정이란 분노, 욕구 따위를 의미하는데, 이에 대해서는 이미 설명한 바 있다.[39] 자질이란 미덕과 악덕을 의미하는데, 이에 대해서도 35 설명한 바 있다.[40] 또한 우리는 어떤 유형의 인간이 무엇을 선호하고 행하는지에 대해서도 설명했다.[41] 연령대란 청년기, 한창때, 노년기이 1389a 다. 내가 말하는 운수란 좋은 가문에서 태어나는 것, 부, 능력 그리고 그와 반대되는 것들, 간단히 말해 행운과 불운을 의미한다.

젊은이는 성격상 욕구가 강하고, 무슨 욕구든 충족시키려 한다. 육 5 체적 욕구 가운데 젊은이는 특히 성적 욕구에 휘둘리며 이를 억제할 능력이 없다. 젊은이는 욕구에 변덕이 심하고 금세 싫증을 내며, 열렬히 욕구하다가도 금세 식어버린다. (그들의 의욕은 환자의 갈증이나 허기처럼 민감하긴 해도 뿌리깊지는 못하기 때문이다.) 또한 젊은이는 화를 잘 내고 성급하고 충동에 휘둘린다. 그들은 자신들의 격정을 10 주체하지 못하는데, 명예욕이 강한지라 자신들이 경멸당한다 싶으면 참지 못하고 자신들이 불의를 당한다 싶으면 분개하기 때문이다. 또한 젊은이는 명예를 사랑하지만 승리를 더욱 사랑한다. (젊음은 남보다 우월하기를 열망하는데, 승리는 그런 우월의 한 형태이기 때문이

---

39 2권 1장 이하 참조.
40 1권 9장 참조.
41 1권 10, 11, 12장 참조.

다.) 젊은이는 돈보다는 명예와 승리를 더 사랑한다. 그들은 돈은 별로 사랑하지 않는데, 암피아라오스를 언급한 핏타코스의 경구처럼[42] 돈이 없다는 것이 무엇을 의미하는지 경험하지 못했기 때문이다. 또한 그들은 아직은 악의를 많이 보지 않은 까닭에 나쁜 면보다는 좋은 면을 보며, 아직은 자주 속지 않은 까닭에 남의 말을 곧이듣는다. 또한 그들은 낙관적인데, 술 취한 사람들처럼 본성적으로 피가 끓는 데다 아직은 실패한 경험이 많지 않기 때문이다. 젊은이는 대체로 희망 속에서 산다. 희망은 미래에 관련되고 기억은 과거에 관련되는데, 젊은이에게 미래는 길고 과거는 짧기 때문이다. 그래서 태어난 첫날에는 아무것도 기억할 것이 없고 모든 것을 희망할 뿐이다. 따라서 젊은이는 방금 말한 낙관적 기질 탓에 쉬 속는다. 또한 그들은 상대적으로 용감하다. (그들은 열정과 희망에 넘치는데, 열정은 두려워하지 않게 해주고 희망은 자신감을 불어넣어주기 때문이다. 우리는 화가 나 있는 동안에는 두려움을 느끼지 않고, 어떤 좋은 것에 대한 희망은 우리가 자신감을 갖도록 해주니까.) 또한 젊은이는 수줍음을 잘 탄다. (그들은 자신들이 교육받은 전통적 규범만 받아들일 뿐 다른 고매한 것

---

42 핏타코스(Pittakos)는 고대 그리스 세계의 일곱 현인 중 한 명이다. 고대 그리스 세계의 이른바 '일곱 현인'은 밀레토스(Miletos 이오니아 지방의 항구도시)의 탈레스(Thales), 아테나이의 솔론, 프리에네(Priene 소아시아 이오니아 지방의 뮈칼레 곶에 있는 도시)의 비아스(Bias), 스파르테의 킬론(Chilon), 린도스(Lindos 로도스 섬에 있는 도시)의 클레오불로스(Kleoboulos), 코린토스의 페리안드로스, 미�튈레네(Mitylene 또는 Mytilene 레스보스 섬에 있는 도시)의 핏타코스이다. 암피아라오스(Amphiaraos)는 테바이 성을 공격한 일곱 장수 중 한 명이다. 핏타코스가 암피아라오스에 관해 무슨 말을 했는지는 알려져 있지 않다.

이 있다는 생각을 못 하기 때문이다.) 또한 그들은 고결하다. (그들은 아직 인생에서 굴욕감을 느낀 적이 없고 어쩔 수 없는 한계를 경험한 적이 없으며, 고결함이란 자신은 위대한 것을 누릴 자격이 있다고 느끼는 것인데 이것은 낙관주의자가 느끼는 감정이기 때문이다.) 또한 젊은이는 유익한 행위보다 고매한 행위를 선호한다. 그들은 계산보다는 성격에 따라 사는데, 계산은 유익한 것을 선호하게 하고 미덕은 고

매한 것을 선호하게 하기 때문이다. 또한 그들은 다른 연령대에 비해 친구와 동료를 사랑한다. 그들은 더불어 살기를 좋아하고 친구와 그 밖의 다른 것을 아직은 이해관계로 판단하지 않기 때문이다. 젊은이의 모든 과오는 과도함과 지나침과 킬론의 금언(金言)[43]을 무시하는데 있다. (그들은 무엇이든 지나치게 하기 때문이다. 그들은 사랑도 미

움도 그 밖의 모든 것도 지나치게 하니까.) 또한 그들은 자신이 모든 것을 안다고 생각하고 언제나 그렇다고 자신한다. (그래서 그들은 무엇을 하든 지나치게 한다.) 젊은이가 남에게 불의를 행한다면, 그것은 모욕하려는 것이지 해코지하려는 것이 아니다. 그리고 그들이 연민의 정을 느낀다면, 그것은 모든 사람이 정직하고 실제보다 더 훌륭

하다고 여기기 때문이다. (그들은 자신의 순수함으로 이웃을 판단하기에 이웃이 부당하게 당한다고 생각한다.) 또한 그들은 우스개를 좋아하며, 그래서 기지가 넘친다. 기지는 절제된 오만함이기 때문이다.

---

43 킬론에 관해서는 2권 주 42 참조. '킬론의 금언'이란 "어떤 것도 지나치지 않게!" (meden agan)이다.

제13장—노년기

젊은이의 성격은 그런 것이다. 한창때를 지난 노인의 성격은 대체로 젊은이의 성격과 상반되는 요소로 이루어진다고 할 수 있다. 노인은 오랜 세월을 살며 종종 속임을 당하거나 실수를 저질렀을뿐더러 인생 전체가 실패작인지라 그 어떤 것에도 자신감이 없고 매사에 지나치게 활력이 부족하다. 노인은 의견만 많을 뿐 확실히 알지는 못하며, 우유 부단한 나머지 언제나 '아마도'나 '어쩌면'을 덧붙인다. 노인은 무엇이 든 그런 식으로 말하고 어떤 것도 단정적으로 말하지 않는다. 또한 노인은 심술궂다. 심술궂다는 것은 모든 것을 나쁜 측면에서 보기 때문이다. 노인은 불신하므로 의심하고, 경험 때문에 불신한다. 그런 이유로 그들의 사랑도 그들의 미움도 강렬하지 않으며, 그들은 비아스[44]의 조언에 따라 언젠가는 미워할 것처럼 사랑하고, 언센가는 사랑할 것처럼 미워한다. 노인은 세상을 살아가느라 의기소침해진 탓에 좀스럽다. 노인은 위대하거나 비범한 것이 아니라 살아가는 데 필요한 것을 욕구하기 때문이다. 또한 노인은 인색하다. 재산은 이런 생필품의 하나일뿐더러, 재산은 모으기는 어렵고 잃기는 쉽다는 것을 경험을 통해 알기 때문이다. 또한 노인은 겁쟁이이고 지레 겁을 먹는다. 노인의 기질은 젊은이의 그것과 상반되기 때문이다. 젊은이는 뜨거운데, 노인은 차갑다. 그래서 노년이 되면 비겁해지기 마련인데, 겁은 일종의 찬 기운이기 때문이다. 또한 노인은 삶을 사랑하는데, 마지막 날에는 특히 그러하다. 인간은 없는 것을 욕구하며 가장 필요한 것을 가장 강

---

44   비아스에 관해서는 2권 주 42 참조.

렬하게 욕구하기 때문이다. 또한 노인은 지나치게 이기적이다. 이 역

시 좀스러움의 일종이기 때문이다. 그리고 노인은 이기적이기에 지나

치게 자신에게 유익한 것을 위해 살고, 고매한 것을 위해 살지 않는다.

1390a 유익한 것은 자신에게 좋은 것이지만, 고매한 것은 절대적으로 좋은

것이기 때문이다. 또한 노인은 수줍음을 타기보다는 오히려 파렴치하

다. 그들은 고매한 것보다는 유익한 것에 더 관심을 가지므로 사람들

이 자신들을 어떻게 생각하는지 아랑곳하지 않는다. 또한 노인은 비

관적인데, 경험 때문에 그렇기도 하고(일어나는 일은 대부분 나쁘거

5 나 기대에 못 미치니까) 비겁하기 때문에 그렇기도 하다. 또한 노인은

희망보다는 추억 속에서 살아간다. 그들에게 과거는 길지만 여생은

짧은데, 희망은 미래에 속하고 추억은 과거에 속하기 때문이다. 이것

은 노인이 수다를 떠는 이유이기도 하다. 노인은 회상하는 것이 즐거

10 워서 과거사를 끊임없이 늘어놓기 때문이다. 노인의 기개(氣槪)는 돌

발적이고 약한 편이다. 그리고 그들의 욕구 가운데 더러는 완전히 사

라지고 더러는 약한 편이다. 그래서 그들은 자신의 욕구를 강렬하게

느끼지 못하기에 욕구가 아니라 이익에 따라 행동한다. 따라서 이 나

이대 사람들은 절제 있어 보이는데, 사실은 그들의 욕구가 약화되고

15 그들이 이익의 노예가 되었기 때문이다. 노인은 성격보다는 계산으로

살아간다. 계산은 이익과 관계가 있고, 성격은 미덕과 관계가 있기 때

문이다. 노인이 남에게 불의를 저지를 경우 이는 오만 때문이 아니라

악덕 때문이다. 노인도 젊은이처럼 연민의 정을 느낄 수 있지만 그 이

유는 다르다. 젊은이는 박애정신에서 연민의 정을 느끼지만, 노인은

20 허약하기에 연민의 정을 느끼니까. 말하자면 노인은 남에게 일어나는

일은 무엇이든 자기에게도 일어날 수 있다고 생각하는데, 이는 사람들이 연민의 정을 느끼는 이유 가운데 하나이다.[45] 그래서 노인은 투덜거리기를 좋아하고 농담이나 웃음은 좋아하지 않는다. 웃음을 좋아하는 것은 투덜거리기를 좋아하는 것의 반대이기 때문이다.

젊은이와 노인의 성격은 그러하다. 사람은 언제나 자신의 성격에 맞고 자신의 성격을 반영하는 연설에 기꺼이 귀를 기울이므로 우리 25 자신과 우리 연설이 청중에게 그렇게 보이려면 우리가 논의를 어떻게 전개해야 하는지 아는 것은 그리 어렵지 않다.

45 2권 8장 참조.

제14장—한창때

한창때의 사람들은 분명 젊은이와 노인의 양극단에서 벗어나 이 둘 사이의 중간 성격을 지닌다. 이 나이대 사람들은 지나치게 자신감을 갖거나(그것은 무모함일 테니까) 지나치게 소심하지도 않고, 양극단 과 적정 거리를 유지하면서 모든 사람을 신뢰하지도 않고 모든 사람을 불신하지도 않으며 사실에 따라 판단한다. 그들은 고매한 것만을 위해서도 유익한 것만을 위해서도 살지 않고 이 두 가지 모두를 위해서 살며, 인색하지도 헤프지도 않으며 둘 사이에서 중용을 지킨다. 그들은 기개와 욕구에 대해서도 같은 태도를 보인다. 그들은 절제 있되 용감하고, 용감하되 절제 있다. 그러나 젊은이와 노인에게는 이런 자질이 분리되어 있다. 젊은이는 용감하지만 절제가 없고, 노인은 절제는 있지만 비겁하기 때문이다. 대체로 말해 청년기와 노년기가 따로 가지는 이점을 한창때 사람들은 함께 가진다. 또한 그들은 청년기나 노년기가 너무 많이 가지거나 너무 적게 가진 것을 알맞게 가진다. 몸은 30세에서 35세 사이가 한창때이고, 혼은 49세쯤이 한창때이다.

청년기와 노년기와 한창때와, 그 각각의 성격에 대해서는 이쯤 해 두자.

제15장—출생

이번에는 인간의 성격에 영향을 미치는 우연의 선물에 관해 논하기로 하자. 고귀한 태생의 특징은 그것을 누리는 자는 상대적으로 야심이 15 많다는 것이다. 모든 사람은 무엇을 가지면 그것을 늘리려 하는데, 고귀한 태생이란 선조에게서 물려받은 명망이기 때문이다. 명문가 출신 자들은 자신들의 선조에 필적하는 사람도 낮추보는 경향이 있는데, 같은 탁월함이라도 가까이 있을 때보다는 멀리 떨어져 있을 때 더 위 20 대하고 더 자랑스러워 보이기 때문이다. '명문가 출신'이라는 관념은 가문의 탁월함에 관련되고 '고귀함'이란 관념은 가문의 본성에 충실한 것에 관련되는데, 이것은 명문가 출신자들에게서는 자주 발견되지 않는 자질이다. 그들은 대부분 어리석기 때문이다. 대지의 작물처럼 인간 세대에도 수확기가 있는데, 씨족이 탁월하면 얼마 동안 걸출 25 한 인물이 배출되다가도 다시 쇠퇴하기 시작하는 경우가 비일비재하기 때문이다. 그래서 재능 있는 가문은 알키비아데스나 디오뉘시오스 1세의 자손처럼 정신 이상자로 타락하고, 건실한 가문은 키몬이나 페리클레스나 소크라테스[46]의 자손처럼 바보 멍청이로 변한다. 30

---

46 알키비아데스(Alkibiades)는 아테나이 장군이자 정치가이다. 디오뉘시오스 1세는 기원전 4세기 시칠리아 쉬라쿠사이 시의 참주이다. 키몬(Kimon)은 기원전 490년 마라톤(Marathon) 전투의 승리자 밀티아데스(Miltiades)의 아들로 아테나이 보수파 정치가이다. 페리클레스는 기원전 5세기 중반에 아테나이 직접민주제를 완성한 정치가이자 장군이다. 소크라테스는 기원전 5세기 후반에 활동한 유명한 아테나이 철학자이다.

제16장—부(富)

부자의 성격이 어떠한지는 누구나 쉽게 알 수 있다. 부자는 오만불손하다. 말하자면 부를 소유한다는 것이 그들에게 정신적으로 영향을 미친다. (그들은 자신들이 좋은 것을 모두 가졌다고 느낀다. 그들에게

1391a 부는 다른 좋은 것의 가치 척도이며, 그래서 돈으로 살 수 없는 것은 없다고 생각한다.) 부자는 또한 사치스럽고 으스댄다. 그들이 사치스러운 것은 화려하게 살며 자신들의 행복을 과시하기 때문이며, 그들이 으스대고 속물스러운 것은 모든 사람은 자신이 좋아하고 감탄하

5 는 것을 추구하는 일에 매진하는데 남들도 죄다 자기들과 같은 목표를 추구한다고 생각하기 때문이다. 사실 부자들의 그런 감정은 당연하다. (많은 사람이 부자가 가진 것을 원하기 때문이다. 그래서 부자가 되는 것이 더 나은지 아니면 현인이 되는 것이 더 나은지 히에론의 아내가 물었을 때 시모니데스⁴⁷는 부자와 현인에 대해 다음과 같이 대

10 답했다. "그야 부자가 되는 것이 더 낫지요"라고 그는 대답했다. "나는 현인들이 부자들 문간에서 시간을 보내는 것을 보았으니까요.") 또한 부자는 자신들이 통치할 자격이 있다고 생각하는데, 사람을 통치자로 만드는 자질을 자신들은 이미 지녔다고 믿기 때문이다. 한마

15 디로 부자의 성격은 운 좋은 바보의 성격이다.

그러나 벼락부자와 오래된 부자 사이에는 성격상 차이가 있다. 벼락부자들은 말하자면 부를 사용하는 교육을 받지 못해 부의 나쁜 점

---

47 시모니데스(기원전 556~467년) 케오스(Keos) 섬 출신의 그리스 서정시인으로 시칠리아 쉬라쿠사이 참주 히에론(Hieron)의 궁전에서 만년을 보냈다.

을 많이 그리고 심하게 가지기 때문이다. 그리고 그들이 저지르는 범죄는 악의 때문이 아니라 오만과 무절제 때문이며, 그래서 그들은 폭행하거나 강간하는 경향이 있다.

20 마찬가지로 권력과 관련된 성격상의 특징도 대부분 분명하다. 권력은
어떤 점에서는 부와 같은 특징을 지니고, 어떤 점에서는 더 나은 특징
을 지니기 때문이다. 권력을 가진 자들은 부자보다 성격상 더 야심만
만하고 더 용감한데, 자신들의 권력으로 해낼 수 있는 위업을 달성하
려 하기 때문이다. 또한 그들은 더 활기찬데, 자신들의 권력과 관련된
25 일을 처리하느라 늘 신경을 써야 하기 때문이다. 그들은 오만하기보다
는 위엄이 있는데, 그들의 지위가 그들을 돋보이게 하고 그래서 그들
이 절제하기 때문이다. 또한 그들의 위엄은 온건하고 점잖은 오만이
다. 그래서 그들이 범죄를 저지르면 사소한 범죄가 아니라 중대한 범
죄를 저지른다.

30 　행운도 세분하면 방금 우리가 언급한 것들에 상응하는 성격상의
특징을 지닌다. (가장 중요하다고 여겨지는 행운은 사실상 이 세 가
지[48]를 지향하기 때문이다.) 또한 행운은 자식 복과 신체적 이점과 관
련해서도 우리가 얻을 수 있는 것을 얻게 해준다. 행운이 따르면 인간
1391b 은 더 거만해지고 사려가 더 부족해지지만, 행운에는 더없이 훌륭한
자질이 하나 수반된다. 말하자면 행운이 따르는 사람은 신들을 사랑
하고, 신적인 것과 어떤 관계를 유지하며, 운이 좋아 생긴 좋은 것 때
문에 신들의 존재를 믿는다.

　나이와 운의 차이에 따른 성격상의 특징에 대한 논의는 여기서 끝
내도 좋을 것이다. 우리가 논의한 것과 반대되는 성격, 말하자면 가난

48　고귀한 태생, 부, 권력.

한 사람과 불운한 사람과 힘없는 사람의 성격을 알기 위해서는 그것 ₅
들과 반대되는 자질이 무엇인지 묻기만 하면 될 테니까.

제18장—공통된 논제들

설득력 있는 연설은 판단을 내리는 데 사용되어야 한다. (우리가 알고 있고, 이미 판단을 내린 것들에 대해서는 더이상 논의가 필요 없기 때문이다.) 조언을 하거나 설득하려는 사람들처럼 발언자가 단 한 명에게 말을 걸어 담론을 이용해 격려하거나 만류할 경우에도 이는 마찬가지이다. (설득되어야 할 사람은 일반적으로 재판관이라 할 수 있으므로 단 한 명이라도 재판관이기 때문이다.) 발언자가 소송 당사자나 어떤 이론에 반대 의견을 말할 때도 이는 마찬가지이다. 후자의 경우 우리는 역시 말을 이용해 반대 의견을 공박하며 그것을 마치 실제 적대자처럼 공격해야 하기 때문이다. 이런 원칙은 과시용 연설에도 적용된다. 청중을 위해 연설을 준비하는 만큼 청중은 재판관으로 볼 수 있기 때문이다. 하지만 대체로 말해 공공의 쟁점들[49]에서 결정을 내리는 사람만이 진정한 의미의 재판관이다. 소송에서도 정치 토의에서도 쟁점이 해결되어야 하기 때문이다. 우리는 정치 연설과 관련해 정체의 성격을 이미 다루었다.[50] 그러니 우리는 어떻게, 어떤 수단으로 연설을 그런 성격에 맞추어야 하는지 구분한 것으로 보아도 좋을 것이다.

모든 종류의 연설은 우리가 이미 보았듯이,[51] 추구하는 목적이 서로 다르다. 우리는 그 각 종류와 관련해 거기서 심의용 연설[52]과 과시용

---

49 심의용 연설과 법정 연설의 쟁점들.

50 1권 8장 참조.

51 1권 3장 참조.

52 1권 4~8장 참조.

연설[53]과 법정 연설[54]에서 증거를 이끌어내는 대중의 의견과 전제를 모아보았고, 또한 어떤 수단으로 연설에 성격을 부여할 수 있는지도 ₂₅ 이미 규정한 바 있다. 이제 우리에게는 세 종류의 연설에 공통된 논제를 논의하는 일만이 남아 있다. 모든 연설가는 자신의 연설에서 가능한 것과 불가능한 것에 관한 논제도 사용해야 하며, 어떤 일이 일어날 것임을 또는 어떤 일이 일어났음을 증명하려고 노력해야 하기 때문이 ₃₀ 다. 또한 크기에 관한 논제도 모든 연설에 공통된다. 우리 모두는 심의용 연설을 하건 칭찬하거나 비난하는 연설을 하건 고발하거나 변호하는 연설을 하건 사물이 겉보기보다 더 크거나 더 작다고 주장해야 하 _{1392a} 니까. 이런 논제들을 분석한 다음, 아직도 남아 있는 것을 덧붙임으로써 우리의 원래 계획을 수행하기 위해 가능하다면 생략삼단논법 일반과 예증에 대해 논의해보기로 하자. 앞서 언급한 공통된 논제 가운데 확장은 앞서 말했듯이[55]과시용 연설에 가장 적합하고, 과거에 관련된 ₅ 것은 법정 연설에 가장 적합하며(판단이 필요한 것은 지난 일이니까), 가능성과 미래에 관련된 것은 심의용 연설에 가장 적합하다.

---

53   1권 9장 참조.
54   1권 10~14장 참조.
55   1권 9장 참조.

제19장—가능성의 문제

먼저 가능한 것과 불가능한 것에 대해 논하기로 하자. 두 가지 상반된 것 중에서 한쪽이 존재하거나 생성될 수 있다면 다른 쪽도 역시 가능하다고 생각할 수 있다. 예를 들어 어떤 사람이 치유될 가능성이 있다면 병에 걸릴 가능성도 있다. 두 가지 상반된 것은 상반된 것인 한에서 똑같이 가능하기 때문이다. 마찬가지로 두 가지 같은 것 중에 한쪽이 가능하다면 다른 쪽도 가능하다. 또한 둘 중 더 어려운 쪽이 가능하다면 더 쉬운 쪽도 가능하다. 어떤 사물이 훌륭하고 아름답게 생성될 수 있다면 평범한 수준에서도 생성될 수 있다. 단순한 집보다는 아름다운 집을 짓기가 더 어렵기 때문이다. 또한 어떤 사물의 시작이 가능하다면, 그것의 끝도 가능하다. 불가능한 것은 어떤 것도 생성되지도 생성되기 시작하지도 않기 때문이다. 이를테면 정사각형의 대각선을 사각형의 변으로 잰다는 것은 가능하지도 않고 가능할 수도 없다. 또한 끝이 가능한 것은 시작도 가능하다. 모든 것은 시작에서 생성되기 때문이다. 존재와 생성에서 나중 것이 생성될 수 있다면 먼저 것도 생성될 수 있다. 이를테면 어른이 생성될 수 있다면 아이도 생성될 수 있다. 사람이 태어나면 먼저 아이가 되기 때문이다. 그리고 아이가 생성될 수 있다면 어른도 생성될 수 있다. 아이는 어른의 시작이기 때문이다. 또한 우리가 자연스럽게 사랑하고 욕구하는 것은 가능하다. 일반적으로 불가능한 것을 사랑하고 욕구할 사람은 아무도 없기 때문이다. 과학과 기술의 대상이 되는 것 역시 존재할 수도 있고 생성될 수도 있다. 그것의 첫 번째 생성 단계가 우리가 우월한 힘이나 통제력이나 우위로 그것을 생산하도록 강요하거나 설득할 수 있는 사람이나

사물에 달려 있는 것도 가능하다. 또한 부분이 가능하다면 전체도 가
능하고, 전체가 가능하다면 부분도 대체로 가능하다. 앞에 대는 가죽
과 끈과 발등에 대는 가죽이 만들어질 수 있으면 샌들도 만들어질 수   30
있고, 샌들이 만들어질 수 있으면 앞에 대는 가죽과 끈과 발등에 대는
가죽도 만들어질 수 있기 때문이다. 또한 유(類) 전체가 생성될 수 있
는 것이라면 종(種)도 생성될 수 있고, 종이 생성될 수 있는 것이라면   1392b
유도 생성될 수 있다. 예를 들어 배가 건조될 수 있다면 삼단노선[56]도
건조될 수 있고, 삼단노선이 건조될 수 있으면 배도 건조될 수 있다. 자
연스럽게 서로 대응하는 두 가지 중 하나가 가능하면 다른 것도 가능
하다. 예를 들어 갑절이 가능하면 절반도 가능하고, 절반이 가능하면
갑절도 가능하다. 어떤 것이 기술이나 준비 없이 만들어질 수 있다면   5
조심스럽게 기술을 응용하면 더 확실히 만들어질 수 있다. 그래서 아
가톤은 다음과 같이 말했던 것이다.

> 어떤 것은 우리가 기술로 행하지만, 어떤 것은
> 필연이나 우연에 의해 우리 몫이 된다.[57]

또한 어떤 것이 더 열등하고 더 못하고 더 어리석은 자에게도 가능   10

---

56 삼단노선(trieres)은 좌우 양현에 노 젓는 자리가 3층씩 있으며 길이 37미터 최대
너비 5미터가 되는, 당시로서는 최신형 전함으로 노 젓는 인원만 170명이나 되었고 모
두 200명쯤 승선했다.
57 아가톤, 단편 765(Nauck). 아가톤(Agathon)은 기원전 5세기 말에 활동한 아테나
이 비극 시인이다.

하다면 그와 반대되는 자질을 가진 자에게는 더더욱 가능할 것이다.

그래서 이소크라테스는 에우튀노스가 남의 도움으로 알아낸 것을 자기가 알아내지 못한다면[58] 이상한 일일 것이라고 말했다. 불가능한 것과 관련해서는 앞서 언급한 것들과 반대되는 것들을 취한다면 우리는 분명 원하는 바를 얻을 것이다.

15   어떤 일이 일어났는지는 다음과 같은 관점에서 검토해야 한다. 첫째, 본성상 덜 일어날 법한 일이 일어났다면 더 일어날 법한 일도 십중팔구 일어났을 것이다. 대개 나중에 일어날 일이 일어났다면 먼저 일어나는 일도 틀림없이 일어났을 것이다. 예를 들어 누가 무엇을 잊었다면 그는 이전에 그것을 배웠음이 틀림없다. 어떤 사람이 무언가를 행할 능력과 의지가 있었다면 그는 그것을 행했을 것이다. 모든 사람

20 은 행할 능력과 의지가 있으면 행하기 때문이다. 그들을 제지할 것은 아무것도 없으니까. 또한 누가 행하기를 원하고 외부 장애물이 방해하지 않거나, 그가 행할 능력이 있고 그 순간 화가 나 있거나, 그가 행할 능력이 있고 행하기를 욕구한다면 그는 행했을 것이다. 사람들은 대개 행할 수 있으면 욕구하는 바를 행하기 때문이다. 비열한 자들은 자제력이 부족해서 그렇게 하고, 훌륭한 사람들은 훌륭한 것을 욕구

25 하기에 그렇게 한다. 또한 어떤 일이 지금 바로 행해지려고 할 때도 십중팔구 행해진다. 어떤 일을 행하려고 하는 사람이 그 일을 실제로 행하는 것은 있을 법하기 때문이다. 본성상 다른 것에 선행하거나 다른

---

58 이소크라테스(기원전 436~338년)는 아테나이의 유명한 연설가이다. 에우튀노스(Euthynos)에 관해서는 달리 알려진 것이 없다.

것의 원인이 되는 일이 일어나면 다른 것도 일어난다. 예를 들어 천둥
이 치면 번개도 쳤을 것이며, 누가 범죄를 저질렀다면 그는 범행을 기   30
도했을 것이다. 이 모든 귀결 중에 어떤 것은 필연적이고, 어떤 것은
통상적이다. '일어나지 않음'의 논거는 우리가 언급한 것과 반대되는
것을 살펴보면 분명해질 것이다.

미래사에 대한 논제도 같은 것들을 살펴보면 분명해질 것이다. 우   1393a
리가 어떤 것을 행할 수 있고 행하기를 원한다면 그 일은 행해질 테니
까. 욕구와 분노와 계산이 행하도록 촉구하는 것들도 우리에게 그럴
능력이 있다면 역시 마찬가지이다. 그래서 누가 행하기를 열렬히 욕구
하거나 행할 의도가 있다면 그것은 십중팔구 행해진다. 대체로 우리
가 행하려고 하는 것이 그렇지 않은 것보다 일어날 개연성이 크기 때   5
문이다. 본성상 선행하는 일이 일어났다면 후속하는 일도 일어날 것
이다. 예를 들어 하늘이 구름으로 덮이면 비가 올 것이다. 또한 어떤
목적을 위한 수단이 이루어졌다면 십중팔구 목적도 이루어질 것이
다. 예를 들어 기초공사를 마쳤다면 집도 지어질 것이다.

큼과 작음, 더 큰 것과 더 작은 것, 일반적으로 큰 것과 작은 것에 대
한 논제도 우리가 앞서 말한 것에 의해 분명해질 것이다. 심의용 연설   10
을 다룰 때 우리는 여러 좋음의 상대적 크기와 더 큰 것과 더 작은 것
일반에 대해 말했기 때문이다.[59] 따라서 각 분야의 연설이 추구하는
목적은 이익, 고결함, 올바름 같은 좋음이므로 모든 연설가는 분명 그   15
런 것에서 확장의 소재를 이끌어내야 한다. 이 선을 넘어 크기와 우월

---

59 1권 7장 참조.

성에 관한 추상적 법규를 제정하려고 하는 것은 헛소리에 지나지 않을 것이다. 실용적 목적을 위해서는 개별적 사실들이 일반화보다 더 중요하기 때문이다.

20 　가능한 것과 불가능한 것, 어떤 일이 일어났느냐 일어나지 않았느냐 또는 일어날 것이냐 일어나지 않을 것이냐, 그리고 사물의 큼과 작음에 대해서는 이쯤 해두자.

제20장─예증

특수한 논거에 대해서는 이미 논의했으니 이제 우리에게 남은 것은 모든 종류의 연설에 공통된 논거들을 논하는 일이다. 모든 종류의 연설에 공통된 논거는 두 가지인데, 예증과 생략삼단논법이 그것이다. 금 25
언[60]은 생략삼단논법의 일부이다. 먼저 예증에 대해 논하기로 하자. 예증은 귀납[61]과 유사하고, 귀납은 추론의 시작이기 때문이다.

예증에는 두 종류가 있는데, 그중 하나는 이전에 일어난 일을 이야기하는 것이고, 다른 하나는 말하는 사람 자신이 그런 일을 지어내는 것이다. 후자는 다시 비유[62]와, 아이소포스나 리뷔에[63]의 우화 같 30
은 우화로 나뉜다. 실제 사건을 이야기한다는 것은 누군가 다음과 같이 말하는 경우이다. "우리는 페르시아 왕과의 전쟁에 대비하고 그가 아이귑토스[64]를 정복하도록 내버려두어서는 안 됩니다. 전에 다레이오스는 아이귑토스를 정복하기 전에는 헬라스로 건너오지 못하다가 1393b
그곳을 정복하자 건너왔고, 크세르크세스도 아이귑토스를 정복하기 전에는 우리를 공격하지 못하다가 그곳을 정복하자 이리로 건너왔기 때문입니다.[65] 그래서 지금의 페르시아 왕도 아이귑토스를 정복하면

---

60 gnome.

61 epagoge.

62 parabole.

63 아이소포스(Aisopos)는 우화 작가 이솝의 그리스어 이름이다. 리뷔에(Libye)는 지금의 북아프리카를 이르는 그리스어 이름이다.

64 Aigyptos. 이집트의 그리스어 이름.

65 페르시아 왕 다레이오스(Dareios 라/Darius)와 그의 아들 크세르크세스(Xerxes)는 각각 기원전 490년 마라톤 전투와 480년 살라미스 해전에서 아테나이군에 대패했

이리로 건너올 테니 그가 그렇게 하도록 내버려두어서는 안됩니다."

5   비유의 예로는 소크라테스가 하던 말을 들 수 있다. "관리들을 추첨으로 선출해서는 안 됩니다. 그것은 경기에 적합한 자를 선별하는 대신 추첨으로 운동선수를 선발하는 것이나, 선원 중에서 추첨으로 선장을 선출하는 것과도 같습니다. 마치 지식을 가진 사람이 아니라, 제비에 뽑힌 사람을 선출하는 것이 옳은 것처럼 말입니다."

우화의 예로는 팔라리스에 관한 스테시코로스의 우화[66]와 민중 선
10   동가를 지지하는 아이소포스의 우화를 들 수 있다. 히메라인들이 팔라리스를 전권 장군으로 선출해 그에게 호위대를 붙여주려고 했을 때 스테시코로스는 그들과 이런저런 논의를 하다가 말〔馬〕 이야기를 들려주었다. "말 한 마리가 풀밭을 독차지하고 있었습니다. 그때 사슴이 나타나 풀밭을 망쳐놓는지라 말이 사슴에게 복수하고 싶어서 사슴을 응징하도록 도와줄 수 있겠느냐고 어떤 사람에게 물었습니다.
15   이 사람이 말했습니다. '네가 재갈을 물고, 내가 손에 창을 들고 네 등에 올라타게 해준다면 도와주지.' 말이 동의하자 그가 올라탔습니다. 그러나 말은 사슴에게 복수하기는커녕 그때부터 사람의 노예가 되었습니다." "그러니 여러분도" 스테시코로스는 말을 이었다. "적군을 응징하려다가 말과 같은 처지가 되지 않도록 조심하십시오. 팔라리스
20   를 전권 장군으로 선출함으로써 여러분은 이미 재갈을 물었습니다.

다. 다레이오스는 그리스를 몸소 정복하지는 않았다.

66   팔라리스(Phalaris)는 기원전 6세기 시칠리아 남쪽 기슭 아크라가스 시의 잔인하기로 유명한 참주이다. 스테시코로스(Stesichoros)는 기원전 6세기 전반부에 활동하던, 시칠리아 북쪽 기슭 히메라(Himera) 시 출신 서정시인이다.

여러분이 그에게 호위대를 붙여주고 그가 여러분 등에 올라탄다면 여러분은 당장 팔라리스의 노예가 될 것입니다."

아이소포스는 사모스[67]에서 사형에 해당하는 죄로 재판받던 민중 선동가를 위해 이렇게 말했다. "여우가 강을 건너다가 바위 구덩이에 빠졌습니다. 여우는 구덩이에서 빠져나오지 못했고 벼룩 떼가 몸에 ²⁵ 들러붙는 바람에 오랫동안 괴로움을 당했습니다. 그때 주위를 돌아다니던 고슴도치가 여우를 보고는 측은한 생각에서 벼룩 떼를 쫓아주랴 하고 물었습니다. 여우는 제의를 거절했습니다. 고슴도치가 이유를 묻자 여우가 대답했습니다. '이 벼룩들은 이미 나를 잔뜩 빨아먹어 지금은 피를 조금씩 빨지만, 네가 이 벼룩들을 쫓아버리면 굶주린 다른 벼룩 떼가 와서 내 남은 피를 몽땅 마셔버릴 테니까.'" "그러니 사 ³⁰ 모스인들이여, 여러분도" 아이소포스는 말을 이었다. "더는 이 사람한테 해코지당하지 않을 것입니다. (그는 부자이니까요.) 하지만 여러분이 이 사람을 죽이면 다른 가난뱅이들이 와서 여러분의 남은 재산 ¹³⁹⁴ᵃ 을 훔치고 탕진할 것입니다."

우화는 대중 연설에 적합하며, 실제로 일어난 비슷한 사건을 찾기는 어려워도 이야기를 지어내기는 쉽다는 이점이 있다. 우화는 비유처럼 지어내기만 하면 된다. 유사성을 발견할 수만 있다면 말이다. 그런데 이것은 철학 교육을 받은 사람에게는 쉬운 일이다. 우화가 주는 교 ⁵ 훈은 제공하기가 더 쉽지만, 심의용 연설에는 사실이 주는 교훈이 더 유용하다. 미래사는 대체로 과거사를 닮았기 때문이다.

---

67 사모스(Samos)는 소아시아 이오니아 지방 앞바다에 있는 섬이다.

생략삼단논법으로 논증할 수 없을 때 우리는 예증을 증명 수단으로 사용해야 한다. (예증은 확신을 주기 때문이다.) 또한 생략삼단논법으로 논증할 수 있을 때는 예증을 뒤이어 나오는 보충 증거로 사용해야 한다. 예증이 생략삼단논법보다 앞서면 귀납과 비슷한데, 귀납이 연설에 적합한 경우는 매우 드물기 때문이다. 그러나 예증이 생략삼단논법에 뒤이어 나오면 증인의 증언과 같고, 증인의 증언은 언제나 믿음직하다. 또한 예증이 앞서면 여러 예증을 제시해야 하지만, 뒤이어 나오면 하나의 예증으로 충분하다. 믿음직한 증언은 하나뿐이라도 쓸모 있기 때문이다.

이상으로 예증의 종류가 얼마나 많으며, 예증은 언제 어떻게 사용해야 하는지 설명했다.

제21장―금언

금언을 사용하는 것과 관련해 어떤 주제에 대해 어떤 기회에 누가 연
설에서 금언을 사용하는 것이 적절한지는 금언이 무엇인지 정의하고
나면 명백해질 것이다. 금언은 하나의 선언[68]이다. 그러나 이를테면 이
피크라테스[69]의 성격과 같은 특정한 사실에 대한 선언이 아니라 일반
적 선언이다. 하지만 금언은 이를테면 '직선은 곡선의 반대이다'와 같
은 모든 경우가 아니라, 인간 행위 가운데 어떤 것을 선택하고 어떤 것
을 피할 것이냐에 관련된 모든 것에 대한 선언이다. 생략삼단논법은
그런 것들을 다루는 삼단논법이므로 금언은 추론이 배제된 생략삼단
논법의 전제 또는 결론이라 할 수 있다. 예를 들어보자.

> 분별 있는 사람이라면 자식들을
> 너무 영리하게 가르쳐서는 안 돼요.[70]

이것은 금언이다. 여기에 왜 그런지 이유를 덧붙이면 전체는 생략
삼단논법이 된다. 예를 들어보자.

> 그들은 태만하다는 비난을 듣는 것 말고도
> 시민들에게 미움과 시기를 사게 될 테니까요.[71]

---

68 apophansis.
69 1권 주 76 참조.
70 에우리피데스, 『메데이아』(Medeia) 294~295행.
71 같은 책 296~297행.

　　그리고

모든 점에서 행복한 사람은 아무도 없다.[72]

세상에 자유로운 사람은 아무도 없다.[73]

5　나중 것은 금언이지만 다음 시행과 결합하면 생략삼단논법이 된다.

사람은 돈의 노예가 아니면 필연의 노예이니까.[74]

금언이 우리가 정의한 그런 것이라면 금언에는 네 종류가 있을 수 있다. 금언에는 보완하는 말이 따라올 수도 있고 따라오지 않을 수도 있기 때문이다. 금언이 역설적이거나 논쟁의 여지가 있는 것을 말할

10　때는 증명이 필요하고 역설적이지 않은 것을 말할 때는 증명이 필요하지 않은데, 그 이유는 표명된 견해가 다음 경우처럼 이미 알려진 진리이거나

우리가 보기에 인간에게 최고의 축복은 건강인 것 같소.[75]

72　에우리피데스, 『스테네보이아』(*Stheneboia*) 단편 661(Nauck).
73　에우리피데스, 『헤카베』(*Hekabe*) 864행.
74　같은 책 865행.
75　시칠리아 출신 희극 작가 에피카르모스의 작품에서 인용한 것으로 보는 이들도 있다.

(대부분의 사람에게는 그렇게 보이니까), 또는 다음처럼 견해가 표명
되자마자 생각하는 사람이면 대번에 알 수 있기 때문이다.   15

> 한번 사랑하면 영원히 사랑하게 되지요.[76]

보완하는 말이 따라오는 금언 중에 어떤 것들은 다음처럼 생략삼
단논법의 일부이고,

> 분별 있는 사람이라면 결코···

다른 것들은 생략삼단논법의 성격을 갖지만 생략삼단논법의 부분은   20
아니다.[77] 이 후자가 가장 높이 평가받는다. 그런 금언들에는 표명된
견해를 설명하는 이유가 내포되어 있다. 예를 들어보자.

> 죽을 수밖에 없는 인간이기에 불멸의 분노를 키우지 말라.[78]

'불멸의 분노를 키우지 말라'고 말하는 것은 금언이지만, '죽을 수밖
에 없는 인간이기에'라고 덧붙인 것은 이유를 말해준다.   25

---

76 에우리피데스, 『트로이아 여인들』(*Troiades*) 1051행.
77 그것들은 생략삼단논법의 본성에 관여하고 형식에는 관여하지 않는다.
78 출전 미상.

다음도 마찬가지이다.

> 죽을 수밖에 없는 존재는 유한한 생각을 품어야지 불멸의 생각을 품어
> 서는 안 된다.[79]

이상으로 금언의 종류가 얼마나 많고 각 종류는 어떤 주제에 사용
하는 것이 적합한지 분명해졌다. 역설적이거나 논쟁의 여지가 있는 경
우에는 보완하는 말이 필요하다. 그럴 경우 보완하는 말을 앞세우고
30 결론을 금언으로 사용하거나(이를테면 누군가 "나로서는 시기 대상
이 되는 것도 게으른 것도 바람직하지 않으므로 아이들은 교육받아서
는 안 된다고 주장합니다"라고 말할 수 있다), 이런 금언을 먼저 말하
고 보완하는 말을 덧붙일 수 있다. 그러나 역설적이지는 않지만 명확
35 하지 않은 발언에 이유를 덧붙일 때는 되도록 간명해야 한다. 그런 경
우들에는 라코니케[80]식 경구나 수수께끼 같은 발언이 적합하다. 예를
1395a 들어 스테시코로스는 로크리스인들[81]에게 매미들이 땅에서 울지 않
게 하려면 교만해서는 안 된다고[82] 말했노라고 말하는 것이다.
금언은 나이 지긋한 사람이 자신이 경험한 것을 말할 때 사용하면

---

79 에피카르모스의 작품에서 인용한 것으로 보는 이들도 있다.

80 라코니케(Lakonike)는 펠로폰네소스 반도 남동부 지방을 말하며, 흔히 그 수도인
스파르테(Sparte)와 동의어로 쓰인다.

81 로크리스인들(Lokroi)이란 여기서 중부 그리스나 코린토스 만에 사는 로크리스
인들이 아니라 남이탈리아에 사는 로크리스인들(Lokroi hoi Epizephyrioi)을 말한다.

82 적을 많이 만들어 전쟁으로 국토가 황폐해지고 나무가 베이면 매미들이 땅에서
울 것이라는 뜻이다.

적합하다. 그래서 이야기를 들려주는 것도 그렇지만 젊은 사람이 금언을 사용하는 것은 부적절하다. 자신이 경험하지 않은 것을 금언을 5 사용해 말하는 것은 어리석고 버릇없는 짓이다. 시골 사람들이 특히 금언을 지어내고 과시하기를 좋아한다는 사실이 이를 충분히 입증해준다.

　일반적이지 않은 것을 일반적이라고 말하는 것은 불평이나 과장에 가장 적합한데, 첫머리에서나 증명을 끝낸 뒤에 특히 그렇다. 목적에 부합하면 진부하고 상투적인 금언도 사용해야 한다. 그런 금언은 상 10 투적이기에 누구나 동의하고 그래서 진리로 여겨지기 때문이다. 예를 들어 누군가 제물을 바쳐 전조를 알아보기 전에 위험을 무릅쓰도록 자기 병사들을 격려할 때는 다음과 같이 말할 것이다.

　　최선의 새〔鳥〕점은 오직 하나뿐, 조국을 위해 싸우는 것이오.[83]

　그리고 자기 병사들이 수적으로 열세일 때는 다음과 같이 말할 것 15 이다.

　　전쟁의 신은 공평하오.[84]

　그리고 적군의 죄 없는 자녀들을 죽이라고 명령할 때는 다음과 같

83　『일리아스』 12권 243행.
84　『일리아스』 18권 309행.

이 말할 것이다.

아버지는 죽이고 그 자식들을 살려둔다는 것은 바보짓이오.[85]

　또한 몇몇 속담[86]은 금언이기도 하다. 예컨대 "앗티케인 이웃"[87]이
20 라는 속담이 그렇다. 또한 "너 자신을 알라" "어떤 것도 지나치지 않
게!"[88]와 같은 명언과 어긋나더라도 누군가의 성격을 더 잘 드러낼 것
같거나 감동적으로 표현되었다면 금언을 사용해야 한다. 화가 난 사
람이 나서서 다음과 같이 말한다면 전자의 경우를 보여주는 구체적
예가 될 것이다. "우리가 자신을 알아야 한다는 것은 거짓말이다. 아
25 무튼 이 사람이 자신을 알았다면 결코 장군직을 요구하지 않았을 것
이다." 그리고 누가 이렇게 말한다면 그의 성격이 더 잘 드러날 것이
다. "우리는 사람들 말마따나 우리 친구를 미래의 적으로 대해서는
안 되고 오히려 우리 적을 미래의 친구로 대해야 하오." 도덕적 의도도
말로 표현해야 하며, 그러지 않으면 이를테면 다음과 같이 말함으로
써 그 이유를 말해야 한다. "우리는 우리 친구를 사람들이 말하듯 대
30 해서는 안 되고, 영원한 친구가 될 것처럼 사랑해야 한다. 다르게 사

85　1권 15장 1376a.
86　paroimia.
87　'앗티케인 이웃'(Attikos paroikos)이란 쉴 줄 모르는 또는 부단히 활동하는 이웃이
란 뜻이다. 앗티케(Attike 라/Attica)는 그리스 반도 동남 지방으로 그 수도가 아테나이
이다. 투퀴디데스, 『펠로폰네소스 전쟁사』 1권 70장 참조.
88　gnothi sauton, meden agan.

랑하는 것은 배신을 의미하니까." 또는 이렇게 말할 수도 있다. "나는 그 말이 마음에 들지 않소. 진정한 친구라면 영원히 사랑할 것처럼 사랑해야 하니까." 또는 이렇게 말할 수도 있다. "나는 '어떤 것도 지나치지 않게!'라는 금언이 마음에 들지 않소. 사악한 자는 아무리 미워해도 지나치지 않기 때문이오."

금언은 연설에 큰 도움이 된다. 그것은 첫째, 청중은 우둔해 자신이 1395b
특정한 경우에 갖는 의견을 누가 보편적인 진리로 표현하면 듣고 좋아하기 때문이다. 다음은 내 말이 무슨 뜻이며, 금언을 어떻게 포착해야 하는지 밝혀줄 것이다. 앞서 말했듯이, 금언은 보편적 단어이고, 청 5
중은 자신이 특정한 경우에 사실이라고 믿던 의견이 일반화되면 듣고 좋아한다. 예를 들어 고약한 이웃과 자식을 둔 사람은 "세상에 이웃보다 더 고약한 것은 없다" 또는 "세상에 자식 기르는 것보다 더 어리석은 짓은 없다"는 말에 동의할 것이다. 따라서 연설가는 청중이 어떤 10
주제를 두고 이미 의견을 지니는지, 그 의견은 어떤 것인지 알아내어 그것을 보편적 진리로 표현하려고 노력해야 한다. 이것이 금언 사용의 이점 중 하나이다. 하지만 더 중요한 다른 이점이 있는데, 그것은 바로 금언 사용이 연설에 도덕적 성격을 부여한다는 것이다. 도덕적 목적이 뚜렷한 모든 연설은 도덕적 성격을 갖는다. 그리고 그것은 금언의 15
효과이다. 금언을 말하는 사람은 자신의 도덕적 원칙을 보편적 형태로 선언하기 때문이다. 따라서 금언이 훌륭하면 그것을 말하는 사람도 훌륭해 보이게 만든다.

금언의 성격과 종류, 사용법과 이점에 대해서는 이쯤 해두자. 20

제22장—생략삼단논법

이번에는 생략삼단논법과 관련해 그것을 찾아내는 방법을 일반적으로 논하고, 이어서 그것의 논제들을 살펴보자. 이 두 가지는 서로 다르기 때문이다. 생략삼단논법은 삼단논법의 일종이고 어떤 의미에서 그런지와 생략삼단논법이 어떤 점에서 변증술의 삼단논법과 다른지
25 는 이미 설명했다.[89] 말하자면 우리는 너무 멀리 떨어진 전제에서 결론을 이끌어내도 안 되고, 논의의 모든 단계를 결론에 포함시켜도 안 된다. 첫째, 논의가 길어지면 논지가 모호해지고 둘째, 자명한 것을 말하면 시간 낭비가 될 것이다. 이것은 못 배운 자가 배운 자보다 군중 앞에서 더 설득력을 갖는 이유이기도 하다. 그래서 시인들은 "못 배운
30 자가 군중 앞에서는 말을 더 잘하는 법"[90]이라고 말한다. 배운 자는 평범하고 일반적인 것을 말하고, 못 배운 자는 자기가 아는 것에서 논의를 시작해 분명한 결론을 이끌어내기 때문이다. 따라서 우리는 가능한 모든 의견에서 논의를 시작해서는 안 되고, 한정된 그리고 재판관이나 재판관이 권위를 인정하는 자들이 용인하는 의견에서 논의를
1396a 시작해야 한다. 또한 모든 재판관 또는 대부분의 재판관의 마음에 이 의견이 그런 의견이라는 데 추호의 의혹도 없어야 한다. 결론은 확실한 것들뿐 아니라 개연성이 있는 것들에서도 이끌어내야 한다.

우리가 먼저 알아두어야 할 것은 우리 논의가 공적인 업무에 관한
5 것이든 다른 주제에 관한 것이든, 우리가 말하거나 논의하는 주제에

---

89 1권 2장 1356b 3, 1357a 16 참조.
90 에우리피데스, 『힙폴뤼토스』(*Hippolytos*) 989행 참조.

관련된 사실들을 전부 아니면 일부는 알아야 한다는 것이다. 그러지 않으면 우리가 거기서 결론을 이끌어낼 자료가 없기 때문이다. 이를테면, 만약 아테나이인들의 병력을 구성하는 군대가 해군인지 육군인지 아니면 해군과 육군인지, 그 규모가 얼마나 큰지, 그들의 세수입은 얼마나 되는지, 그들의 우방과 적은 누군지, 그들은 어떤 전쟁을 치 10 렀으며 치렀다면 어떻게 치렀는지 등등을 알지 못한다면, 우리가 그들에게 교전하라고 또는 교전하지 말라고 어떻게 조언할 수 있겠는가? 또한 우리가 해전이나 마라톤 전투나 그들이 헤라클레스의 자녀들에게 베푼 선행[91] 등을 알지 못한다면 우리가 어떻게 아테나이인들을 칭송할 수 있겠는가? 사람들은 실제로 있었거나 있었다고 생각하 15 는 영광스러운 행적에 근거해 칭송하는 법이니까. 마찬가지로 사람들은 그와 반대되는 행위에 근거해 비난한다. 그들에게 그런 일이 실제로 있었는지 아니면 있었다고 생각하는지 살펴봄으로써 말이다. 예컨대 아테나이인들은 헬라스인들을 예속시켰고, 이민족에 맞서 혁혁한 전공을 세운 동맹군인 아이기나인들과 포티다이아인들[92]을 노예로 20 삼았으며, 그와 비슷한 그 밖의 다른 비행을 저질렀다. 마찬가지로 법

---

91 스파르테, 아르고스 등지에 정착한 도리에이스족(Dorieis)의 선조인 헤라클레스(Herakles)의 자녀들이 뮈케나이(Mykenai) 왕 에우뤼스테우스(Eurystheus)에게 핍박받을 때 아테나이인들이 그들을 보호해준 적이 있다. 헤라클레스는 제우스의 아들로 온갖 괴물의 위협에서 그리스인들을 구해준 불세출의 영웅이다.

92 아이기나(Aigina)는 아테나이 앞바다에 있는 섬이고, 포티다이아(Potidaia)는 에게 해 북쪽 팔레네(Pallene) 반도에 있는 도시이다. 아이기나는 기원전 447년에 아테나이 제국에 편입되었고(투퀴디데스, 『펠로폰네소스 전쟁사』 2권 27장, 4권 57장 참조), 포티다이아는 기원전 427년에 아테나이인들에게 함락되었다(같은 책 2권 70장 참조).

정에서도 우리는 고발을 하건 변호를 하건 사건의 실제 상황에 주목해야 한다. 이는 주제가 아테나이인들이건 라케다이몬인들이건, 인간이건 신이건 마찬가지이다. 우리가 해야 할 일은 같기 때문이다. 우리가 조언하거나, 칭찬하거나 비난하거나, 고발하거나 변호해야 하는 것이 아킬레우스라고 가정해보라. 이 경우에도 우리는 실제로 있었거나 있었다고 생각하는 사실들을 취해야 하며, 그가 고매한 짓을 했다고 칭찬하건 비열한 짓을 했다고 비난하건, 그가 올바른 행위를 했다고 변호하건 불의한 짓을 했다고 비난하건, 어떤 것이 그에게 이롭다거나 해롭다고 조언하건 이런 사실들이 우리에게 근거 자료가 되어야 한다. 이 점은 주제가 어떤 것이건 마찬가지이다. 예를 들어 정의가 좋은 것이냐 아니냐를 다룰 때 우리는 정의와 좋은 것에 관한 실제 사실에서 논의를 시작해야 한다.

따라서 추론이 치밀하건 느슨하건 누가 무엇을 증명할 때는 분명 이런 과정을 거쳐야 한다. (모든 사실이 아니라 주제와 관계있는 사실만이 그에게 근거가 되어야 한다.) 다른 방법으로 증명한다는 것은 분명 불가능하다. 따라서 『토피카』에서 말했듯이,[93] 우리는 분명 무엇보다 먼저 가능한 것과 가장 적합한 것에 관한 전제들을 선별해서 확보해야 한다. 갑자기 제기되는 질문과 관련해서도 같은 방법으로 논제를 찾아야 하고, 한정되지 않은 사실들이 아니라 우리 논제와 관계있는 사실들에 주목하며 논제와 특히 밀접히 관계있는 사실들을 되도록 많이 수집해야 한다. 실제 사실들을 더 많이 가질수록 우리는 더 쉽게

---

93 『토피카』 1권 14장 참조.

논제를 증명할 수 있고, 사실들은 논제와 밀접히 관계있을수록 더 특 10
별하고 덜 진부하다. 여기서 '진부하다'는 것은 이를테면 아킬레우스가
인간이기 때문에, 또는 반신(半神)이기 때문에,[94] 또는 일리온[95] 원정
에 참가했기 때문에 찬사를 보내는 것을 의미한다. 이런 특징들은 많
은 다른 사람에게도 적용될 수 있어 그런 찬사는 디오메데스[96]보다 아
킬레우스에게 더 적절한 것이 아니기 때문이다. '특별한' 사실들이란
아킬레우스에게만 속하는 사실들을 말한다. 이를테면 그가 가장 용 15
감한 트로이아군 장수 헥토르[97]를 죽인 것, 상처를 입지 않기에 헬라
스 원정군 전체가 함선에서 내리지 못하게 방해한 퀴크노스를 죽인
것,[98] 원정에 참가한 장수 중에 그가 가장 젊었으며 그만이 맹세에 구
속받지 않았다는 것[99] 등의 사실들 말이다.

94 아킬레우스의 아버지 펠레우스(Peleus)는 인간이지만 어머니 테티스(Thetis)는
바다의 여신이다. '반신'이란 영웅이라는 뜻이다.

95 일리온(Ilion)은 트로이아를 달리 부르는 이름이다.

96 디오메데스(Diomedes)는 트로이아 원정에 참가한 그리스군 맹장 가운데 한 명
이다.

97 헥토르(Hektor)는 트로이아의 마지막 왕 프리아모스(Priamos)의 아들로 트로이
아군의 으뜸가는 용장이다.

98 창과 칼 같은 인간의 무기로는 상처를 입지 않기에 퀴크노스(Kyknos)는 그리스
연합군 함대가 트로이아에 상륙하는 것을 저지하려고 했다. 하지만 아킬레우스는 인
간의 무기가 아닌 돌을 그의 머리에 던져 쓰러뜨린 뒤 목 졸라 죽였다. 그러자 그의 아
버지 해신(海神) 포세이돈(Poseidon)이 그를 백조로 변신시켰다. 이 이야기는 호메로
스에는 나오지 않고 서사시권 서사시 중 하나인 『퀴프리아』에 나온다.

99 절세미인 헬레네에게 그리스 각지의 내로라하는 영웅들이 구혼할 때 그녀의 명목
상의 아버지인 스파르테 왕 튄다레오스(Tyndareos)는 오뒷세우스의 권고를 받아들여
자기가 누구를 헬레네의 신랑감으로 지목하든 구혼에 참가한 영웅들은 모두 그녀와
그녀의 남편이 훗날 위기에 처하면 힘을 모아 돕겠다는 맹세를 받아둔다. 훗날 트로이

이처럼 논제에 따른 선택이 생략삼단논법의 선택 가능성 중 첫 번
20 째이다. 이번에는 생략삼단논법의 요소에 대해 논하기로 하자. 내가
말하는 '생략삼단논법의 요소'란 생략삼단논법의 논제와 같은 것을
의미한다. 그러나 먼저 일러둘 말은, 생략삼단논법에는 두 종류가 있
다는 것이다. 그중 한 종류는 긍정적 또는 부정적 명제를 증명하고,
다른 종류는 논박한다. 이 둘의 차이는 변증술에서 증명과 논박의 차
25 이와도 같다. 증명하는 생략삼단논법은 이론의 여지가 없는 전제에
서 결론을 이끌어내고, 논박하는 생략삼단논법은 상대방이 반박하
는 결론을 이끌어낸다.

우리는 유용하거나 필요한 각종 특별 논제에 대해 일반적인 논제를
가진다고 할 수 있다. 개별 경우에 대한 전제가 이미 선택되어, 좋은
30 것과 나쁜 것, 고매한 것과 수치스러운 것, 올바른 것과 불의한 것, 나
아가 성격과 감정과 습관에 관한 생략삼단논법에 적용할 수 있는 논
1397a 제들을 사실상 이미 확보했기 때문이다. 이번에는 더 일반적인 다른
관점에서 생략삼단논법에 관한 논제들을 찾아내되, 논의하는 과정에
서 논박하는 논제들과 증명하는 논제들과, 삼단논법이 아니므로 사
실은 생략삼단논법이 아닌 겉모양만의 생략삼단논법의 논제들의 차
이에 주목할 것이다. 이런 것들을 밝히고 나서 우리는 이의 제기와 반

아 왕자 파리스(Paris)가 헬레네를 납치하자 그녀의 남편 메넬라오스(Menelaos)와 그
의 형 아가멤논은 그때의 맹세를 내세우며 구혼했던 영웅들에게 트로이아 원정에 참
가할 것을 요구한다. 그래서 그리스의 영웅들은 마지못해 원정에 참가한다. 아킬레우
스는 다른 영웅들이 헬레네에게 구혼할 당시 소년이었기에 구혼하지도 맹세하지도 않
았지만 불멸의 명성을 얻기 위해 자진해 원정에 참가한다.

박의 문제를 처리하고, 생략삼단논법을 논박하기 위해 어디서 이런 것들을 구해야 하는지도 밝힐 것이다. ⁵

제23장―증명하는 논제들

증명하는 논제 중 한 가지는 반대되는 것에서 얻는다. 반대되는 것이 반대되는 것의 속성을 가지는지 살펴보아야 하기 때문이다. 만약 가졌다면 본래의 명제가 반박되고, 만약 안 가졌다면 본래의 명제가 확인된다. 이를테면 자제는 좋은 것이다. 방종은 나쁜 것이기 때문이다. 또는 멧세네인들의 해방 축제 연설[100]에서와 같이 "우리의 현재 불행이 전쟁 탓이라면 마땅히 평화의 도움으로 이를 바루어야 합니다."

또는

우리에게 본의 아니게 악행을 저지른

자들에게 화를 내는 것이 옳지 않다면,

강압에 못 이겨 선행을 베푼 자에게

우리가 감사할 의무도 없는 것이오.[101]

거짓말을 해도 사람들이 곧이듣는 버릇이 있다면,

그 반대도 그대는 인정해야 하오.

참말을 해도 사람들은 잘 믿지 않는단 말이오.[102]

---

100 1권 주 147 참조.
101 출전 미상.
102 에우리피데스, 『튀에스테스』(*Thyestes*) 단편 396(Nauck).

증명하는 논제 가운데 다른 것은 비슷한 경우에서 얻는다. 여기서도   20
속성은 같은 방법으로 적용되든지 적용되지 않든지 할 것이기 때문이
다. 이를테면 정의가 언제나 좋은 것은 아니다. 왜냐하면 어떤 일을 정
당하게 행하는 것은 좋지만, 정당하게 사형에 처해지는 것은 바람직
하지 않기 때문이다.

또 다른 논제는 상호관계에 근거한다. 만약 A가 B를 고매하게 또
는 정당하게 대했다면 B는 반드시 고매하거나 정당한 대접을 받았을
것이다. 또는 복종을 명하는 것이 옳다면 명령에 복종하는 것이 옳았   25
을 것이다. 그래서 세금 징수원 디오메돈[103]은 징세에 관해 이렇게 말
한 것이다. "파는 것이 여러분에게 수치스럽지 않다면 우리도 사는 것
이 수치스럽지 않소."[104] 또한 '고매하게' 또는 '정당하게'란 말을 당하
는 자에게 쓸 수 있다면, 행하는 자에게도 쓸 수 있다. 그러나 여기서
그릇된 결론을 이끌어낼 가능성이 있다. A가 어떤 대접을 받는 것이
정당하다 하더라도 B에게 그런 대접을 받는 것은 정당하지 않을 수 있
다. 그래서 A가 그런 대접을 받는 것이 정당한지, B가 A를 그렇게 대   30
접하는 것이 정당한지 따로 스스로에게 물어보고 '그렇다' '그렇지 않   1397b
다'에 따라 적절한 결론을 내려야 한다. 그럴 경우 두 대답이 다를 때
도 있다. 그래서 그대는 테오덱테스[105]의 『알크마이온』과 같은 처지가

---

103 디오메돈(Diomedon)에 관해서는 달리 알려진 것이 없다.
104 조세 징수권을 파는 것이 수치스러운 짓이 아니라면 그것을 사는 것도 수치스러
운 짓이 아니라는 뜻인 것 같다.
105 테오덱테스(Theodektes)는 비극 시인이자 연설가로 아리스토텔레스의 친구
이다.

될 수도 있다. 그래서 다음과 같은 질문과 답변이 가능하다.

그래서 그대 어머니의 죄를 아무도 혐오하지 않았단 말예요?

이 질문에 알크마이온[106]이 대답한다.

우리는 이 문제를 둘로 나누어 검토해야 하오.

5   알페시보이아가 "어떻게 말예요?"라고 묻자 알크마이온이 대답
한다.

106 알크마이온(Alkmaion)은 예언자 암피아라오스의 아들로 죽은 아버지의 명령
에 따라 테바이를 함락하고 귀국한다. 그러고 나서 불의 신 헤파이스토스(Hephaistos)
가 하르모니아(Harmonia)에게 결혼 선물로 준 목걸이에 매수되어 아버지가 테바이를
공격하다가 죽게 만든 어머니 에리퓔레(Eriphyle)를 죽인다. 이 일로 그는 정신착란을
일으켜 복수의 여신들에게 쫓기는 신세가 된다. 그는 아르카디아(Arkadia)의 프소피
스(Psophis)에서 페게우스(Phegeus) 왕에게 죄를 씻는 정화의식을 받고 그의 딸 알페
시보이아(Alphesiboia) 또는 아르시노에(Arsinoe)와 결혼해 그녀에게 하르모니아의 목
걸이를 준다. 그러나 그 뒤 흉년이 들고 정신착란이 계속되자 알크마이온은 자기가 어
머니를 죽일 때 햇빛이 비추지 않은 땅을 찾아 다시 길을 떠난다. 그리고 아켈로오스
(Acheloios) 강의 하구 앞에 새로 생겨난 섬에서 그런 곳을 발견하고는 그곳에서 하신
(河神) 아켈로오스의 딸 칼리르로에(Kallirrhoe)와 결혼한다. 그녀가 하르모니아의 목
걸이를 요구하자 알크마이온은 델포이 신전에 바치겠다고 거짓말을 하고 페게우스에
게서 목걸이를 돌려받는다. 그러나 알페시보이아의 오라비들이 매복해 있다가 그를 살
해한 뒤 누이가 항의하자 누이를 상자에 가두고 노예로 팔아버린다. 그 뒤 알크마이온
과 칼리르로에의 두 아들이 페게우스와 그의 아들들을 죽여 아버지의 원수를 갚고,
파멸을 안겨주던 목걸이는 델포이의 아폴론 신에게 봉헌된다.

그들은 그녀가 죽어야 하지만 내가 죽여야 한다고는 판결하지 않았소.

데모스테네스의 재판과 니카노르[107]를 살해한 자들의 재판에서도 다른 예를 찾을 수 있다. 그들이 니카노르를 살해한 것은 정당하다는 판결을 받았기에 그가 살해된 것은 정당하다고 생각되었기 때문이다. 또한 테바이에서 살해된 자[108]의 경우도 마찬가지이다. 피고인들은 재판관들에게 그가 살해된 것이 부당한지 판결해달라고 요구했는데, 부당하지 않다면 그를 살해한 것은 부당할 수 없다고 주장할 수 있기 때문이다.

또 다른 논제는 더 많음과 더 적음에 근거한다. 이를테면 "신들도 모든 것을 알지 못하거늘 하물며 인간들이야!"라고 말할 수 있다. 여기서 이 말은 어떤 자질이 그것을 가질 법한 자에게도 없다면 그것을 가질 법하지 않은 자에게는 확실히 없을 것이라는 뜻이다. 또한 아버지도 때리는 자는 이웃도 때린다고 말하는 것은 더 드문 것이 존재한다면 더 흔한 것도 존재한다는 원칙에서 비롯된다. 사람들이 이웃보다는 아버지를 때리는 일이 덜 흔하기 때문이다. 그렇다면 우리는 이렇게 주장할 수 있다. 어떤 것이 더 적용될 법한 곳에 적용되지 않는다면 덜 적용될 법한 곳에는 적용되지 않는다고, 또는 덜 적용될 법한 곳에 적용된다면 더 적용될 법한 곳에도 적용된다고. 어떤 것이 적용

---

107 여기 나오는 데모스테네스는 유명한 웅변가 데모스테네스가 아닌 것 같다. 니카노르(Nikanor)에 관해서는 달리 알려진 것이 없다.

108 크세노폰(Xenophon), 『그리스 역사』(Hellenika) 8권 3장 참조.

된다는 것을 또는 적용되지 않는다는 것을 증명해야 하느냐에 따라서 말이다. 이런 논제는 더 많음과 더 적음의 문제가 제기되지 않을 때도 사용할 수 있다. 그래서 다음과 같이 말했던 것이다.

> 그대의 부친은 자식들을 잃었으니 동정받아 마땅하오. 오이네우스도 유명한 아들을 잃었으니 동정받아 마땅하지 않을까요?[109]

또한 이렇게 말할 수도 있다. "테세우스에게 죄가 없다면 알렉산드로스에게도 죄가 없다." "튄다레오스의 아들들에게 죄가 없다면 알렉산드로스에게도 죄가 없다." "헥토르가 파트로클로스를 죽인 것이 죄가 아니라면 알렉산드로스가 아킬레우스를 죽인 것도 죄가 아니다."[110] 또한 "다른 전문가들이 한심하지 않다면 철학자들도 한심하지 않다" "장군들이 가끔 처형되기 때문에 경멸스러운 것이 아니라면 소피스트들도 경멸스럽지 않다" "여러분 각자가 시민으로서의 명성을 생각해야 한다면, 헬라스 전체의 명성을 생각하는 것은 여러분 모두의 의무요."

---

109 안티폰, 『멜레아그로스』 단편 885(Nauck). 안티폰, 오이네우스와 멜레아그로스에 관해서는 이 책 2권 주 11 참조.
110 아테나이의 영웅 테세우스(Theseus)는 어린 헬레네를 납치한 적이 있다. 알렉산드로스(Alexandros)는 헬레네를 납치한 트로이아 왕자 파리스를 달리 부르는 이름이다. 스파르테 왕 튄다레오스의 두 아들 카스토르(Kastor)와 폴뤼데우케스(Polydeukes)도 파리스처럼 자기가 미남이라고 으스댔다. 아킬레우스의 죽마고우 파트로클로스는 헥토르의 손에 전사하고, 아킬레우스 자신은 파리스가 쏜 화살에 발뒤꿈치를 맞아 요절한다.

또 다른 논제는 시간을 고려하는 것에 근거한다. 이를테면 이피크 라테스는 하르모디오스에게 다음과 같이 말했다. "내가 위업을 달성하기 전에 입상을 세워달라고 요구했다면 여러분은 내 청을 들어주었을 것이오. 그런데 내가 위업을 달성한 지금 여러분이 이를 거절하는 게요? 여러분은 무엇인가를 바랄 때는 약속을 하고, 바라던 일이 이루지고 나면 약속을 파기하시구려."[111] 또한 마케도니아의 필립포스가 테바이인들의 영토를 통과하여 앗티케 지방으로 진출하도록 허락해달라고 테바이인들을 설득하기 위해 마케도니아 사절단은 이렇게 말했다. "만약 그분이 포키스인들과의 싸움에서 테바이인들 을 도와주기 전에[112] 이런 요구를 했더라면 테바이인들은 그러겠다고 약속했을 것이오. 그러니 그분이 기회를 놓치고 그들을 믿었다는 이유로 그들이 그분이 통과하지 못하게 한다는 것은 말도 안 되는 소리요."

또 다른 논제는 상대방이 우리에게 말한 것을 상대방에게 돌리는 것이다. 그것은 『테우크로스』[113]에서 볼 수 있듯이 아주 좋은 방법인

---

111 아테나이 장군 이피크라테스는 기원전 392년 라케다이몬인들을 물리치고 그 공적으로 입상을 세워도 좋다는 허락을 받는다. 그러나 그가 기원전 371년 퇴직하고 나서 입상을 세워달라고 요구하자 그의 정적인 하르모디오스가 그런 명예를 주길 거절한다.

112 기원전 340년대 마케도니아 필립포스 왕은 수단과 방법을 가리지 않고 그리스 도시국가들을 이간질했는데, 당시 중부 그리스의 강국인 포키스(Phokis)를 약화시키기 위해 테바이인들을 도와주었다.

113 『테우크로스』는 소포클레스의 비극으로 현재 단편만 남아 있는데, 여기서 어떻게 인용되었는지 알 수 없다. 테우크로스(Teukros)는 트로이아 전쟁 때 그리스군 명궁수로 아이아스의 이복동생이다.

5   데, 이피크라테스는 아리스토폰[114]에게 대답할 때 이 논제를 사용한
    다. "당신 같으면 뇌물을 받고 함대를 배신했겠소?"라는 물음에 아리
    스토폰이 "아니오"라고 대답하자, 그는 "아리스토폰, 당신은 함대를
    배신하지 않는데 나 이피크라테스는 배신한다는 게요?"라고 말했다.
    다만 상대방이 문제의 범죄를 저지를 개연성이 더 높다고 간주해야 한
10 다. 그러지 않으면 효과가 미미할 것이다. 고발인이 아리스테이데스[115]
    같은 사람일 때는 그런 논제를 사용해서는 안 된다. 그런 논제는 고발
    인의 신뢰도를 떨어뜨리는 데 사용해야 한다. 일반적으로 고발인은
    피고인보다 더 훌륭해 보이기를 원하니까. 따라서 그러지 않다고 논박
    할 필요가 있다. 누가 자기가 행하거나 행할 법한 일로 남을 비난하거
    나, 자기가 행하지 않거나 행하지 않을 법한 일을 행하도록 남에게 권
    유하는 것은 대체로 불합리하다.

15   또 다른 논제는 정의(定義)에 근거한다. 예를 들어보자. "초인간적
    인 것[116]은 무엇인가? 그것은 바로 신이거나 신의 작품이다. 그러나 신
    의 작품이 존재한다고 믿는 자는 신들도 존재한다고 믿어야 한다."[117]
    이피크라테스도 이런 논제를 사용한다. "가장 훌륭한 것이 가장 고매
    한 것이오. 하르모디오스와 아리스토게이톤에게도 그분들이 고매한

---

114   아리스토폰(Aristophon)은 기원전 4세기 초에 활동한 아테나이의 유명한 웅변
가로, 최근의 전투에서 패했다고 기원전 355년에 이피크라테스를 고발한 적이 있다.

115   아리스테이데스(Aristeides)는 청렴하고 강직하기로 유명한 기원전 5세기 아테나
이 정치가이다.

116   to daimonion, 또는 '신령스러운 것'.

117   플라톤, 『소크라테스의 변론』(Sokratous apologia) 27c ~28a 참조.

행위를 행하기 전에는 고매한 것이라고는 아무것도 없었소. 그래서 그대보다 내가 그분들과 더 비슷하오. 아무튼 그대의 행위보다는 내 행위가 그분들과 비슷하단 말이오."[118] 또 다른 예는 『알렉산드로스』[119]에서 찾을 수 있다. "누구나 다 인정하겠지만 바람둥이는 한 여자의 몸으로 만족하지 못하는 법이지요."[120] 또 다른 예는 소크라테스가 아르켈라오스[121]의 초빙을 거절하는 이유에서 찾을 수 있다. "호의를 되갚지 못하는 것도 모욕을 되갚지 못하는 것만큼이나 수치스러운 일입니다." 이 모든 경우는 정의를 통해 본질적 의미를 앎으로써 논의의 주제에 대한 결론을 이끌어낸다.

또 다른 논제는 한 낱말이 가진 여러 의미에 근거하는데, 낱말의 올바른 사용법에 관해서는 『토피카』에서 논한 바 있다.[122]

또 다른 논제는 구분에 근거한다. 다음과 같이 예를 들어보자. "모든 사람은 A, B, C의 세 동기에서 범죄를 저지른다. 그런데 내 경우 A

---

118 자신이 하르모디오스의 후손이라고 주장하는 하르모디오스에게(1397b 28 이하 참조) 이피크라테스가 다음과 같이 한 말이다. "인간을 고매하게 만드는 것은 혈연이 아니라 개인의 업적이오. 그래서 나는 내 개인의 업적에 힘입어, 참주 살해자의 후손이라고 자부하는 그대보다도 아테나이의 참주 살해자들인 아리스토게이톤과 하르모디오스와 더 가깝단 말이오."

119 기원전 4세기 아테나이 수사학자 폴뤼크라테스(Polykrates)가 트로이아 왕자 파리스, 일명 알렉산드로스에 관해 쓴 에세이.

120 그래서 파리스는 한 여자로 만족했으니 바람둥이가 아니라고 주장할 수 있다는 뜻이다.

121 소크라테스는 마케도니아 왕 아르켈라오스(Archelaos)의 초빙을 거절했다고 한다.

122 『토피카』 1권 15장, 2권 3장 참조.

와 B 두 가지는 불가능하니 해당되지 않는다. 그리고 C 때문이라고는 고소인조차 주장하지 못할 것이다."

또 다른 논제는 귀납에 근거한다. 그래서 페파레토스[123] 여인의 경우에 근거해 아이 부모가 누군지는 언제나 여자들이 식별하는 법이라고 말할 수 있다. 아테나이에서도 비슷한 일이 있었는데, 웅변가 만티아스와 아들 사이에 시비가 붙었을 때 어머니가 그에게 진실을 말해주었다.[124] 테바이에서도 이스메니아스와 스틸본 사이에 아들을 두고 시비가 붙었을 때 도도니스가 아이의 아버지는 이스메니아스라고 선언했고, 그래서 그녀의 아들 텟탈리스코스는 그의 아들로 인정받았다.[125]

1398b

5

귀납의 또 다른 예는 테오덱테스의 『법률』에서 볼 수 있다. "우리가 남의 말을 함부로 다루는 자에게 말을 맡기지 않고, 남의 배를 파선시킨 자에게 배를 맡기지 않고, 그 밖의 다른 경우에도 그러하다면, 남의 안전을 지키는 데 실패한 자에게 우리의 안전을 맡겨서는 안 되오." 마찬가지로 지혜로운 사람은 누구에게나 존경받는다는 것을 증명하기 위해 알키다마스[126]는 다음과 같이 말했다. "파로스[127]인들은

10

---

123 페파레토스(Peparethos)는 에우보이아 섬 북동쪽 앞바다에 있는 지금의 스코펠로스(Skopelos) 섬이다.

124 아테나이 웅변가 만티아스(Mantias)에게는 정부(情婦)가 낳은 두 명의 서자가 있었다고 한다.

125 Ismenias, Stilbon, Dodonis, Thettaliskos.

126 알키다마스에 관해서는 1권 주 147 참조.

127 파로스(Paros)는 에게 해의 섬이다.

아르킬로코스[128]가 독설가임에도 존경했고, 키오스[129]인들은 호메로스가 동료 시민이 아님에도 존경했으며, 뮈틸레네[130]인들은 삽포[131]가 여자임에도 존경했으며, 라케다이몬인들은 학문적 소양이 부족했음에도 킬론[132]을 원로원 의원으로 추대했으며, 이탈리아[133]의 헬라스인들은 퓌타고라스[134]를 존경했으며, 람프사코스[135]인들은 아낙사고라스[136]가 이방인임에도 장례를 치러주고 지금도 존경하고 있으며, 아테나이인들은 솔론[137]의 법을 쓰면서 그리고 라케다이몬인들은 뤼쿠르고스[138]의 법을 쓰면서 번영을 누렸고, 테바이에서는 지도자들[139]이 철학자가 되자마자 나라가 번영을 누리기 시작했소."

15

20

---

128 아르킬로코스(Archilochos)는 기원전 7세기에 활동한 그리스 서정시인이다.

129 키오스(Chios)는 소아시아 이오니아 지방 앞바다에 있는 섬이다.

130 뮈틸레네는 소아시아 아이올리스 지방 앞바다에 있는 레스보스 섬의 도시이다.

131 삽포는 기원전 7세기 말에 활동한 그리스 여류시인이다.

132 킬론은 고대 그리스 세계의 일곱 현인 중 한 명이다.

133 여기서 이탈리아(Italia)는 지금의 남이탈리아를 말한다.

134 퓌타고라스(Pythagoras)는 기원전 6세기에 활동한 소크라테스 이전 철학자이자 수학자이다.

135 람프사코스(Lampsakos)는 헬레스폰토스(Hellespontos 지금의 다르다넬스 해협) 해협에 면한 소아시아 북서부 도시이다.

136 아낙사고라스(Anaxagoras)는 소아시아 클라조메나이(Klazomenai) 시 출신 자연철학자로 페리클레스 시대에 아테나이에 체류하다가 신을 믿지 않는다는 이유로 추방되었다.

137 솔론은 아테나이의 입법자이자 시인이다.

138 뤼쿠르고스(Lykourgos)는 스파르테의 전설적 입법자이다.

139 에파메이논다스(Epameinondas)와 펠로피다스(Pelopidas) 같은 장군들. 이들은 기원전 4세기 중엽 스파르테군을 중부 그리스에서 몰아내고 테바이를 그리스 세계의 강자로 만들었다.

또 다른 논제는 같거나 비슷한 또는 상반된 주제와 관련해 이전에 내린 판단에 근거한다. 그런 증거가 가장 효과적인 것은 모두가 언제나 그렇게 판단할 때이며 그렇지 않다면 대다수, 또는 전부이든 대부분이든 지혜로운 자들, 또는 훌륭한 자들 또는 재판관들 자신, 또는 재판관들이 권위를 인정하는 자들, 또는 관리들처럼 그 판단을 반박하는 것이 불가능한 자들, 또는 신들이나 아버지나 스승처럼 그 판단을 반박하는 것이 아름답지 못한 자들이 그렇게 판단할 때이다. 그래서 아우토클레스[140]는 믹시데미데스[141]를 공박하며 다음과 같이 말했다. "존엄하신 여신들[142]도 아레이오스 파고스[143]에서 재판을 받았거늘 믹시데미데스는 그곳에서 재판받을 수 없단 말이오?" 삽포는 다음과 말했다. "죽는다는 것은 나쁜 것이오. 신들이 그렇게 결정했으니까요. 그렇지 않다면 그분들이 죽겠지요." 또한 아리스팁포스[144]는 플라톤의 말이 너무 주제넘다 싶어 소크라테스를 두고 다음과 같이 말했다. "아무튼 우리 친구는 그런 말을 한 적이 없소." 헤게시폴리스는 먼저 올림피아에 있는 제우스의 신탁에 물어보고 나서 델포이의 신에

---

140 아우토클레스(Autokles)는 아테나이의 정치가이자 웅변가로 아리스토텔레스와 동시대 사람이다.

141 믹시데미데스(Mixidemides)와 그에 얽힌 이야기는 달리 알려진 것이 없다.

142 복수의 여신들인 에리뉘에스(Erinyes).

143 아레이오스 파고스(Areios pagos '아레스의 언덕')는 아크로폴리스 정문 맞은편에 있는 언덕으로 고대에는 이곳이 아테나이의 최고법정이었다. 복수의 여신들이 이곳에서 고소인으로서 재판받는 장면에 관해서는 아이스퀼로스의 비극 『자비로운 여신들』(Eumenides) 참조.

144 아리스팁포스(Aristippos)는 소크라테스의 제자로 퀴레네(Kyrene)학파의 창시자이다.

게 그도 아버지와 생각이 같은지 물었는데, 아버지 말을 반박하는 것은 수치스러운 일이니 감히 반박하지 못할 것이라고 믿었다.[145] 또한 이소크라테스는 테세우스가 그렇게 판단한 만큼[146] 헬레네는 유덕한 여인이며, 알렉산드로스도 여신들이 그를 심판관으로 선택한 만큼 유덕하다고 썼다.[147] 이소크라테스는 에우아고라스도 유덕한 사람이라며, 코논이 패했을 때 다른 사람들은 다 지나치고 곧장 에우아고라스에게 가서 도움을 청했기 때문이라고 말한다.[148]

1399a

또 다른 논제는 『토피카』[149]에서 볼 수 있듯이 주제의 부분들을 열거하는 데 있다. "혼은 어떤 운동인가? 혼은 이런 아니면 저런 운동일 테니까." 테오덱테스의 『소크라테스』에서 그 실례를 찾아볼 수 있다. "그는 어떤 성스러운 장소를 모독했으며, 국가가 인정하는 어떤 신들을 존중하지 않았는가?"

---

145 스파르테 왕 헤게시폴리스(Hegesipolis)는 종교 제전을 위한 휴전조약을 위반하고 아르고스를 침공할 수 있을지 올림피아에 있는 제우스의 신탁소에 물었는데, 호의적인 대답이 주어지자 이를 확인하기 위해 델포이의 아폴론 신탁소에 가서 아폴론도 그렇게 생각하느냐고 물었다고 한다. 여기서 말하고자 하는 것은 아폴론은 제우스의 아들이니 그런 중대사에 대해 아버지가 한 말을 반박하지 못할 것이라는 것이다.

146 아테나이 영웅 테세우스는 제우스의 딸과 결혼하려고 어린 헬레네를 납치한 적이 있다.

147 세 여신 헤라와 아테나와 아프로디테는 세상에서 자기가 제일 예쁘다고 다투다가 미남 목동 파리스에게 가서 판정받기로 한다.

148 기원전 405년 트라케반도의 아이고스포타모이(Aigospotamoi) 강 하구 앞바다에서 벌어진 해전에서 참패하자 아테나이 장군 코논(Konon)은 퀴프로스(Kypros) 왕 에우아고라스(Euagoras)에게 가 위험을 피한다. 아리스토텔레스에 따르면, 이것은 에우아고라스가 유덕하다는 증거라고 한다.

149 『토피카』 2권 4장, 4권 1장 참조.

인간사에서는 대개 동일한 것에 좋은 결과도 나쁜 결과도 따르므로, 또 다른 논제는 그런 결과를 이용해 권유하거나 만류하는 데, 고발하거나 변호하는 데, 찬양하거나 비난하는 데 있다. 이를테면 시기받는 것은 교육의 나쁜 결과이고, 지혜로워지는 것은 교육의 좋은 결

15 과이다. 따라서 그대는 "우리는 시기 대상이 되어서는 안 되므로 교육을 받아서는 안 되오"라고 주장하거나, "우리는 지혜로워야 하므로 교육을 받아야 하오"라고 주장할 수 있다. 가능한 것의 논제와 앞서 언급한 다른 논제들을 보태면 이 논제는 칼립포스[150]의 『수사학』과 같은 것이 된다.

또 다른 논제는 상반된 두 가지와 관련하여 권유하거나 만류할 필

20 요가 있고 두 경우 모두 앞서 언급한 방법을 써야 할 때 사용된다. 그러나 전자의 경우에는 임의의 것들이 대립하지만 이 경우에는 상반된 것들이 대립한다는 차이점이 있다. 예를 들어 여사제가 아들에게 대중 연설을 하지 말라며 "네가 바른말을 하면 사람들이 너를 미워할 것이고, 네가 그른 말을 하면 신들이 너를 미워할 것"이라고 말하거나,

25 아들에게 대중 연설을 하라고 하면서 "네가 바른말을 하면 신들이 너를 사랑할 것이고, 네가 그른 말을 하면 사람들이 너를 사랑할 것"이라고 말할 수 있다. 이것은 "소금을 사면 더러운 물도 산다"[151]는 속담이 의미하는 바이기도 하다. 그리고 두 가지 상반된 것에 저마다 좋은

---

150 칼립포스(Kallippos)는 2권 23장 1400a 4에서도 언급되지만, 그와 그의 저술에 관해서는 달리 알려진 것이 없다.
151 좋은 것을 구하려면 그것에 첨가된 나쁜 것들도 감수할 각오를 해야 한다는 뜻이다.

결과와 나쁜 결과가 따라오고, 각각의 두 결과가 다른 각각의 두 결과에 상반될 때 이처럼 난처한 처지가 된다.

또 다른 논제는, 사람들이 공개적으로 찬양하는 것과 은밀히 찬양 30 하는 것이 같지 않아 공개적으로는 주로 올바른 것과 고매한 것을 찬양하지만 마음속으로는 자기에게 유익한 것을 원하므로, 상대방이 실제로는 받아들이지 않는 관점을 추정하려고 노력하는 것이다. 이것은 역설을 다루는 논제 가운데 가장 중요하다.

또 다른 논제는 서로 다른 두 사물 사이의 비례에 근거한다. 예컨 35 대 이피크라테스는 사람들이 아직 법정 연령이 되지 않은 자기 아들에게 공익 근무를 하도록 강요했을 때 이렇게 말했다. "여러분이 키 큰 소년을 어른으로 간주한다면 키 작은 어른은 소년이라고 표결하겠소이다." 테오덱테스도 『법률』에서 비슷한 말을 한다. "만약 여러분 1399b 이 스트라박스와 카리데모스[152] 같은 용병에게 공로가 있다 해서 시민권을 부여한다면, 치유할 수 없는 사고를 친 시민들은 추방하지 않을까요?"

또 다른 논제는 만약 결과가 같다면 그 원인도 같다는 논리에 근거 5 한다. 예컨대 크세노파네스[153]는 이렇게 말했다. "신들이 태어났다고 말하는 자나 신들이 죽는다고 말하는 자나 똑같은 불경을 범하는 것이오. 어느 쪽이든 결론은 언젠가는 신들이 존재하지 않는다는 것이니까." 이런 논제는 대체로 어떤 주어진 사물의 결과는 언제나 같다고

---

152 Strabax, Charidemos.
153 크세노파네스에 관해서는 1권 주 168 참조.

추정한다. "여러분은 이소크라테스와 관련해서뿐만 아니라 교육 일
반과 관련해 철학을 공부하는 것이 옳은지 결정하려는 것이오." 또한
'흙과 물을 바치는 것'은 예속을 의미하며,[154] '공동 평화에 참여하는
것'[155]은 명령에 복종하는 것을 의미한다. 우리는 두 대안 중에 유익한
쪽을 택해야 한다.

또 다른 논제는 사람들은 나중이나 먼저나 항상 똑같은 것을 선택
하지 않고 이전에 선택한 것을 취소한다는 사실에 근거한다. 예컨대
다음과 같은 생략삼단논법이 그렇다. "우리가 추방되었을 때는 귀국
하기 위해 싸웠거늘 막상 귀국한 지금 싸움을 피하기 위해 추방을 선
택한다면 이상한 일이 아니겠소?"[156] 그것은 어떤 때는 그들이 싸우
는 한이 있어도 고향을 택하고, 다른 때는 고향을 버리는 한이 있어도
평화를 택하는 것을 의미하기 때문이다.

또 다른 논제는 어떤 사건이나 상태의 가능한 원인을 실제 원인이
라고 주장하는 데 있다. 예컨대 누가 남에게 무엇인가를 주는 것은 그
것을 빼앗음으로써 고통을 주기 위해서라고 주장하는 것이다. 그래
서 이렇게 말한다.

신은 많은 사람에게 큰 복을 내려주지만

---

154 페르시아 왕이 그리스 도시국가들에 사절단을 보내 항복의 표시로 '흙과 물'을
바칠 것을 요구한 일에 대해서는 헤로도토스, 『역사』 5권 17~18장 참조.
155 마케도니아 필립포스 왕은 그리스 도시국가들에 사절단을 보내 마케도니아가
주도하는 '공동 평화'에 참여하라고 촉구했다.
156 뤼시아스(Lysias), XXXIV 11.

호의에서 그러는 것이 아니라, 그들이 재앙을

더 뼈저리게 느끼게 하려는 것이지요.[157]

25

안티폰의 『멜레아그로스』에 나오는 다음 시행도 마찬가지이다.

멧돼지를 죽이기 위해서가 아니라, 그들이 멜레아그로스의

용맹을 온 헬라스에 증언하게 하기 위해서였소.[158]

또한 디오메데스가 오뒷세우스를 택한 것[159]은 그를 존경해서가 아니라 자기보다 못한 사람을 데려가기 위해서였다는, 테오덱테스의 『아이아스』에 나오는 말도 마찬가지이다. 디오메데스는 그런 이유로 30 그랬을 수도 있으니까.

또 다른 논제는 법정 연설과 심의용 연설에 공통되는데, 격려하는 요소와 만류하는 요소와 사람들이 문제 행위를 행하는 이유와 행하지 않는 이유를 검토하는 것이다. 이런 것들이 만약 존재한다면 우리가 행동하게 만들고, 만약 존재하지 않는다면 우리가 행동하지 못하게 만드는 이유들 말이다. 말하자면 손쉽게 행동할 수 있고 우리 자신 35 이나 친구에게 유익하거나 우리 적에게 해로울 때 우리는 행동하지 않을 수 없다. 행동에 손실이 따르더라도 손실이 이익보다 적을 때도 마

---

157 작자 미상.
158 안티폰, 『멜레아그로스』 단편 2.
159 디오메데스가 야간에 트로이아 군영을 정탐하러 가면서 여러 장수 가운데 오뒷세우스를 동료로 택하는 장면은 『일리아스』 10권 218~254행 참조.

찬가지이다. 이런 이유에서 우리는 행동하도록 권유하고 이와 반대되는 이유로 만류한다. 또한 같은 이유로 우리는 고발하기도 하고 변호하기도 하는데, 만류하는 요소로는 변호하고, 권유하는 요소로는 고발한다. 이런 논제가 팜필로스와 칼립포스[160]의 '수사학' 전체를 이룬다.

5 　또 다른 논제는 일어났다고 생각되지만 믿어지지 않는 것에 관련된다. 우리는 그런 것이 실제로 일어났거나 일어나다시피 하지 않았다면 믿을 수 없었을 것이라고 주장할 수 있다. 심지어 이런 것은 믿어지지 않기에 더 사실이라고 주장할 수 있다. 우리는 사실이거나 사실일 법한 것만 믿기 때문이다. 따라서 만약 어떤 것이 믿어지지 않거나 있을 법하지 않다면 사실임이 틀림없다. 우리가 그것을 사실이라고 믿는 것

10 은 그것이 있을 법하고 믿어지기 때문이 아니니까. 예컨대 핏토스 구역 출신의 안드로클레스[161]는 법률을 비판하는 연설을 하면서, "법률에는 그것을 바룰 법률이 필요합니다"라는 자신의 말에 청중이 야유하자 이렇게 말을 이었다. "물고기에게도 소금이 필요합니다. 바닷물에서 사는 물고기에게 소금이 필요하다는 것은 있을 법하지도 않고 믿어지지도 않겠지만 말입니다." 마찬가지로 압착한 올리브에게는 올리브유가 필요하다. 올리브유를 만들어내는 올리브에게 올리브유가

160　팜필로스(Pamphilos)와 칼립포스에 관해서는 기원전 5세기에 활동한 수사학자라는 것 외에는 달리 알려진 것이 없다.

161　안드로클레스(Androkles)는 알키비아데스를 추방하는 데 주도적 역할을 한 아테나이 민중 선동가이다. 핏토스(Pitthos)는 앗티케 지방의 174 구역(demos) 가운데 하나이다.

필요하다는 것이 믿어지지 않겠지만 말이다.

또 다른 논제는 반박에 적합한 것으로 장소와 시간과 행위와 논리 15
의 모순점을 검토하는 데 있다. 그것은 첫째, "그는 여러분을 사랑한
다고 말하지만 30인 참주[162]와 공모했소"처럼 상대방의 행위에만 관련
되거나 둘째, "그는 내가 소송하기를 좋아한다고 말하지만 내가 누군
가를 고소한 적이 있다는 것을 증명하지 못하오"처럼 우리의 행위에
만 관련되거나 셋째, "그는 남에게 한 푼도 빌려준 적이 없지만 나는 20
보석금을 내고 여러분을 여러 명 구해냈소"처럼 우리와 상대방 모두
에게 관련될 수 있다.

또 다른 논제는 사람이나 사물이 실제로 그렇다고, 또는 그런 것 같
다고 중상당할 때 왜 그렇게 나쁜 인상을 주는지 설명하는 것이다. 반
드시 그럴 만한 이유가 있을 것이기 때문이다. 예컨대 어떤 여인이 아 25
들을 포옹한 탓에 이 젊은이의 정부(情婦)라는 오해를 살 경우 그 이
유를 설명해주면 오해가 풀린다. 또한 테오덱테스의 『아이아스』에서
오뒷세우스는 아이아스에게 사실은 자기가 더 용감하지만 왜 그렇게
생각되지 않는지 그 이유를 설명한다.

또 다른 논제는 원인이 있으면 결과가 있고, 원인이 없으면 결과도 30
없다는 것을 보여주는 것이다. 원인이 있어야 결과가 있고, 원인 없이
는 아무것도 존재하지 않기 때문이다. 예컨대 레오다마스의 이름이
아크로폴리스의 석판에 범죄자로 새겨졌지만 30인 참주정 때 레오다

---

162 30인 참주(hoi triakonta)는 펠로폰네소스 전쟁에서 아테나이가 스파르테에 패
한 뒤 기원전 404~403년에 아테나이를 통치한 과두제 지지자들이다.

마스가 이를 지워버렸다고 트라쉬불로스[163]가 고발했을 때, 레오다마스는 이렇게 대답했다. "그건 말도 안 되는 소리요. 만약 민중에 대한 나의 적대감이 석판에 새겨졌다면, 30인 참주는 나를 더욱 신임했을 테니 말이오."

또 다른 논제는 누가 권하거나 행하거나 행한 것을 다른 방법으로도 더 잘 행할 수 있었거나 행할 수 있는지 검토하는 데 있다. 그럴 수 없었다면 피고인은 분명 죄를 짓지 않은 것이다. 알면서 일부러 나쁜 것을 선택할 사람은 아무도 없으니까. 그러나 이런 논리에는 오류가 있다. 어떻게 해야 더 잘 행할 수 있는지 사전에는 알지 못하다가 사후에야 아는 경우가 비일비재하기 때문이다.

또 다른 논제는 이미 행해진 것과 상반된 것이 막 행해지려고 할 때 이 둘을 동시에 검토하는 것이다. 예컨대 엘레아[164]인들이 레우코테아[165]에게 제물을 바치고 만가(挽歌)를 불러야 하는지 말아야 하는지 물었을 때, 크세노파네스는 그들에게 만약 그녀를 여신이라 믿는다면 만가를 부르지 말고, 만약 여인이라 믿는다면 제물을 바치지 말라고 조언했다.

또 다른 논제는 이미 저지른 실수를 이용하여 고발하거나 변호하는

163 레오다마스(Leodamas)는 과두제 지지자이고, 트라쉬불로스(Thrasyboulos)는 민주제 지지자이다.

164 엘레아는 이탈리아 반도 서남해안에 있는 루카니아(Lucania) 지방 도시이다.

165 레우코테아(Leukothea '하얀 여신')는 이노(Ino)가 여신이 되면서 갖게 된 이름이다. 이노는 테바이의 창건자 카드모스(Kadmos)의 딸로 아타마스(Athamas) 왕과 결혼했으나 남편이 미치자 어린 아들 멜리케르테스(Melikertes)를 안고 바다에 뛰어들어 둘 다 바다의 신이 된다.

것이다. 예컨대 카르키노스[166]의 『메데이아』에서 어떤 사람들은 그녀 ₁₀
가 자식들을 죽였다고 주장한다. 아무튼 메데이아[167]가 아이들을 멀
리 보내는 실수를 범한 탓에 아이들이 보이지 않았기 때문이다. 한편
메데이아는 자식들은 죽이고 남편은 죽이지 않는다면 그것은 그녀로
서는 실수를 범하는 것이므로, 자기는 자식들이 아니라 남편 이아손
을 죽였을 것이라고 자기변호를 한다. 생략삼단논법의 이런 논제와 이 ₁₅
런 부류는 테오도로스[168] 『수사학』의 초기 판본의 전체를 이룬다.

또 다른 논제는 이름의 의미에 근거한다. 예컨대 소포클레스는 이
렇게 말한다.

> 당신이야말로 이름처럼 무쇠 같은 사람이오.[169]

이런 논제는 신들을 찬양할 때도 흔히 사용된다. 그래서 코논[170]은

---

166 카르키노스(Karkinos)는 비극 시인으로 아리스토텔레스와 동시대 사람이다.

167 메데이아(Medeia)가 배신자 남편 이아손(Iason)에게 복수하기 위해 자기 자식
들을 죽이는 이야기는 에우리피데스의 『메데이아』 참조.

168 테오도로스(Theodoros)는 뷔잔티온(Byzantion) 출신으로 기원전 5세기의 탁월
한 수사학 교사이다.

169 소포클레스, 『튀로』 단편 597(Nauck). 이것은 튀로(Tyro)의 비정한 계모 시데
로(Sidero, sideros는 '무쇠'란 뜻)를 두고 하는 말이다. 튀로는 엘리스(Elis) 왕 살모네우
스(Salmoneus)의 딸로 해신 포세이돈의 사랑을 받아 찬탈자 펠리아스(Pelias, 알케스
티스Alkestis의 아버지)와 넬레우스(Neleus, 네스토르Nestor의 아버지)라는 형제를 낳
지만 그들을 내다 버린다. 그 뒤 그녀는 삼촌 크레테우스(Kretheus)와 결혼해 아이손
(Aison)을 낳는데 그가 바로 메데이아의 남편 이아손의 아버지이다.

170 코논은 기원전 394년 소아시아 카리아(Karia) 지방 도시 크니도스(Knidos) 앞바
다에서 스파르테 해군에게 승리한 아테나이 제독이다.

20　트라쉬불로스[171]를 "대담한 조언자"라고 불렀고, 헤로디코스는 트라
쉬마코스를 "대담한 전사"라고 불렀으며, 폴로스[172]에게는 "그대는
천생 망아지요"라고 말했고, 〔'용'이란 이름의〕 입법자 드라콘[173]에 대
해서는 "그의 법률은 가혹해 사람의 법률이 아니라 용의 법률이요"
라고 말했다. 또한 에우리피데스의 헤카베는 아프로디테에 관해 다음
과 같이 말한다.

　　　여신의 이름이 '아프로쉬네'[174]와 비슷하게 시작한다는 것은 당연해요.[175]

25　또한 카이레몬은 펜테우스에 대해 이렇게 말한다.

171　트라쉬불로스는 기원전 403년 아테나이를 30인 참주정에서 해방시킨 사람이다.

172　헤로디코스(Herodikos)는 의사이다. 1권 5장 참조. 트라쉬마코스(Thrasymachos)와
폴로스(Polos)는 소피스트이자 수사학자로 각각 플라톤의 『국가』 1권과 『고르기아스』
(Gorgias)에도 나온다.

173　드라콘(Drakon '용')은 기원전 7세기 말에 활동한 아테나이 입법자이다. 그는 나
태죄를 포함해 거의 모든 범법 행위에 사형을 선고할 수 있게 했다. 왜 대부분의 범법
행위에 사형을 선고하느냐고 누가 묻자, 그는 범법 행위는 사소한 것이라도 사형을 선
고하는 것이 마땅한데 중대한 범법 행위에 부과할 더 엄한 벌을 알지 못하기 때문이라
고 대답했다고 한다. 드라콘의 법률은 살인죄에 관한 것들을 제외하고는 기원전 6세기
전반에 솔론에 의해 대부분 폐지되었다.

174　aphrosyne. '어리석음.'

175　에우리피데스, 『트로이아 여인들』 990행. 헥토르와 파리스의 어머니 헤카베
(Hekabe)는 파리스가 헬레네를 납치해 와서 트로이아를 파멸하게 한 것은 모두 여신
아프로디테의 농간이라고 생각한다.

펜테우스란 이름은 그에게 닥칠 불행을 내다보고 지은 것이다.[176]

하지만 논박하는 데 쓰이는 생략삼단논법이 증명하는 데 쓰이는 생략삼단논법보다 더 인기가 있다. 전자는 상반된 전제들을 간결하고 긴밀하게 결합하는 것인데, 이런 식으로 나란히 놓인 것들은 청중에게 더 명확하기 때문이다. 그러나 논박에 쓰이든 증명에 쓰이든 삼단논법 중에서 가장 칭찬받는 것은 피상적이지 않되 시작되자마자 청중 30 이 결론을 예상할 수 있는 것과(청중은 결론을 예상할 수 있을 때 쾌감을 느끼니까), 청중이 바싹 뒤따라가다가 발언이 끝나자마자 그 요점을 충분히 이해할 수 있는 것이다.

176 펜테우스(Pentheus)는 펜토스(penthos, '고통' '슬픔')에서 따온 이름이라는 뜻이다. 펜테우스는 주신(酒神) 디오뉘소스를 핍박하다가 어머니 손에 찢겨 죽은 테바이 왕이다. 카이레몬(Chairemon)은 기원전 4세기의 비극 시인이다.

제24장—실체 없는 논제들

삼단논법에 참된 삼단논법과 진짜가 아닌 겉모양만의 삼단논법이 있

35 을 수 있듯이, 생략삼단논법에도 참된 생략삼단논법과 진짜가 아닌

겉모양만의 생략삼단논법이 있을 수 있다. 생략삼단논법은 삼단논법

1401a 의 일종이니까. 가짜 생략삼단논법의 논제 중 하나는 어법[177]인데, 거

기에는 두 종류가 있다. 첫 번째 것은 변증술에서와 같이 설령 삼단논

법의 과정이 없었다 하더라도 삼단논법으로 표현된 결론으로 끝맺는

것이다. "따라서 그것은 이것도 아니고 저것도 아니다." "그러니 그것

5 은 이것이거나 저것임이 틀림없다." 수사학에서도 간결하고 대조법적

인 발언은 생략삼단논법으로 통한다. (이런 종류의 어법은 생략삼단

논법의 고유 영역이기 때문이다.) 그런 착각에 빠지는 것은 어법의 형

식 탓인 것 같다. 삼단논법적 추론을 한다는 인상을 주는 어법을 사

용하기 위해서는 몇몇 삼단논법의 주제를 말하는 것이 유익하다. "그

10 는 어떤 사람은 구해주었고, 다른 사람에게는 도움을 주었으며, 헬라

스인들을 해방시켰다."[178] 이런 전제들은 저마다 다른 전제들에 의해

입증되긴 했지만, 함께 있으면 새로운 결론을 제시하는 것처럼 보이기

때문이다.

가짜 생략삼단논법의 또 다른 형태는 낱말의 소리는 같으나 뜻이

다른 것이다. 예컨대 모든 종교 제전 가운데 가장 엄숙한 비의(秘儀)

15 에 이름을 제공한다는 이유로 쥐를 고매한 동물이라고 주장하는 경

---

177 lexis.

178 이소크라테스, 『에우아고라스』 65~69.

230

우나,[179] 개를 찬양하면서 하늘의 개[180]나, 핀다로스[181]가

> 올림포스의 신들이 위대한 여신의 형상도 다양한 개라고 부르는
> 축복받은 이여,[182]

라고 말했다고 해서 판[183] 신을 포함시키는 경우가 그렇다. 또는 개[184]가 아니라는 것은 가장 불명예스러운 일이므로 개는 가장 명예로운 동물이라고 주장하거나, 헤르메스[185]만이 '함께하는 자'[186]라고 불리기 때문에 신 가운데 가장 사교적이라고 주장하는 경우나, 훌륭한 사람은 돈이 아니라 존경을 받을 자격이 있다고 여겨지고 존경을 받을 자격이 있다는 것은 여기서 말할 가치가 있다는 것을 의미하므로[187] 말이야말로 가장 탁월한 것이라고 주장하는 경우가 그렇다.

20

179　비의(mysterion)라는 말은 '눈을 감다'는 뜻의 myein에서 유래했음에도 쥐(mys)에서 유래했다고 우긴다는 뜻이다.

180　큰개자리 별 가운데 가장 밝은 별인 시리우스(Seirios 라/Sirius 영/The Dog Star).

181　핀다로스에 관해서는 1권 주 68 참조.

182　핀다로스, 단편 96(Snell). 여기서 '위대한 여신'이란 소아시아 프뤼기아(Phrygia) 지방 지모신(地母神) 퀴벨레(Kybele)를 말한다.

183　판(Pan)은 목양신(牧羊神)이다.

184　여기서 '개'(kyon)는 견유학파 철학자(kynikos)를 말한다.

185　헤르메스(Hermes)는 제우스의 전령이다.

186　koinos. 길 가다가 값나가는 것을 줍는 것을 횡재(hermaion)라고 하는데, 그런 것은 동행인과 나눠 갖는 것이 관행이다. 여기서 '함께하는 자'란 같이 나눠 갖는 자란 뜻이다.

187　여기서 그리스어 로고스(logos)는 '말'과 '존경'이라는 두 가지 뜻을 갖는다.

25　가짜 생략삼단논법의 또 다른 형태는 부분에 적용되는 것이 전체에도 적용되고 전체에 적용되는 것이 부분에도 적용된다고 주장하는 것이다. 전체와 부분은 같지 않을 때가 있는데도 같다고 여겨지기 때문이다. 따라서 우리는 이 두 가능성 가운데 더 유리한 쪽을 선택해야 한다. 누군가 페이라이에우스[188]와 삼단노선이 존재한다는 것을 알기에 페이라이에우스에 삼단노선이 있다는 것을 안다는 에우튀데모

30　스[189]의 주장이 그런 것이다. 또는 낱말과 문자는 같은 것이므로 문자를 아는 사람은 낱말도 안다는 논리나, 어떤 것의 두 개가 나쁘다면 그것의 하나가 좋다는 것은 불합리하므로 2인분이 건강에 해롭다면 1인분도 몸에 좋다고 해서는 안 된다는 논리도 마찬가지이다. 그런 식으로 표현하면 생략삼단논법은 논박에 적합하지만, 다음과 같이 표현하면 증명에 적합하다. "좋은 것 하나가 나쁜 것 두 개를 낳을 수 없

35　다." 하지만 논제 전체는 그릇된 것이다. 트라쉬불로스가 30인 참주를 퇴출시켰다고 폴뤼크라테스[190]가 뭉뚱그려 말하는 것이나, 테오덱테스의 『오레스테스』에서 따로 떼어서 말하는 것이나 마찬가지이다.

남편을 죽인 여자는 죽어 마땅하다.

아들이 아버지의 원수를 갚는 것은 정당하다.

188　페이라이에우스(Peiraieus)는 아테나이의 외항(外港)이다.
189　에우튀데모스(Euthydemos)는 소피스트이다.
190　폴뤼크라테스(Polykrates)는 여기서 참주가 아니라 수사학자이다.

오레스테스는 실제로 이 두 행위를 다 해치웠다. 하지만 이 두 행위 1401b
를 합쳐도 정당한 행위가 되는 것은 아니다. 거짓추론은 생략 탓이라
고도 말할 수 있다. 남편을 살해한 여인이 누구 손에 살해되어야 하는
지 언급되지 않았으니 말이다.

거짓추론의 또 다른 논제는 자신의 논리를 뒷받침하거나 상대방의
논리를 반박하기 위해 과장된 표현을 사용하는 데 있다. 우리는 사실
을 증명하지 않고 상황을 부풀려 말할 때 그러는데, 피고인이 그러면 5
죄를 짓지 않았다는 인상을 주고 고소인이 분개하면 피고인이 유죄라
는 인상을 주기 때문이다. 그러나 그런 것은 진짜 생략삼단논법이 아
니다. 듣는 사람은 증명되지 않았는데도 피고인이 유죄 또는 무죄라
고 추정하기 때문이다.

또 다른 거짓추론의 논제는 정황에 근거한 것이다. 이 또한 확실한
증거가 없기 때문이다. 이를테면 누가 "동성애자들은 국가에 유익하 10
다. 하르모디오스와 아리스토게이톤의 동성애가 참주 힙파르코스[191]
를 제거했으니까"라고 말하는 경우나, "디오뉘시오스는 악당이므로
도둑이다"라고 말하는 경우가 그렇다. 그것은 비논리적이다. 모든 도
둑은 악당이지만 모든 악당이 도둑은 아니니까.

또 다른 거짓추론의 논제는 우발적인 것을 본질적인 것으로 표현하 15
는 것이다. 이를테면 쥐 떼가 활시위를 갉아먹어 큰 도움을 주었다고

---

191 힙파르코스(Hipparchos)는 아테나이 참주 페이시스트라토스의 둘째 아들로 아
버지가 세상을 떠난 뒤 형 힙피아스와 함께 아테나이를 통치했으나 기원전 514년 동성
애자들인 하르모디오스와 아리스토게이톤의 손에 살해된다.

폴뤼크라테스가 쥐 떼를 찬양하는 것이나,[192] 아킬레우스가 테네도스에서 아카이오이족에게 화를 낸 것은 저녁 식사에 초대받지 못했기 때문이므로[193] 저녁 식사에 초대받는 것은 더없는 영광이라고 말하는 것이 그런 것이다. 그러나 그가 분노한 것은 사실은 무시당했기[194] 때문이며, 저녁 식사에 초대받지 못한 것은 그가 분통을 터뜨리는 계기가 되었을 뿐이다.

20   또 다른 거짓추론의 논제는 부수적 상황에 근거하는 것이다. 이를테면 『알렉산드로스』[195]에서 파리스는 대중을 멸시하며 혼자서 이데 산에 산다는 점에서[196] 고결한 사람이라고 주장하는 것이 그렇다. 고결한 사람은 그렇게 행동하므로 파리스도 고결한 사람이라고 생각해야 한다는 것이다. 또는 어떤 남자가 멋있게 차려입고 밤에 돌아다니면 바람둥이라고 주장하는 것이 그렇다. 바람둥이는 그런 사람이라

192   전하는 이야기에 따르면, 이집트를 침공하는 앗시리아군의 활시위를 쥐 떼가 갉아먹었다고 한다.
193   소포클레스, 사튀로스 극 단편 161. 아킬레우스가 그리스군에게 분노한 것은 모욕당했기 때문이 아니라 저녁 식사에 초대받지 못했기 때문이라고 패러디하고 있다. 테네도스(Tenedos)는 트로이아 서남쪽 앞바다에 있는 섬이다. 아카이오이족(Achaioi)는 여기서 당시의 그리스인들을 통틀어 일컫는 여러 이름 중 하나이다.
194   그리스군 총사령관 아가멤논에게 무시당했다.
195   소피스트이자 수사학자인 폴뤼크라테스의 작품.
196   알렉산드로스는 트로이아 왕자 파리스를 달리 부르는 이름이다. 파리스의 어머니 헤카베는 자신이 온 도성을 파괴할 불타는 장작을 낳을 것이라는 꿈을 꾼다. 예언자도 뱃속의 아이가 태어나면 트로이아에 파멸을 안겨줄 것이라고 해몽하자 헤카베는 아이를 트로이아 근처의 이데(Ide) 산에 내다 버리게 한다. 그러나 목자들이 아이를 구해주고 길러준다. 훗날 누이 캇산드라(Kassandra)가 파리스를 알아보면서 그는 가족과 상봉한다.

는 이유로. 또한 거지는 신전 안에서 노래하고 춤추고 추방당한 자는 25
아무 데나 마음에 드는 곳에서 살 수 있는데, 그런 것은 우리가 행복
하다고 생각하는 사람의 특권이므로 누구든 이런 특권을 누리기만
하면 행복하다고 볼 수 있다는 논리도 그와 비슷하다. 그러나 그런 특
권을 누리는 상황에는 차이가 있다.[197] 따라서 이런 논제도 생략에 의
한 거짓추론에 속한다.

또 다른 거짓추론은 원인이 아닌 것을 원인으로 제시하는 것이다.
어떤 일이 다른 일과 동시에 또는 다른 일에 이어서 일어났다는 이유 30
로 말이다. 특히 정치가는 B가 A에 이어서 일어나면 B가 A 때문에 일
어났다고 생각한다. 그래서 데마데스[198]는 데모스테네스의 정책에 뒤
이어 전쟁이 일어났기 때문에 그의 정책이 모든 불행의 원인이라고 말
한다.

또 다른 거짓추론은 때와 상황을 언급하지 않고 생략하는 것이다.
이를테면 아버지가 그녀에게 남편을 선택할 권한을 주었으니 알렉산 35
드로스가 헬레네를 데려간 것은 정당하다는 논리가 그렇다. 그러나
이것은 거짓추론이다. 여기서 그런 권한은 언제까지나 유효한 것이 아
니라 첫 번째 선택에만 유효한 것 같으니까. 아버지의 권위는 그때까

---

197   거지는 돈을 받으려고 노래하고 춤추지만, 부자는 재미 삼아 또는 자기는 마음
대로 행동할 수 있다는 것을 과시하려고 그렇게 한다. 추방당한 자는 외국에서는 원하
는 곳에 살 수 있지만 본국에서 살고 싶어한다. 그러나 부자가 여행하는 것은 즐기기 위
한 것이다.

198   데마데스(Demades)는 아테나이 친(親)마케도니아파 정치가로 웅변가 데모스테
네스의 정적이다.

지만 존속되기 때문이다. 또한 자유민을 구타하는 것은 난폭행위라고 주장하는 경우도 그렇다. 그러나 그것은 언제나 그런 것이 아니라, 공격자가 다짜고짜 먼저 손찌검하는 경우에만 그렇다.

또한 소피스트적 논쟁에서처럼 겉모양만의 삼단논법은 절대적인 것과 절대적이지 않고 특정한 것에 지나지 않는 것을 혼동하는 데서 생겨난다. 이를테면 변증술에서처럼 존재하지 않는 것은 존재하지 않는 것으로 존재하기에 존재하지 않는 것은 존재한다거나, 모르는 것은 모르는 것으로 알려졌기에 모르는 것은 알 수 있다는 논리가 가능할 것이다. 마찬가지로 수사학에서도 겉모양만의 생략삼단논법은 특정한 개연성과 절대적 개연성을 혼동하는 것에서 일어날 수 있다. 그러나 특정한 개연성은 보편적인 것이 아니다. 그래서 아가톤은 말한다.

사람들에게 있음 직하지 않은 많은 일이 일어나는 것도
어쩌면 있음 직한 일이라고 말할 수 있으리라.[199]

있음 직하지 않은 일이 일어나므로 있음 직하지 않은 일이 일어나리라는 것은 있음 직한 일이기 때문이다. 그렇다면 있음 직하지 않은 것은 있음 직한 것이 될 것이다. 그러나 이런 개연성은 보편적인 것이 아니므로 소피스트적 논쟁에서처럼 관계와 상황과 방법이 생략될 때는

199 아가톤, 단편 75.

236

거짓추론이 된다. 그래서 여기에서도[200] 거짓추론이 생기는 것은 문제의 개연성이 보편적이지 않고 특정적이기 때문이다. 코락스[201]의 『수사학』은 이런 논제들로 이루어졌다. "피고인이 문제의 범행을 저질렀다고 볼 수 없다면, 예를 들어 약골이라서 폭행을 저질렀다고 볼 수 없다면, 그가 범죄를 저지를 개연성은 없다고 그를 위해 변론할 수 있다. 그러나 그가 문제의 범죄를 저질렀다고 볼 수 있다면, 예를 들어 그가 강하다면, 그가 그런 범죄를 저지를 법하다고 사람들이 생각할 것이므로 역시 그가 범죄를 저지를 개연성은 없다고 변론할 수 있다. 다른 범죄들도 마찬가지이다. 피고인은 범죄를 저질렀을 법하거나 아니면 저질렀을 법하지 않기 때문이다. 두 가능성이 똑같이 개연성이 있지만, 그중 하나는 실제로 그렇고 다른 것은 절대적으로가 아니라 우리가 언급한 특정한 상황에서만 그렇다. 그리고 이것이 "더 약한 논리를 더 강하게 만든다"는 말이 의미하는 바이다. 그래서 프로타고라스[202]의 주장을 두고 사람들이 분개한 것은 당연하다. 그것은 거짓이고 참이 아닌 겉모양만의 개연성이며, 수사학과 소피스트적 논쟁술 말고 다른 분야에서는 찾아볼 수 없기 때문이다.

20

25

---

200 '여기'란 수사학을 말한다.

201 코락스(Korax)는 초기 시칠리아 수사학 교사 가운데 한 명이다.

202 기원전 5세기 중반에 활동한 유명한 소피스트 프로타고라스가 지식의 상대성을 강조해 "인간은 만물의 척도"라고 말한 것을 의미하는 것 같다.

제25장—논박

진짜 또는 겉모양만의 생략삼단논법에 관해서는 이쯤 하고, 다음에
30 는 그것에 대한 논박을 논하기로 하자. 어떤 주장은 그것에 상반된 삼
단논법이나 이의 제기를 통해 논박될 수 있다. 상반된 삼단논법은 분
명 원래의 삼단논법과 똑같은 논제들로 구성될 수 있다. 삼단논법의
전제들은 사람들의 일상적 의견들인데, 그런 의견들은 흔히 상반되
35 기 때문이다. 이의(異議)는 『토피카』에서[203] 볼 수 있듯이 네 가지 방
법으로 제기된다. 상대방의 생략삼단논법 자체를 논박하거나, 그것
과 비슷한 것을 제시하거나, 그것과 상반된 것을 제시하거나, 이미 결
정된 것을 인용함으로써 말이다.

상대방의 생략삼단논법 자체를 논박한다는 것은 다음과 같다. 예
를 들어 사랑을 다룬 그의 생략삼단논법이 사랑은 언제나 좋은 것이
1402b 라고 주장한다면 두 가지 방법으로 이의를 제기할 수 있다. 모든 결핍
은 나쁘다는 일반적 주장과, 만약 나쁜 사랑이 없다면 '카우노스의 사
랑'[204]이란 말이 생기지 않았을 것이라는 부분적 주장으로 말이다. 상
대방의 생략삼단논법과 상반된 것을 제시함으로써 이의를 제기한다
는 것은, 예를 들어 그의 생략삼단논법이 훌륭한 사람은 모든 친구에
게 잘해준다는 것이라면 "그건 아무것도 증명하지 못하오. 나쁜 사람
5 도 모든 친구를 해코지하는 것은 아니니까요"라고 이의를 제기할 수

---

203 『토피카』 8권 10장 참조.
204 쌍둥이 오라비 카우노스(Kaunos)를 향한 뷔블리스(Byblis)의 애절한 사랑에 대
해서는 오비디우스(Ovidius), 『변신 이야기』(*Metamorphoses*) 9권 454행 참조. '카우노
스의 사랑'이란 여기서 근친상간을 말한다.

있다는 말이다. 상대방의 생략삼단논법과 비슷한 것을 제시함으로써 이의를 제기한다는 것은, 예를 들어 그의 생략삼단논법이 학대받은 사람은 자기를 학대한 사람을 언제나 미워한다는 것이라면 "그건 아무것도 증명하지 못하오. 후하게 대접받은 사람도 자기를 후하게 대접한 사람을 언제까지나 사랑하는 것은 아니니까요"라고 대답할 수 있다는 말이다. 네 번째 종류의 이의 제기는 유명인의 이전의 결정에 근거한다. 예를 들어 상대방의 생략삼단논법이 술 취한 자들은 모르고 10
실수한 것이니 정상참작을 해야 한다는 것이라면 "그러면 핏타코스[205]는 현명하지 못한 사람이오. 현명하다면 그는 술에 취해 저지른 범행을 엄벌로 다스리지 않았을 테니까요"라고 이의를 제기할 수 있다.

생략삼단논법은 네 요소에 근거하는데, 네 요소란 개연성, 예증, 증거, 징표[206]이다. 개연성에 근거한 생략삼단논법은 대체로 참이거나 참이라고 생각되는 것을 논거로 삼는다. 예증에 근거한 생략삼단논법 15
이란 하나 또는 다수의 비슷한 경우에서 귀납하여 일반적 명제에 도달한 다음, 예증으로 특정한 명제를 이끌어내는 것이다. 증거에 근거한 생략삼단논법이란 필연적이고 언제나 존재하는 것을 논거로 삼는 것이다. 징표에 근거한 생략삼단논법이란 참이든 거짓이든 어떤 일반 20
적이거나 특정한 명제를 논거로 삼는 것이다.

그런데 개연적인 것은 대체로 일어나지만 언제나 일어나지는 않으므로, 개연성에 근거한 생략삼단논법은 분명 이의 제기에 의해 언제

---

205 일곱 현인 중 한 명. 2권 주 42 참조.

206 eikos, paradeigma, tekmerion, semeion.

나 논박당할 수 있다. 그러나 논박은 언제나 참이 아니라 때로는 겉모
양뿐일 수도 있다. 이의를 제기하는 자가 상대방의 전제가 개연성이
없다는 것을 보여주려는 것이 아니라 필연적이지 않다는 것을 보여주
25 려 하기 때문이다. 따라서 이런 거짓추론을 이용하면 고발할 때보다
는 변론할 때 언제나 더 큰 이득을 본다. 고발인은 개연성으로 증명
하는데, 어떤 결론이 개연성이 없다고 논박하는 것은 그것이 필연적
이지 않다고 논박하는 것과는 같지 않기 때문이다. 흔히 일어나는 것
에 근거한 결론에는 언제나 이의 제기가 가능하다. 그렇지 않으면 그
것은 개연성이 아니라 불변하는 필연적 진리일 것이다. 그러나 논박이
30 이런 양상을 띠면, 재판관은 고발인의 논리에 개연성이 없다고 생각
하거나 이 사건은 자기가 판단할 일이 아니라고 생각하는데, 이것은
방금 지적했듯이 거짓추론에 속는 것이다. 재판관은 필연성뿐 아니
라 개연성에 근거해 판단해야 하기 때문이다. 바로 그것이 양심에 따
라 판단하는 것이니까. 따라서 논박할 때는 상대방의 주장을 필연적
이지 않다고 논박하는 것만으로는 충분하지 않고 개연성이 없다는 것
35 도 증명해야 한다. 그러기 위해서는 이의 제기가 상대방의 논리보다
더 보편적인 것에 근거해야 할 것이다. 그리고 그것은 빈도와 정확성
이라는 두 가지 방법으로 가능하다. 가장 강력한 이의 제기는 두 가지
1403a 가 결합된 것이다. 어떤 일이 우리가 말한 그대로 더 자주 일어날수록
개연성은 더 커지기 때문이다.

　　지표와 지표에 근거한 삼단논법은 설령 사실이더라도 첫머리에서[207]

207　1권 2장 1357b 13, 14 참조.

말했듯이 논박될 수 있다. 『분석론』에서[208] 보았듯이 어떤 지표도 논리적 결론을 제공할 수 없기 때문이다. 예증에 근거한 생략삼단논법은 개연성과 같은 방법으로 논박할 수 있다. 우리가 상대방의 예증을 반박하는 단 하나의 사례를 갖는다면, 설령 그렇지 않은 경우가 더 많고 더 흔하다 하더라도 상대방의 논리는 필연적인 것이 아닌 것으로 논박될 수 있기 때문이다. 그리고 상대방이 예를 든 경우가 더 많고 대부분이라 하더라도 우리는 현재의 경우는 그가 예를 든 것과는 다르다거나, 다른 방법으로 진행된다든가, 둘 사이에는 차이가 있다며 상대방과 다투어야 한다.

증거와 증거에 근거한 생략삼단논법은 논리적 결론을 제공하지 못한다는 이유로는 논박할 수 없는데, 우리는 이 점도 『분석론』에서[209] 볼 수 있다. 우리가 할 수 있는 것은 상대방이 주장하는 사실은 존재하지 않는다는 것을 증명하는 것뿐이다. 그러나 그의 주장이 참이고 증거라는 것이 확실하면 이제 논박은 불가능해진다. 그것은 모든 점에서 명백한 증명과도 같은 것이니까.

---

208 『분석론 전서』 2권 27장 참조.
209 같은 책 같은 곳.

제26장―확대와 축소

확대와 축소는 생략삼단논법의 요소는 아니다. 나는 요소를 논제와 같은 것으로 이해하는데, 요소나 논제는 다수의 특정한 생략삼단논법을 포함하는 일반적 부류이기 때문이다. 확대와 축소는 어떤 것이 크거나 작다는 것을 보여주기 위한 생략삼단논법인데, 그것은 마치 어떤 것이 좋다든가 나쁘다든가, 올바르다든가 불의하다든가 기타 등등을 보여주는 데 다른 것들이 사용되는 것과도 같다. 이런 것들은 모두 삼단논법과 생략삼단논법의 명제들이다. 따라서 그중 어느 것도 생략삼단논법의 논제가 아닐 경우, 그것은 확대나 축소도 아니다.

또한 논박을 위한 생략삼단논법은 증명을 위한 생략삼단논법과 종류가 다르지 않다. 논박은 분명 증명하거나 이의를 제기하는 데 있기 때문이다. 논박하는 경우 우리는 상대방의 결론과 반대되는 것을 증명해야 한다. 예를 들어 어떤 일이 일어났다고 상대방이 증명하면 우리는 그런 일이 일어나지 않았다고 증명하고, 그런 일이 일어나지 않았다고 상대방이 증명하면 우리는 그런 일이 일어났다고 증명하는 것이다. 따라서 이것 사이에 차이란 있을 수 없다. (그것이 그렇다거나 그렇지 않다는 것을 증명하기 위해 생략삼단논법을 제시함으로써 양쪽 다 같은 수단을 사용하기 때문이다.) 그리고 이의 제기는 생략삼단논법이 아니라 내가 『토피카』에서[210]말했듯이 상대방의 삼단논법이 논리적이 아니라거나, 상대방이 그릇된 전제를 가정한다는 것을 밝혀 줄 만한 의견을 말하는 것이다.

---

210 『토피카』 8권 10장 참조.

수사학에서 다루어야 할 분야는 세 가지이다. 예증, 금언, 생략삼
단논법, 일반적으로 지성에 관련된 것들은, 그리고 우리가 이런 것들   35
을 어디서 공급받고 어떻게 논박할지는 이상으로 충분히 언급했으니,   1403b
이제는 문체²¹¹와 배열²¹²에 대해 논의하는 일만 남았다.

---

211 lexis.
212 taxis.

제 3 권

제1장—역사적 개관

5 연설과 관련해 우리가 특히 주목해야 할 것은 세 가지이다. 첫째는 증거의 출처이고, 둘째는 문체이며, 셋째는 연설의 부분들을 적절히 배열하는 일이다. 우리는 증거에 관해서는 이미 논의했으며, 증거의 수
10 는 셋이라는 것과 증거의 본성은 무엇이며, 증거가 왜 셋뿐인지 이미 말한 바 있다. 모든 경우 설득이 가능한 것은 재판관들의 감정이 어떤 방향으로 영향을 받았거나, 말하는 사람이 어떤 성격의 소유자라고 재판관이 생각하거나, 무엇인가가 증명되었기 때문이니까. 또한 우리는 생략삼단논법의 출처가 무엇이어야 하는지와, 생략삼단논법에는 특수한 논제도 있고 일반적 논제도 있다는 것도 설명했다.

15 따라서 우리는 이번에는 문체에 관해 논해야 한다. 우리는 무엇을 말해야 하는지 아는 것만으로는 충분하지 않고 그것을 어떻게 말해야 하는지도 알아야 하는데, 연설에 어떤 성격을 부여하는 데는 이것이 큰 도움이 되기 때문이다. 주목을 받기 위해 맨 먼저 제기해야 할 첫 번째 문제는 무엇이 사실 자체를 설득력 있게 만드는가 하는 것이
20 다. 두 번째 문제는 이런 것을 어떻게 표현하는가 하는 문체의 문제이다. 세 번째 문제는 적절히 전달하는 연출[1]의 문제이다. 하지만 이 문제는 연설의 성공에 큰 영향을 미치는데도 아직 아무도 다룬 적이 없다. 사실 이 문제가 비극과 서사시 음송에 등장한 것도 최근의 일이다. 처음에는 시인들이 자신의 비극을 공연했기 때문이다. 따라서 이
25 것은 분명 수사학의 문제이기도 하고 시학의 문제이기도 하다. 시학

---

1 hypokrisis.

과 관련하여 이 문제는 누구보다도 테오스의 글라우콘²이 다루었다.

연출은 여러 감정을 표현하기 위해 목소리를 적절히 조절하는 문제, 즉 목소리는 언제 크거나 작아야 하며 언제 그 중간이어야 하며, 날카롭고 무거운 그 중간의 억양은 어떻게 사용해야 하며, 각각의 주제에는 어떤 리듬이 사용되어야 하는가 하는 문제이다. 연출자가 염 30 두에 두어야 할 것은 세 가지인데, 성량, 음조의 조절, 리듬이 그것이다. 이런 것들을 적절히 사용하는 자들은 연극 경연에서 사실상 언제나 상을 타가며, 마치 오늘날 연극 무대에서 배우가 시인보다 영향력이 더 크듯이, 우리 정치제도가 타락한 탓에 정치 경연에서도 더 큰 영향력을 행사한다. 하지만 연출을 다룬 체계적인 논문은 아직 저술된 35 적이 없다. 문체만 해도 최근에야 주목받기 시작했으며, 문체에 관한 연구가 조잡하다고 여겨지는 것은 정당한 평가라 하겠다. 그러나 수 1404a 사학과 관련된 모든 일은 의견과 관계가 있으므로, 우리는 그러는 것이 옳기 때문이 아니라 필요하기 때문에 연출을 주목해야 한다. 사실 연설할 때 옳은 것은 우리가 청중을 짜증나게 하지도 않고 즐겁게 해주려고도 하지 않는 것으로 만족하는 것이리라. 옳은 것은 사실 자체 5 로 다투는 것이므로, 증명 외에 다른 것은 모두 부차적인 것이니까. 하지만 앞서 말했듯이, 우리 청중이 타락한 탓에 이런 부차적인 것이 결과에 상당한 영향을 미친다. 사실 모든 학과목에서 어떻게 설명하느냐에 따라 차이가 나는 만큼 문체를 주목하는 것은 조금은 중요하다.

2 플라톤의 대화편 『이온』(Ion) 530d에 나오는 서사시 음송시인을 말하는 것 같다. 테오스(Teos)는 사모스 섬 건너편에 있는 이오니아 지방 도시이다.

10 하지만 사람들이 생각하듯 그렇게 중요하지는 않다. 이 모든 것[3]은 청
중을 즐겁게 해주기 위한 겉치레에 불과하니까. 그래서 어느 누구도
기하학을 이런 식으로 가르치지는 않는다.

문체가 계발되면 연기와 같은 효과를 낼 것이다. 하지만 트라쉬마
코스[4]가 그의 『연민에 관하여』[5]에서 그랬듯이, 몇몇 저술가가 그것에
15 관해 몇 마디 하려 했을 뿐이다. 또한 연기술은 타고난 재능이고 체계
적으로 배울 수 있는 것이 아니지만, 문체는 체계적으로 배울 수 있
다. 그래서 이런 재능을 가진 자들도 연출에 탁월한 자들과 마찬가지
로 상을 탄다. 글로 쓴 연설의 강점은 사상적 깊이보다 문체에 있기 때
문이다.

20 그렇다면 당연한 일이지만, 맨 먼저 문체와 연출에 관해 연구하기
시작한 것은 시인들이다. 말은 모방이고, 그들에게는 우리의 모든 기
관(器官) 가운데 모방에 가장 적합한 인간의 목소리도 있었기 때문이
다. 그리하여 음송 기술과 연기술과 다른 기술들이 생겨났다. 그리고
시인들이 공허한 말을 하는데도 문체를 통해 명성을 얻은 것처럼 보
25 이자, 고르기아스[6]의 것과 같은 시적 산문 문체가 처음으로 생겨났다.
요즘도 교육받지 못한 사람들은 대부분 시적 문체가 가장 아름다운

---

3 문체, 연출 따위.
4 칼케돈(Kalchedon) 시 출신 소피스트이자 수사학 교사인 트라쉬마코스는 플라톤
의 『국가』 1권에서 소크라테스의 대담자 중 한 명이다.
5 *Eleoi.*
6 고르기아스(Gorgias 기원전 485년경~380년경)는 시칠리아 레온티노이(Leontinoi)
시 출신 소피스트로 수사학의 대가였다.

연설을 만든다고 생각한다. 하지만 사실은 그렇지 않다. 산문 문체는 시 문체와 다르기 때문이다. 결과가 이를 입증해준다. 비극 시인들의 문체조차 성격이 바뀌었으니 말이다. 말하자면 4절운율[7] 대신 모든 운율 가운데 산문을 가장 닮았다는 이유로 단장격 운율[8]을 받아들이 자마자 그들은 초기 시인들이 자신들의 비극을 장식했으며 지금도 6절운율[9] 시인들[10]이 사용하는, 일상 대화에 쓰이는 것과 다른 낱말도 버렸던 것이다. 따라서 시인들 자신도 더이상 사용하지 않는 시적 글 쓰기 방식을 모방한다는 것은 가소로운 일이다. 그러니 우리는 분명 문체 전반을 세세히 다룰 것이 아니라, 지금 우리가 논의하는 문체에 관련된 부분들만 다루면 될 것이다. 문체의 다른 부분 즉 시적인 부분은 『시학』[11]에서 이미 다룬 바 있다.

---

7 tetrameter. 또는 '4보격 운율'.

8 iambeion.

9 hexameter. 또는 '6보격 운율'.

10 영웅시 시인들.

11 『시학』 20~22장 참조.

제2장—명료성

이런 점들에 대해서는 이상으로 충분히 고찰한 것으로 하고, 문체의 미덕은 명료성이라고 하자. 연설은 그 뜻하는 바가 분명하지 못하면 제 기능을 다하지 못한다는 사실이 이를 입증한다. 또한 문체는 적절 해야지 저속해서도 안 되고 너무 고상해서도 안 된다. 시적 언어는 분

5 명 저속하지 않지만 산문에는 적합하지 않으니까. 명사와 동사 중에 서는 통용되는 것들이 문체를 명료하게 만들며, 『시학』[12]에서 언급 한 다른 낱말들은 문체를 저속하지 않게 만들고 화려하게 꾸며준다. 평범에서 벗어나야 문체를 고상하게 만들 수 있기 때문이다. 사람들 이 외국인과 동료 시민에게 느끼는 감정은 같지 않으며, 이 점은 문체

10 에서 느끼는 감정도 마찬가지이다. 따라서 우리가 하는 말이 이색적 으로 들리게 해야 한다. 사람들은 감탄을 자아내는 것들을 좋아하는 데, 멀리 있는 것들이 감탄을 자아내기 때문이다. 운문에서는 많은 요 인이 그런 효과에 기여하며, 거기서는 그런 것들이 적절하다. 운문에 서 언급되는 인물과 성격은 일상에서 멀리 떨어져 있기 때문이다. 그 러나 산문에서 그런 방법이 적합한 경우는 훨씬 드물다. 내용이 덜 고

15 양되기 때문이다. 운문에서조차도 고상한 말을 노예나 새파란 젊은 이가 사용하거나, 하찮은 일과 관련해 사용하는 것은 적절하지 못하 다. 운문에서조차도 문체는 주제에 따라 적절히 하향 조정을 하거나 상향 조정을 할 필요가 있다. 따라서 작가는 기술을 숨기고 자기는 기 교를 부리는 것이 아니라 자연스럽게 말한다는 인상을 주어야 한다.

12 『시학』 21, 22장 참조.

(자연스러운 것은 설득력이 있고 기교를 부리는 것은 그 반대이니까. 우리 청중은 마치 우리가 자신들을 위해 포도주를 물로 희석하는 것 20 처럼 자신들에게 술수를 쓰는 것이 아닌지 미리 의심하기 때문이다.) 예를 들어 테오도로스[13]의 목소리는 그 대사를 말하는 등장인물의 것으로 들렸지만, 다른 배우들의 목소리는 다른 사람의 것으로 들렸다. 하지만 에우리피데스처럼 일상어에서 낱말을 골라 쓰면 이런 기교를 성공적으로 은폐할 수 있는데, 그는 후배들에게 이런 방법을 처 25 음 선보인 작가이다.

말은 명사와 동사로 구성된다. 명사에는 『시학』[14]에서 고찰한 바와 같이 여러 종류가 있는데, 낯선 것과 복합어와 신조어는 드물게 간간이 사용해야 한다. (어디에서 사용할 것인지는 나중에[15] 언급할 것이다. 그 이유는 이미 말한 바 있다. 말하자면 그것은 적절한 것에서 너 30 무 벗어나기 때문이다.) 산문적 문체에는 일상적 어휘와 적절한 어휘 말고는 은유를 사용하는 것만이 유익하다. 이 점은 대화할 때는 모두가 이 두 부류, 즉 일상적 어휘와 적절한 어휘 그리고 은유적 표현만을 사용한다는 것을 보면 알 수 있다. 따라서 훌륭한 작가라면 분명 35 이색적인 면이 있지만 튀지 않으면서 의미가 명료한 문체를 만들어낼 수 있다. 그리고 이것이 앞서 말했듯이 수사학적 언어의 주된 장점[16]이다. 소리는 같으나 뜻이 다른 말은 주로 소피스트에게 유용하다. 그것

---

13 Theodoros. 당대의 유명한 배우.
14 『시학』 21장 참조.
15 3권 3장과 7장.
16 arete. 또는 '미덕'.

으로 그가 청중을 오도하기 때문이다. 뜻이 같은 말은 시인에게 유용

하다. 여기서 일상적 어휘와 뜻이 같은 말이란 이를테면 '가다'와 '걷

1405a 다'[17]와 같은 어휘들을 말한다. 이 둘은 일상적 어휘이면서 의미가 같

기 때문이다.

　　이런 어휘들은 각각 어떤 것이며 은유에는 얼마나 많은 종류가 있

　으며, 은유는 시와 산문에서도 아주 중요하다는 사실은 앞서 말했듯

5　이 『시학』[18]에서 이미 언급한 바 있다. 하지만 산문 작가들은 은유에

더 신경을 써야 한다. 산문은 시에 비해 다른 자원이 빈약하기 때문이

다. 게다가 은유는 그 무엇보다도 문체에 명료성과 즐거움과 이색적

분위기를 부여하며, 남에게 배울 수 있는 것이 아니기 때문이다. 따라

10　서 은유는 형용사구[19]와 마찬가지로 적절해야 한다. 다시 말해 그것이

가리키는 대상에 부합해야 한다. 그러지 못할 경우 그것의 부적절함

이 두드러지게 드러날 것이다. 상반된 것들이 나란히 놓이면 둘 사이

의 조화가 결여된 것이 뚜렷이 부각될 테니까. 우리는 진홍색 외투가

젊은이에게 어울리듯 어떤 외투가 노인에게 어울릴지 자문해보아야

한다. (같은 옷이 젊은이에게도 노인에게도 어울리지는 않을 테니까.)

15　만약 연설가가 경의를 표하고 싶다면 같은 부류 가운데 더 나은 것들

에서 은유를 빌려오고, 헐뜯고 싶으면 더 못한 것들에서 빌려와야 한

다. 이를테면 상반된 두 가지가 같은 부류에 속하기에 구걸하는 자는

17　to poreuesthai, to badizein.

18　『시학』 21, 22장 참조.

19　epitheton.

252

'비는' 것이고 비는 자는 '구걸하는' 것이라고 말하는 경우가 이에 해당한다. 둘 다 요구하는 것이니까. 그래서 이피크라테스가 칼리아스[20]는 지모신 퀴벨레의 '탁발 사제'이지 '횃불을 들고 행렬을 인도하는 사람'이 아니라고 말하자, 칼리아스가 이피크라테스는 분명 비의에 입문하지 않은 사람이며, 입문했다면 자기를 '탁발 사제'가 아니라 '횃불을 들고 행렬을 인도하는 사람'이라고 불렀을 것이라고 대답했던 것이다. 둘 다 종교에 관련된 직함이지만 하나는 존경스럽고 다른 하나는 그렇지 못하다.

또한 어떤 사람은 배우들을 '디오뉘소스의 식객'[21]이라 부르지만 배우들은 자신을 '예술가'[22]라 부른다. (둘 다 은유이지만 하나는 헐뜯자는 것이고 다른 하나는 그 반대이다.) 마찬가지로 오늘날 해적들은 자신을 '사업가'[23]라고 부른다. 그러니 우리는 범죄는 실수라고, 또는 실수는 범죄라고 말할 수 있으며, 도둑은 집어 간 자 또는 약탈한 자라고 부를 수 있다. 에우리피데스의 『텔레포스』[24]에 나오는 다음과 같은 표현은 부적절하다.

---

20 이피크라테스에 관해서는 1권 주 76 참조. 칼리아스(Kallias)는 자만심이 강한 어리석은 아테나이 귀족으로, 엘레우시스(Eleusis) 비의 때 횃불을 들고 신도들의 행렬을 아테나이에서 엘레우시스로 인도하는 역할은 대대로 그의 집안에서 맡았다.

21 dionysokolax. 디오뉘소스는 주신(酒神)이다.

22 technites. 또는 '기술자'.

23 poristes. 또는 '식료품 징발관'.

24 이 비극은 현재 남아 있지 않다.

노(櫓)의 왕으로서 그는 뮈시아에 상륙했다.[25]

30 　'왕'이란 표현은 주제에 비해 지나치게 고상해서 기교라는 것이 드러나기 때문이다. 은유는 그것을 전달하는 낱말의 음절이 쾌적하게 들리지 않아서 잘못된 것일 수도 있다. 이를테면 '청동 세공사' 디오뉘시오스[26]는 둘 다 소리를 내기에 자신의 비가(悲歌)에서 시를 "칼리오페[27]의 울음소리"라고 부르는데, 그것은 나쁜 은유이다. 울음소리는 시의 소리와는 달리 귀에 거슬리고 의미가 없기 때문이다.

35 　또한 이름 없는 것에 이름을 부여하기 위해 은유를 쓸 때는 멀리 떨어진 것이 아니라 같은 유에 속하는 유사한 것에서 빌려와야 한다. 말하자마자 유사성이 금세 드러나도록 말이다. 다음과 같은 유명한 수

25 　에우리피데스, 『텔레포스』 단편 21. 텔레포스(Telephos)는 헤라클레스와 아우게 (Auge)의 아들이다. 아우게는 소녀 때 소아시아 서북부의 뮈시아(Mysia)로 가는데, 어떤 신이 테우트라스(Teuthras) 왕에게 나타나 그녀를 양녀로 삼으라고 명령한다. 훗날 아우게는 헤라클레스가 라오메돈의 불사의 말들을 찾으러 가는 길에 그곳에 들렀을 때 그의 유혹에 넘어가 텔레포스를 낳는다. 텔레포스는 훗날 뮈시아의 왕이 되어, 그리스군이 지리를 잘 몰라 트로이아가 아닌 뮈시아에 상륙했을 때 그들을 격퇴하지만 자신도 아킬레우스의 창에 부상 당한다. 그리스군은 일단 본국으로 퇴각하지만 그는 상처가 아물지 않자 '다치게 한 자가 낫게 하리라'는 신탁을 믿고 그리스군 진영으로 아킬레우스를 찾아간다. 그러나 '다치게 한 자'가 아킬레우스가 아니라 아킬레우스의 창을 뜻하는 것을 알고는 그 창에 슨 녹을 긁어 붙이자 상처가 아물었다. 그 보답으로 텔레포스는 그리스군을 트로이아로 안전하게 인도한다.
26 　디오뉘시오스는 기원전 5세기에 활동한 아테나이 시인이자 수사학자이다. 그는 동전을 사용할 것을 권한 까닭에 '청동 세공사'(ho chalkous)라는 별명을 얻었다고 한다.
27 　칼리오페(Kalliope '고운 목소리')는 아홉 무사(Mousa) 여신 중 한 명으로 훗날에는 서사시를 관장하는 신으로 여겨졌다.

254

수께끼를 예로 들 수 있다.

> 나는 어떤 사람이 다른 사람의 몸에 불로 청동을 접착하는 것을 보았다.   1405b

　이런 행위는 이름이 없다. 그러나 이런 행위도, 접착하는 것도 붙이는 것이기에 수수께끼를 낸 사람은 부항단지를 붙이는 것을 '접착한다'고 부른 것이다. 대체로 말해서 잘 만든 수수께끼는 좋은 은유를 제공한다. 은유는 수수께끼의 일종이어서 분명 좋은 수수께끼가 좋은 은유를 제공하기 때문이다. 또한 은유는 아름다운 것에서 빌려와야 하는데, 한 낱말의 아름다움은 리큄니오스[28]의 말처럼 그것의 음과 의미에 있고, 그것의 추함도 마찬가지이다. 세 번째 고려사항도 있는데, 그것은 어떤 말로 표현하건 그대의 말뜻은 같기 때문에 상스러운 말 같은 것은 없다는 소피스트 브뤼손[29]의 그릇된 논리를 반박하는 것이다. 그런 논리는 사실이 아니다. 사태를 청중의 눈앞에 제시하는 데서 어떤 낱말은 다른 낱말보다 더 적합하고 사실에 더 가깝고 더 타당할 수 있기 때문이다. 또한 서로 다른 두 낱말은 조건이 달라지면 같은 것을 의미하지 않는다. 그러니 이런 이유에서라도 한 낱말이 다른 낱말보다 더 아름답다거나 더 추하다는 것을 인정해야 한다. 두 낱말 모두 아름다운 것이나 추한 것을 의미하지만 어떤 점에서 아름답   15

28　리큄니오스(Likymnios)는 키오스 섬 출신 서정시인이자 수사학자로 주로 기원전 420년경에 활동했다.

29　브뤼손(Bryson)은 흑해 남쪽 기슭 헤라클레이아(Herakleia) 시 출신 수사학자이자 소피스트이다.

거나 추한지 가리키지 않고, 그럴 경우에는 얼마나 더 그런지 또는 얼마나 덜 그런지 가리키기 때문이다. 따라서 은유는 음성적으로나 의미상으로나 시각적으로나 그 밖의 다른 감각적으로 아름다운 것에서 빌려와야 한다. 이를테면 '장밋빛 손가락을 가진 새벽의 여신'이라는 표현이 '진홍색 손가락을 가진 새벽의 여신'이라는 표현보다 더 나으

20 며, '빨간 손가락을 가진 새벽의 여신'이라는 표현은 가장 못하다.

우리가 사용하는 형용사구도 좋은 것이나 추한 것에서 따올 수 있다. 이를테면 오레스테스는 나쁘게 보면 '친모 살해범'이고, 좋게 보면 '아버지의 원수를 갚은 사람'이다.[30] 노새 경주의 우승자가 소액의 보수를 제의하자 시모니데스[31]는 반(半) 당나귀[32]를 위해 시를 쓰는 것은 품위를 잃는 일이라고 생각하는 척하며 청을 거절했으나, 고객이

25 충분한 보수를 주자 이렇게 썼다.

반갑도다, 폭풍의 발을 가진 너희 암말의 딸이여![33]

---

30 그리스군 총사령관 아가멤논이 10년 동안의 포위 공격 끝에 트로이아를 함락하고 개선하던 날, 아내 클뤼타임네스트라(Klytaimnestra)와 그녀의 정부(情夫) 아이기스토스(Aigisthos)에게 살해되자 아가멤논의 아들 오레스테스(Orestes)가 아버지의 원수를 갚기 위해 누이 엘렉트라(Elektra)의 도움을 받아 어머니와 그녀의 정부를 살해한다.

31 1권 주 62 참조.

32 노새는 수컷 당나귀와 암말의 잡종이다.

33 시모니데스, 단편 7.

노새는 당나귀의 딸이기도 한데 말이다. 지소사(指小辭)[34]는 나쁜 것은 덜 나쁘게 좋은 것은 덜 좋게 만든다. 예를 들어 아리스토파네 스[35]는 『바빌로니아인들』에서 '금, 외투, 조롱, 질병'[36] 대신 농담 삼아 "금 쪼가리, 외투 나부랭이, 조롱 나부랭이, 질병 나부랭이"[37]라고 말 한다. 그러나 형용사구를 사용할 때도 지소사를 사용할 때도 우리는 조심하고 중용의 도를 지켜야 한다.

30

---

34 ho hypokorismos.

35 아리스토파네스(Aristophanes)는 기원전 5세기 후반에서 4세기 초반까지 활동한 고대 그리스 희극 작가이다. 그의 희극 『바빌론인들』(*Babylonioi*)은 단편만 남아 있다.

36 chrysion, himation, loidoria, nosema.

37 chrysidarion, himatidarion, loidremation, nosemation.

제3장―무미건조함

35 무미건조한 문체는 네 가지 이유 때문이다. 첫째, 합성어를 잘못 쓰
는 것이다. 이를테면 뤼코프론은 "거대한 봉우리가 솟은 대지 위의
여러 얼굴을 가진 하늘" "통로가 좁은 해변"이라 말하고, 고르기아
스는 "걸식하는 시인 식객" "위증하는 자들과 지나치게 맹세를 지키
1406a 는 자들"이라 말하며, 알키다마스[38]는 "분노로 가득 찬 혼과 불의 색
깔을 띤 얼굴" "그는 그들의 열성이 목적을 달성할 것이라고 생각했
다" "그는 설득력 있는 말이 목적을 달성하게 만들었다" "푸른 빛깔
5 의 해수면" 같은 표현을 쓴다. 이 모든 낱말은 합성어인지라 시적이라
고 생각되기 때문이다. 이것이 문체가 무미건조해지는 한 가지 이유이
다. 또 다른 이유는 이색적 낱말을 사용하기 때문이다. 예컨대 뤼코프
론은 크세르크세스[39]를 '인간 괴물', 스키론[40]을 '인간 강도'라고 부르
며, 알키다마스는 "시의 장난감" "자연의 대담함" "진정되지 않는 생
10 각의 분노로 날을 세우고"라는 표현을 쓴다. 세 번째 이유는 너무 길
거나 시의적절하지 않거나 흔해빠진 형용사구를 사용하기 때문이다.
시에서는 '흰 젖'이라는 표현이 적절하지만, 산문에서는 그런 것이 덜
적절할 때가 있다. 또한 형용사구는 과도하게 사용하면 그것이 기교

---

38 뤼코프론(Lykophron), 고르기아스, 알키다마스는 기원전 5~4세기 수사학 교사
들이다.

39 Xerxes. 기원전 480년 그리스를 침공한 페르시아 왕.

40 스키론(Skiron 또는 Skeiron)은 메가라와 앗티케 사이의 바위 언덕에 살면서 지나
가는 사람을 붙잡아 자신의 발을 씻기게 하고는 발로 차서 절벽 밑으로 떨어뜨려 죽이
던 강도인데, 아테나이의 영웅 테세우스에게 똑같은 방법으로 죽임을 당한다.

임을 노출시켜 작가가 산문이 아닌 시를 쓰고 있다는 것이 드러난다. 물론 형용사구를 사용해야 할 때도 있다. (그것은 문체를 일상적 수준 위로 끌어올리고 문체를 이색적인 것으로 만드니까.) 그러나 여기 15 서도 중용을 추구해야 한다. 그것에 실패하면 되는대로 말하는 것보다 더 큰 해악을 끼치니까. 되는대로 말하는 것은 좋지 못하지만 중용에 실패하는 것은 나쁜 것이기 때문이다. 그것이 알키다마스의 문체가 무미건조해 보이는 이유이다. 그는 형용사구를 양념이 아니라 주재료로 사용하기에 그만큼 형용사구가 많고 길고 노골적으로 드러나기 때문이다. 예를 들어 그는 '땀'이라 하지 않고 "진땀"이라 하고, '이스 20 트모스 제전'[41]이라 하지 않고 "이스트모스 경기의 축제 모임"이라 하며, '법률'이라 하지 않고 "나라의 통치자 법률"이라 하고, '달려서'라고 하지 않고 "혼의 달리고 싶은 충동에 쫓겨서"라고 하고, '박물관'[42]이라 하지 않고 "자연의 박물관"이라 하며, "혼의 얼굴을 찌푸린 근심 걱정"이라는 표현을 쓴다. 또한 자신은 '인기'가 아니라 "전 세계적 인 25 기"를 얻은 사람이며, "청중에게 즐거움을 나누어주는 자"이며, '나뭇가지들'이 아니라 "숲의 나뭇가지들"로 가렸으며, 자신의 '몸'이 아니라 "알몸"에 옷을 입혔다고 말한다. 또한 그는 혼의 욕구를 '대응충동'이라고 하며(이것은 합성어이자 동시에 형용사구이기에 시적이 30 다), 지나친 사악함을 "도를 넘는다"고 말한다. 따라서 그런 시적 표현

---

41 이스트모스 제전(ta Isthmia)은 코린토스 지협(地峽 isthmos)에서 해신 포세이돈을 기리기 위해 격년으로 개최되던 범(凡)그리스적 축제 경기이다.

42 mouseion.

을 부적절하게 사용하면 문체가 우스꽝스럽고 무미건조해지며, 그런 허튼소리를 늘어놓으면 문체가 모호해진다. 의미가 분명할 때 말을 자꾸 쌓아올리면 수많은 말에 가려 의미가 불분명해지기 때문이다.

합성어를 사용하는 것은 대개 어떤 사물에 이름이 없거나 '시간 보내기'[43]처럼 합성어를 쉽게 만들 수 있을 때이다. 하지만 그 정도가 너무 심하면 산문적 문체가 사라지고 만다. 그래서 합성어는 허풍쟁이들인 디튀람보스[44] 시인들에게 가장 쓸모 있고, 이색적 낱말들은 근엄하고 자신감에 넘치기에 서사시인들에게 쓸모 있으며, 은유는 단장격 운율 시인들에게 쓸모 있다. (아닌 게 아니라 앞서 말했듯이[45] 이 운율은 오늘날 널리 쓰이고 있다.)

문체가 무미건조해지는 네 번째 이유는 은유에서 찾을 수 있다. 은유에도 부적절한 것들이 있는데, 어떤 것은 우스꽝스럽기에 그렇고 (희극시인들도 은유를 사용하니까), 어떤 것은 너무 엄숙하고 비극적이기에 그렇다. 그리고 이런 은유는 멀리서 빌려올 때는 모호할 수도 있다. 이를테면 고르기아스는 "그 사건들은 창백하고 핏기가 없다" "그대는 치욕을 씨 뿌리고 불행을 수확했소"라고 말하는데, 이 역시 지나치게 시적이다. 또한 알키다마스는 철학을 "법률을 위협하는 요새", 『오뒷세이아』를 "인생살이의 아름다운 거울"이라고 부르는가 하면, "그는 시에 그런 장난감을 제공하지 않는다"고 말했다. 이런 표

35

1406b

5

10

---

43 chronotribein.
44 디튀람보스(dithyrambos)는 주신 디오뉘소스를 찬양하는 합창 서정시인데, 후기에는 점점 디오뉘소스와 무관한 주제를 다루면서 무의미한 소음의 대명사가 되었다.
45 3권 1장 1404a 30 참조.

현은 모두 앞서 말한 이유에서 설득력이 없다. 제비가 머리 위를 날다가 배설물을 떨어뜨렸을 때 고르기아스가 한 말 역시 비극에서는 탁월했을 것이다. 그는 "필로멜레[46]여, 이 무슨 부끄러운 짓인가!"라고 말했다. 그것은 새에게는 부끄러운 짓이 아니지만, 소녀에게는 부끄러운 짓일 테니까. 그러므로 현재의 그녀가 아니라 과거의 그녀에게 말을 걸며 나무라는 것은 적절하다 할 것이다.

15

---

46 전설적인 아테나이 왕 판디온(Pandion)의 딸 프로크네(Prokne)는 트라케(Thraike) 왕 테레우스(Tereus)와 결혼한다. 그가 처제인 필로멜레(Philomele)를 범하고 그녀의 혀를 잘라버리자 프로크네는 이에 분개해 자신과 테레우스 사이에서 태어난 아들 이튀스(Itys)를 죽여 그 살점으로 요리를 만들어 남편에게 먹인다. 테레우스가 나중에 이 사실을 알고 두 자매를 쫓아가 죽이려 하자 제우스가 그는 후투티로, 프로크네는 꾀꼬리로, 필로멜레는 제비로 변신시킨다.

제4장―직유

20 직유[47]도 은유의 일종이며, 그 차이는 크지 않다. 시인이 아킬레우스
와 관련해, "그는 사자처럼 덤벼들었다"고 말하면 직유이고, "사자가
덤벼들었다"고 말하면 은유이니까. 여기서는 둘 다 용감하기에 시인
이 아킬레우스를 은유적으로 사자라고 부르는 것이다. 직유 역시 산
문에서도 쓸모 있지만, 자주 사용해서는 안 된다. 직유도 시적인 데가
있기 때문이다. 직유는 은유처럼 사용해야 한다. 이 둘은 앞서 말한
25 차이점 말고는 사실상 같은 것이기 때문이다. 예를 들어 이런 것들이
직유이다. 안드로티온은 이드리에우스[48]가 가죽끈에서 갓 풀려난 개
와 같다고 말했다. 그런 개가 덤벼들어 무는 것처럼 이드리에우스도
감옥에서 나온 뒤에는 위험했기 때문이다. 또한 테오다마스는 아르
30 키다마스를 기하학을 모르는 에우크세노스[49]에 비겼는데, 그러면 마
찬가지로 에우크세노스는 기하학을 아는 아르키다마스라고 할 수 있
다. 또한 『국가』에서 플라톤은 시신의 무구를 벗기는 자들을 던져진
35 돌멩이는 물면서도 그것을 던지는 사람은 내버려두는 개에 비긴다.[50]
또한 그는 민중을 힘은 세지만 귀가 조금 먼 선장에 비기는가 하면,[51]

---

47 he eikon.
48 안드로티온(Androtion)은 기원전 4세기 아테나이 연설가로 소아시아 카리아
(Karia) 왕 마우솔로스(Mausolos)에게 사절로 파견된 적이 있다. 이드리에우스
(Idrieus)는 마우솔로스의 아우이자 후계자인데 투옥된 적이 있다.
49 테오다마스(Theodamas), 아르키다마스(Archidamas), 에우크세노스(Euxenos)에
관해서는 달리 알려진 것이 없다.
50 『국가』 5권 469a 참조.
51 『국가』 6권 488a 참조.

시인의 시행을 젊기는 하지만 아름답지는 못한 소년에 비긴다.[52] 싱싱
함이 사라지고 나면 소년은 아름답지 못하듯이, 시행도 산문으로 해   1407a
체되고 나면 아름답지 못하기 때문이다. 페리클레스는 사모스인들
을 맛있는 것을 받아먹으면서도 계속해서 울어대는 어린아이에 비기
고, 보이오티아인들을 참나무에 비겼다. 참나무들이 서로 부딪혀서   5
쓰러지듯이 보이오티아인들은 자기들끼리의 내전으로 쓰러졌기 때문
이다. 데모스테네스[53]는 아테나이 민중을 뱃멀미가 난 사람들에 비겼
다. 또한 데모크라테스는 정치 연설가들을, 아이가 먹을 것을 자기가
먹고 아이 입술에 침을 발라주는 보모에 비겼다.[54] 안티스테네스[55]는   10
피골이 상접한 케피소도토스[56]를 향 연기에 비겼는데, 그도 자신이
스러지며 남들을 기쁘게 해주기 때문이다.

　이런 표현들은 모두 직유와 은유로서도 사용할 수 있다. 따라서 은
유로서 성공적인 것들은 분명 직유로서도 성공할 것이며, 직유로서 성
공적인 것들은 설명이 빠진 은유로서도 성공할 것이다. 그러나 유추에   15
의한 은유는 언제나 상호적이어야 하며 같은 부류의 두 사물 가운데
어느 것에도 적용될 수 있어야 한다. 예컨대 잔이 디오뉘소스의 방패
라면, 방패는 아레스의 잔이라고 불리는 것이 적절할 것이다.[57]

52　『국가』 10권 601b 참조.
53　여기서는 유명한 웅변가가 아니라 펠로폰네소스 전쟁 때의 장군인 것 같다.
54　아리스토파네스, 『기사』(Hippes) 715~718행 참조.
55　Antisthenes. 견유학파 철학자인 듯하다.
56　Kephisodotos. 당대의 뛰어난 웅변가인 듯하다.
57　『시학』 21장 1457b 20 참조. 디오뉘소스는 주신(酒神)이고, 아레스(Ares)는 전쟁
의 신이다.

제5장—정확성

그러니까 이런 것들이 말을 구성하는 요소들이다. 훌륭한 문체의 제

20 1원리는 정확한 헬라스어를 구사하는 것이며, 이것은 다섯 가지 규

칙을 준수함으로써 이루어진다. 첫째는 접속어의 사용인데, 접속어

는 자연스러운 순서에 따라 다른 것 앞이나 뒤에 적절하게 배열해야

한다. 이를테면 접속어 μέν(예컨대 ἐγώ μέν '그런데 나는……')은 연결어

δέ(예컨대 ὁ δέ '하지만 그 사람은……')[58]를 요구한다. 또한 대응하는 낱

말은 듣는 사람이 첫 번째 낱말을 잊기 전에 도입하되 첫 번째 낱말과

25 너무 멀리 떨어져도 안 되고, 필요한 연결어 대신 다른 연결어를 도입

해도 안 된다. 그런 것이 적절한 경우는 드물기 때문이다. 이를테면 다

음과 같은 경우가 그렇다. "나는 그의 부탁을 받고는(클레온[59]이 와서

부탁하고 간청했으니까) 그들을 데리고 출발했다." 이 문장에서는 의

미를 완성하기 위해 필요한 접속어 앞에 몇 개의 절이 삽입되었는데,

30 '나는'과 '출발했다' 사이에 너무 긴 절이 삽입되면 그 효과가 의심스럽

다. 따라서 훌륭한 문체의 첫 번째 규칙은 접속어를 적절히 사용하는

것이다. 두 번째 규칙은 사물을 흔해빠진 이름이 아니라 특별한 이름

으로 부르는 것이다. 세 번째 규칙은 모호한 표현을 피하는 것이다. 아

무 내용도 없으면서 무슨 대단한 말을 하는 체하는 사람처럼 일부러

모호한 표현을 사용하는 경우가 아니라면 말이다. 그런 사람은 그런

---

58 μέν과 δέ는 서로 대응한다.

59 Kleon.

것을 시로 말한다. 예를 들어 엠페도클레스[60]처럼 말이다. 그가 장광 35
설을 늘어놓고 에둘러 말하면 그의 청중은 마치 예언자의 모호한 말
에 귀기울이다가 고개를 끄덕이며 받아들이는 대다수 사람처럼 속아
넘어가니까. 다음이 그런 모호한 표현 가운데 하나이다.

크로이소스가 할뤼스 강을 건너면 대제국을 멸하게 되리라.[61]

예언자는 사실 자체를 말하기보다 개략적으로 말하면 실수할 가능 1407b
성이 적기에 이처럼 모호하게 말한다. 홀짝놀이에서 상대방 손 안에
든 돌의 실제 개수를 말하는 것보다는 '홀수' 또는 '짝수'라고 말하는
편이 맞힐 가능성이 더 많다. 마찬가지로 예언자도 어떤 일이 언제 일
어날 것이라고 말하기보다 일어날 것이라고만 말하면 맞힐 가능성이
더 많다. 그래서 예언자는 정확한 날짜를 덧붙이지 않는다. 이런 모호 5
한 표현들은 모두 비슷비슷하며, 따라서 앞서 말한 그런 이유로 필요
할 때 말고는 피해야 한다. 네 번째 규칙은 프로타고라스가 명사를 남
성, 여성, 중성으로 구별한 것을 준수하는 것이다. 이런 것들도 정확

60 엠페도클레스는 기원전 450년경에 활동한 시칠리아 아크라가스 시 출신 철학자
이자 정치가이다.
61 헤로도토스, 『역사』 1권 53, 91장 참조. 크로이소스(Kroisos)는 뤼디아(Lydia)의
부자로 소문난 왕이다. 할뤼스(Halys)는 흑해 남쪽 기슭으로 흘러드는 소아시아의 큰
강 가운데 하나이다. 크로이소스는 이 신탁을 듣고 할뤼스 강을 건너 동쪽으로 나아가
면 페르시아 제국을 정복할 줄 알았다. 그런데 오히려 기원전 549년 페르시아 왕 퀴로
스(Kyros)에게 패해 번성하던 뤼디아 왕국을 잃고 만다.

하게 구별되어야 하니까. "그녀는 와서 나와 대담하다가 떠나갔다."[62]

10 다섯 번째 규칙은 많은 수인지 적은 수인지 단수인지 정확하게 말하는 것이다. "그 남자들이 와서 나를 때렸다."[63]

일반적으로 글로 쓴 것은 읽기 쉽고 말하기 쉬워야 하는데, 이 둘은 같은 것이다. 그런데 접속어나 절의 수가 많거나 헤라클레이토스[64]의 저술들처럼 구두점을 찍기가 쉽지 않은 경우에는 그것이 불가능하다. 그의 저술들에 구두점을 찍기가 쉽지 않은 것은 특정한 낱말

15 이 그것에 앞서는 낱말에 속하는지 뒤따르는 낱말에 속하는지 분명하지 않기 때문이다. 그는 자기 저술의 첫머리에서 "비록 언제나 이 진리는 존재하지만 사람들은 알지 못한다"고 말하는데, 여기서 "언제나"가 "존재하다"에 속하는지 아니면 "알지 못한다"에 속하는지 분명하지 않다. 또 다른 어법상의 오류는 두 낱말을 각 낱말 모두에 적합한

20 낱말로 연결하는 데 실패할 때 발생한다. 이를테면 소리와 색깔에 대해 말할 때 '보다'는 말은 둘 다에 적용되지 않으므로 쓸 수 없지만 '감지하다'는 말은 쓸 수 있다. 의도하는 바를 처음부터 말하지 않고 중간에 다수의 세부 사항을 삽입할 때도 뜻이 모호해지기는 마찬가지이다. 예컨대 "나는 그와 이야기하고 나서 떠날 참이었는데, 이런저런

---

62 이 문장에서 '와서'(ἐλθοῦσα)와 '대담하다가'(διαλεχθεῖσα)는 분사(分詞)의 여성 단수형이다. 우리말에는 그런 형태가 없다.

63 이 문장에서 '와서'(ἐλθόντες)와 '때렸다'(ἔτυπτόν)는 각각 분사와 정동사(定動詞)의 복수형이다. 우리말에는 그런 형태가 없다.

64 헤라클레이토스(Herakleitos 기원전 540년경~480년경)는 소아시아 이오니아 지방에 있는 에페소스(Ephesos) 시 출신의 '소크라테스 이전 철학자'로 "만물은 흐른다"(panta rhei)는 유명한 말을 남겼다.

일이 이러저러하게 일어났다"고 말하지 않고, "나는 그와 이야기하다가 이런저런 일이 이러저러하게 일어난 뒤 떠날 참이었다"고 말하는 경우가 그렇다. ²⁵

제6장—숭고[65]

다음에 말할 것들은 문체를 숭고하게 만드는 데 도움이 된다. 어떤 사물의 이름을 말하지 않고 정의 내리는 것이다. 이를테면 '원'이라 하지 않고 '사방의 모든 점이 중심으로부터 같은 거리에 있는 평면'이라고 말하는 것이다. 반대로 간결함을 위해서는 정의하는 대신 이름을 써

30 야 한다. 마찬가지로 어떤 것을 추하게 또는 꼴사납게 표현할 때도 정의하는 것이 추하면 이름을 말하고, 이름을 말하는 것이 추하면 정의해야 한다. 사물을 은유와 형용사구로 예를 들어 설명하되 너무 시적인 것은 피해야 한다. 또한 시인들이 그러하듯 단수 대신 복수를 써야 한다. 시인들은 그곳에 항구가 하나밖에 없는데도 다음과 같이 말한다.

아카이아[66]의 항구들로……

이렇게도 말한다.

35   여기 여러 겹의 서판(書板)에 쓴 내 서찰이 있소.[67]

또한 두 낱말을 하나의 관사(冠詞)로 묶지 않고, 낱말마다 관사를

---

65 ho onkos.
66 아카이아(Achaia)는 펠로폰네소스 반도 북쪽 해안 지방이다.
67 에우리피데스, 『타우리케의 이피게네이아』(*Iphigeneia he en Taurois*) 727행.

부여해야 한다. 이를테면 τῆς γυναικὸς τῆς ἡμετέρας (우리의 이 여인의)[68] 라고 하는 것이다. 그러나 간결함을 위해서는 τῆς γυναικὸς ἡμετέρας라 고 해야 한다. 또한 접속어를 사용하거나, 간결함을 위해서는 접속어 를 생략하되 접속 상태는 유지해야 한다. 이를테면 "나는 갔고 그리 고 대화했다"고 말하든지, "나는 가서 대화했다"고 말해야 한다. 안 1408a 티마코스가 사용한 방법도 유익하다. 그것은 어떤 것을 그것이 갖지 않은 특징으로 정의하는 것이다. 그는 테우멧소스에 대해 이렇게 말 한다.

> 그곳에는 바람 부는 자그마한 언덕이 하나 있다.[69]

이런 식으로 부연한다면 한도 끝도 없을 것이다. 이런 방법은 부정 5 (否定)을 통해 필요에 따라서는 좋은 것에도 나쁜 것에도 적용할 수 있다. 시인들도 낱말을 만들어낼 때 이런 방법을 쓰는데, 이를테면 '현 없는' 또는 '뤼라 없는' 선율이란 표현이 그렇다. 이런 기교는 유추 에 의한 은유에서 자주 쓰이는데, 나팔소리를 뤼라 없는 선율이라고 말하는 경우가 그렇다.

---

68 여기서 정관사 여성 속격 τῆς가 중복해서 사용되는데, 고대 그리스어에서는 명사 와 형용사 또는 형용사구에 정관사가 중복되어 사용되는 경우가 드물지 않다.
69 플라톤과 동시대인인 소아시아 콜로폰(Kolophon) 시 출신 안티마코스 (Antimachos)가 쓴 서사시 『테바이 이야기』(Thebais)에서 인용한 것이다. 테우멧소스 (Teumessos)는 테바이 들판에 있는 작은 바위 언덕이자 그 위에 세워진 작은 도시의 이 름이다.

제7장—적절성[70]

문체가 적절하려면 감정과 성격을 표현하고 주제에 부합해야 한다. '주제에 부합한다' 함은 중요한 것을 함부로 다루어서도 안 되고, 사소한 것을 엄숙하게 대해서도 안 되며, 평범한 낱말을 형용사구로 장식해도 안 된다는 뜻이다. 그러지 않으면 '무화과나무 마님'[71]이란 표현을 사용한 클레오폰[72]의 작품에서처럼 그 효과가 우스꽝스러울 것이다. 감정을 표현하기 위해 오만불손한 행위에 대해서는 화를 내며 말하고, 불경하고 수치스러운 행위에 대해서는 분개하며 언급하기도 싫다는 듯이 말하며, 칭찬받아 마땅한 행위에 대해서는 찬탄하며 말하고, 동정받아 마땅한 행위에 대해서는 겸손하게 말하고, 그 밖의 다른 행위들도 상황에 맞게 말해야 한다.

또한 적절한 문체는 말하는 사실을 믿을 만하게 만든다. 듣는 사람은 마음속으로 말하는 사람이 진실을 말한다는 인상을 갖기 때문이다. 그런 상황이라면 자기도 같은 감정을 갖게 되어 말하는 사람처럼 행동할 것이라고 생각하니까. 그래서 듣는 사람은 사실이건 아니건 말하는 사람의 말이 사실이라고 믿는다. 또한 말하는 사람이 열변을 토하면 허튼소리를 하더라도 듣는 사람은 언제나 공감한다. 그래서 수많은 연설가는 단순한 소음으로 청중을 압도하려고 한다. 또한 이런 징표를 보여줌으로써 자기가 하는 말이 사실이라는 것을 증명하는

---

70 to prepon.

71 potnia syke.

72 클레오폰(Kleophon)은 기원전 5세기 말에 활동한 아테나이 비극 시인이다.

것으로 성격도 표현할 수 있다. 각각의 부류와 성향에는 나름대로 적절한 표현방법이 있기 때문이다. 여기서 말하는 '부류'는 아이, 어른, 노인 같은 연령별 차이, 남자 또는 여자 같은 성별 차이, 라케다이몬인 또는 텟살리아인 같은 국적별 차이를 의미하며, '성향'이란 한 인간의 삶의 성격을 결정하는 기질을 의미한다. 한 인간의 삶의 성격이 모 30 든 성향에 의해 결정되는 것은 아니니까. 따라서 말하는 사람이 각각의 성향에 맞는 문체를 사용하면 그에 상응하는 성격을 만들어낼 것이다. 농부와 교육받은 사람은 같은 것을 말하지도 않고, 같은 방법으로 말하지도 않을 테니까. 청중은 또한 '누가 모르겠는가?' '누구나 다 안다'처럼 연설문 작성가[73]들이 지겹도록 사용하는 기교에도 어느 정도 영향을 받는다. 청중은 남들은 누구나 아는 것을 자기는 모르는 것 35 처럼 보이는 것이 창피해서 동의하기 때문이다.

　이런 기교들은 수사학의 모든 장르에서 시의적절하게 또는 시의적 1408b 절하지 못하게 사용될 수 있다. 모든 과장을 예방하는 최선의 방법으로 흔히 권장되는 것은 말하는 사람이 미리 자신을 검열하는 것이다. 사람들이 과장된 것을 참된 것이라고 받아들이는 것은 연설가가 자신이 무엇을 말하는지 명백하게 안다고 보기 때문이다. 또한 상응하는 모든 것을 함께 사용하면 안 된다. (그러면 듣는 사람이 혼동하기 때 5 문이다.) 예를 들어 낱말이 딱딱하면 목소리와 얼굴표정 등도 딱딱해서는 안 된다는 말이다. 그러면 모든 세부 사항의 기교적 성격이 드러나기 때문이다. 반면 한 가지 기교는 쓰고 다른 기교는 쓰지 않는다면

73　이소크라테스 같은 사람을 말한다.

효과는 같지만 기교가 눈에 띄지는 않을 것이다. 만약 부드러운 것들
이 딱딱하게 표현되고, 딱딱한 것들이 부드럽게 표현된다면 설득력을
가질 것이다. 복합어와 상당수의 형용사구와 이색적 낱말이 감성적
연설가에게 특히 적합하다. 성난 사람이 어떤 악(惡)을 "하늘처럼 높
다" "거대하다"고 말해도 용서해줄 수 있기 때문이다. 또한 우리는 연
설가가 청중을 이미 손안에 넣고는 칭찬이나 비난이나 분노나 우정으
로 호응하게 만들 때도 그런 표현을 용서해준다. 예를 들어 이소크라
테스는 『축제 연설』[74]의 끝부분에서 그렇게 한다. "오 명성이여, 명망
이여!" "그런 것도 참아낸 그분들이여!"[75] 이런 것들은 연설가가 열광
해 있을 때 하는 말이며, 청중도 분명 같은 상태에 있을 때 그런 말들
을 받아들인다. 그런 표현은 시에도 적합하다. 시는 영감의 산물이니
까. 그래서 그런 표현은 마음이 들뜰 때 사용하거나, 아니면 고르기아
스가 그랬듯이 그리고 『파이드로스』[76]에서 볼 수 있듯이 반어적으로
사용해야 한다.

74 *Panegyrikos*.
75 *Panegyrikos*, 186.
76 『파이드로스』(*Phaidros*)는 플라톤의 중기 대화편 중 하나이다. 『파이드로스』
238d, 241e 참조.

제8장—리듬

연설 형식은 전적으로 운율에 묶여서도 안 되고 리듬이 전혀 없어서도 안 된다. 운율에 묶이면 인위적으로 보여 설득력이 떨어지는가 하면, 이런저런 운율이 반복되는 데 신경을 쓰다 보면 듣는 사람이 주의가 산만해진다. 예를 들어 "해방 노예는 누구를 보호자로 선택할까요?"[77]라고 전령들이 물으면 아이들이 "클레온"이라고 대답하는 경 25 우가 그렇다. 한편 리듬이 없는 연설은 한정되지 않는데, 연설은 한정된 것이어야 한다. 다만 운율에 의해 한정되어서는 안 된다. 한정되지 않은 것은 즐겁지도 않고 이해할 수도 없기 때문이다. 만물은 수에 의해 한정되는데, 연설 형식에 적용되는 수는 리듬이며, 운율은 리듬의 구성 요소이다. 따라서 연설은 리듬은 갖되 운율을 가져서는 안 된다. 30 그렇지 않으면 시가 될 테니까. 그러나 연설의 리듬은 아주 정확한 것이 아니라 어느 정도까지만 정확해야 한다.

여러 리듬 중에서 영웅시의 리듬은 장중하지만 일상어가 갖는 화성이 결여되어 있다. 단장격 리듬은 그 자체가 대중이 쓰는 것이어서 일상 대화에서는 모든 운율 중에서 가장 흔히 사용된다. 그러나 연설 35 은 위엄이 있어야 하고 청중을 고양시켜야 한다. 장단격 리듬은 너무 소란스럽다. 4절운율[78]을 보면 이를 알 수 있다. 4절운율은 경쾌한 운 1409a

---

77 당시 해방 노예는 완전한 시민과 달리 보호자가 필요했다. 누구를 보호자로 선택하겠느냐고 물으면 대다수 해방 노예는 당시 민중 선동가이자 대중 영합주의자인 클레온을 선택했던 것 같다.

78 4절운율은 중복된 장단격 운각을 네 번 반복한 운율이다.

율이기 때문이다. 파이안 운각[79]이 남아 있는데, 연설가들은 이를 트라쉬마코스[80] 때부터 사용했지만 그것이 무엇인지 설명하지는 못했다. 파이안은 세 번째 부류의 리듬이며 앞서 언급한 두 부류와 밀접한 관계가 있다. 파이안의 비율은 3:2이고, 다른 두 부류는 각각 1:1 또는 2:1의 비율을 가지므로 파이안의 비율 1.5:1은 이 두 비율의 중간에 해당한다.[81] 따라서 다른 두 리듬은 방금 말한 이유에서, 그리고 운율을 갖기에 피해야 하며, 대신 파이안만 사용해야 한다. 앞서 언급한 리듬 중에 파이안만이 운율이 아니어서 가장 눈에 띄지 않기 때문이다. 오늘날에는 같은 파이안이 문장의 처음과 끝에 사용된다. 하지만 처음은 끝과 달라야 한다. 파이안에는 상반된 두 종류가 있는데, 그중 한 가지는 문장의 시작에 적합하며, 실제로 그렇게 쓰인다. 그것은 하나의 긴 음절로 시작해 짧은 세 음절로 끝난다.

Δαλογεγὲς | εἴτε Λυκί | αν[82]

(델로스에서 태어나신 분이여, 뤼키아에서 태어나셨다는 분이시여!)

---

79 paian. $-\cup\cup\cup$(장단단단) 또는 $\cup\cup\cup-$(단단단장)

80 3권 주 4 참조.

81 짧은 음절 둘은 긴 음절 하나와 맞먹는다. 따라서 영웅시에서 쓰이는 장단단격(daktylos $-\cup\cup$)의 비율은 1:1이고, 장단격(trochaios $-\cup$)과 단장격(iambos $\cup-$)의 비율은 2:1이며, 파이안($-\cup\cup\cup$ 또는 $\cup\cup\cup-$)은 그 중간에 해당한다.

82 델로스(Delos)는 에게 해의 섬으로 남매신 아폴론(Apollon)과 아르테미스가 태어난 곳이다. 일설에 따르면 아폴론은 소아시아 서남부 뤼키아 지방에서 태어났다고 한다. 이 시행을 긴 음절과 짧은 음절로 표시하면 다음과 같다.

$-\cup\cup\cup | -\cup\cup\cup |$

Χρυσεοκόμ | α ῞Ηκατε | παῖ Διός[83]

(금발의 명궁수이시여, 제우스의 아드님이시여!)

반대로 다른 파이안은 짧은 세 음절로 시작하여 하나의 긴 음절로 끝난다.

μετὰ δὲ γᾶν | ὕδατά τ' ὠκ | εανὸν ἠ | φάνιςε νύξ [84]

(밤은 대지와 강물에 이어 바다를 가렸다.)

진정하게 마무리를 짓는 것은 이런 종류의 파이안이다. 짧은 음절은 불완전하여 리듬이 불구가 된 것처럼 보이기 때문이다. 연설은 긴 음절로 끝나야 하며, 문장이 끝났다는 사실은 필사하는 자나 마침표가 아니라 리듬 자체가 지시해야 한다. 우리가 하는 말에는 리듬이 있 20 어야지 리듬이 없어서는 안 되며, 어떤 리듬을 어떻게 배열해야 그럴 수 있는지에 대해서는 이상으로 충분히 논의했다.

83 이는 아폴론을 두고 하는 말이다. 이 시행을 긴 음절과 짧은 음절로 표시하면 다음과 같다.

− ∪ ∪ ∪ | − ∪ ∪ ∪ |

84 시모니데스, 단편 26b. 이 시행을 긴 음절과 짧은 음절로 표시하면 다음과 같다.

∪ ∪ ∪ − | ∪ ∪ ∪ − | ∪ ∪ ∪ − | ∪ ∪ ∪ −

산문 문체는 디튀람보스의 서곡처럼 연속적이고 그 부분들이 접속어

25 로 연결되거나, 옛 시인들의 시련(詩聯)처럼 대구(對句)로 구성되어야

한다. 연속적 문체는 옛 문체로, 이를테면 "이 글은 투리오이 사람 헤

로도토스의 탐사 보고서이다"[85]가 그렇다. (전에는 모두 이 문체를 사

용했으나 지금은 소수만이 사용한다.) 여기서 '연속적 문체'란 자연스

30 럽게 멈출 곳이 없어 의미가 완결된 뒤에야 멈추는 문체를 의미한다.

이런 문체는 모두가 끝을 보고 싶어하는데 끝이 없어 불쾌하다. 그래

서 반환점에 다가가는 달리기 선수들은 숨을 헐떡이고 힘이 떨어지지

만 결승점이 보이면 그곳에 도착하기 전에는 지치지 않는다. 이것이

35 연속적 문체이고, '단축된 문체'란 총합문[86]으로 이루어진 문체이다.

여기서 '총합문'이란 그 자체 내에 시작과 끝이 있으며 쉽게 파악할 수

1409b 있는 규모의 문장을 의미한다. 이런 문체로 쓰인 것은 즐겁고 배우기

쉽다. 배우기 쉬운 것은 그것이 한정되지 않은 것의 반대이고, 게다가

듣는 사람이 자신은 언제나 무엇인가를 파악하며 어떤 명확한 결론

에 도달했다고 믿기 때문이다. 반면에 아무것도 예견하지 못하고 어

떤 결론에도 도달하지 못하는 것은 불쾌하다. 또한 총합문이 배우기

---

85 헤로도토스, 『역사』 1권 1장 첫머리. 현존 판본에는 '투리오이 사람' 대신 '할리카
르낫소스 출신'으로 되어 있다. 투리오이(Thourioi)는 남이탈리아의 도시로 헤로도토
스가 아테나이를 떠나 이민 간 곳이고, 할리카르낫소스(Halikarnassos)는 소아시아 남
서부 카리아 지방 도시로 그가 태어난 곳이다.

86 periodos.

쉬운 것은 기억하기가 쉽기 때문이다. 총합문 문체는 수를 가지고,[87] 5
수는 그 어떤 것보다 기억하기 쉬우니까. 그래서 모든 사람이 산문보
다 운문을 더 잘 기억하는데, 산문에는 잴 수 있는 수가 없기 때문이
다. 그러나 총합문은 의미가 완결되어야 하며 소포클레스의 다음과
같은 단장격 시행처럼 중간에 끊어져서는 안 된다.

여기는 칼뤼돈 땅. 펠롭스의 영토의……[88]   10

이렇게 시행을 나누면 듣는 사람은 그 의미를 사실과 다르게 이해
할 수 있기 때문이다. 이를테면 방금 인용한 시행에서 듣는 사람은 칼
뤼돈이 펠로폰네소스 반도에 있다고 오해할 수 있다.

총합문은 여러 절로 구성될 수도 있고 간단할 수도 있다. 여러 절로
이루어진 문체는 그 자체로 완전하며 부분으로 나뉘고 단숨에 말하
기가 쉽다. 위 시행에서처럼 나누어서가 아니라 하나의 전체로서 말 15
이다. (절은 총합문의 이런저런 부분이니까.) '간단한' 총합문은 단 하
나의 절로 구성되는 총합문을 말한다. 절과 총합문은 짧아도 안 되고
너무 길어도 안 된다. 너무 짧으면 듣는 사람을 비틀거리게 할 때가 많

---

87 일정 수의 부분으로 구성된다는 뜻인 것 같다.

88 에우리피데스, 『멜레아그로스』 단편 515. 아리스토텔레스는 이 시행을 소포클레
스의 것으로 착각했던 것 같다. 이 가운데 '펠롭스의 영토의…'는 다음 시행에 속한다.
'펠롭스의 영토'란 펠로폰네소스 반도를 말하며, 칼뤼돈은 코린토스 만 북서쪽에 있는
아이톨리아(Aitolia) 지방 도시이다.

기 때문이다. (그가 마음속으로 정한 리듬에 따라 앞으로 나아가다가

20 연설가가 갑자기 멈춰서는 바람에 제지당하면, 말하자면 그 충격에

비틀거리지 않을 수 없기 때문이다.) 반면에 너무 길면 듣는 사람이 뒤

처진다. 목표를 향해 에둘러 가는 사람이 같이 걷는 사람에 뒤처지듯

25 말이다. 또한 총합문이 너무 길면 하나의 연설이 되고 디튀람보스의

서곡처럼 되어, 멜라닙피데스는 대련(對聯)[89] 대신 서곡만 짓는다고

키오스의 데모크리토스[90]가 조롱했던 일이 생길 것이다.

남에게 재앙을 꾀하는 자는 자신에게 재앙을 꾀하는 것이고,

긴 서곡은 그것을 짓는 자에게 가장 해로운 법이다.[91]

30 이런 비판은 긴 절을 사용하는 연설가에게도 적용된다. 하지만 절

이 너무 짧으면 총합문을 이루지 못해, 듣는 사람이 허둥지둥 끌려다

닌다.

총합문의 절들은 나뉘거나 대립된다. 나뉜 경우는 예를 들어 이렇

다. "나는 거국적 모임을 주선한 분들과 체육 경기를 창설한 분들에

35 게 가끔 찬탄을 금할 수 없었소."[92] 대립적인 경우는 두 절이, 저마다

---

89 antistrophe.

90 키오스 섬 출신 데모크리토스(Demokritos)는 기원전 5세기 말의 음악가이다. 멜
로스(Melos) 섬 출신인 멜라닙피데스(Melanippides)는 기원전 5세기 디튀람보스 시인
이다.

91 헤시오도스, 『일과 날』 265~266행. 266행은 "해로운 조언은 그런 조언을 하는 자
에게 가장 해로운 법이오"를 패러디한 것이다.

92 이 인용문과 다음의 인용문들은 이소크라테스의 『축제 연설』 1, 35, 41, 48, 72,

대립적인 것이 대립적인 것에 나란히 놓이거나 같은 낱말이 대립된 두 가지 모두와 연결되는 것이다. 예를 들어보자. "그들은 두 집단 모두 1410a 에게 도움이 되었소. 뒤에 남은 자들에게도 동행한 자들에게도. 동행한 자들을 위해 그들은 고향에 있는 것보다 더 큰 영토를 얻었고, 뒤에 남은 자들을 위해 충분히 큰 영토를 고향에 남겨두었으니 말이오." 여기서는 '뒤에 남은'이 '동행한'과, '충분한'이 '더 큰'과 대립된다. 또 5 한 "그래서 돈을 벌고 싶어하는 자들에게도, 돈을 쓰고 싶어하는 자들에게도"에서는 '쓰다'는 '벌다'에 대립된다. 또한 "이럴 때는 현인이 실패하고 바보가 성공하는 일이 비일비재하다"와 "그들은 감투상을 받자마자 그 뒤 오래지 않아 해양 제국을 이루었다"와 "헬레스폰토 10 스 해협에 다리를 놓고 아토스 산에 운하를 파서 육지를 지나 항해하고 바다를 지나 행군하기 위해"[93]와 "그리고 그들은 시민으로 태어났으나 법에 의해 시민권을 박탈당했다"와 "그중 어떤 자들은 비참하게 죽고, 어떤 자들은 수치스럽게 살아남았다"와 "사적으로는 이민족[94] 15 을 하인으로 부리고, 공적으로는 수많은 동맹국 백성이 노예로 전락하는 것을 묵인하고"와 "살아 있을 때 소유하거나 죽었을 때 물려주기 위해"도 마찬가지이다. 또한 누군가 법정에서 페이톨라오스와 뤼코프론을 탄핵하기 위해 말한 것도 마찬가지이다. "이들은 집에 있을

89, 105, 149, 181, 186을 조금씩 바꾼 것이다.

93 페르시아 왕 크세르크세스는 그리스를 신속히 정복하기 위해 헬레스폰토스 해협에 배다리를 놓고 아토스(Athos) 산이 있는 반도를 우회하는 것을 피하려고 반도의 길목에 운하를 파게 했다.

94 barbaros. 그리스인이 아닌 사람들.

때는 여러분을 팔더니 이제는 이곳을 찾아와 여러분을 샀습니다."[95]

20 이 모든 구절은 대립된다. 그리고 이런 종류의 문체는 즐겁다. 대립적
인 것들은 이해하기 쉽고 나란히 놓일 때는 더욱 그러하며, 또한 대립
은 삼단논법을 닮았기 때문이다. 상반된 두 결론을 나란히 놓음으로
써 그중 하나가 거짓임을 증명하니까.

대립[96]이란 그런 것이다. 파리소시스[97]는 총합문의 두 절의 길이가
25 같은 것이고, 파로모이오시스[98]는 각 절의 마지막 음절이 비슷한 것이
다. 그런 일은 각 절의 첫머리나 끝머리에서 나타나야 하는데, 첫머리
에서는 언제나 온전한 낱말들이 비슷해야 하고, 끝머리에서는 마지막
음절이 비슷하거나 같은 낱말의 격(格)들이 비슷하거나 같은 낱말이
반복되어야 한다. 첫머리에서 비슷한 경우는 다음과 같다.

ἀγρὸν γὰρ ἔλαβεν ἀργὸν παρ' αὐτοῦ[99]

(나는 그에게서 밭ἀγρὸν을, 묵정밭ἀργὸν을 받았다.)

30 다음도 마찬가지이다.

95 페이톨라오스(Peitholaos)와 뤼코프론(Lykophron)은 매형인 페라이(Pherai)의
참주 알렉산드로스를 살해했으나 마케도니아의 필립포스 왕에게 패한 뒤 용병 대장
이 되었다고 한다. 이 인용문의 장소와 상황, 화자(話者)에 관해서는 달리 알려진 것이
없다.
96 antithesis.
97 parisosis. '같음'.
98 paromoiosis. '동화'(同化).
99 아리스토파네스, 단편 649(Kock).

δωρητοί τ᾽ ἐπέλοντο παράρρητοί τ᾽ ἐπέεσσιν[100]

(하나 그들도 선물과 설득의 말에는 마음이 움직였소.)

끝머리에서 비슷한 경우는 이렇다.

ᾠήθης ἄν αὐτὸν οὐκ παιδίον τετοκέναι, ἀλλ᾽ αὐτον παιδίον

γεγονέναι[101]

(그대는 그가 아이의 아버지가 된 것이 아니라, 아이가 되었다고 생각
했으리라.)

다음도 마찬가지이다.

ἐν πλείσταις δὲ φροντίσι καὶ ἐν ἐλαχίσταις ἐλπίσιν.[102]

(걱정은 많고 희망은 없고)

같은 낱말의 격이 다른 경우는 다음과 같다.

ἄξιος δὲ ϛταθῆναι χαλκοῦς, οὐκ ἄξιος ὢν χαλκοῦ;[103]

(동전 한 푼의 가치도 없는 그가 동상으로 세워질 가치가 있다고?)

---

100 『일리아스』 9권 526행.
101 출전 미상.
102 출전 미상.
103 출전 미상.

35   같은 낱말이 반복된 경우는 이렇다.

σὺ δ᾽ αὐτὸν καὶ ζῶντα ἔλεγες *κακῶς* καὶ νῦν γράφεις *κακῶς*[104]

(그대는 그가 살아 있을 때는 나쁘게 말하더니 지금은 나쁘게 쓰는구려.)

음절이 비슷한 경우는 다음과 같다.

τί ἂν ἔπαθες δεινόν, εἰ ἄνδρ᾽ εἶδες ἀργόν;[105]

(그대가 게으름뱅이를 보았더라면 어떤 끔찍한 일을 당했겠는가?)

1410b   같은 문장에서 이런 특징을 모두 발견할 수도 있다. 대립, 파리소스,[106] 호모이오텔레우톤[107] 말이다. 총합문의 첫머리들은 『테오덱테이아』[108]에 사실상 전부 열거되어 있다. 또한 에피카르모스[109]가 자주 쓰는 것과 같은 가짜 대립들도 있다.

5   때로는 나는 그들의 집을 방문하고, 때로는 나는 그들 곁에 있었다.

104   출전 미상.
105   출전 미상.
106   parisos. 앞서 언급한 파리소시스(parisosis)를 말하는 것 같다.
107   homoioteleuton. '어미(語尾)가 같음'.
108   *Theodekteia*. 아리스토텔레스가 수사학자이자 비극 시인인 친구 테오덱테스를 기리기 위해 쓴 수사학에 관한 저술이다.
109   1권 주 73 참조.

제10장—재치와 은유

우리는 이런 문제들을 해결했으니, 이번에는 어떻게 말해야 재치 있고 인기를 끌 수 있는지 논해야 할 것이다. 재치 있고 인기를 끌려면 타고난 재능이나 오랜 훈련이 필요하다. 그리고 그런 것들이 무엇인지 밝히는 것이 우리가 고찰해야 할 과제이다. 그렇다면 먼저 우리는 그런 것들을 열거하되 다음을 논의의 출발점으로 삼도록 하자. 쉽게 배 10 우는 것은 본성적으로 누구에게나 즐겁고, 낱말은 무엇인가를 의미하므로 우리로 하여금 무엇인가를 배우게 만드는 낱말이 가장 즐겁다는 것 말이다. 그런데 이색적인 말은 알쏭달쏭하고, 일상적인 말은 우리가 이미 아는 것을 전달할 뿐이므로 그런 효과를 나타낼 수 없다. 그런 효과를 특히 가장 잘 나타내는 것은 은유이다. 노년을 "그루터기"[110]라고 부를 때 시인은 '시든 꽃'이라는 일반적 관념을 통해 우리에게 새로운 사실을 가르쳐주기 때문이다. 시인의 직유도 같은 효과를 15 나타낸다. 따라서 훌륭한 직유는 재기 발랄해 보인다. 직유는 앞서 말했듯이,[111] 낱말 하나[112]를 덧붙인다는 점에서만 은유와 다르다. 그래서 더 길기 때문에 덜 매력적이다. 직유는 A는 B라고 말하지 않으며, 따라서 듣는 사람도 그런 것에는 관심이 없다. 그러므로 우리에게 신 20 속한 정보를 제공하는 문체와 생략삼단논법은 필연적으로 모두 재기 발랄하다. 그래서 누구에게나 뻔해서 검토할 필요가 없는 피상적 생

---

110 『오뒷세이아』 14권 213행.
111 3권 4장 첫머리.
112 '처럼' 또는 '같이'.

략삼단논법이나 처음 들었을 때 알쏭달쏭한 생략삼단논법은 인기가

25 없고, 듣는 순간 이해할 수 있거나 처음에는 그 뜻이 분명하지 않지만 조금 뒤에는 분명해지는 생략삼단논법이 인기가 있다. 후자는 일종의 지식을 제공하지만, 전자는 당장이나 나중에도 아무런 지식을 제공하지 않기 때문이다. 그러니까 언급된 것의 내용과 관련해서는 이런 유형의 생략삼단논법이 인기가 있다. 문체와 관련해서는 대립 형

30 식이 인기가 있다. "나머지 모든 사람의 평화는 그들 자신의 사사로운 이익에 대한 전쟁이라고 판단하고는"[113]이 그 한 예이다. 낱말과 관련해서는 은유로서 사용하는 것이 바람직하다. 그러나 은유는 억지스러우면 안 된다. 그러면 이해하기 어려울 테니까. 뻔한 것이어서도 안 된다. 그렇다면 효과가 없을 테니까. 또한 낱말은 사물을 우리 눈앞에 옮겨놓아야 한다. 우리는 사건을 다가오는 것으로가 아니라 진행되는

35 것으로 보아야 하니까. 그래서 우리는 은유, 대립, 생생함[114]이라는 세 가지를 주목해야 한다.

1411a 은유는 네 가지가 있는데, 그중 가장 인기 있는 것은 유추[115]에 의한 것이다. 이를테면 페리클레스는 전사한 젊은이들이 나라에서 사라지는 것은 한 해의 봄을 빼앗기는 것과 같다고 말했다.[116] 또한 렙티

5 네스는 라케다이몬인들과 관련해 자기는 헬라스가 애꾸눈이 되도록

---

113 이소크라테스, 『필립포스』 73.

114 energeia.

115 analogia.

116 1권 7장 1365a 32~33 참조.

수수방관하지 않을 것이라고 말했다.[117] 또한 카레스가 올륀토스 전쟁에 참가한 것과 관련해 서둘러 감사(監査)받기를 원했을 때, 케피소도토스는 화를 내며 그는 백성의 멱살을 잡은 채 감사받으려 한다고 말했다.[118] 그는 또 아테나이인들이 밀티아데스의 포고 때처럼 양식을 준비해[119] 에우보이아로 출발하기를 촉구했다. 또한 아테나이인들이 10 에피다우로스[120]와 그 인근 해안 지방과 휴전조약을 체결했을 때, 이피크라테스는 분개하며 그들은 전쟁을 위한 노잣돈을 잃어버렸다고 말했다.[121] 페이톨라오스[122]는 파랄로스호[123](號)를 "민중의 지팡이"

---

117 기원전 371년 스파르테군이 보이오티아(Boiotia) 지방 레욱트라(Leuktra)에서 테바이군에게 패한 뒤 아테나이에 사절단을 파견해 도움을 청했을 때 데모스테네스의 정적인 렙티네스(Leptines)가 한 말이다. 헬라스(Hellas)는 그리스의 그리스어 이름이다. 펠로폰네소스 전쟁에서 패하기 전에는 아테나이와 스파르테가 그리스 세계에서 양대 강국이었다.

118 카레스(Chares)는 자신의 용병대를 이끌고 기원전 349년 에게 해 북쪽 칼키디케(Chalkidike) 반도 올륀토스(Olynthos)에서 벌어진 전쟁에 참가했다. 케피소도토스는 아테나이 웅변가이다. '백성의 멱살을 잡은 채'는 '아직도 용병대의 지휘관으로서 백성을 강제할 수 있는 위치에 있으면서'라는 뜻이다. 당시 아테나이의 모든 관리는 퇴임 후에는 감사를 받아야 했다.

119 마라톤 전쟁의 영웅 밀티아데스는 기원전 490년 페르시아군이 마라톤에 상륙했을 때 아테나이인들에게 식량도 준비하지 말고 지체 없이 행군하라고 명령했다. 에우보이아(Euboia)는 중부 그리스의 동쪽 바다에 있는 큰 섬이다. 아테나이군이 에우보이아로 간 것은 테바이군의 공격으로부터 이 섬을 지키기 위해서였다.

120 에피다우로스(Epidauros)는 펠로폰네소스 반도 아르골리스(Argolis) 지방의 동해안에 있는 해안 도시이다.

121 휴전조약을 체결함으로써 해군력이 약한 나라들을 공격해 전쟁 물자를 조달할 기회를 놓쳤다는 뜻이다.

122 페이톨라오스에 관해서는 3권 주 95 참조.

123 Paralos. 아테나이의 관용선(官用船)으로 정치범들을 실어나르기도 했다.

라고, 세스토스¹²⁴를 "페이라이에우스의 곡물 저장고"라고 불렀다.

또한 페리클레스는 "페이라이에우스의 눈엣가시"인 아이기나¹²⁵를

없애라고 아테나이인들에게 명령했다. 또한 모이로클레스¹²⁶는 자신

이 거명하는 어떤 존경받는 시민보다 결코 더 악당이 아니라고 주장

하며, 그는 33퍼센트나 악당인데 자기는 10퍼센트만 악당이기 때문이

라고 했다. 또한 결혼을 자꾸 미루는 딸들에 대한 아낙산드리데스의

단장격 시행도 마찬가지이다.

20   내 딸들은 결혼 기한을 넘기고 있소.¹²⁷

또한 폴뤼에욱토스¹²⁸는 스페우십포스라는 중풍 환자와 관련해

"행운이 그를 질병의 형틀에 묶었는데도" 가만있을 수 없었다고 말

했다. 케피소도토스는 삼단노선들은 "다채롭게 색칠한 맷돌들"¹²⁹

이라고 불렀고, 견유학파 철학자는 선술집을 "앗티케의 공동식사 장

---

124 세스토스(Sestos)는 헬레스폰토스 해협의 유럽 쪽에 있는 도시로 흑해 무역의 주요 거점이었다. 페이라이에우스는 아테나이의 외항이다.

125 아이기나는 아테나이 앞바다에 있는 섬이다.

126 모이로클레스(Moirokles)는 데모스테네스와 동시대인으로 반(反)마케도니아파 웅변가이다. 그는 돈놀이를 한 것 같으며 여기 나오는 숫자는 이자율을 말하는 것 같다.

127 아낙산드리데스(Anaxandrides), 단편 68(Kock). 아낙산드리데스는 중기 희극시인이다. '기한을 넘기다'라는 은유는 벌금이나 빚 갚을 기한을 넘기는 데서 따온 것이다.

128 폴뤼에욱토스(Polyeuktos)는 반마케도니아파 연설가이다.

129 '조공을 바치는 동맹국들을 갈아버리는 맷돌'이라는 뜻.

소"[130]라고 불렀다. 아이시온[131]은 아테나이인들이 나라를 시켈리아[132]²⁵에 "몽땅 쏟아부었다"[133]고 말했는데, 그것은 눈앞에 보는 것 같은 은유이다. "헬라스가 비명을 지를 때까지"라는 그의 말도 눈앞에 보는 것 같은 은유이다. 또한 케피소도토스는 아테나이인들에게 너무 자주 몰려다니지 않도록 조심하라고 일렀다. 이소크라테스도 축제 때 몰려다니는 자들에 대해 말한 바 있다.[134] 다른 예는 다음과 같은 추 ³⁰ 도사에서 볼 수 있다. "헬라스는 당연히 살라미스에서 전사한 분들의 무덤에 머리털을 잘라 바쳐야[135] 합니다. 헬라스의 자유와 그분들의 용기가 그곳에 함께 묻혔기 때문입니다." 만약 말하는 사람이 헬라스는 자신의 용기도 함께 묻혔으니 당연히 눈물을 흘려야 한다고 말했어도 그것만으로도 눈앞에 보는 것 같은 은유일 것이다. 반면에 "헬라 ³⁵ 스의 자유"가 "그들의 용기"와 결합하면 일종의 대립이 생겨난다. 또 ^{1411b} 한 이피크라테스는 "내가 하는 말의 길은 카레스의 행적의 한가운데를 통과한다"고 말했는데, 여기서 은유는 유추에 의한 것이고, '한가운데를 통과한다'는 말은 은유를 눈앞에 보이게 만든다. "어떤 위험에서 벗어나기 위해 다른 위험을 불러들인다"고 말하는 것도 눈앞에

---

130 디오게네스(Diogenes)가 한 말로 스파르테에서는 공동식사 장소가 조용한데 아테나이에서는 소란스럽다는 뜻이다.

131 아이시온(Aision)은 아테나이 연설가로 데모스테네스의 정적이다.

132 시켈리아(Sikelia)는 시칠리아의 그리스어 이름이다.

133 펠로폰네소스 전쟁 때 아테나이 원정군이 시칠리아에서 전멸하다시피 한 일을 두고 한 말이다.

134 이소크라테스, 『필립포스』 12.

135 경의를 표하기 위한 행동이다.

5 보는 것 같은 은유이다. 또한 뤼콜레온은 카브리아스를 변호하며 말
했다.[136] "그들은 그의 동상이 취한 탄원하는 자세에도 경의를 표하지
않았소." 이것은 언제나 유효하지는 않지만 당장에는 유효하며 눈앞
에 보는 것 같은 은유이다. 카브리아스가 위험에 처했을 때 무생물인
10 동상이 생물이 되어 그를 위해 탄원하며 국가를 위한 그의 공적을 상
기시키기 때문이다. 또한 "하찮게 생각하기 위해 온갖 방법으로 노력
하면서"[137]도 마찬가지이다. 어떤 것을 위해 '노력한다'는 것은 그것을
늘리는 것을 의미하기 때문이다. "지성[138]은 신이 혼 안에 켜놓은 등
불이다"도 마찬가지이다. 지성도 등불도 무언가를 밝히기 때문이다.
15 "우리는 전쟁을 끝내는 것이 아니라 휴전할 뿐이다"[139]도 그렇다. 그
런 종류의 연기와 평화는 둘 다 미래사에 속하기 때문이다. 또한 "그
런 조약은 우리가 전쟁터에 세운 것들보다 훨씬 훌륭한 승전 기념비[140]
이다. 승전 기념비는 사소한 이득과 하나의 성공을 기념하기 위한 것
이지만, 평화조약은 전쟁 전체의 종결을 축하하기 때문이다"[141]고 말

---

136 뤼콜레온(Lykoleon)에 관해서는 달리 알려진 것이 없다. 카브리아스(Kabrias)는
아테나이 장군이다. 전쟁에서 승리한 카브리아스를 위해 나라에서 땅바닥에 무릎을
꿇은 자세로 동상을 세웠는데, 이것은 적군을 기다리는 동안 그가 병사들에게 취하라
고 명령한 자세였다. 동상은 아고라에 세워져 법정에서 내다볼 수 있었는데, 뤼콜레온
은 동상을 가리키며 그가 무릎을 꿇고 탄원하는 만큼 그의 공로를 보아서라도 관용을
베풀어달라고 호소했다고 한다.

137 이소크라테스, 『축제 연설』 151.

138 nous.

139 이소크라테스, 『축제 연설』 172.

140 tropaion. 적군이 등을 돌려 달아나기 시작한 곳에 세웠다.

141 이소크라테스, 『축제 연설』 180.

하는 것도 은유이다. 평화조약도 승전 기념비도 승리의 표지이니까.

또한 "국가도 주민이 잘못을 비판하면 엄중히 감사(監査)한다"도 마 20

찬가지이다. 감사는 정당한 처벌의 일종이기 때문이다.

제11장—생생함

재치 있는 표현이 유추에 의한 은유와 눈앞에 보는 것 같은 생생함의 결과물이라는 데 대해서는 이미 언급한 바 있다. 이번에는 '눈앞에 보는 것 같은'이 무엇을 의미하며, 그러자면 어떻게 해야 하는지 설명해야 할 것이다. '사물을 눈앞에 보는 것처럼 만든다'는 것은 사물을 활동하는 상태로 재현하는 표현을 사용하는 것을 의미한다. 이를테면 훌륭한 사람은 '정사각형이다'[142]라고 말하는 것은 은유이다. 훌륭한 사람도 정사각형도 완전하기 때문이다. 그러나 이런 은유는 활동성을 표현하지 못한다. 반면에 "활기 넘치는 한창때"[143]와 "그러나 그대는 신에게 바쳐질 고삐 풀린 가축처럼 자유롭게"는 활동성을 표현하며, "그러자 헬라스인들이 발로 뛰어서 서둘러 소집에 응했다"[144]도 마찬가지이다. 여기서 '발로 뛰어서'는 '날램'을 의미하므로 활동성과 은유를 내포하기 때문이다. 또한 호메로스는 무생물에 대해 마치 그것이 살아 있는 것처럼 말하곤 했다. 그런 구절들이 인기를 끄는 것은 다음 예문들에서 볼 수 있듯이 그것들이 내포하는 활동성 덕분이다. 예를 들어 "그러면 그 뻔뻔스러운 돌덩이가 도로 들판으로 굴러내렸다"[145] "화살이 날아갔다"[146] "(화살이) 맹렬한 기세로 (무리들 사이

---

142 또는 '네모반듯하다'. 시모니데스, 단편 5.
143 이소크라테스, 『필립포스』 10.
144 에우리피데스, 『아울리스의 이피게네이아』(*Iphigeneia he en Aulidi*) 80행. 현존하는 텍스트에서는 "발로 뛰어"(ποσίν') 대신 "창을 들고"(δορί)로 되어 있다.
145 『오뒷세이아』 11권 598행.
146 『일리아스』 13권 587행.

로) 날아갔다"[147] "(창들이) 그의 살을 포식하기를 열망하며 땅에 꽂혔다"[148] "사나운 창이 앞으로 나아가기를 열망하며 그의 가슴을 뚫었다"[149]가 그렇다.

이 모든 예문에서 사물이 활동적인 것처럼 보이는 것은 살아 있는 것으로 표현되기 때문이다. '뻔뻔스러움'과 '맹렬한 기세' 등은 모두 활동성을 표현하니까. 호메로스는 유추에 의한 은유를 통해 사물에 ⁵ 이런 속성을 덧붙였다. 돌덩이에 대한 시쉬포스[150]의 관계는 뻔뻔스러운 자에 대한 피해자의 관계와 같기 때문이다. 그는 유명한 직유에서도 무생물을 같은 방법으로 다룬다. "활처럼 구부러지고 거품을 뒤집어쓴 (노호하는 바다의 수많은 물결이) 더러는 앞에서 더러는 뒤에서 (치솟는다)." 그는 모든 것이 살아 움직이게 만드는데, 활동성이란 움 ¹⁰ 직임이기 때문이다.

앞서 말했듯이,[151] 은유는 원래 사물에 관련되지만 뻔하게 관련되지 않은 것들에서 빌려와야 한다. 그것은 철학에서 멀리 떨어진 사물의 유사성을 포착하기 위해서는 날카로움이 필요한 것과도 같다. 그

---

147 같은 책 4권 126행.

148 같은 책 11권 574행.

149 같은 책 15권 542행.

150 시쉬포스(Sisyphos)는 코린토스 시의 전설적 건설자이다. 그는 신들을 속이는 등 온갖 악행을 일삼다가 저승에 가서 돌덩이를 산꼭대기로 굴려 올리는 벌을 받았다. 그 돌덩이는 산꼭대기에 다다르면 도로 굴러떨어져 그는 이런 고역을 끊임없이 반복해야 했다.

151 3권 10장 1410b 32 참조.

15 래서 아르퀴타스[152]는 중재인과 제단은 같다고 말했다. 둘 다 불의를
당한 자의 피난처이니까. 누가 닻과 S자형 갈고리[153]는 같다고 말하는
경우도 마찬가지이다. 하나는 밑에서, 다른 하나는 위에서 지켜준다
는 차이 말고는 이 둘은 어떤 의미에서는 같기 때문이다. 또한 도시들
이 "평준화되었다"[154]고 말하는 것도 두 가지 멀리 떨어진 것들을 동
일시하는 것이다. 도시의 구조와 역량 말이다.

　　말을 가장 재치 있게 만드는 것은 대개 은유이며, 듣는 사람을 추
20 가로 기만하는 것도 그럴 수 있다. 예상 밖의 결론이 날 때 듣는 사람
은 뭔가 새로운 것을 배웠다는 인상을 더 강하게 받으며, 그의 마음은
'맞았어! 내가 잘못 생각했어!' 하고 말하는 것 같기 때문이다. 금언이
재치 있게 들리는 것은 말하는 것을 의미하지 않기 때문이다. 예를 들
어 "매미들이 땅에서 자기들을 위해 울 것이다"[155]라는 스테시코로스
25 의 말이 그렇다. 같은 이유에서 재치 있는 수수께끼들도 즐겁다. (무
엇인가를 배우고 은유가 포함되기 때문이다.) 테오도로스[156]가 말하
는 '새로운 것들'도 마찬가지이다. 이런 것들은 무엇인가가 역설적이
고, 그의 말처럼 지금까지의 예상과 맞지 않을 때 생겨난다. 그것은 희
극적 효과를 위해 말을 살짝 비트는 것과도 같다. (그런 효과는 한 낱

152　아르퀴타스(Archytas)는 퓌타고라스학파 철학자이자 수학자로 플라톤의 친구
이다.
153　오븐 위에 냄비 등을 매다는 갈고리.
154　이소크라테스, 『필립포스』 40.
155　2권 21장 1395a 1과 주 82 참조.
156　2권 주 168 참조.

말의 자모를 바꾸는 익살로도 나타날 수 있다. 그것은 기만하는 것이니까.) 그런 현상은 운문에서도 발견할 수 있다. 이를테면 다음 시행 30은 듣는 사람이 예상한 대로 끝맺지 않는다. "그는 성큼성큼 걸었다. 발이 동상에 걸린 채." 듣는 사람은 '샌들'이라는 낱말이 이어질 것으로 예상했을 것이다. 그러나 이런 종류의 농담은 말하는 순간 분명해야 한다. 낱말의 철자를 바꾸는 농담은 말하는 사람이 말하는 것을 의미하는 것이 아니라, 그것이 암시하는 것을 의미한다. 예를 들어 테오도로스가 키타라 연주자 니콘[157]에 대해 "그는 그대를 어리둥절하 35게 만들 것이오"[158]라고 말하는 경우가 그렇다. "그는 트라케인 기생만도 못하오"[159]라고 말하고 싶지만 달리 말하면서 그대를 속이기 때문이다. 농담은 요점을 알아차리는 사람에게만 즐겁다. 니콘이 트라 1412b케인이라는 것을 모르는 사람에게는 그런 말이 재치 있다고 생각되지 않을 테니까. "그대는 그를 멸하기[160]를 원하는구려"도 마찬가지이다. 하지만 이 두 경우 발언은 사실에 부합해야 한다. 아테나이인들에게는 해양 제국이 재앙의 시작[161]이 아니었다는 재치 있는 발언도 마찬가지이다. 그들에게는 그것이 유익했으니까. "아테나이에게는 제국 5

---

157 Theodoros. Nikon. 키타라(kithara)는 뤼라(lyra)를 개량한 발현악기이다.

158 θράξει σε.

159 θρᾷξ εἶ σέ. 트라케는 에게 해 북쪽 기슭과 지금의 불가리아를 가리키는 이름으로 당시 그곳 주민들은 야만족으로 간주되었다.

160 πέρσαι(πέρθω 동사의 aorist 1 부정사)와 Πέρσαι(페르시아인들)의 음이 같은 것을 갖고 언어유희를 하고 있다.

161 그리스어 ἀρχή에는 '제국' '지배'란 뜻도 있고 '시작'이란 뜻도 있다.

이 불행의 시작이었다"라는, 그와 상반된 이소크라테스의 발언[162]도 마찬가지이다. 이 두 경우 모두 말하는 사람은 예상하지 않은 것을 말하고, 그것이 사실임을 인정받으니까. 두 번째 예문에서 '제국은 제국이다'라고 말하는 것은 재치 있는 발언이 아닐 것이다. 이소크라테스는 그 이상을 말하려 하며, 그래서 낱말을 새로운 의미로 사용한다.

10 첫 번째 예문에서도 부정된 낱말은 다른 의미로 사용된다. 이 모든 경우 낱말이 다의적으로 사용되건 은유로 사용되건 사실에 부합해야 성공할 수 있다. 예를 들어 "아나스케토스는 참을 수 없다"[163]는 어떤 의미에서 이러저러한 것이 다른 의미에서는 이러저러하지 않다고 말하지만, 아나스케토스가 정말로 참을 수 없을 만큼 불쾌한 사람이라면 적절한 농담이라 할 수 있다. 또한 "그대는 이방인보다 더 서먹서먹해서는 안 된다"나 "그대는 필요 이상으로 서먹서먹해서는 안 된다"는

15 "이방인은 언제까지나 서먹서먹해서는 안 된다"와 같은 뜻이다. 여기서도 하나의 낱말이 다른 뜻으로 사용된다. 알렉산드리데스의 이름난 글귀도 마찬가지이다.

죽어 마땅한 짓을 하기 전에 죽는 것은 훌륭한 일이다.[164]

---

162 이소크라테스, 『필립포스』 61, 『축제 연설』 119, 『평화에 관하여』(*Peri tes eirenes* 라/*De Pace*) 101 참조.
163 Ἀνάσχετος οὐκ ἀνάσχετος. 아나스케토스라는 이름은 '참을 수 있는 사람'이라는 뜻이다.
164 아낙산드리데스, 희극 단편 64.

이것은 "죽는 것이 적절하지 않을 때 죽는 것이야말로 적절하다",
아니면 "죽어 마땅하지 않는데도 또는 죽을죄를 짓지 않았는데도 죽 　20
는 것이야말로 적절하다"고 말하는 것과 같기 때문이다. 이 모든 예
문에서 사용되는 표현방식은 동일하다. 하지만 그런 말들은 더 간결
하고 더 대립적으로 표현될수록 그만큼 더 인기를 끈다. 대립은 더 깊
이 이해하게 하고, 간결함은 더 빨리 이해하게 하니까. 또한 언급된 것
이 사실이고 진부한 말이 되지 않기 위해서는 언제나 특정인에게 적 　25
용되거나, 아니면 올바로 표현되어야 한다. 이런 요구들은 언제나 동
시에 충족되는 것이 아니기 때문이다. 이를테면 "사람은 죄를 짓지 않
고 죽어야 한다"와 "올바른 남자는 올바른 여자와 결혼해야 한다"는
표현은 사실이기는 하지만 따분하다. 그러나 두 조건이 충족된다면
재치 있는 표현이 될 것이다. "죽어 마땅하지 않는데도 죽는 것이야말 　30
로 적절하다." 그런 특징이 많은 표현일수록 그만큼 더 재치 있어 보인
다. 이를테면 그것의 낱말이 은유를, 그것도 제대로 된 은유를 내포하
고 대립적이고 균형 잡히고 활동성을 보여줄 때 말이다.

　성공적인 직유도 앞서[165] 말했듯이, 어떤 의미에서는 은유이다. 그
런 직유들은 유추에 의한 은유처럼 두 항(項)으로 이루어지기 때문이 　35
다. 예를 들어 "방패는 아레스의 잔이다" 또는 "활은 현이 없는 포르 　1413a
밍크스[166]이다"라고 말하는 경우처럼 말이다. 이런 식으로 은유를 사
용하는 것은 간단한 일이 아니지만 활을 현악기인 포르밍크스라 부르

165　3권 4, 10장 참조.
166　phorminx. 현이 3~5개뿐인 옛 현악기이다.

거나 방패를 잔이라고 부르는 것은 간단하다. 직유도 간단한 것들이
있다. 우리는 피리 연주자는 원숭이와 같고, 근시안은 그을음이 나는
등불과 같다고 말할 수 있기 때문이다. 눈도 불꽃도 계속해서 깜박이
니까. 직유가 가장 성공적인 것은 그것이 은유를 내포할 때이다. 방패
는 아레스의 잔과 같고, 폐허는 집의 넝마와 같다고 말할 수 있고, 니
케라토스는 프라튀스에게 물린 필록테테스[167]와 같다고 말할 수 있기
때문이다. 트라쉬마코스는 니케라토스가 음송(吟誦) 경연에서 프라
튀스에게 패하고 나서 씻지도 않고 머리도 손질하지 않은 채 돌아다니
는 것을 보고는 그렇게 비교했다. 특히 시인들은 이런 점들에서 실패
하면 인기가 시들해지고 성공하면 유명해진다. 그들이 적절한 비유를
제시할 때 말이다.

그는 파슬리 잎처럼 오그라든 두 다리로 걷고 있다.[168]

필람몬처럼 연습용 자루로 권투 연습을 하며.[169]

167 필록테테스(Philoktetes)는 트로이아 전쟁 때 그리스군 명궁수로 트로이아로 항
해하던 도중에 뱀에 물려 악취를 풍기고 괴로워 아우성치는 바람에 렘노스(Lemnos)
섬에 버려진다. 하지만 10년째 되던 해에 트로이아로 건너가 파리스를 쏘아 죽이고 트
로이아의 함락을 앞당긴다. 소포클레스, 『필록테테스』 참조. 이때의 경연 주제는 필록
테테스의 이야기였던 것 같다. 니케라토스(Nikeratos)에 관해서는 달리 알려진 것이 없
으며, 트라쉬마코스는 소피스트이다. Pratys.
168 출전 미상.
169 출전 미상.

이런 표현들은 모두 직유이며, 직유는 여러 번 말했듯이 은유의 일 15
종이다.

격언도 한 종(種)에서 다른 종으로 전용(轉用)된 은유이다. 이를테
면 어떤 사람이 이득을 볼 것을 기대하고 무엇인가를 집안으로 끌어
들이다가 나중에 오히려 손해를 본다면, 사람들은 그것을 "카르파토
스인과 산토끼"[170] 같다고 말한다. 양쪽이 다 같은 불행을 겪었기 때문
이다. 재치 있는 표현들은 어디서 유래하며 왜 그런지 대해 설명할 수 20
있는 것은 사실상 다 설명했다.

성공적 과장[171]도 은유이다. 예를 들어 (맞아서) 눈두덩이 새까만
사람에 대해 "그대는 그가 한 바구니의 오디라고 생각했으리라"고 말
하는 경우가 그렇다. 여기서 '새까만 눈'은 그 색깔 때문에 오디에 비유
되고, 과장된 것은 오디의 양이다. 또한 "이것 또는 저것과 같이"라고
말하는 것은 어법만 다른 과장이다. 그래서 '필람몬처럼 연습용 자루 25
로 권투 연습을 하며'는 '그대는 그가 연습용 자루로 권투 연습을 하
는 필람몬이라고 생각했을 것이다'와 같은 뜻이며, '그는 파슬리 잎처
럼 오그라든 두 다리로 걷고 있다'는 '그의 두 다리는 하도 오그라들
어 그대는 그것들이 다리가 아니라 파슬리 잎이라고 생각했을 것이
다'와 같은 뜻이다. 과장은 격정적 성격을 드러내므로 젊은이에게 맞 30
다. 그래서 사람들은 대개 화가 났을 때 과장해서 말한다.

---

[170] 좋은 의도로 섬에 들여온 산토끼 수가 감당할 수 없이 불어나는 바람에 오히려
재앙이 되었다는 뜻이다. 카르파토스(Karpathos)는 로도스(Rhodos)와 크레테 사이에
있는 섬이다.
[171] hyperbole.

모래나 먼지만큼 많은 선물을 준다 해도 아가멤논은 (⋯)[172]

나는 아트레우스의 아들 아가멤논의 딸을 아내로 삼지

않겠소. 설령 그녀가 황금의 아프로디테와 아름다움을

35   다투고 아테나와 솜씨를 겨룬다 해도.[173]

1413b   그래서 나이가 지긋한 사람에게는 과장해서 말하는 것이 어울리

지 않는다. 과장법은 앗티케 연설가들이 특히 잘 쓴다.

---

172 『일리아스』 9권 385행. "내 마음을 되돌리지 못할 것이오"가 빠져 있다.

173 『일리아스』 9권 389~390행. 아킬레우스가 아가멤논의 제의를 거절하며 하는 말
이다.

제12장―장르에의 적합성

하지만 수사학의 장르마다 적합한 문체가 다르다는 사실을 잊어서는 안 된다. 작문의 문체는 토론의 문체와 같지 않고, 토론의 경우에도 대중 연설과 법정 연설은 같지 않기 때문이다. 그리고 이 두 가지 모두 5 에 능해야 한다. 후자에 능하다는 것은 훌륭한 헬라스 말을 할 줄 아 는 것이고, 전자에 능하다는 것은 대중에게 무엇인가를 전달하고 싶 을 때 가만있도록 강요당할 필요가 없다는 것을 의미하는데, 사실 글 을 쓸 줄 모르면 이런 수모를 당하기 마련이다. 작문의 문체는 가장 정 확하고, 토론의 문체는 연출에 가장 적합하다. (연출에는 두 종류가 10 있는데, 하나는 성격을 나타내고 다른 하나는 감정을 나타낸다.) 그 래서 배우들은 언제나 이런 종류의 연극을 찾고, 시인들은 이런 종류 의 배우들을 찾는다. 하지만 오직 읽히기 위해 작품을 쓰는 시인들도 인기가 있다. 이를테면 전문적 연설문 작성자만큼 정확한 카이레몬 이 그렇고, 디튀람보스 시인 중에서는 리큄니오스[174]가 그렇다. 그리 고 다른 사람들의 연설과 비교할 때 전문 작가의 연설은 공개 토론장 15 에서는 궁색하게 들리고, 연설가들의 연설은 듣기는 좋아도 독자의 손에 넘어가면 문외한의 작품으로 보인다. 연출하기 쉬운 연설은 공 개 토론에 적합하니까. 그래서 연출하기 적합한 연설은 연출할 수 없 으면 제 기능을 발휘하지 못해 진부해 보인다. 예를 들어 접속어 생략 이나 잦은 동어반복은 작문 문체에서는 당연히 비판 대상이 되지만, 20 토론 문체에서는 그렇지 않아 연설가들이 애용한다. 그런 것들은 극

---

174 Likymnios.

적 효과가 있기 때문이다. 그러나 같은 것을 되풀이해서 말할 때는 표현을 바꾸어야 한다. 그러는 것이 극적 효과를 위해 말하자면 길을 닦기 때문이다. "이 사람이 여러분의 물건을 훔친 자이며, 이 사람이 여러분을 속인 자이며, 이 사람이 종국에는 여러분을 배신하려 했던 자입니다." 이를테면 배우 필레몬[175]이 알렉산드리데스[176]의 『노망』(老妄)[177]에서 "라다만튀스와 팔라메데스"라고 말한 것도,[178] 그리고 『경건한 자들』[179]의 프롤로고스[180]에서 "나는"[181]이란 낱말을 반복한 것도 그 때문이다. 그런 표현들을 적절하게 연출하지 않는 사람은 딱딱하고 서투른 연설가가 될 테니까.

접속어 생략도 마찬가지이다. "나는 갔다. 만났다. 간청했다." 그런 구절들은 연출되어야 하며, 마치 한 가지만 말하는 것처럼 같은 태도와 같은 어조로 말해서는 안 된다. 또한 접속어 생략은 동시에 여러 가지를 말하는 것처럼 보인다는 특성을 갖는다. 접속어 사용이 여럿을

175　Philemon.

176　Alexandrides. 기원전 4세기의 희극 작가.

177　*Gerontomania.*

178　무슨 뜻인지 확실하지 않다. 아마도 필레몬은 같은 낱말이 반복되는 구절들을 연출하는 데는 기량이 탁월하다는 뜻인 것 같다. 크레테의 전설적 입법자 라다만튀스(Rhadamantys)와 크레테의 전설적 왕 미노스(Minos)는 제우스와 에우로페(Europe)의 아들들로 이들은 사후에 저승에서 혼들의 심판관이 되었다. 팔라메데스(Palamedes)는 에우보이아 섬 출신 그리스군 지장인데 오뒷세우스의 모함으로 트로이아 앞에서 그리스군이 던진 돌에 맞아죽는다.

179　*Hoi eusebeis.*

180　prologos. 프롤로고스는 드라마의 주제와 상황을 설명하기 위해 드라마의 맨 처음에 나오는 독백 또는 대화 부분이다.

181　ego.

하나로 만들 듯이, 접속어 생략은 거꾸로 하나를 여럿으로 만들기 때문이다. 그래서 그것은 모든 것을 더 중요하게 만든다. 이를테면 "나는 갔다. 대화했다. 탄원했다 ··· (이 얼마나 여럿인가!) ··· 그는 내 말을 무시했다"[182]가 그렇다. 다음 시행에서 호메로스가 노리는 효과도 바로 그것이다.

1414a

> 니레우스도 쉬메에서 (···)
> 니레우스는 아글라이아와 (···)
> 니레우스는 최고 미남이었다.[183]

이야깃거리가 많은 사람은 자주 언급되어야 하니까. 그래서 이름이 자주 언급되는 사람은 이야깃거리도 많았을 것이라고 생각된다. 그리하여 호메로스는 이 대목에서 단 한 번 언급했음에도 이런 오류에 의해 니레우스를 대단한 인물로 만들었으며, 그에 관해 나중에는 일언반구도 언급하지 않지만 그를 길이 기억에 남는 인물로 만들었다.

5

심의용 연설의 문체는 사실상 대략적으로 그린 사생화와도 같다. 청중이 많을수록 바라봐야 하는 지점은 청중에게서 더 멀어지기 때문이다. 그래서 이 두 가지 점에서 고도의 완성도는 불필요하며 오히려 불리하기까지 하다. 그러나 법정 연설의 문체는 더 꼼꼼하며, 단 한

10

---

182 텍스트가 확실하지 않다.

183 『일리아스』 2권 671~673행. 니레우스(Nireus)는 트로이아 전쟁에 참가한 그리스군 장수 중에서 아킬레우스에 버금가는 미남이다. 쉬메(Syme)는 소아시아 카리아 해안과 로도스 섬 사이에 있는 섬이다.

명의 재판관 앞에서는 더욱 그렇다. 거기에는 수사학적 기교를 부릴 여지가 별로 없기 때문이다. 전체를 더 잘 개관할 수 있어 무엇이 주제에 속하고 무엇이 속하지 않는지 판단할 수 있으니까. 따라서 다툼의 여지가 적으며, 판결은 순수하다. 그래서 같은 연설가들이 이 모든 문체에서 탁월하지는 못한 것이다. 연출이 가장 효과적인 곳에서는 문체의 완성도가 가장 덜 필요한데, 이 경우 연설가는 목청이 좋아야 하며, 무엇보다도 목소리가 커야 한다.

과시용 연설의 문체가 가장 문어적이다. 그것은 읽히기 위해 작성되기 때문이다. 그다음으로 문어적인 것이 법정 연설의 문체이다. 문체를 더 세분화해 문체는 즐거워야 한다거나 호방해야 한다고 덧붙이는 것은 불필요하다. 어째서 문체는 '절제'나 '너그러움'이나 그 밖의 다른 미덕보다 이런 특징을 더 많이 가져야 한단 말인가? 문체의 탁월성을 규정한 우리의 정의가 옳은 것이라면,[184] 이미 언급한 자질이 분명 문체를 즐거운 것으로 만들어줄 것이기 때문이다. 즐거운 것으로 만들기 위해서가 아니라면 대체 무엇 때문에 문체는 명료해야 하고, 저속하지 않고 적절해야 하겠는가? 문체는 수다스러워도 명료하지 못하고, 너무 간결해도 명료하지 못하다. 그러니 분명 그 중간이 가장 적절하다. 또한 문체는 앞서 언급한 것들에 의해서도, 말하자면 일상적인 것과 색다른 것의 혼합과, 리듬과, 적절성에서 비롯되는 신빙성으로도 즐거운 것이 될 수 있다.

이상으로 우리는 수사학 일반과 관련해서도, 수사학의 각 장르와

---

184   3권 2장 첫머리 참조.

관련해서도 문체에 대해 말할 것은 다 말했다. 이제 남은 것은 배열[185]   30
에 관해 논하는 일이다.

185   taxis.

제13장—진술과 증명

연설은 두 부분으로 이루어진다. 주제를 진술하고 그것을 증명해야 하기 때문이다. 따라서 주제를 진술하고 그것을 증명하지 않는다거나, 아니면 먼저 주제를 진술하지 않고도 그것을 증명한다는 것은 불가능하다. 증명하는 사람은 무엇인가를 증명하고, 진술하는 사람은 증명하기 위해 진술하기 때문이다. 이 두 부분 가운데 처음 것이 주35 제의 진술이고 나중 것이 증명인데, 그것은 마치 우리가 문제와 증명을 구분하는 것과도 같다. 그러나 지금 통용되는 구분은 불합리하다. '진술'[186]은 분명 법정 연설에만 속하기 때문이다. 과시용 연설이나 대중 연설에서 어떻게 이른바 '진술'이나 상대방을 논박하는 말이 있을 1414b 수 있으며, 증명하는 연설에서 어떻게 맺는말[187]이 있을 수 있겠는가? 또한 심의용 연설에서 도입부와 쟁점 비교와 요약은 정책상의 갈등이 있을 때만 발견된다. 고발과 변호도 심의용 연설에서 자주 발견되지만, 그것들이 심의용 연설의 본질적 부분을 구성하지는 않는다. 법정 5 연설에도 맺는말이 언제나 필요하지는 않다. 이를테면 연설이 짧거나 사실들을 기억하기 쉬울 경우에는 말이다. 맺는말의 특징은 연설 길이를 축소하는 것이기 때문이다.

따라서 연설에 꼭 필요한 부분은 진술과 증명이다. 이것들이 연설의 고유한 부분이고, 연설은 많아야 도입부와 진술과 증명과 맺는말의 네 부분을 포함할 수 있다. 상대방을 논박하는 말은 증명에 포함되

---

186 diegesis.

187 epilogos.

며, 쟁점 비교는 연설가 자신의 주장을 확대하는 것이고, 따라서 역시 10
증명의 일부이기 때문이다. 쟁점을 비교하는 사람은 무엇인가를 증명
하는 것이니까. 하지만 도입부와 맺는말은 이미 말한 것을 상기시켜
줄 뿐이다. 우리가 연설을 네 부분으로 나눈다면, 테오도로스와 그의
추종자들처럼 본 진술을 보충 진술이나 예비 진술과 구분하고, 논박
을 최종 논박과 구별할 것이다. 그러나 우리는 다른 유(類)와 실제 차 15
이를 말할 때에만 새로운 이름을 도입해야 하며, 그러지 않으면 그 이
름은 공허하고 실속 없는 허튼소리가 될 것이다. 리큄니오스가 그의
『수사학』에서 도입한 '경계에서 이탈하기' '본론에서 벗어나기' '가지
치기' 같은 용어처럼 말이다.

제14장—도입부

도입부는 연설의 시작이며, 그 점에서 시의 프롤로고스나 피리 연주 의 서곡과도 같다. 이런 것들은 모두 시작이며, 뒤따라올 것을 위해 서 말하자면 길을 닦기 때문이다. 음악의 서곡은 과시용 연설의 도입 부와 비슷하다. 피리 연주자가 먼저 잘 연주할 수 있는 멋진 악절을 연 주하고 나서 그것을 바탕음에 연결시키듯이, 과시용 연설에서도 연설 가는 같은 방법을 택해야 한다. 말하자면 그는 말하고 싶은 것을 당장 말하고 나서 주제를 제시하고는 그것을 향해 나아가야 한다. 실제로 모든 연설가가 그렇게 한다. 예를 들어 이소크라테스의 『헬레네』[188] 의 도입부가 그렇다. 쟁론가들과 헬레네 사이에는 아무런 공통점이 없기 때문이다. 또한 이야기가 옆길로 샐 경우에도, 그것이 연설 전체 가 단조로운 것보다는 더 적절하다.

과시용 연설 도입부의 통상적 주제는 찬양이나 비난이다. (이를테 면 고르기아스는 『올륌피아 경기 연설』[189]에서 "헬라스인들이여, 여 러분은 많은 사람에게 찬탄받을 자격이 있습니다"라고 말하며 축 제 모임을 창설한 그들을 찬양한다. 그런가 하면 이소크라테스는 그 들이 육체적 탁월함에 대해서는 상을 주면서도 지혜로운 사람들에 게 주는 상은 제정하지 않았다고 비난한다.[190]) 또는 도입부를 조언으 로 시작할 수도 있다. "우리는 훌륭한 사람들을 존경해야 하며, 그래

---

188 이소크라테스가 헬레네를 옹호하고 찬양하는 연설이다.

189 *Ho Olympikos logos.*

190 이소크라테스, 『축제 연설』 1, 2 참조.

서 나는 아리스테이데스[191]를 찬양하는 것입니다" 또는 "우리는 유명하지는 않지만 사악하지는 않은 사람들을, 프리아모스의 아들 알렉산드로스[192]처럼 훌륭하지만 드러나지 않은 사람들을 존경해야 합니다." 이런 말은 일종의 조언이니까. 또는 연설가들이 법정에서 말하듯 시작할 수도 있다. 말하자면 우리가 다루는 주제가 역설적이거나 난 1415a 해하거나 진부할 경우 용서를 구하기 위해 코이릴로스[193]처럼 청중에게 호소하는 것으로 시작할 수 있다.

이제 모든 것이 분배된 마당에 (…)[194]

따라서 과시용 연설의 도입부는 찬양이나 비난, 권유나 만류, 청중 5 에게 하는 호소로 이루어질 수 있다. 그리고 그 기조는 이색적인 것이거나 연설과 직접적으로 연관된 것일 수 있다. 그러나 법정 연설의 도입부는 드라마의 프롤로고스나 서사시의 도입부와 같은 효력을 갖는다는 점에 유념해야 한다. 한편 디튀람보스의 프롤로고스는 과시용 10 연설의 도입부와 비슷하다.

---

191 2권 주 115 참조.
192 헬레네를 납치한 파리스. 그가 훌륭한 사람이라는 것은 우리가 아는 사실과 다르다.
193 코이릴로스(Choirilos)는 사모스 출신 서사시인으로 페르시아 전쟁에 관한 시를 썼는데, 지금은 다음과 같이 행의 반만 남아 있다.
194 페르시아 전쟁에 관해서는 옛날 시인들이 이미 많은 것을 작시했으므로 요즘 시인들은 새로운 것을 작시하기가 어렵다는 뜻이다.

그대와 그대의 선물들과 그대의 전리품들 때문에.[195]

법정 연설과 서사시에서 도입부는 주제를 미리 맛보게 하는데, 이는 무엇에 관한 이야기인지 미리 알려주어 청중이 마음 졸이지 않게 하려는 것이다. 막연한 것은 청중을 헤매게 하니까. 말하자면 청중의 손에 시작을 맡기는 자는 도입부만 꼭 잡고 있으면 이야기를 따라갈 수 있게 만들어주는 것이다. 그래서 다음과 같은 도입부가 생겨났다.

노래하소서, 여신이여! (…)의 분노를.[196]

들려주소서, 무사 여신이여! (…) 그 사람의 이야기를.[197]

큰 전쟁이 아시아 땅에서 에우로페로 어떻게 건너왔는지
새로운 이야기를 들려주소서.[198]

마찬가지로 비극 시인들도 에우리피데스처럼 첫머리가 아니면 소포클레스처럼 프롤로고스의 어느 부분에서 드라마 주제가 무엇인지 밝힌다.

195 출전 미상.
196 『일리아스』 1권 1행.
197 『오뒷세이아』 1권 1행.
198 코이릴로스의 단편.

희극도 마찬가지이다. 따라서 도입부의 가장 중요하고 고유한 기능
은 연설 목적을 밝히는 것이다. (따라서 주제가 분명하거나 사소한 것
일 때는 도입부를 사용해서는 안 된다.) 연설가들이 사용하는 그 밖 25
의 다른 도입부는 모두 청중의 단점을 치유하기 위한 것이고 모든 연
설에 공통된다. 그런 것들은 연설가나 청중이나 주제나 상대방에 관
련된다. 연설가 자신이나 그의 상대방에 관련된 것들은 선입관을 없
애거나 선입관을 갖게 하려는 것이다. 하지만 방법은 다르다. 선입관
의 문제를 피고인은 도입부에서 다루지만, 고소인은 맺는말에서 다룬 30
다. 그 이유는 명백하다. 피고인이 자신을 소개하려면 장애물을 모두
치워야 하므로 먼저 자신에게 불리한 선입관을 없애야 하지만, 고소
인은 청중이 더 생생하게 기억할 수 있도록 맺는말에서 선입관을 갖
게 해야 하기 때문이다.

청중에게 호소하는 것은 청중의 호감을 사거나, 청중을 분개하게 35
하거나, 때로는 청중의 주의를 환기하거나, 청중의 주의가 산만해지
게 하려는 것이다. 주의를 환기하는 것이 언제나 유리한 것은 아니기
때문이다. 그래서 많은 연설가가 청중을 웃기려 한다. 청중의 이해를
구하기 위해서라면 존경스러워 보이는 것을 포함해 무슨 짓을 해도
좋다. 존경스러운 사람들은 주목받으니까. 그런데 청중은 중요하고 1415b

---

199 『오이디푸스 왕』(*Oidipous Tyrannos*) 774행. 그러나 774행을 프롤로고스라고 보
기는 어려울 것이다.

자신과 이해관계가 있고 놀랍고 즐거운 것들에 주목한다. 따라서 연설가는 자기가 말하려는 것이 그런 것이라는 인상을 주어야 한다. 그리고 청중이 주목하기를 원하지 않는다면, 자기가 말하려는 것이 중요하지 않고 그들과는 무관하며 듣기 거북할 것이라는 인상을 주어야 한다. 그러나 이렇게 어떤 인상을 주는 것들은 모두 연설 자체와는 무관하다는 점을 잊어서는 안 된다. 그런 것들은 수준이 낮고 핵심에서 벗어난 것들에 귀를 기울이는 청중을 대상으로 한다. 그런 사람이 아니라면, 말하자면 연설이라는 몸에 머리를 얹기 위해 주제를 간단하게 요약하는 것 이상의 도입부는 필요하지 않을 것이다. 또한 청중의 주의를 환기하는 것이 꼭 필요하다면 연설의 모든 부분에 똑같이 적용될 것이다. 사실 도입부는 주의가 가장 덜 산만해지는 곳이다. 따라서 모두가 가장 주의 깊게 경청하는 연설 첫머리에 그런 일을 맡긴다는 것은 불합리하다. 그러므로 알맞은 순간에 이렇게 말해야 한다. "여러분은 내 말을 귀담아들으십시오. 내 말은 나 못지않게 여러분과도 상관이 있습니다." 또는 "나는 여러분이 아직 들어보지 못한 끔찍하고도 놀라운 일을 말하려 합니다." 그것이 바로 청중이 꾸벅꾸벅 졸기 시작할 때마다 그들에게 50드라크메짜리 강의를 뚝딱 해치우는 것이라고 프로디코스[200]가 늘 말하던 것이다. 그러나 그런 도입부는 분명 이상적 청중이 아니라 일반적 청중을 위한 것이다. 모든 연설가는 도입부에서 상대방에 대해 선입관을 갖게 하거나 아니면 자신의 우

---

200 Prodikos. 케오스 섬 출신의 소피스트로 소크라테스와 동시대 사람이다. 당시 50드라크메는 큰돈이다.

려를 해소하려고 노력하기 때문이다.

왕이시여, 저는 급히 달려왔다고 말씀드리지 않겠습니다.[201]   20

대체 어떤 변고가 일어났단 말이오?[202]

그러한 도입부는 무엇보다도 나쁜 쪽을 대변하거나 대변하는 것처럼 보이는 자들이 즐겨 사용한다. 그들에게는 사건 자체보다 다른 것을 강조하는 편이 더 낫기 때문이다. 그래서 노예들은 묻는 말에 대답하지 않고 서론을 늘어놓으며 에둘러 말한다. 청중이 호의와 그 밖에 그와 유사한 다른 감정을 갖게 하는 방법에 대해서는 이미 설명한 바 25 있다.[203] 그리고 호메로스의 다음과 같은 시행은 멋진 말이다.

내가 사랑스럽고 가련한 사람으로서 파이아케스족의 나라에 가게 하소서![204]

연설가는 이 두 감정[205]을 일깨워야 한다. 한편 과시용 연설에서는

---

201   소포클레스, 『안티고네』 223행.
202   에우리피데스, 『타우리케의 이피게네이아』 1162행.
203   2권 1, 7, 8장 참조.
204   『오뒷세이아』 6권 327행. 파이아케스족(Phaiakes)은 스케리아(Scheria 지금의 코르푸 Corfu) 섬에 살았다는 전설적 해양부족이다. 난파당해 혈혈단신이 된 오뒷세우스는 그곳 사람들의 도움을 받아 20년 만에 귀향한다.
205   호의와 연민.

듣는 사람이 그 찬사에는 그 자신이나 그의 가족이나 그의 생활 방식
30 이나 그 밖의 것들이 포함된다고 믿게 만들어야 한다. 소크라테스는
추도사에서 아테나이인들의 면전에서 아테나이인들을 칭찬하는 것
은 어렵지 않지만 라케다이몬인[206]들의 면전에서 아테나이인들을 칭
찬하는 것은 어렵다고 말하는데,[207] 그 말은 참말이기 때문이다.

대중 연설의 도입부는 법정 연설의 도입부에서 빌려올 수 있지만,
대중 연설에는 본성상 도입부가 드물다. 사실 청중은 연설의 주제를
35 잘 알아 도입부가 필요 없기 때문이다. 그러나 연설가 자신을 위해서
또는 그의 상대방 때문에, 또는 연설가가 보기에 청중이 문제를 지나
치게 중시하거나 경시하기에 도입부가 필요할 때가 있을 것이다. 그래
서 연설가는 선입관을 일깨우든지 없애든지 해야 하며 주제의 중요성
을 확대하든지 축소하든지 해야 한다. 도입부는 이런 목적을 위해 필
요하거나 아니면 장식용으로 필요할 것이다. 도입부가 없으면 연설이
1416a 즉흥적인 것으로 보일 테니까. 고르기아스의 엘리스[208]인들에게 보내
는 찬사가 그런 종류의 연설이다. 그는 프롤로고스나 서곡도 없이 대
뜸 "엘리스여, 축복 받은 도시여!"라고 시작하니 말이다.

206 라케다이몬(Lakedaimon)은 대개 스파르테와 같은 뜻으로 쓰인다.
207 플라톤, 『메넥세노스』(Menexenos) 235d 참조.
208 엘리스(Elis)는 펠로폰네소스 반도 북서부에 있는 지역 이름이자 도시 이름이다.

제15장—선입관

선입관을 없애는 한 가지 방법은 자신에게 적대적인 추측을 해소하는 것이다. (그런 추측이 공개적으로 표명되건 그렇지 않건 차이가 없다. 그래서 이것은 보편적 규칙이라고 할 수 있다.) 또 다른 방법은 쟁점에 정면으로 대응하는 것이다. 사실 자체를 부인하거나, 해코지한 적이 없다거나, 적어도 고소인에게는 해코지하지 않았다고 주장함으로써 말이다. 또는 그 중요성이 과장되었다거나, 자기는 불의한 짓을 하지 않았다거나, 불의한 짓을 그리 심하게 하지는 않았다거나, 수치스러운 짓을 하지 않았다거나, 큰일을 내지 않았다고 주장할 수도 있다. 이런 것들은 쟁점이 될 수 있다. 그래서 이피크라테스는 나우시크라테스[209] 에게 그가 주장하는 행위를 행하고 그를 해코지한 것은 인정하면서도 그에게 불의한 짓을 했다고 인정하지는 않았다. 또는 불의한 짓을 했을 때는 그 행위는 해롭기는 했으나 고매했다고, 괴롭기는 했으나 유익했다고 주장하거나 그 밖에 그와 유사한 주장을 함으로써 균형을 맞출 수 있다.

또 다른 방법은 그대의 행위가 실수나 불운이나 불가피한 사정 때문이었다고 주장하는 것이다. 이를테면 소포클레스[210]는 자기가 몸을 떠는 것은 고소인의 주장처럼 늙어 보이기 위해서가 아니라, 팔순 노인이 되는 것은 그의 의지와는 무관한 만큼 불가피한 사정 때문이라

---

209 이피크라테스는 아테나이 장군이다. 나우시크라테스(Nausikrates)는 수사학자이다.

210 비극 시인을 말하는 것인지 확실하지 않다.

고 말했다. 또한 행위를 동기로 균형을 맞추며 자기는 해코지하려던 것이 아니라 이러저러한 행위를 하려던 것이라고 주장하거나, 자기는 고소인이 주장하는 행위를 하려던 것이 아니었으며 해코지한 것은 우발적이었다고 주장할 수 있다. "내가 고의적으로 그런 짓을 했다면 미움 받아 마땅하겠지요."

또 다른 방법은 고소인 자신이나 그와 친한 사람이 지금 또는 이전에 비슷한 사건에 말려들거나, 남도 같은 의심을 받지만 결백하다는 것이 밝혀질 경우에 사용할 수 있다. 이를테면 이렇게 말하는 경우가 그렇다. "누가 멋쟁이라고 해서 샛서방이라면, 아무개 아무개도 틀림없이 그렇겠구먼."

또 다른 방법은 고소인이 이미 같은 이유로 남을 고소했거나 아니면 자신이 남에게 고소당했을 경우, 또는 공식적으로 고소당하지 않고 지금 그대처럼 의심받았지만 결백하다는 것이 입증되었을 경우에 사용할 수 있다. 또 다른 방법은 고소인을 맞받아치는 것이다. 믿음직하지 못한 사람의 말을 믿는다는 것은 불합리하기 때문이다.

또 다른 방법은 이미 내려진 판결에 호소하는 것이다. 이를테면 에우리피데스가 재산 맞교환[211]에 관한 재판에서 그랬듯이 말이다. 휘기아이논[212]이 다음 시행에서 위증을 조장했다는 이유로 에우리피데스를 불경죄로 고발했을 때,

---

211 고대 그리스에서는 공공 봉사를 요청받은 부유한 시민이 자기보다 더 부유한 자가 그 의무를 자기에게 떠넘겼다고 생각하면 그를 법정으로 소환해 재산 맞교환을 강요할 수 있었다.
212 Hygiainon.

맹세를 한 것은 혀고, 내 마음은 맹세하지 않았소. [213]

에우리피데스는 그가 디오뉘소스 축제 소관인 결정을 법정으로 이관하는 것은 불의를 저지르는 것이라고 대답했다. "나는 이미 그곳에서 이 말에 대해 설명했으며, 그대가 나를 그곳에서 고소하겠다면 다시 설명할 용의가 있소." 또 다른 방법은 선입관은 판결의 성격을 왜곡하 35 고 사실과 무관하므로 얼마나 부당한 것인지 보여줌으로써 선입관을 공박하는 것이다.

쌍방에 공통적인 논제는 그럴듯한 증거를 제시하는 것이다. 예컨 1416b 대 『테우크로스』[214]에서 오뒷세우스는 그의 어머니 헤시오네가 프리아모스의 누이이므로 테우크로스는 프리아모스의 인척이라고 말한다. 그러자 테우크로스는 자기 아버지 텔라몬[215]은 프리아모스의 적이었으며, 자기도 헬라스군이 트로이아로 정탐꾼을 보냈다는 사실을 폭로한 적이 없노라고 대답한다. 또 다른 방법은 고소인에게 적합한 것으로서 중요하지 않은 것은 장황하게 칭찬하고 중요한 것은 간략하게 5 비난하거나, 상대방의 좋은 점을 몇 가지 언급하고 나서 사건과 관계

---

213 에우리피데스, 『힙폴뤼토스』(*Hippolytos*) 612행.

214 소포클레스의 작품으로 지금은 단편만 남아 있다. 테우크로스(Teukros)는 트로이아 전쟁 때 그리스군의 명궁수이지만 그의 어머니 헤시오네(Hesione)는 트로이아 마지막 왕 프리아모스의 누이이다.

215 텔라몬(Telamon)은 아이아스(Aias)와 테우크로스의 아버지이다. 그는 트로이아 전쟁이 일어나기 전에 헤라클레스와 함께 트로이아로 건너가, 명마(名馬)를 주겠다는 약속을 지키지 않은 트로이아 왕 라오메돈(Laomedon)을 죽이고 트로이아를 쑥대밭으로 만든 적이 있다.

가 있는 한 가지 나쁜 점을 비난하는 것이다. 그런 방법들은 가장 교묘하고 가장 불의하다. 그런 방법들은 상대방의 좋은 점을 나쁜 점과 섞음으로써 좋은 점으로 상대방을 해코지하려 하기 때문이다. 고소인과 변명하는 사람이 둘 다 사용할 수 있는 다른 방법도 있다. 같은 것이 여러 동기에서 행해질 수 있기에, 고소인은 둘 중 나쁜 동기를 택함으로써 나쁜 의미로 해석하고, 변명하는 사람은 좋은 의미로 해석해야 하기 때문이다. 이를테면 디오메데스가 오뒷세우스를 동반자로 선택했을 때,[216] 한편으로는 그가 오뒷세우스를 가장 적격자라고 생각했기 때문이라고 말할 수 있고, 다른 한편으로는 오뒷세우스는 겁쟁이인지라 그에게 대항할 수 없는 유일한 장수였기 때문이라고 말할 수 있다.

---

216 2권 주 159 참조.

제16장—진술

선입관에 대해서는 이쯤 논하고, 이번에는 진술에 대해 논하기로 하자. 과시용 연설에서 진술은 연속적이지 않고 단속적(斷續的)이다. 연설 주제를 구성하는 행위를 개관해야 하기 때문이다. 연설은 두 부분으로 구성된다. 그중 한 부분은 연설가의 기술로는 제공되지 않는다. (연설가가 사건 자체를 만들어내는 것은 아니니까.) 다른 부분은 그의 기술로 제공된다. 그것은 증거가 필요하면 문제의 행위들이 행해졌다는 증거를 제시하거나, 그것들이 어떤 것인지 보여주거나, 그것들이 얼마나 중요한지 보여주거나, 이 세 가지를 모두 보여주는 것이다. 그래서 모든 행위를 연속적으로 기술하는 것은 때로는 바람직하지 않다. 그런 식의 보여주기는 기억하기 어렵기 때문이다. 따라서 어떤 사실로는 그대의 주인공이 용감하다는 것을 보여주고, 다른 사실로는 그가 지혜롭고 정의롭다는 것을 보여주어야 한다. 또한 이런 종류의 연설은 비교적 단순하지만 다른 종류의 연설은 복잡하고 정교하다. 잘 알려진 행위들은 언급만 하면 된다. 그 행위들은 잘 알려졌기에 대부분의 사람에게는 진술할 필요조차 없다. 예를 들어 그대가 아킬레우스를 칭찬하고 싶다면 (모두가 그의 행적을 잘 알므로) 진술이 전혀 필요 없다. 그의 행적을 이용하기만 하면 된다. 그러나 크리티아스[217]를 칭찬하고 싶다면 그의 행적을 진술해야 한다. 그의 행적을 아는 사람이 많지 않기 때문이다··· [218]

20

25

---

217   Kritias. 이른바 '30인 참주' 중 한 명이라고 보는 이도 있다.
218   여기서 텍스트의 일부가 없어진 것으로 보인다.

30 　오늘날에는 이상하게도 진술은 신속해야 한다고 말한다. 하지만
"빵 반죽을 되게 할까요, 눅게 할까요?"라는 질문을 받은 사람이 제
빵사에게 "뭐라고? 당신은 빵 반죽을 제대로 할 수 없단 말이오?"라
고 대답했다고 하는데, 이 경우에도 마찬가지이다. 도입부도 증명도
길어서는 안 되듯이 진술도 길어서는 안 된다. 이 경우에도 좋음은 빠
35 름과 간결함이 아니라 적당함에 있기 때문이다. 그것은 사실 관계를
밝힐 만큼, 또는 듣는 사람이 그런 일이 실제로 일어났다고 또는 누군
1417a 가에게 해코지를 하거나 불의를 행했다고 믿게 만들거나 그것들이 그
대가 바라는 정도로 중요한 것이라고 믿게 만들 만큼 말하는 것이다.
상대방은 그와 정반대로 해야 한다. 그대는 말이 난 김에 그대의 미덕
을 보여줄 수 있는 것을 말하거나(예컨대 "나는 그에게 늘 올바로 처
신하기를 권유하며 아이들을 버리지 말라고 했습니다") 상대방의 악
5 덕을 보여줄 수 있는 것을 말하거나(예컨대 "그는 자신이 어디에 있든
다른 자식들이 생길 것이라고 대답했습니다") 헤로도토스에 따르면
아이귑토스인 탈주자들이 왕에게 대답했다는 말을 하는 것이다.[219]
그 밖에 무엇이든 재판관들이 좋아할 만한 말을 하는 것이다.

　변명할 때는 진술이 길 필요가 없다. 변명하는 쪽은 그런 일이 일어
나지 않았다고, 또는 해코지하거나 불의하지 않았다고, 또는 상대방
의 주장처럼 그리 중요한 것은 아니라고 주장해야 하기 때문이다. 따

---

219 『역사』 2권 30장. 탈주하던 일부 이집트인 수비대를 뒤쫓아 가서 고국의 신들과
처자를 버리지 말라고 이집트 왕이 간곡히 부탁하자 그중 한 명이 자기 남근을 가리키
며 이것만 있으면 처자는 어디서든 생길 것이라고 대답했다고 한다.

라서 그는 이를테면 그런 일이 일어나기는 했으나 불의한 짓이 아니었다는 것을 증명하는 데 도움이 되지 않는다면 기정사실을 갖고 시간 낭비를 할 필요가 없다. 또한 과거사들도 지금 일어나는 것으로 묘사되면 동정과 놀라움을 불러일으킬 만한 것들만 언급해야 한다. 예를 들어 알키노오스에게 들려준 이야기[220]는 페넬로페의 면전에서는 60행으로 줄어들었으며,[221] 또 다른 예는 파윌로스의 '서사시권'[222] 축약본과 『오이네우스』[223]의 프롤로고스에서 볼 수 있다.

진술은 성격을 묘사해야 한다. 그러기 위해 우리는 무엇이 진술로 하여금 그러하게 만드는지 알아야 한다. 그중 한 가지는 도덕적 의도를 밝히는 것이다. 성격은 도덕적 의도에 의해 결정되고, 도덕적 의도는 목적에 의해 결정된다. 그래서 수학에 관한 담론은 성격을 묘사하지 못한다. 그런 것은 도덕적 의도와는 무관하기 때문이다. (그런 것은 도덕적 목적을 갖지 않으니까.) 그러나 소크라테스의 대화는 성격을 묘사한다. 도덕적 문제를 다루기 때문이다. 성격을 묘사하는 또 다른 요소는 개별 성격에 따르는 특징들이다. 예를 들어 "그는 말을 하면서 걸어갔다"가 그런 경우이다. 이것은 그의 성격이 건방지고 거칠다는 것을 말해주기 때문이다. 또한 우리는 오늘날 연설가들처럼 계

---

220 『오뒷세이아』 9~12권을 달리 부르는 이름. 알키노오스(Alkinoos)는 파이아케스족의 왕이다. 오뒷세우스는 그가 다스리던 섬에 혼자 표류해 자신이 트로이아를 떠난 뒤 온갖 고생을 하며 바다를 떠돌던 이야기를 장황하게 들려준다.

221 페넬로페(Penelope)는 오뒷세우스의 아내이다. 『오뒷세이아』 23권.

222 '서사시권'에 관해서는 1권 주 166 참조. 파윌로스(Phayllos)에 관해서는 달리 알려진 것이 없다.

223 『오이네우스』(Oineus)는 현재 단편만 남아 있는 에우리피데스의 비극이다.

산해서 말하는 것이 아니라 도덕적 의도에서 말하는 것처럼 보여야

25 한다. "하지만 나는 그러기를 원했고, 그러기를 택했소. 아무런 이득

이 생기지 않는다 하더라도 그 편이 더 훌륭하기 때문이지요." 전반부

는 지혜[224]를 나타내고, 후반부는 미덕을 나타낸다. 지혜로운 사람은

이로운 것을 추구하고, 훌륭한 사람은 아름다운 것을 추구하니까. 이

런 종류의 것이 믿기지 않는다고 생각될 때는 그 이유를 덧붙여야 한

다. 소포클레스가 『안티고네』에서 그 본보기를 보여준다. 안티고네

30 는 자기는 남편이나 아이들보다 오라비가 더 염려된다고 주장하며 그

이유는 남편이나 아이들은 잃더라도 다시 얻을 수 있다고 말한다.

하지만 어머니도 아버지도 모두 저승에 가 계시니

내게 오라비는 다시는 태어나지 않겠지요.[225]

그런 이유를 댈 수 없을 때는 그대는 자신이 믿기지 않는 것을 주장

한다는 것을 알지만 그래도 그대가 본성적으로 그런 사람이라는 것

35 을 보여주어야 한다. 누군가 자기에게 이득이 되지 않을 일을 일부러

할 것이라고 믿을 사람은 세상에 아무도 없을 테니까.

또한 여러 감정도 이용해야 한다. 누구나 아는 감정을 표출하고 그

대 자신과 상대방을 구분해줄 특징들을 언급함으로써 말이다. "그는

---

224 실천적 지혜.
225 『안티고네』911~912행.

나를 노려보며 떠났다." 아이스키네스가 크라튈로스[226]에 관해 그는
식식거리며 두 주먹을 휘둘러댔다고 말한 것처럼 해야 한다. 이런 것
들은 설득력이 있다. 청중이 아는 것들이 참이면 이는 곧 청중이 알지
못하는 것들도 참이라는 징표가 되기 때문이다. 호메로스에서 그런
예를 많이 발견할 수 있다.

> 그녀가 이렇게 말하자, 노파는 두 손으로 얼굴을 가리고.[227] 5

울기 시작하는 사람들은 두 눈을 가리기 때문이다. 그대는 그대 자
신도 그대의 상대방도 어떤 성격의 소유자라고 당장 소개해 청중이
그대나 그대의 상대방을 그런 사람으로 여기게 하되, 눈에 띄지 않게
그렇게 하라. 그런 것이 눈에 띄기 쉽다는 것은 전령의 경우에서 알 수
있다. 우리가 아무것도 몰라도 그것을 전하러 온 전령을 보면 어렴풋
이 알 수 있기 때문이다. 진술은 연설의 여러 곳에 도입하되 첫머리에 10
도입해서는 안 될 때도 있다.

대중 연설에서는 진술할 여지가 아주 적다. 아직 일어나지 않은 일
은 아무도 진술할 수 없기 때문이다. 만약 거기에도 진술이 있다면,
그것을 상기함으로써 청중이 미래사를 더 잘 판단할 수 있게 하려고
과거사를 진술하는 것일 것이다. 비난하거나 아니면 칭찬하는 뜻에서 15

---

226 아이스키네스(Aischines)는 아테나이 연설가이고, 크라튈로스(Kratylos)에 관
해서는 달리 알려진 것이 없다.
227 『오뒷세이아』 19권 361행.

말이다. 그러나 그럴 경우 연설가는 (민회) 의원의 역할을 하고 있는 것이 아니다. 믿기지 않는 대목이 있으면 당장 해명하겠다고, 그리고 청중이 인정하는 사람의 판단에 맡기겠다고 약속해야 한다. 이를테면 카르키노스[228]의 『오이디푸스』에서 이오카스테[229]는 그녀의 아들을 찾는 사람이 물을 때마다 늘 자기 대답이 참말이라고 약속한다. 그리고 소포클레스의 하이몬[230]도 그렇게 한다.[231]

228 Karkinos. 기원전 5세기의 비극 시인.
229 Iokaste. 오이디푸스의 어머니이자 아내.
230 크레온의 아들로 안티고네의 약혼자.
231 『안티고네』 683행 이하.

제17장―증거와 반증

증거는 설득력이 있어야 한다. 증거는 쟁점과 직접적 관계가 있어야 하는데 쟁점은 네 가지로 분류된다. 예를 들어 행위가 일어나지 않았다고 주장한다면 법정에서 그대가 주로 할 일은 이를 증명하는 것이다. 행위가 상대방에게 해를 입히지 않았다고 주장한다면 이를 증명 25 해야 한다. 또한 행위가 상대방의 주장처럼 심각하지 않거나 정당한 것이었다고 주장한다면 이런 사실을 증명해야 한다. 그대가 행위를 행하지 않았다고 주장한다면 이를 증명할 것처럼 말이다. 그러나 명심해야 할 것은 쟁점이 첫 번째 종류에 속할 때에만 둘 중 어느 한쪽이 악당이 될 수밖에 없다는 것이다. 이 경우에는 무지를 이유로 내세울 수 없다. 행위가 정당했느냐의 여부가 쟁점일 때는 그럴 수 있겠지만 말이다. 따라서 그럴 경우에는 몰랐다고 주장할 수 있어도 다른 경우 30 에는 그럴 수 없다.

과시용 연설에서 확대는 주로 행위가 고매하고 유익하다는 것을 증명하는 데 쓰인다. 청중은 사실을 그대로 믿기 때문이다. 증거는 그런 사실이 믿기지 않거나 그 책임이 다른 사람에게 전가되는 드문 경우에만 제시하면 된다. 대중 연설에서는 어떤 제안이 실행 불가능하다거나, 실행 가능하다 해도 불의하거나 유익하지 않거나 제안자의 주 35 장처럼 의미 있는 것은 아니라고 주장할 수 있다. 우리는 쟁점에서 벗어난 사소한 문제에서도 그가 거짓 주장을 하지 않는지 살펴보아야 한다. 그것은 그가 쟁점과 관련해서도 거짓 주장을 한다는 증거로 보이기 때문이다.

예증은 대중 연설에 가장 적합하고, 생략삼단논법은 법정 연설에 1418a

가장 적합하다. 대중 연설은 미래사를 다루므로 과거사를 예로 들 수
밖에 없다. 법정 연설은 어떤 것이 사실이냐 아니냐 하는 문제를 다루
5 므로 증명과 필연의 영역에 속한다. 과거사는 필연에 속하니까. 일련
의 생략삼단논법을 연속해서 사용해서는 안 되고, 다른 것과 섞어서
사용해야 한다. 그러지 않으면 그것들은 서로 상충된다. 그 사용 횟수
에도 한계가 있기 때문이다.

여보게, 자네는 슬기로운 사람이 말할 만큼만 말했네.[232]

여기서 호메로스는 '말할 만한'이라고 하지 않고 '말할 만큼'이라고
말한다. 아무 쟁점에서나 생략삼단논법을 찾아내려고 하지 마라. 찾
10 아내려 한다면 전제들보다 더 잘 알려지고 더 그럴듯한 결론을 이끌
어내는 몇몇 철학자 꼴이 될 것이다.[233] 또한 감정을 불러일으키려 한
다면 생략삼단논법을 사용하지 마라. (그것은 감정을 없애거나 쓸데
없는 짓이 될 것이다. 동시적 운동은 서로를 배척하기에 결과적으로
15 서로를 파괴하거나 약화시키기 때문이다.) 성격을 묘사하는 구절에서
도 생략삼단논법을 동시에 추구해서는 안 된다. 증명 과정은 성격도
도덕적 의도도 포함할 수 없기 때문이다. 반면에 금언은 진술에서도
사용하고 논증에서도 사용해야 한다. 그러는 것은 성격을 나타내기
때문이다. "나는 어느 누구도 믿어서는 안 된다는 것을 알면서도 그에

---

232 『오뒷세이아』 4권 204행.
233 이미 알려진 것을 증명하는 것은 무의미하다는 뜻이다.

게 그것을 내주었습니다." 또는 감정에 호소하기 위해서라면 이렇게 20
말할 수 있다. "그리고 나는 불의를 당했지만 후회하지 않습니다. 그
의 몫은 이득이지만, 내 몫은 정의이니까요."

대중 연설은 법정 연설보다 더 어렵다. 그도 그럴 것이 대중 연설은
미래사를 다루기 때문이다. 반면에 법정 연설은 크레테의 에피메니
데스[234]가 말했듯이 점쟁이도 이미 아는 과거사를 다룬다. (에피메니
데스는 미래사에 관해서는 예언하지 않고 모호한 과거사에 관해서만 25
예언했다.) 또한 법정 연설의 주제는 법률이다. 그래서 출발점만 있으
면 무엇이든 더 쉽게 증명할 수 있다. 또한 대중 연설은 상대방을 공격
하거나 자신에 관해 말하거나 청중의 감정을 불러일으키는 등 옆길로
샐 기회를 많이 주지 않는다. 사실 이 분야에서는 다른 분야에서보다
옆길로 샐 기회가 더 적다. 청중의 주의를 딴 데로 돌리기로 작정한 것
이 아니라면 말이다. 따라서 논제가 궁하면 아테나이 연설가, 특히 이 30
소크라테스의 선례를 따라야 한다. 그는 대중 연설을 하다가 툭하면
사람들을 공격하는데, 이를테면 『축제 연설』에서는 라케다이몬인들
을 공격하고,[235] 동맹군에 관한 연설에서는 카레스를 공격한다.[236]

과시용 연설에서는 찬사를 곁들인 일화로 연설에 변화를 주어야 한
다. 이소크라테스가 찬사를 곁들일 목적으로 언제나 누군가를 끌어
들이듯이 말이다. 바로 이것이 고르기아스가 자기는 화제가 궁한 적 35

---

234 Epimenides. 크레테의 시인이자 예언자.
235 『축제 연설』 110~114 참조.
236 『평화에 관하여』 27 참조. Chares.

이 없었다고 주장했을 때 말하고자 한 바이다. 그가 아킬레우스를 찬양한다면, 이어서 펠레우스를, 이어서 아이아코스[237]를, 이어서 제우스를 찬양하고, 마찬가지로 용기 있는 자도 이러저러한 일을 해냈으며 얼마나 탁월했는지 열거하며 찬양하니 말이다. 증거를 제시할 수 있으면 연설에 도덕적 성격과 증명의 성격을 둘 다 부여하되, 생략삼단논법이 없을 때는 도덕적 성격에만 의존해야 한다. 실제로 훌륭한
40 사람에게는 자신이 꼼꼼한 이론가라는 것보다는 자신이 훌륭한 사람
1418b 이라는 것을 보여주는 편이 더 적절하다. 반증 생략삼단논법이 논증 생략삼단논법보다 더 인기가 있다. 반증은 어떤 것이든 논리적 결론에 도달했다는 것이 더 분명하기 때문이다. 상반된 것들은 나란히 놓일 때 눈에 더 잘 띄는 법이니까.

5 　상대방에 대한 논박은 다른 부류의 증거가 아니며, 어떤 증거는 이의 제기로, 어떤 증거는 반대 삼단논법으로 반박할 수 있다. 심의용 연설에서도 법정 연설에서도 먼저 말하는 사람이 자신의 증거들을 먼저 제시하고 나서 반박하거나 미리 우스꽝스럽게 만듦으로써 상대방 논리에 대처해야 한다. 그러나 상대방의 논리가 복잡하면 멧세네 민
10 회에서 칼리스트라토스[238]가 한 것처럼 해야 하는데, 그는 상대방들이 자기에게 내세울 법한 논리들을 먼저 반박한 다음 자신의 논리를 제시했다. 하지만 나중에 말할 때는 먼저 논박과 반대 삼단논법으로

237　펠레우스(Peleus)는 아킬레우스의 아버지이고 아이아코스(Aiakos)는 펠레우스의 아버지로 제우스의 아들이다.
238　1권 주 67 참조. 그는 기원전 362년 펠로폰네소스 반도에 외교 사절로 파견된 적이 있다. 멧세네는 펠로폰네소스 반도 서남부 지방이다.

상대방 연설에 대응해야 한다. 특히 상대방 연설에 박수갈채가 쏟아질 때는. 우리 마음은 전에 선입관을 가졌던 사람을 비우호적으로 대하는데, 이는 상대방이 훌륭하게 말했다 싶으면 연설의 경우에도 마찬가지이다. 그래서 청중의 마음속에 그대가 하려는 연설을 위해 공간을 만들어야 한다. 그러자면 상대방 연설이 남겨둔 인상을 지워버려야 한다. 따라서 상대방의 논리 전체나 가장 중요한 논제들이나 설득력이 있어 보이는 논제들이나 논박하기 쉬운 논제들을 먼저 공격하고 나서 자신의 논리를 입증해야 한다.

> 먼저 나는 여신들의 명예를 옹호하고 (…)
>
> 나는 믿을 수 없어요, 헤라께서 (…)²³⁹

이 구절에서 헤카베²⁴⁰는 헬레네의 가장 큰 약점을 물고 늘어진다.

증거들에 관해서는 이쯤 해두자. 성격과 관련해 어떤 것들은 자신에 관해 말하면 시기를 사거나 장황해지거나 자가당착에 빠질 수 있고, 남에 관해 말하면 입버릇이 사납다거나 본데없다고 비난받을 수 있으므로, 『필립포스』²⁴¹와 『재산 맞교환』²⁴²에서 이소크라테스가

---

239 에우리피데스, 『트로이아 여인들』(*Troiades*) 969, 971행.

240 트로이아 왕비로 다른 여인들과 함께 그리스에 노예로 끌려가다가 항해 도중 실종된다.

241 『필립포스』 4~7행 참조.

242 *Antidosis*, 132~139, 141~149 참조.

그러듯이, 그런 말은 제3자가 하게 해야 한다. 아르킬로코스[243]도 같은 수법으로 비난한다. 단장격 시행에서 아버지가 딸에 대해 말하게 하니 말이다.

> 세상에 불가능하다고 맹세할 수 있는 것은 아무것도 없다.[244]

30   그는 또 목수 카론을 시켜 이렇게 시작하는 단장격 시행을 읊게 한다.

> 나는 귀게스[245]의 부(富)에는 관심도 없소.

소포클레스도 하이몬이 아버지 앞에서 안티고네를 옹호하며 자신의 의견을 남의 의견인 것처럼 말하게 한다.[246]
    또한 생략삼단논법을 금언으로 바꾸어야 할 때도 있다. 이를테면
35 "현명한 사람은 번영을 누릴 때 화해해야 한다. 그렇게 해야 가장 큰 이득을 보기 때문이다"는 생략삼단논법으로 표현하면 다음과 같을 것이다. "잘나갈 때 화해해야 가장 큰 이득을 볼 수 있다면, 우리는 번영을 누릴 때 화해해야 한다."

---

243 기원전 7세기의 그리스 서정시인.
244 아르킬로코스, 단편 74. 아르킬로코스는 뤼캄베스(Lykambes)의 딸 네오불레(Neoboule)와 약혼한 적이 있는데, 그녀의 아버지가 파혼시키자 부녀에게 악담을 했다고 한다. 위 구절에서는 세상에 돈으로 살 수 없는 것은 아무것도 없다며 아버지가 딸을 나무라는 것 같다.
245 Charon. Gyges. 이들에 관해서는 달리 알려진 것이 없다.
246 『안티고네』 688~700행 참조.

제18장—반문

상대방에게 질문을 던지기 가장 좋은 때는 한 가지만 더 물어봐도 상 40
대방이 자기모순에 빠지도록 상대방이 반대 논리를 이미 말한 뒤이 1419a
다. 그래서 페리클레스[247]는 람폰에게 구원의 여신[248] 비의의 입교 의
식에 관해 물은 것이다. 람폰이 입교하지 않은 사람은 입교 의식을 알
수 없을 것이라고 대답하자 페리클레스는 그가 입교 의식을 아는지
물었고, 람폰이 안다고 대답하자 페리클레스가 다시 물었다. "입교하
지 않았다면 당신이 어떻게 그것을 알 수 있단 말이오?" 5

반문하기 좋은 두 번째 기회는 두 전제 가운데 하나가 참이고 그대
가 다른 전제도 참이냐고 물으면 상대방이 "그렇소"라고 인정할 것이
분명할 때이다. 반문하는 사람은 다른 전제에 관해 그런 대답을 듣고
나면 분명히 참인 전제에 대해 더 물어볼 것 없이 스스로 결론을 내려
야 한다. 그래서 소크라테스는 신들의 존재를 믿지는 않지만 초인간
적 존재에 대해서는 말한 적이 있다고 멜레토스[249]가 인정하자, 소크
라테스는 그에게 초인간적 존재도 신들의 자식이거나 신적인 존재가 10
아니겠느냐고 물었고, 멜레토스가 그렇다고 대답하자 소크라테스는
"신들의 자식은 존재한다고 믿으면서 신들은 존재하지 않는다고 믿

---

247 기원전 5세기 아테나이 직접민주제를 완성한 정치가이자 장군.

248 소테이라(Soteira). 농업과 곡물의 여신 데메테르(Demeter)로 보는 이도 있고 그
녀의 딸 페르세포네(Persephone), 일명 코레(Kore)로 보는 이도 있다. 람폰(Lampon)에
관해서는 달리 알려진 것이 없다.

249 멜레토스(Meletos)는 국가에서 믿는 신들의 존재를 믿지 않고 궤변으로 젊은이
들을 타락시킨다는 이유로 소크라테스를 고발한 아테나이인 중 한 명이다.

을 사람이 있을까요?"라고 대답했다.[250] 세 번째 좋은 기회는 상대방이 자신이 한 말이나 일반 상식에 모순된 말을 한다는 것을 보여주려고 할 때이다. 네 번째 기회는 상대방이 그대의 질문에 궤변 같은 답변을 늘어놓을 수밖에 없을 때이다. 만약 상대방이 "그렇기도 하고 그렇지 않기도 하오" "부분적으로는 참이고 부분적으로는 참이 아니오" 또는 "어떤 의미에서는 참이고 다른 의미에서는 참이 아니오"라고 대답한다면, 청중은 그가 쩔쩔맨다고 보고 야유를 보낼 것이다. 다른 경우에는 반문하려 하지 마라. 상대방이 이의를 제기하면 반문 하는 사람이 진 것처럼 보이니까. 청중이 따라올 능력이 없는 탓에 잇달아 질문하는 것은 불가능하기 때문이다. 이는 생략삼단논법도 가급적이면 간결해야 하는 이유이기도 하다.

모호한 질문들에는 설명을 하고 그 뜻을 구분하면서 답변해야지 너무 간략하게 답변해서는 안 된다. 우리를 자기모순에 빠지게 할 것 같은 질문들은 상대방이 다음 질문을 하거나 결론을 이끌어내기 전에 답변의 첫머리에서 당장 해결해야 한다. 상대방 논리의 취지를 예견하기란 어렵지 않기 때문이다. 이 점과 답변의 여러 수단에 대해서는 우리가 『토피카』[251]를 통해 충분히 알았다고 보아도 좋을 것이다. 그리고 질문 형태로 결론을 내릴 때는 그 이유를 말해야 한다. 이를테면 소포클레스는 그도 나머지 10인 위원회 회원들[252]처럼 400인 위원

---

250 플라톤, 『소크라테스의 변론』(*Apologia Sokratous*) 17c 참조.

251 특히 『토피카』 8권 참조.

252 probouloi. 시칠리아 원정에서 참패한 뒤 기원전 413년에 아테나이에 설치된 국
정감독 기구.

회²⁵³를 설치하는 데 찬성했느냐는 페이산드로스²⁵⁴의 질문에 "그렇소"라고 대답했다. "뭐라 했소? 그것은 나쁜 짓이라고 생각하지 않았단 말이오?" 하고 페이산드로스가 질문하자 소포클레스는 "그렇소" 하고 대답했다. "그러니까 그대도 그런 나쁜 짓을 저질렀단 말인가요?"라는 페이산드로스의 질문에 소포클레스가 대답했다. "그렇소. 더 나은 대안이 없었으니까요."

마찬가지로 국정감독관²⁵⁵ 직에서 퇴임한 뒤 감사를 받던 라케다이몬인은 나머지 국정감독관들이 처형된 것은 정당하다고 생각하지 않느냐는 질문을 받았을 때 정당하다고 생각한다고 대답했다. "당신도 그들과 똑같이 법안을 통과시키지 않았나요?" 하고 심문자가 묻자 그는 그랬다고 대답했다. "그러면 당신도 죽어 마땅하지 않나요?" "그렇지 않습니다" 하고 그가 대답했다. "그들은 뇌물을 받고 그렇게 했지만, 나는 양심에 따라 행동했으니까요." 따라서 결론을 내린 뒤에는 추가로 질문해서도 안 되고, 결론이 추가 질문이 돼서도 안 된다. 진실의 저울판이 확실히 우리 쪽으로 기울어져 있지 않다면 말이다.

---

253 hoi tetrakosioi. 펠로폰네소스 전쟁 때 아테나이가 페르시아의 지원을 받을 수 있을까 해서 기원전 411년에 설치한 과두제적 통치기구.

254 Peisandros.

255 에포로스(ephoros 복/ephoroi '국정감독관')는 스파르테의 최고 관리로서 기원전 5세기 말부터 매년 5명씩 시민들에 의해 선출되었는데, 왕을 견제하고 사법권을 행사하고 장군을 소환하고 외국과 조약을 맺는 등 막강한 권한을 행사했다. 당시는 마땅한 연호가 없던 때라 스파르테에서는 최고 연장자의 이름에서 따와 '아무개가 에포로스였던 해에'라는 표현으로 연호를 대신했다.

우스갯소리[256]는 토론에서 쓸모 있어 보이고, 상대방의 진지함은 우스갯소리로, 우스갯소리는 진지함으로 허물어야 한다는 고르기아스의 조언은 옳은 말이므로 우리는 『시학』[257]에서 우스갯소리의 종류를 열거한 바 있다. 그중 어떤 것은 자유민에게 적합하고 어떤 것은 적합하지 않다. 따라서 그대는 그대에게 적합한 것을 골라야 한다. 자유민에게는 반어법[258]이 익살보다 더 적합하다. 반어법을 사용하는 것은 자신이 즐기자는 것이고, 익살을 부리는 것은 남을 즐겁게 하려는 것이니까.

---

256 ta geloia.
257 지금은 남아 있지 않은 2권을 말하는 듯하다.
258 eironeia.

제19장─맺는말

맺는말은 네 요소로 구성되는데, 청중이 그대에게는 호감을 갖되 상   10
대방에게는 나쁜 감정을 갖게 하는 것, 주요 사실들을 확대하는 것과
축소하는 것, 청중의 감정을 불러일으키는 것, 그리고 요약하는 것이
그것이다. 그대는 참되고 상대방은 거짓되다는 것을 입증한 뒤에는
그대 자신을 칭찬하고 상대방을 비판하며 마무리하는 것이 자연스러   15
운 순서이기 때문이다. 그대는 두 가지 가운데 하나를 추구해야 하는
데, 그것은 그대를 상대적으로 또는 절대적으로 훌륭한 사람으로 보
이게 하거나, 아니면 상대방을 상대적으로 또는 절대적으로 나쁜 사
람으로 보이게 하는 것이다. 어떻게 이런 목표를 달성할 수 있는지, 어
떤 논제들이 사람들을 좋게 또는 나쁘게 보이게 하는 데 도움이 되는
지는 이미 설명한 바 있다.[259]

이어서 사실들이 입증된 다음에는 당연히 사실들을 과장하거나   20
과소평가해야 한다. 사실들의 중요성에 대해 논의할 수 있기 전에 사
실들에 모두가 동의해야 하니까. 그것은 마치 몸이 이전에 존재하는
것들로부터 자라는 것과도 같다. 과장과 과소평가의 이런 목적을 위
해서 어떤 논제들을 사용해야 하는지는 이미 설명한 바 있다.[260]

이렇게 사실들의 본성과 중요성이 밝혀지고 나면 청중의 감정을 불
러일으켜야 하는데, 연민, 분개, 분노, 미움, 시기심, 경쟁심, 투쟁심   25
이 그런 감정이다. 이런 목적을 위해서는 어떤 논제들을 사용해야 하

---

259 1권 9장 참조.
260 2권 19장 참조.

는지도 앞서 설명한 바 있다.[261]

　따라서 이제 남은 일은 이미 말한 것들을 요약하는 것이다. 이런 일은 마지막 단계에서 해야지, 몇몇 수사학자가 잘못 권장하듯이 도입부에서 하면 안 된다. 그들은 쉽게 이해할 수 있도록 쟁점들을 도입부에서 자주 되풀이라고 조언하니 말이다. 그대가 도입부에서 해야 할 일은 판단 대상이 될 쟁점이 무엇인지 분명해지도록 주제를 말하는 것이고, 맺는말에서는 증거들을 요약해서 말해야 한다. 이 요약하는 단계에서 맨 먼저 할 일은 그대가 약속을 지켰다는 것을 말하는 것이고, 그다음에는 그대가 무슨 말을 왜 했는지 말해야 한다. 그리고 그런 일은 상대방 연설과 체계적으로 비교함으로써 이루어질 수 있다. 같은 사안을 두고 양쪽이 말한 것을 비교할 수도 있고, 직접 비교하지 않을 수도 있다. ("내 상대방은 이 논제에 대해 이렇게 말했고, 나는 이렇게 말했는데 그 이유는 이렇습니다.") 또는 다음과 같이 반어적으로 말할 수도 있다. ("그는 그렇게 말했고, 나는 이렇게 말했습니다" "만약 그가 그것이 아니라 이것을 증명했다면 어떻게 했을까요?") 또는 질문할 수도 있다. ("내가 증명하지 않은 것이 무엇이죠?" 또는 "내 상대방이 증명한 것이 무엇이죠?") 따라서 우리는 비교를 통해 요약할 수도 있고, 또는 발언한 순서에 따라 먼저 그대가 발언한 쟁점들을 요약하고 그런 다음 그대가 원한다면 그대의 상대방이 말한 쟁점들을 따로 요약할 수 있다.

　연설의 결말에는 그것이 맺는말이 되고 연설이 되지 않도록 접속

261　2권 1~11장 참조.

어가 생략된 문체가 적합하다. "나는 말했습니다. 여러분은 들었습니다. 사실을 알았으니 여러분이 판단하십시오."[262]

---

262 뤼시아스(Lysias), 『에라토스테네스 탄핵 연설』(*kata Eratosthenous*) 끝부분 참조. 에라토스테네스(Eratosthenes)는 펠로폰네소스 전쟁에서 승리한 스파르테가 아테나이를 통치하도록 선출한 30인 참주 가운데 한 명이다.

시학

Peri poietikes

제1장

1447a 우리의 주제는 시학(詩學)¹이다. 나는 먼저 시의 일반적 본질과 그 종
류와 각 종류의 기능에 관해 말하고, 이어서 훌륭한 시가 되기 위해
10 필요한 플롯의 구성과 시의 구성 요소의 수와 성질과 그 밖에도 이 분
야에 속하는 기타 연구 사항에 관해 논하고자 한다. 그러면 자연스러
운 순서에 따라 기본적인 사항에서부터 시작하기로 하자.

　서사시와 비극, 희극과 디튀람보스² 그리고 대부분의 피리 취주와

---

1 '시학'의 원어 포이에티케(poietike)는 넓게는 '제작술' '창작술', 좁게는 '작시술'(作
詩術)이라는 뜻이다. 그러나 문맥에 따라 '시학' 또는 '시'로도 옮겼다.

2 디튀람보스(dithyrambos)의 어원은 확실치 않으나, 그리스어에서 유래하지 않았
다는 데는 대체로 의견이 일치한다. 디튀람보스에 관해 최초로 언급한 사람은 기원
전 7세기의 시인 아르킬로코스(Archilochos)인데, 그는 "나는 술을 마시면 디오뉘소
스의 노래인 디튀람보스를 지휘할 수 있다"고 했다(단편 77). 다른 문헌에 따르더라
도 디튀람보스는 문학적 형식을 갖추기 전에는 주신(酒神) 디오뉘소스를 찬미하는 합
창가였음이 분명하다. 여기에 문학적 형식을 처음 부여한 사람은 아리온(Arion)인 듯
한데 그는 코린토스(Korinthos)에 있을 때 처음으로 원형(圓形) 합창대를 구성해 일
정한 주제를 가진 시를 피리 반주에 맞추어 노래하게 했다고 한다. 디튀람보스가 처음
으로 만들어진 곳은 도리에이스족(Dorieis) 지역이지만 완전히 성숙한 때는 참주 페
이시스트라토스(Peisistratos)와 그의 아들들이 통치하던 아테나이(Athenai)에서 디오
뉘소스 제전(Dionysia)의 일부가 되면서부터였다. 최초의 디튀람보스 경연은 기원전
509년경 아테나이에서 개최되었다. 최초 우승자는 칼키스(Chalkis) 출신 힙포디코스
(Hippodikos)였다고 한다. 그 뒤부터 기원전 470년경까지 시모니데스(Simonides), 핀다
로스(Pindaros), 박퀼리데스(Bakchylides) 같은 저명한 시인들이 디튀람보스를 많이 썼
다. 지금 남아 있는 그들의 단편(斷片)들은 디오뉘소스나 디오뉘소스적 정신과 밀접한
관계는 없어 보이며, 드라마 형식으로 된 박퀼리데스의 시 한 편을 제외하고는 모두 서
술체로 되어 있다. 기원전 470년경부터는 음악이 운문보다 큰 비중을 차지하면서 디튀
람보스의 성격도 변질되어 나중에는 무의미한 소음의 대명사가 되었다. 이러한 변화와
가장 관계가 많은 시인들은 처음으로 서정시 독창을 소개한 멜로스(Melos) 섬 출신의
노(老)멜라닙피데스(Melanippides)와 자신의 작품 『퀴클롭스』(*Kyklops*)에서 키타라

키타라 탄주[3]는 전체적으로는 모두 모방 양식으로 볼 수 있다. 그러면서도 그것들은 세 가지 점에서 서로 다른데, 사용하는 모방 수단이 다르거나 그 대상이 다르거나 그 양식이 다르다. 어떤 사람들은 색깔과 형태를 사용해 많은 사물을 모방하고 모사하며―어떤 이는 기술에 힘입어, 어떤 이는 요령에 힘입어 그렇게 한다―다른 사람들은 음성을 사용해 모방하고 모사한다. 마찬가지로 앞서 말한 여러 예술도 모두 리듬과 말과 언어와 선율[4]을 사용해 모방하는데, 때로는 이런 것들을 따로 사용하고, 때로는 함께 사용한다.

말하자면 피리 취주나 키타라 탄주나 이와 유사한 기능을 가진 것들, 예를 들어 목적(牧笛)[5] 취주는 선율과 리듬만을 사용하고, 무용술은 선율 없이 리듬만으로 모방한다.[6] 무용가는 동작의 리듬만으로

(kithara) 반주의 독창을 처음 소개한 티모테오스(Timotheos) 등이다. 디튀람보스는 기원전 4세기부터 쇠퇴하기 시작했다.

3 피리(aulos)는 지금의 오보에와 비슷한 관악기로 대개 디튀람보스에 사용되고 발현악기인 뤼라(lyra)를 개량한 키타라는 송가(頌歌)에서 사용되었는데, 이 두 악기는 연극 공연에서도 사용되었다. 여기서 문제가 되는 것은 '대부분'이라는 말의 의미인데 일단 가사 없는 음악(psile mousike)과 가사 있는 음악으로 구분해놓고 보면 그 뜻이 명백해진다. 기원전 582년부터 가사 없는 피리 경연 대회가 델포이(Delphoi)에서 열리던 퓌토(Pytho) 제전의 일부가 되기는 했지만, 가사 없는 음악은 무용을 동반하는 경우를 제외하고는 그리 흔하지 않았다. 플라톤도 가사 없는 음악은 막연한 감정을 표현할 뿐 성격을 표현하지 못한다 하여 '짐승의 소리'에 불과하다고 말한 바 있다. 『법률』(Nomoi) 669d~670b 참조.

4 harmonia.

5 목적(syrinx)은 피리와 비슷하지만 피리에 비해 원시적인 관악기로 주로 양치기들이 사용했다. 영어로는 팬파이프(panpipe)로 옮긴다.

6 그리스 음악과 무용은 현대 음악이나 발레보다 훨씬 더 모방적이었다고 한다(26장 주 341 참조).

성격과 감정과 행동을 모방하기 때문이다. 그 밖에도 선율 없이 언어만 가지고 모방하는 예술이 있는데, 이때 언어는 산문 또는 운문이다. 운문일 경우 상이한 운율을 섞어 사용하기도 하고 동일한 운율만 사용하기도 한다. 하지만 이런 형태의 모방에는 아직까지 고유한 명칭이 없다. 우리는 소프론과 크세나르코스의 소극(笑劇)[7]이나 소크라테스의 대화[8]를 같은 명칭으로 부를 수 없으며, 누가 3절운율[9]이나 비가운율(悲歌韻律)[10] 또는 다른 종류의 운율로 이런 것들을 모방한다 해

---

7 소극(mimos)은 원래 '흉내 내는 극'이라는 뜻인데 차차 일상생활의 여러 면모를 그리는 드라마적 소묘를 뜻하게 되었다. 소극은 시칠리아 섬에 이주한 도리에이스족 사이에서 시작되었다고 한다. 쉬라쿠사이(Syrakousai)의 소프론(Sophron 기원전 5세기 말)과 그의 아들로 전해지는 크세나르코스(Xenarchos)는, 테오크리토스(Theokritos)와 헤로다스(Herodas)가 운문으로 소극을 쓴 것과는 대조적으로 산문으로 소극을 썼다. 플라톤은 소프론의 작품에 감탄했다고 한다. 지금은 소프론의 단편들과 헤로다스가 쓴 8편과 다른 작가들의 단편이 남아 있다.

8 철학자 소크라테스(Sokrates)는 상대방에게 먼저 질문을 던지고 같이 문답해나가는 동안 상대방이 진리를 깨닫게 하는 대화 방식으로 철학을 했는데, 이런 방식은 새로운 문학 형식을 낳았다. 대표적 예가 때로는 드라마 형식으로 때로는 서술체로 진행되는 플라톤의 대화편이다. 맨 처음 이런 형식으로 글을 쓴 사람은 테오스(Teos) 시 출신의 알렉사메노스(Alexamenos)라고 하는데 그의 작품으로 남아 있는 것은 없다. 크세노폰(Xenophon)도 소크라테스를 주요 화자로 하는 일련의 대화편을 썼다.

9 3절운율(trimetron)이란 단장격 3절운율(영/iambic trimeter)을 말하는데, 중복된 단장격 운각(短長格韻脚, iambos 영/iamb ⌒—)을 다시 세 번 반복하는 운율이다. ⌒—⌒—|⌒—⌒—|⌒—⌒—

10 비가운율(elegeion)은 기원전 7세기에 에페소스(Ephesos) 출신의 칼리노스(Kallinos)가 창안한 운율로서 장단단격 운각(daktylos 영/dactyl —∪∪)을 여섯 번 반복한 6절운율(hexametron 영/dactylic hexameter —∪∪|—∪∪|—∪∪|—∪∪|—∪∪|—∪)과 장단단격 운각의 $\frac{1}{2}$×5를 두 번 반복한 5절운율(pentametron 영/pentameter —∪∪—∪∪—||—∪∪—∪∪—)로 된 2행 연구(二行聯句 distichon 영/elegiac couplet)의 운율이다. 이 운율은 주로 비가(elegeia 영/elegy)에서 사용된 까닭에

도 역시 같은 명칭을 부여할 수 없다.[11]

사람들은 운율의 이름에 '시인'이라는 말을 붙여 비가 시인, 서사시인 등으로 부르지만 이는 시인들을 그들이 행하는 모방 양식이 아니라 그들이 사용하는 운율에 근거해 분류하는 것에 불과하다. 의술이나 자연철학에 관한 저술이라도 운문으로 썼다면 그 저자를 시인이라고 부르는 것이 관행이기 때문이다. 하지만 호메로스와 엠페도클레스[12] 사이에는 운율을 제외하고는 어떠한 공통점도 없다. 따라서 호메로스는 시인이라고 부르는 것이 옳겠지만 엠페도클레스는 시인이라기보다 자연철학자라 부르는 것이 옳을 것이다. 그리고 카이레몬[13]의

15

20

비가운율이라는 이름을 갖게 되었다. 비가란 원래 '비탄의 노래'라는 뜻이지만 일찍부터 시인들은 개인적인 감정이나 훈계, 기타 여러 주제(기쁜 일이나 슬픈 일 따위)에서 느낀 감정을 표현하기 위해 이 운율을 사용했다. 초기의 비가 시인 가운데는 튀르타이오스(Tyrtaios), 밈네르모스(Mimnermos), 솔론(Solon), 칼리노스(Kallinos), 테오그니스(Theognis) 등이 유명하다. 최초로 비가운율을 애정시에 사용한 시인은 밈네르모스이고 후기에 와서는 알렉산드레이아(Alexandreia 라/Alexandria) 시인들이 이 선례를 따랐다.

11 고대 그리스에는 오늘날과 같은 '문학'이라는 개념이 없었다.

12 엠페도클레스(Empedokles)는 기원전 5세기 초 시칠리아 아크라가스(Akragas) 출신 자연철학자이자 정치가이다. 그의 저술은 6절운율로 된 『자연론』(Peri physeos)과 퓌타고라스(Pythagoras)의 이론, 특히 윤회설을 증명한 『정화』(Katharmoi) 중에서 450행쯤 남아 있다.

13 카이레몬(Chairemon)은 아리스토텔레스와 동시대를 산 아테나이 시인이다. 그의 작품 『켄타우로스』(Kentauros)에 관해서는 여러 운율을 섞어 사용했다는 것 외에는 달리 알려진 것이 없다. 이 시의 소재가 된 켄타우로스의 전설은 다음과 같다. 켄타우로스족은 익시온(Ixion)과 구름의 여신 네펠레(Nephele) 사이에서 태어난 반인반마(半人半馬)의 괴물들로 목과 머리와 가슴은 사람이고 나머지 부분은 말이었다. 이들은 텟살리아(Thessalia) 지방에 살았는데 이웃에 사는 라피타이족(Lapithai)의 왕 페이리토오스(Peirithoos)의 결혼 잔치에 초대받아 가서 신부 힙포다메이아(Hippodameia)와

랍소디아[14]인 『켄타우로스』처럼 온갖 운율을 혼합해 모방하는 경우에도 우리는 그를 시인이라 부르지 않으면 안 될 것이다. 이에 관해서는 이쯤 해두자.

끝으로 앞서 말한 수단, 즉 리듬과 선율과 운율을 모두 사용하는 예술이 있는데, 예를 들어 디튀람보스와 송가[15]와 비극과 희극이 그렇다. 이들의 차이는 처음 둘은 앞서 말한 수단을 한꺼번에 모두 사용하고 나중 둘은 특정한 부분에 사용한다는 데 있다.

여러 예술의 이런 차이점을 나는 모방 수단의 차이라고 부른다.

다른 여인들을 납치하려다가 싸움에 져서 펠리온(Pelion) 산의 소굴에서 쫓겨난다.

14 랍소디아(rhapsodia)란 랍소도스(rhapsodos)가 음송하는 시를 말한다. 랍소도스는 원래 '여러 노래를 하나로 꿰매는 사람'이라는 뜻이지만 자작시를 음송하는 방랑 시인이라는 뜻도 있다. 후기에 와서는 대체로 호메로스 시를 음송함으로써 후세에 전한 자들을 일컫는 명칭이 되었다.

15 송가(nomos)는 그리스의 신들, 특히 아폴론에게 바치는 의식의 성격을 띤 찬가이다. 원래는 합창가였으나 차츰 키타라 반주에 맞추어 부르는 독창가로 바뀌었으며 나중에는 피리 반주에 맞추어 부르기도 했다. 지금은 테르판드로스(Terpandros)가 쓴 송시 제목 몇 개와 약간의 단편만 남아 있다.

제2장

모방자[16]는 행동하는[17] 인간을 모방하는데, 행동하는 인간은 필연적 1448a으로 뛰어나거나 모자라거나 둘 중 하나이다. 인간의 성격이 거의 언제나 이 두 범주에 속하는 것은 모든 인간의 성격이 미덕과 악덕[18]에 의하여 구별되기 때문이다. 따라서 모방 대상이 되는 행동하는 인간은 필연적으로 우리보다 더 낫거나 우리만 못하거나 우리와 비등하다. 그림의 경우도 마찬가지이다. 폴뤼그노토스는 우리보다 더 나은 인간을, 파우손은 우리만 못한 인간을, 디오뉘시오스는 우리와 비등한 인간을 그렸다.[19]

앞서 말한 여러 모방에도 저마다 이런 차이점이 있으리라는 것, 그리고 상이한 대상을 이와 같이 상이한 방법으로 모방함으로써 각 모

16 여기서 '모방자'는 시인을 뜻한다. 그러나 경우에 따라서는 무용가나 배우를 의미하기도 한다. 소포클레스(Sophokles) 이전까지만 해도 시인 자신이 주연 배우이자 연출가이자 코로스를 위한 무용 안무가였다는 점을 고려한다면 이 말을 이렇게 애매하게 사용하는 것이 어느 정도 납득될 것이다.

17 '행동하다'의 원어 프라테인(prattein)은 단순히 무엇을 한다는 뜻보다는 뚜렷한 목적의식을 갖고 행동하는 것을 의미한다. 이 단어에는 영어의 'act'처럼 '출연하다' '연기하다'는 뜻이 없는데도 아리스토텔레스는 경우에 따라 모방 대상인 '행동하는 인간'에 대해서도, 모방 수단인 배우에 대해서도 이 단어를 사용한다.

18 미덕과 악덕의 원어 아레테(arete)와 카키아(kakia)는 원래 사물이 그 고유한 기능을 잘 발휘하는 상태와 그렇지 못한 상태를 의미하는 것으로 반드시 어떤 도덕적인 가치 기준만을 말하는 것은 아니다.

19 폴뤼그노토스(Polygnotos)와 디오뉘시오스(Dionysios)와 파우손(Pauson)은 모두 기원전 5세기의 그리스 화가들이다. 성격 화가로 유명한 폴뤼그노토스의 그림은 이상주의적 경향이 강했고, 셋 중에 가장 후기에 속하는 파우손의 그림은 자연주의적 경향이 강했다고 한다.

방이 상이하리라는 것은 명백하다. 무용이나 피리 취주나 키타라 탄
주에도 이런 차이는 있을 수 있으며, 산문이나 음악 반주가 없는 운문
10 에도 이런 차이가 있을 수 있다. 예를 들어 호메로스는 우리보다 뛰어
난 인간을, 클레오폰은 우리와 비등한 인간을, 그리고 처음으로 파로
디아를 쓴 타소스의 헤게몬과 『데일리아스』의 작가 니코카레스는 우
리만 못한 인간을 모방한다.[20] 디튀람보스와 송가의 경우도 마찬가지
15 이다. 이것들에서도 티모테오스와 필록세노스처럼 퀴클롭스들[21]을
서로 다르게 모방할 수 있을 테니까.

　비극과 희극의 차이도 바로 여기에 있다. 희극은 우리만 못한 인간
을 모방하려 하고, 비극은 우리보다 더 나은 인간을 모방하려 한다.

20　클레오폰(Kleophon)은 일상생활에서 글감을 얻은 일종의 서사시를 썼는
데 이 책 22장에 그의 문장이 저속하다는 말이 나온다. 헤게몬(Hegemon)은 타소스
(Thasos) 섬에서 태어나 기원전 5세기 후반 아테나이에서 활동한 작가로서 『개구리와
쥐의 전쟁』(Batrachomyomachia)에서 볼 수 있는 것과 같은 문체로 서사시의 파로디아
(parodia 영/parody)를 썼다고 한다. 파로디아란 고의적인 과장 또는 어울리지 않는 의
상이나 배경으로 어떤 사물이나 인간의 특징을 희화화하는 수법, 또는 이런 수법을 사
용한 시를 말한다. 보잘것없는 사물을 장중한 시어체로 그리는 것 역시 파로디아의 특
징이다. 니코카레스(Nikochares)는 아리스토파네스(Aristophanes)와 동시대를 살았
던 희극 작가로 추정된다. 『데일리아스』(Deilias)의 내용은 알 수 없으나 어원으로 보아
(deilos '겁이 많은') 어떤 겁쟁이를 주제로 한 서사시였을 것으로 추정된다.
21　필록세노스(Philoxenos)와 티모테오스(1장 주 2 참조) 둘 다 퀴클롭스(Kyklops)
중 한 명인 폴뤼페모스(Polyphemos) 이야기를 주제로 디튀람보스를 썼다. 전자는 이
를 풍자적으로 다룬 증거가 있으므로 후자는 이를 진지하게 다루어 폴뤼페모스를 이
상화한 것으로 추측할 수 있다. 퀴클롭스들은 시칠리아 섬에 거주하던 외눈박이 식인
거한(巨漢)들이다. 『오뒷세이아』(Odysseia) 9권 106행 이하 참조.

제3장

여러 모방의 세 번째 차이점은 저마다 대상을 모방하는 양식에 있다. 동일한 수단으로 동일한 대상을 모방한다 해도, 시인은 호메로스처럼 때로는 서술체로 때로는 작중 인물이 되어 말할 수도 있고, 그런 변화 없이 처음부터 끝까지 서술체로만 말할 수도 있고, 모방자들[22]로 하여금 모든 것을 실제로 연기하게 할 수도 있다.[23]

　이와 같이 모방은 처음에 말했듯 수단과 대상과 양식이라는 세 가지 점에서 서로 차이가 있다. 그래서 소포클레스의 모방은 우리보다 더 나은 인간을 모방한다는 점에서는 호메로스의 그것과 유사하지만, 등장인물을 실제로 행동하는 자로서 모방한다는 점에서는 아리스토파네스의 그것과 유사하다.

　이런 작품들[24]이 드라마라 불리는 것도 이런 작품에서는 등장인물이 실제로 행동하기(dran) 때문이라고 주장하는 사람들이 있다. 그래서 도리에이스족[25]은 자기들이 비극과 희극을 창안했다고 주장한다.

22　여기서는 배우를 말한다. '모방자'의 또 다른 뜻에 관해서는 2장 주 16 참조.

23　모방 양식의 이런 분류는 플라톤(『국가』392d〜394d 참조)의 분류와 일치하는 것 같지만 읽기에 따라 다음과 같이 해석할 수도 있다. "시인은 ① a)호메로스처럼 작중 인물이 되어 말하거나 b)그런 변화 없이 서술체로만 말하거나, ② 모방자로 하여금 모든 것을 실제로 연기하게 할 수 있다." 하지만 크게 보아 이 두 해석에는 큰 차이가 없다.

24　비극과 희극을 말한다.

25　도리에이스족은 맨 마지막으로 북방에서 그리스로 남하한 종족이다(기원전 1100〜1000년경). 이들은 주로 엘리스(Elis), 라케다이몬(Lakedaimon), 아르고스(Argos), 코린토스, 메가라(Megara) 등지에 정착했다.

30 (희극은 메가라인[26]들이 창안했다고 주장하는데 그리스 본토에 사

는 메가라인들은 메가라에 민주정체가 들어섰을 때[27] 그곳에서 희극

이 생겨났다고 주장하고, 시켈리아 섬으로 이주한 메가라인들은 그

곳 출신인 에피카르모스[28]가 키오니데스나 마그네스[29]보다 훨씬 이전

사람이라는 이유로 자기들이 희극을 창안했다고 주장한다. 펠로폰네

35 소스의 도리에이스족 중에는 비극도 자기들이 창안했다고 주장하는

사람들이 있다.[30]) 그들은 이런 주장의 근거로 코모이디아(komoidia

'희극')와 드라마(drama)라는 말을 내세운다. 그들의 주장인즉 자기

들은 도시 주변의 촌락을 코메(kome)라고 하는데 아테나이인들은 데

모스(demos)라고 하며, 코모이도이(komoidoi '희극 배우들')라는 말

은 이들이 '음주 유락(飮酒遊樂)하다'라는 코마제인(komazein)에서

유래한 것이 아니라 이들이 인기를 잃고 도시에서 쫓겨나 주변 촌락을

1448b 순회한 데서 유래한 것이라는 것이다. 그들은 또 자기들은 행동하는

것을 드란(dran)이라고 하는데 아테나이인들은 프라테인(prattein)이

---

26 메가라인들 역시 도리에이스족으로 기원전 730~550년에 여러 곳에 식민시(植民市)를 건설했다. 시칠리아 섬에 건설한 식민지는 메가라 휘블라이아(Megara Hyblaia)라고 불렸다. 시켈리아는 시칠리아의 그리스어 이름이다.

27 기원전 600년경 참주 테아게네스(Theagenes)가 추방되었을 때를 말하는데, 이것은 아테나이 연극 축제에서 희극이 공연되기 훨씬 전이다.

28 에피카르모스(Epicharmos)는 '신(新)희극'에서 볼 수 있는 것 같은 평범한 인간들의 여러 성격 유형을 묘사한 풍속 희극의 창시자로 기원전 5세기가 시작되기 이전에 활동한 것으로 추정된다.

29 키오니데스(Chionides)와 마그네스(Magnes)는 기원전 5세기 전반에 활동한 앗티케(Attike 라/Attica) 지방의 희극 작가이다.

30 특히 시퀴온(Sikyon)인들이 그렇게 주장했다.

라고 한다는 것이다.

모방의 차이점의 수와 성질에 관해서는 이쯤 해두자.

제4장

시는 대체로 인간이 타고난 두 원인[31]에서 생겨난 것 같다. 인간은 어
릴 때부터 본능적으로 모방을 하며, 인간이 다른 동물들과 다른 점도
인간이 가장 모방을 잘하며, 처음에는 모방을 통해 지식을 습득한다
는 것이다. 또한 모든 인간은 날 때부터 모방된 것에서 즐거움을 느낀
다. 이런 사실은 경험이 입증한다. 아주 혐오스러운 동물이나 시신의
형상처럼 실물을 보면 불쾌감만 주는 대상도 더없이 정확히 그려놓
았을 때 우리는 그것을 보고 즐거워한다.

그도 그럴 것이 무엇을 배운다는 것은 철학자뿐 아니라 그 밖의 다
른 사람들에게도 비록 그들의 배움의 능력이 적다고 하더라도 최상
의 즐거움이니까. 그림을 보고 즐거워하는 것은 보면서 배우기 때문
이다. 예를 들어 "이건 그 사람을 그린 것이로구나" 하는 식으로 그림
속 각각의 사물이 무엇인지 추론하는 것이다. 우리가 실물을 전에 본
적이 없는 경우에는 모방 대상이 아니라 기교라든가 색깔이라든가 그
밖에 그와 유사한 이유에서 즐거움을 느낄 것이다.

이렇듯 모방한다는 것과 선율과 리듬에 반응하는 감각은(운율은
분명 리듬의 일종이다) 인간의 타고난 본성이며, 인간은 이런 본성에
서 출발하여 점진적 발전을 통해 즉흥적인 것으로부터 시를 탄생시
켰다.

---

31 두 가지로 '두 원인'을 해석할 수 있다. 한 가지는 ① 모방에서 느끼는 즐거움과 ②
타인에 의하여 모방된 것에서 느끼는 즐거움이고, 다른 한 가지는 ① 모방하며 느끼는
즐거움(여기에는 모방하며 느끼는 즐거움뿐 아니라 타인에 의하여 모방된 것에서 느끼
는 즐거움도 포함된다)과 ② 선율과 리듬에 반응하는 본능이다.

그러나 시는 시인의 성격에 따라 두 종류로 나뉘었다. 진지한 시인은 고매한 행동과 고매한 인물들의 행동을 모방하는 반면 경박한 시인은 비열한 자들의 행동을 모방했는데, 전자가 찬가와 찬사[32]를 쓰는 것처럼 후자는 처음에는 풍자시를 썼다. 호메로스 이전 시인이 쓴 풍자시는 남아 있는 것이 한 편도 없어 실례를 들 수 없지만 그런 시를 쓴 시인은 많았던 것 같다. 그러나 호메로스 이후부터는 많은 실례를 들 수 있는데, 예를 들어 호메로스 자신의 『마르기테스』[33]와 다른 시인들이 쓴 이와 유사한 작품들이 있다. 이들 풍자시에는 단장격 운율(iambeion)이 적합한 것으로 사용되었다. 이 운율이 오늘날 이암베이온(iambeion)이라고 불리는 것은 그들이 이 운율로 서로 이암비제인(iambizein '풍자' '야유')했기 때문이다. 그리하여 옛 시인 가운데 일부는 영웅시 작가가 되고 일부는 단장격 시를 짓는 작가가 되었다.

그런데 호메로스는 고매한 대상을 모방하는 데도 탁월한 시인이지만(그는 훌륭하게 작시했다는 점에서나 모방이 극적이라는 점에서 독보적인 존재이다), 인신공격이 아니라 우스꽝스런 것을 극화함으로써 맨 처음으로 희극의 윤곽을 보여주었다. 그의 『마르기테스』의 희극에 대한 관계는 『일리아스』와 『오뒷세이아』가 비극에 대한 관계와 같

25

30

35

1449a

---

32 찬가(hymnos)는 신을 찬미하는 노래이고 찬사(enkomion)는 인간을 찬양하는 노래이다. 찬사의 본뜻이 '술잔치(komos)에서의 노래' 라는 점으로 미루어 원래는 연회(宴會)의 주인에게 보내는 찬사를 뜻하던 것이 차츰 찬사 일반을 가리키게 된 것 같다. 이러한 성격의 시에 처음으로 이 이름을 붙인 사람은 시모니데스라고 한다.
33 『마르기테스』(*Margites*)는 아는 것은 많지만 제대로 아는 것이 하나도 없는 어떤 돈 많은 바보를 주인공으로 한 풍자적 서사시인데 현재 남아 있지 않다. 아리스토텔레스는 호메로스 작품이라고 하지만 언제 누가 썼는지 확실치 않다고 한다.

기 때문이다. 비극과 희극이 등장하자 시인들은 저마다 개성에 따라 이 두 경향 가운데 한쪽에 끌리게 되었다. 어떤 시인은 단장격 시 대신 희극 시인이 되었고, 어떤 시인은 서사시인 대신 비극 시인이 되었다. 그것은 새로 등장한 형식이 옛 형식보다 더 위대하고 품위가 있었기 때문이다.

비극이 그 구성 요소[34] 면에서 충분히 발전한 것인지 아닌지 그 자체의 테두리 안에서, 그리고 관객과 관련해 고찰하는 것은 다른 영역에 속하는 문제이다. 아무튼 비극은 처음에 즉흥적인 것으로부터 생겨났다. 이 점은 희극도 마찬가지이다. 비극은 디튀람보스의 선창자(先唱者)에게서 유래했고,[35] 희극은 여전히 많은 도시에 관습으로 남

---

34 비극의 구성 요소에 관해서는 6장 참조.

35 비극(tragoidia)의 기원에 관해서는 결정적인 자료가 없어 확실한 결론에 이르지 못하고 있다. 다만 비극이 디오뉘소스의 종자(從者)들인 사튀로스(satyros)로 분장한 자들이 춤추고 노래하는 사튀로스 극을 곁들인 디튀람보스에서 유래한다는 아리스토텔레스의 견해를 대부분의 학자가 받아들이고 있다. 또한 트라고이디아(tragoidia ‘염소의 노래’)라는 말이 ‘염소의 발을 가진 사튀로스로 분장한 자들이 부르는 노래’를 의미한다는 데도 의견을 같이한다. 그러나 일부 학자는 아리스토텔레스의 이런 견해가 비극에 관한 최초의 문헌들에 나타나는 사실과 다른 점이 많다고 지적한다. 이들은 ① 디튀람보스를 부르는 자들이 담쟁이덩굴로 만든 관을 썼다는 기록은 있어도 사튀로스로 분장하고 춤추었다는 확실한 증거가 없다 ② 박퀼리데스 이전에는 디튀람보스에서 드라마적 요소를 찾아볼 수 없다(1장 주 2 참조) ③ 디튀람보스의 코로스(choros)는 원형인 데 반해 비극의 코로스는 직사각형을 이룬다 ④ 사튀로스 극이 비극 4부작의 1부가 되기(강제 규정은 아니었던 것 같다) 전에도 사튀로스적 요소가 없는 비극의 경연이 있었다 ⑤ 비극에 관한 최고(最古) 문헌에 따르더라도 비극은 디튀람보스만큼 디오뉘소스적 요소와 밀접한 관계를 보이지 않았고, 당시 사건도 영웅적 요소가 있으면 비극의 소재가 되는 일이 비일비재했다 ⑥ 적어도 고전기(古典期) 그리스 연합군이 페르시아군을 격퇴한 기원전 480년부터 알렉산드로스 대왕이 죽

아 있는 남근 찬가의 선창자에게서 유래했다.[36]

은 기원전 323년까지)에는 디튀람보스와 비극 또는 비극적 코로스의 구별이 엄연했다 ⑦ 트라고이디아라는 말이 '염소 발을 가진 사튀로스로 분장한 자들이 부르는 노래'라는 뜻이 아니고(사튀로스 극에 나오는 사튀로스는 일부는 사람이고 일부는 말이었지 염소는 아니었다), '상으로 내놓은 염소를 차지하기 위해 다투어 부르는 노래'라는 뜻이거나(앗티케 비극에 최초로 독립된 배우와 프롤로고스와 대화를 도입했다고 전해지는 테스피스(Thespis)는 상으로 염소를 받은 적이 있었다 한다), 또는 '제물로 바친 염소를 둘러싸고 부르는 노래'라는 뜻일 수 있다(이른바 비극이 비장한 의미를 갖는 것은 이러한 견해에서 유래한다)는 점들 때문에 디튀람보스와 사튀로스 극과 비극은 모두 독자적 발전 과정을 거친 것으로 본다. 비극이 일종의 종교 의식인 디튀람보스에서 유래한다 하더라도 비극으로서의 형태를 갖추는 데는 기원전 6세기 초 펠로폰네소스(Peloponnesos) 반도 북부의 여러 도시, 특히 코린토스와 시퀴온에서 개발되기 시작한, 디오뉘소스 전설과는 별로 관계가 없는 영웅 전설을 소재로 한 장엄한 또는 비극적 합창 서정시들이 결정적인 역할을 했으며, 그 뒤 기원전 6세기 말에 테스피스가 아테나이에서 이러한 종류의 비극적 합창 서정시를 부르는 코로스를 대사를 외우는 배우와 결합함으로써 비로소 그 초기 형태를 갖춘 것으로 생각된다. 비극은 그 뒤 디튀람보스와 사튀로스 극과 더불어 대(大)디오뉘소스 제(아테나이에서 거행된 여러 디오뉘소스 제전 가운데 규모가 가장 큰 것으로 3월 말에 개최되었다)의 일부가 됨으로써 크게 발전하기 시작했다.

36 코모이디아란 말이 코모스(komos '야단법석을 떠는 술잔치'. 이런 술잔치는 여러 종류가 있었는데 주로 디오뉘소스 제전 때 벌어졌다)에서 유래한 것이 아니라 코메('도시 주변의 마을'라는 말에서 유래한다는 도리에이스족의 주장(3장 참조)을 두고 아리스토텔레스는 찬반 뜻을 표명하지 않지만 코모스에서 유래한다는 데 대부분의 학자가 의견을 같이한다. 희극에 남근 찬가적 요소가 있지만, 희극이 남근 찬가의 선창자에게서 유래한다는 설은 역사적 근거가 약한 것으로 알려져 있다. 기원전 5세기에는 에피카르모스의 코로스 없는 희극과 코로스가 중요한 역할을 하는 아테나이 '고(古)희극'의 두 종류가 있었는데, 전자는 에피카르모스 이후 차츰 쇠퇴하여 소극(1장 주 7 참조)으로 변질되었고, 후자는 기원전 486년 아테나이에서 국가 공인을 받았는데 현재 남아 있는 아리스토파네스의 작품들을 통해 우리에게 잘 알려졌다. 이것들 둘 다에 도리에이스족 요소가 많은데, 특히 남근을 상징하는 의상을 입는 배우와 돌팔이 의사, 곡식 도둑, 괴짜 노인이나 노파가 출연하는 소극이 그것이다. 그러나 이런 도리에이스족 요소가 아테나이의 코모스에서 유래한 요소와 언제 어떻게 결합했는지는 확실치 않다.

그 뒤 비극은 그때까지 알려진 여러 요소를 지속적으로 개량하면서 점진적으로 발전했다. 그리고 많은 변화를 거쳐 본연의 형식을 갖춘 뒤에야 비로소 비극의 발전은 정지되었다.

15   배우의 수를 한 명에서 두 명으로 늘린 것은 아이스퀼로스가 처음이다. 그는 또 코로스의 역할을 줄이고, 대화가 드라마의 중심이 되게 했다. 소포클레스는 배우의 수를 세 명으로 늘리고 무대 배경을 도입했다. 비극은 또한 길이[37]가 길어졌다. 비극은 사튀로스 극[38]에서 탈

그리고 문헌에 나타난 어떤 형태의 코모스도 앗티케 희극의 전형적 형식을 설명하기에는 불충분한 점이 많다. 원시적인 도리에이스족의 극은 극적인 데 비해 코모스에는 극적인 요소가 적기 때문이다. 여기서 잠깐 아리스토파네스 희극의 구성을 분석해보면 다음과 같은 거의 고정되다시피 한 틀을 발견할 수 있다. 즉 어떤 우스꽝스러운 인물이 등장하여 세상을 바로잡기 위한 기발하면서도 어처구니없는 아이디어를 내놓으면 코로스는 이에 격렬하게 반대하거나 열렬한 지지를 보낸다. 떠들썩한 장면이 그치고 나면 토론(agon)이 펼쳐진다. 토론에서 결론이 나오면 코로스는 시인을 대신해 관객을 보며 연설(parabasis)을 하는데 연설은 신을 찬미하는 짤막한 노래와 교체되면서 한참 이어진다. 그러다가 마지막에 가서는 대체로 잔치로 끝난다. 앗티케 '고희극'의 이런 전형적 구성을 설명할 수 있는 코모스의 특징은 코모스 참가자들이 동물로 분장한 가장행렬에서 찾을 수 있다. 이런 가장행렬은 문헌이나 그림을 통해 잘 알려졌는데 아리스토파네스의 희극에서 볼 수 있는 『새』나 『개구리』나 『벌』의 코로스는 이런 가장행렬에서 유래한 것으로 보인다. 그리고 희극이 대개 잔치로 끝나는 것도 코모스가 잔치로 끝나는 데서 유래한 듯하다. 앗티케 희극은 처음에는 레나이아 제(Lenaia, 아테나이에서 거행되던 디오뉘소스 제전 가운데 하나로서 정월에 개최되었다)와 밀접한 관계를 보인다. 그러나 희극을 구성하는 여러 요소는 도리에이스족 것이든 앗티케적인 것이든 디오뉘소스 찬미가 그리스에 소개되기 전부터 있었다.

37 '길이'라고 번역한 그리스어 megethos의 본뜻은 '크기'인데 여기서는 물리적인 '길이'와 함께 내용의 '웅대함'도 의미하는 것으로 볼 수 있다.

38 사튀로스 극은 형식은 비극과 비슷하지만, 전설 가운데 기괴한 부분을 소재로 택하거나 전설을 기괴하게 다루는 드라마를 말한다. 이 드라마의 코로스가 디오뉘소스의 종자인 사튀로스들로 분장한 까닭에 사튀로스 극이라고 불린다. 이들의 대사와 제

피함으로써 짧은 스토리와 우스꽝스런 조사(措辭)를 버리고 위엄을 갖추게 되었는데, 이는 모두 후기에 일어난 일이다. 또한 운율도 장단 격(長短格)에서 단장격으로 바뀌었다. 처음에 장단격 4절운율³⁹이 사용된 것은 당시의 비극에는 사튀로스 극의 요소와 무용적 요소가 더 많았기 때문이다. 그러나 대화가 도입되자 자연히 적합한 운율을 찾게 되었다. 대화에는 단장격 운율⁴⁰이 가장 적합한 운율이니 말이다. 그 증거로 우리는 대화할 때 대개 단장격 운율을 사용하는 데 비해 6 절운율⁴¹을 사용하는 경우는 드물며, 그것은 보통 어조에서 이탈하는 경우에 한한다는 사실을 들 수 있다. 또 다른 변화는 에피소드⁴²의

스처는 음란했다고 하며 이들은 또한 시킨니스(Sikinnis)라는 격렬한 춤을 추었다고 한다. 고전기에는 비극 4부작의 제4부를 이루지만 후기에 가서는 비극 경연 전체를 통하여 단 한 편만이 공연되었다고 한다. 플리우스(Phlious)의 프라티나스(Pratinas)가 사튀로스 극을 창안했다고 전해지는데, 이 말은 그가 처음으로 사튀로스 극을 디오뉘소스 제전에 소개했다는 의미일 것으로 보는 학자들도 있다. 3대 비극 작가들은 모두 사튀로스 극을 썼는데 지금 온전하게 남아 있는 것은 에우리피데스(Euripides)의 『퀴클롭스』뿐이다.

39 장단격 4절운율(trochaikos tetrametros)이란 ─∪─∪│─∪─∪│─∪─∪│─∪ ─∪의 도식에서 볼 수 있듯이 중복된 장단격 운각(tochaios 영/trochaic ─∪)을 네 번 반복한 운율을 말하는데 이 운율은 격렬한 흥분을 표현하기에 적합한 운율이다.

40 단장격 운율(=단장격 3절운율)은(1장 주 9 참조) 그리스 비극의 대사에 사용되는 운율이다.

41 6절운율(1장 주 10 참조)은 영웅시 운율 또는 서사시 운율이라고도 불린다. 호메로스의 『일리아스』와 『오뒷세이아』의 시행들은 모두 이 운율로 되어 있다.

42 에피소드(epeisodion)란 코로스의 노래와 노래 사이에 삽입된 대화 부분을 말한다. '에피소드의 수가 많아졌다'는 말은 근대극의 경우라면 막 또는 장의 수가 많아졌다는 의미로 해석해도 좋을 것이다.

수가 많아진 것이다. 그 밖에도 여러 장식물[43]과 그것들이 첨가된 경
30 위를 일일이 설명한다는 것은 너무 방대한 일이므로 이미 설명한 것
으로 하자.

43 의상이나 가면 따위를 말한다.

제5장

희극은 앞서 말한 바와 같이[44] 못났지만 전적으로 악하다고 할 수 없는 인간을 모방한다. 우스꽝스런 것은 추함[45]의 일종이니까. 우스꽝스런 것은 남에게 고통이나 해를 끼치지 않는 일종의 실수 또는 기형이다. 비근한 예로 우스꽝스러운 가면은 추하고 비뚤어졌지만 고통을 35
주지는 않는다.

비극의 발전 과정과 그 창안자들은 잘 기억되는 반면, 희극의 경우에는 그렇지 못하다. 희극이 초기에는 중시되지 않았기 때문이다. 아르콘[46]이 희극 시인에게 공적으로 코로스를 제공한 것은 나중 일이고 1449b

---

44 2장 앞부분 참조.

45 '추함'으로 번역한 그리스어 aischron에는 도덕적 의미와 심미적 의미 모두가 내포되어 있다. 그리스인에게 '추함'은 곧 '못남'과 같은 뜻이다.

46 아르콘(archon '통치자')은 아테나이를 포함하여 대부분의 그리스 도시국가에서 사법권과 행정권을 가진 최고 관리들에게 주어진 이름이다. 기원전 11세기경 왕정이 끝나면서 아테나이에서는 귀족계급에서 선출된 세 명의 아르콘이 정부를 맡았는데, 이들의 임기는 처음에는 10년이었으나 기원전 683년부터는 1년이었으며 기원전 487년부터는 추첨으로 임명되었다. 그중 아르콘 에포뉘모스(eponymos '이름의 원조')는 수석 아르콘으로, 당시에는 널리 쓰이는 연호가 없어 '아무개가 아르콘이었던 해'라는 식으로 임기 중에 있던 그의 이름에서 연호를 따온 까닭에 그렇게 불렸다. 그는 주로 재산과 가족의 보호에 걸쳐 광범위한 권한을 행사하며 판아테나이아 제전(Panathenaia)과 디오뉘소스 제전을 주관했다. 기원전 7~6세기에는 이 관직을 차지하려고 정파끼리 치열한 각축전을 벌였으나 기원전 487년부터는 야심가들도 더는 이 관직을 탐내지 않았다. 아르콘 바실레우스(basileus '왕')는 왕정 시대에 왕들이 관장하던 여러 종교적 임무를 수행했는데, 각종 비의(秘儀)와 레나이아 제전 등을 관장했으며 아레이오스 파고스(Areios pagos) 회의도 주관했다. 아르콘 폴레마르코스(polemarchos '장군' '대장')는 원래 군대를 지휘하는 일을 맡아보았으나, 아르콘이 추첨으로 임명되기 시작한 기원전 487년부터 군대 지휘권이 장군(strategos)에게 넘어가면서 주로 아테나이 시민이 아닌 사람들에 관한 사법업무를 맡아보았다. 기원전 7세기 들어 3명의 아르콘에 6명의 테스

처음에는 시인이 자비로 부담했다.[47] 이른바 희극 시인이라고 불리는 자들에 관해 기록하기 시작한 것은 희극이 이미 일정한 형태를 갖추고 난 뒤부터였다. 누가 희극에 가면[48]이나 프롤로고스를 도입하고 배우의 수[49]를 늘렸는지 하는 것 등은 알려져 있지 않다. 희극의 플롯을 구성하는 것[50]은 시켈리아에서 유래했으며, 아테나이의 시인 중에서는 크라테스[51]가 최초로 인신공격의 형식을 버리고 보편적인 스토리,

모테테스(thesmothetes '입법관')가 추가되었는데 이들은 주로 각종 소송업무를 관장했다. 기원전 6세기 초 솔론은 아르콘의 관직을 상위 두 재산등급에게만 개방했으나, 기원전 457년부터는 세 번째 재산등급에게도 개방되었다. 퇴직 아르콘들은 아레이오스 파고스 회의체의 종신회원이 되었으나, 나중에 이들도 추첨으로 임명되면서 정치적 영향력을 상실했다.

47 희극이 국가 공인을 받은 뒤에는, 경연에 참가하고 싶은 시인은 아르콘에게 코로스 비용을 요청했다. 그러면 아르콘은 부유한 시민에게 공적으로 명하여 코로스 훈련과 의상과 장비에 드는 비용을 대도록 했다. 그 비용을 부담하는 시민은 코레고스(choregos)라고 불린다. 많은 시인이 경합할 경우 그 선발 기준이 어떠했는지는 확실치 않다. 그러나 희극이 국가 공인을 받기 전에는 사비(私費)로 공연해야 했다. 이 구절은 문맥상으로 보든 문헌에 따르든 시인 자신이 그 비용을 부담한 것으로 보는 것이 타당하지만 비용을 실제로 누가 어떻게 조달했는지는 확실치 않다.

48 가면이 도입되기 전에는 희극에서는 포도주 찌꺼기를 얼굴에 칠했다고 한다. 비극의 가면은 테스피스가 창안했다고 전해지는데 이 말은 테스피스가 가면을 창안했다는 뜻이 아니라 개량했다는 뜻일 것이다.

49 대부분의 앗티케 희극에는 배우 3명이 출연한다. 그러나 아리스토파네스의 『뤼시스트라테』(Lysistrate)와 『개구리』(Batrachoi)의 어떤 부분에는 배우가 4명 또는 5명이 필요하다. 에피카르모스도 세 명의 배우를 썼다고 한다.

50 '희극의 플롯을 구성했다' 함은 인신공격의 형식을 버리고 일반의 흥미를 끌 수 있는 소재를 다루었다는 뜻이다.

51 크라테스(Krates)는 기원전 450년경부터 430년까지 활동했는데 그 당시에는 크라티노스(Kratinos)가 가장 저명한 희극 작가였다고 한다.

즉 플롯을 구성하기 시작했다.[52]

서사시는 장중한 운율[53]로 고매한 대상을 모방한다는 점에서는 비극과 같지만, 한 가지 운율만을 사용하며 서술체라는 점에서는 비극과 다르다. 둘은 길이[54]도 서로 다르다. 비극은 가능한 한 태양이 1회

---

52 아리스토텔레스의 이런 견해가 지금 남아 있는 희극에도 적용될 수 있을지 확실하지 않다. 아리스토파네스의 초기 작품은 인신공격으로 가득 차 있다. 예를 들어 『구름』(*Nephelai*)만 하더라도 소크라테스 개인에게 퍼붓는 인신공격 일색이다. 아리스토텔레스의 견해를 합리화하기 위해서는 클레온(Kleon)이 민중 선동가의 대명사이듯 소크라테스도 소피스트의 대명사에 불과하며, 『구름』이나 『기사(騎士)』(*Hippes*)는 단순한 인신공격으로 보기에는 너무나 뚜렷한 플롯을 가진다고 주장해야 할 것이다.

53 서사시는 6절운율만을 사용한다. 그러나 우리가 아는 한, 비극은 3절운율과 4절운율 등을 사용하며 심지어는 서사시의 운율인 6절운율도 사용할 수 있다(26장 후반부 참조).

54 '길이'라는 말에 대해서는 세 가지 해석이 가능하다. ① 물리적 의미의 길이, 즉 행수를 뜻할 수 있고(『일리아스』나 『오뒷세이아』는 1만 수천 행에 달하지만, 비극은 대체로 1천 행을 크게 넘지는 않는다), ② 비극의 공연 또는 서사시 낭송에 필요한 시간을 뜻할 수 있고(그리스 고전을 주로 책을 통해 아는 우리는 첫 번째 가능성을 떠올리겠지만 대개 직접 보고 듣던 그리스인에게는 두 번째 가능성이 먼저 머리에 떠올랐을 것이다), ③ 사건의 경과 기간을 뜻할 수 있다. 그러나 "초기에는 비극에도 서사시와 마찬가지로 시간제한이 없었다"는 말을 비극도 공연하는 데 서사시만큼 시간이 오래 걸렸다는 뜻으로 해석하거나, 서사시 낭송은 무제한 오래 계속될 수 있다는 뜻으로 해석하는 것은 난센스일 것이다. 가장 오래된 비극들은 비교적 짧았다. 아리스토텔레스도 4장에서 초기 비극은 짧았다고 말한다. 대부분의 학자는 '길이'라는 말이 사건의 경과 기간을 의미하는 것으로 본다. 그것이 비극과 서사시의 근본적 차이점을 더 명확히 보여주기 때문이다. 예를 들어 『일리아스』나 『오뒷세이아』는 둘 다 사건의 경과 기간이 수주일 이상씩이다. 그리고 비교적 초기 비극에서도 사건의 경과 기간은 제한되지 않았다. 『아가멤논』(*Agamemnon*)의 사건만 하더라도 단 하루에는 일어날 수 없으며, 『자비로운 여신들』(*Eumenides*)은 상당한 기간이 경과함을 명백히 말해준다.

전하는 동안,[55] 또는 이를 과히 초과하지 않는 시간[56] 안에 사건의 결말을 지으려는 경향이 있는 데 반해 서사시는 그런 시간제한이 없다. 이것이 둘의 차이점이다. 그러나 초기에는 비극에도 서사시와 마찬가지로 시간제한이 없었다. 둘은 구성 요소도 서로 다른데, 어떤 것은 둘에게 공통되고, 어떤 것은 비극에만 고유하다.[57] 따라서 어떤 비극이 좋고 어떤 비극이 나쁜지 판단할 수 있는 사람은 서사시에 대해서도 판단할 수 있다. 서사시를 구성하는 모든 요소가 비극에도 모두 있지만, 비극이 지니는 모든 요소가 서사시에도 모두 있는 것은 아니기 때문이다.

55 24시간을 의미하는 것 같다. 그러나 태양이 지상에 떠 있는 시간, 즉 12시간을 의미하는 것으로 보아도 무방할 것이다. 오히려 그렇게 보는 것이 더 옳을지도 모르겠다. 그리스극은 대개 동틀 녘에 시작하며, 또 실제로 소포클레스와 에우리피데스의 모든 작품에서, 드라마에서 일어나는 사건을 위해서는 12시간이면 충분하다.

56 『제주(祭酒)를 바치는 여인들』(Choephoroi)은 날이 어두워진 뒤에 끝나고, 『아가멤논』은 동트기 전에 시작하며, 『레소스』(Rhesos)는 사건이 밤에 일어난다.

57 6장 및 26장 참조. 비극의 여섯 가지 구성 요소 가운데 플롯, 성격, 조사, 사상은 서사시에도 있지만 볼거리와 노래는 비극에서만 볼 수 있다.

제6장

6절운율에 의한 모방과 희극에 관해서는 나중에 이야기하기로 하고,[58] 먼저 비극에 관해 이야기하기로 하자. 우선 앞서 말한 것에서[59] 비극의 본질을 정의해보자. 비극은 진지하고 일정한 크기를 갖는 완결된 행동을 모방하며, 듣기 좋게 맛을 낸[60] 언어를 사용하되 이를 작품의 각 부분에 종류별로 따로 삽입한다. 비극은 드라마 형식을 취하고 서술 25 형식을 취하지 않는데, 연민과 공포를 불러일으키는 사건으로 바로 이러한 감정의 카타르시스[61]를 실현한다. '듣기 좋게 맛을 낸' 언어란 리듬과 선율을 가진 언어 또는 노래를 의미하고, '작품의 각 부분에 종류별로 따로 삽입한다' 함은 어떤 부분은 운문으로만 진행되고 어떤 부분은 노래로 진행되는 것을 의미한다. 30

---

58 6절운율에 의한 모방, 즉 서사시에 관해서는 23, 24, 26장에서 거론하지만 희극에 관한 논의는 없다.

59 아리스토텔레스의 유명한, 비극의 정의가 전개되는 6장은 『시학』의 핵심으로 앞서 나온 장들은 비극을 정의하는 데 기초가 되는 내용이고, 뒤에 나올 장들은 이를 부연 설명한 것으로 보아도 무방할 것이다.

60 본뜻은 '양념을 친'이다

61 카타르시스(katharsis)에 관해서는 아리스토텔레스 자신이 더는 설명하지 않아 구체적으로 어떤 의미에서 이 말을 사용하는지 알 수 없다. 이에 대한 학자들의 견해는 크게 보아 카타르시스는 '감정의 정화'를 의미한다는 윤리적 견해와 '감정의 배설'을 의미한다는 의학적 견해로 나뉜다. 전자는 바로크 시인, 프랑스 고전주의 시인과 더불어 레싱(Lessing, 『함부르크 드라마론 Hamburgische Dramaturgie』, 74~83편 참조)이 주장하는 견해이고, 후자는 베르나이스(Jakob Bernays, 『비극의 효과에 관한 아리스토텔레스의 분실된 논문의 개요 Grundzüge der verlorenen Abhandlung des Aristoteles über die Wirkung der Tragödie』 참조)가 주장하는 견해이다. 금세기에 들어와서도 여러 학자가 새로운 해석을 시도했지만 카타르시스의 본질에 관한 연구는 비극 그 자체의 본질에 관한 연구에 비해 퇴조하고 있다.

배우가 스토리를 실제로 연기하기 때문에, 첫째로 볼거리[62]가 불가피하게 비극의 일부분이 될 것이고, 그다음에는 노래와 조사(措辭)가 필요하다. 이 둘이 모방 수단이기 때문이다. 조사란 바로 운율의 배열을 의미하며, 노래가 무엇을 의미하는지는 설명할 필요가 없을 것이다.

또한 비극은 행동의 모방이고 행동은 행동하는 인간[63]에 의해 행해지는데, 행동하는 인간은 필연적으로 성격과 사상의 측면에서 특정한 성질을 지니기 마련이다. (우리는 성격과 사상에 근거하여 그들의 행동을 일정한 성질의 것이라고 말한다. 따라서 그들의 행동의 원인은 자연히 두 가지인데 사상과 성격이 그것이며, 그들의 생활에서 일어나는 모든 성공과 실패도 이 두 원인에서 비롯된다.) 그런데 플롯은 바로 행동의 모방이다. 여기서 나는 플롯이라는 말을 사건의 짜임새라는 의미로 사용한다. 한편 성격은 행동하는 인간의 본성을 판단할 수 있게 해주는 것을 의미하고, 사상은 행동하는 인간이 무엇을 증명하거나 보편적인 진리를 말할 때 그들의 발언에 나타나는 것을 의미

62 '볼거리'의 라고 번역한 그리스어 opsis가 배우의 분장만 의미하는지, 또는 무대 위의 장면과 광경도 포함하는지는 한마디로 말하기 어렵다. 대부분의 영어판에서는 spectacle로 옮긴다. 그러나 이 장 마지막 부분을 보면 분명히 분장을 말하는 듯하다. 실제로 고대 그리스 무대에서는 볼거리라 해도 배우의 분장 말고는 별 게 없었을 것이다. 그런가 하면 14장 첫머리에서는 눈에 띄는 무대 위의 모든 것을 뜻하는 것 같다. 비극 배우들은 배역에 맞는 가면을 썼고, 긴 의상을 입었으며(적어도 아이스퀼로스 시대부터는) 굽이 높은 반장화(kothornos)를 신었다. 무대 배경은 소포클레스가 도입했다고 한다(4장 뒷부분 참조).

63 '행동하는 인간'이란 여기서 배우를 말하는 것 같다. 2장 주 17 참조.

한다. 따라서 모든 비극은 여섯 가지 구성 요소를 갖기 마련이며, 이 여섯 요소에 의해 비극의 일반적인 성질도 결정되는데 플롯, 성격, 조사, 사상, 볼거리, 노래가 그것이다. 이 가운데 둘은 모방 수단이고, 하나는 모방 양식이며, 셋은 모방 대상이다.[64] 그 밖에 다른 것은 없다. 사실상 모든 시인이 이런 요소를 사용한다고 말할 수 있다. 모든 드라마에는 볼거리, 성격, 플롯, 조사, 노래, 사상[65]이 있기 때문이다.

이 여섯 가지 가운데 가장 중요한 것은 사건의 짜임새, 즉 플롯이다. 비극은 인간을 모방하는 것이 아니라 인간 행동을 모방하기 때문이다. 또한 행복과 불행도 행동에 있고, 비극이 겨냥하는 것[66]도 모종의 행동이지 성질은 아니다. 또한 인간의 성질은 성격에 의해 결정되지만, 행복과 불행은 행동에 의해 결정된다. 따라서 드라마에서의 행동은 성격을 묘사하기 위한 것이 아니라, 오히려 행동을 위하여 성격이 드라마에 포함된다. 그러므로 사건과 플롯이 비극의 목적이며, 목적은 모든 것 중에서 가장 중요하다. 게다가 행동 없는 비극은 불가능하겠지만, 성격 없는 비극은 있을 수 있다.

대부분의 요즘 시인[67]의 비극에는 성격이 없다. 그리고 이것은 많은 시인에게 공통된 결점이다. 화가 중에서 제욱시스와 폴뤼그노토스[68]

---

64 둘이란 조사와 노래를, 하나란 볼거리를, 셋이란 플롯, 성격, 사상을 말한다.

65 opsis, ethos, mythos, lexis, melos, dianoia.

66 '인생의 목적'이라고 옮길 수도 있다.

67 '요즘 시인'이란 에우리피데스 이후의 시인을 말하는 것 같다.

68 제욱시스(Zeuxis)는 25장에서도 언급되는데, 기원전 5세기 말에서 4세기 초에 걸쳐 활동한 남부 이탈리아 헤라클레이아(Herakleia) 출신 화가이다. 그가 그린 이상적 여성미에 사람들이 감탄했다고 한다. 폴뤼그노토스에 관해서는 2장 주 19 참조.

의 차이를 비교해보라. 폴뤼그노토스는 우수한 성격 화가인 데 반해 제욱시스의 그림에는 아무런 성격도 나타나지 않는다. 또한 어떤 시인이 성격을 잘 나타내며, 조사와 사상에서 성공적인 일련의 대사를 내

30 놓는다 하더라도 그것만으로는 비극의 진정한 효과를 산출할 수 없을 것이다. 오히려 이러한 점들에서는 미비한 점이 있다 하더라도 플롯, 즉 사건의 짜임새를 갖춘 비극이 훨씬 더 성공적인 효과를 얻을 수 있을 것이다. 게다가 비극에서 우리를 가장 감동시키는 것은 급반

35 전과 발견[69]인데, 이것들은 플롯에 속하는 부분이다. 또 다른 증거로 초보 시인은 사건의 짜임새에 앞서 조사와 성격 묘사에서 성공을 거둔다는 사실을 들 수 있는데, 이것은 이전 시인들[70] 거의 모두에게서 볼 수 있는 현상이다.

　　따라서 플롯이 비극의 제1원리[71] 즉 비극의 혼이고, 성격은 두 번째

1450b 이다(비슷한 원칙은 그림에도 적용된다. 더없이 아름다운 색깔을 쓰더라도 아무렇게나 칠한 것은 흑백의 초상화만큼도 즐거움을 주지 못할 것이다).[72] 비극은 행동의 모방이며, 비극이 행동하는 인간을 모방하는 것도 주로 행동을 모방하기 위해서이다.

69　급반전과 발견에 대한 설명은 11장과 16장에 나온다.
70　아이스퀼로스(Aischylos) 이전 시인들을 말하는 것 같다.
71　arche.
72　드라마의 플롯과 성격을 그림의 밑그림과 색깔에 비유했다. 그림의 경우 아무리 아름다운 색깔을 쓰더라도 밑그림이 잘못되면 훌륭한 그림이 될 수 없듯이, 드라마 역시 성격 묘사와 조사가 아무리 성공적이어도 플롯이 잘못 구성되면 훌륭한 작품이 될 수 없다는 뜻이다.

세 번째로 중요한 것은 사상이다. 사상이란 상황에 맞는 말과 적
절한 말을 할 수 있는 능력이다. 연설에 관한 한 이런 능력은 정치학
과 수사학의 과제이다. 왜냐하면 이전 시인들은 등장인물들이 정치
가처럼 말하게 했고, 요즘 시인들은 수사학자처럼 말하게 하기 때문
이다.[73]

성격은 행동하는 인간이 무엇을 의도하고 무엇을 기피하는지 분명
하지 않을 때 그의 의도를 드러낸다.[74] (따라서 말하는 사람이 무엇을
의도하고 무엇을 기피하는지 전혀 알 수 없는 대사는 성격을 나타내
지 못한다.) 사상은 사람들이 무엇을 증명하거나 논박하거나 보편적
명제를 말할 때 그들의 발언에 나타난다.

여러 언어적 요소 가운데 네 번째 것은 조사(措辭)이다. 조사란 앞
서 말한 바와 같이[75] 언어의 도움으로 사상을 표현하는 것을 의미하

---

73 정치학은 국가가 생기면서부터 있었다고 볼 수 있지만, 수사학은 비교적 후기에
생긴 학문 분야이다.

74 의도는 등장인물이 두 가능성 중 어느 쪽을 택할지 확실하지 않을 때 가장 잘 드
러난다. 예를 들어 복수를 택하느냐 안전을 택하느냐 하는 경우가 그렇다. 이때 두 가
능성 가운데 어느 쪽을 택하느냐에 따라 우리는 그의 의도를 통해 등장인물의 성격을
알 수 있다. "따라서 무엇을 의도하고 무엇을 기피하는지 전혀 알 수 없는 말은 성격을
나타내지 못한다." 반대로 등장인물의 성격을 알면 그가 이때 어느 쪽을 택할지 예측
할 수 있다. 그러므로 "성격은 의도를 드러낸다." 그러나 상식적으로 무엇을 택할 것인
지 명백한 경우에 의도는 성격을 나타내지 못한다. 예를 들어 맛없는 음식을 택하느냐
맛있는 음식을 택하느냐 하는 경우가 그렇다.

75 조사에 대한 언급은 '조사란 운율의 배열을 의미한다'는 말뿐이다. 조사의 원
어는 렉시스(lexis)인데 영어판에서는 대개 'diction' 'style'로, 독일어판에서는 'Rede'
'Wortwahl'로 옮긴다. 그리고 루카스(D. W. Lucas)는 "말을 이해할 수 있도록 결합하
는 전 과정을 포괄한다"고 말한다.

는데 그 역할은 운문에서나 산문에서나 같다.

15   나머지 둘 중 노래는 비극의 가장 중요한 양념[76]이다. 볼거리는 매력적이기는 하지만 예술과는 무관하며 창작술에 꼭 필요한 것은 아니다. 비극의 효과는 공연이나 배우 없이도 산출될 수 있으며, 또한
20   볼거리에 관한 한 소도구 제작자[77]의 기술이 시인의 기술보다 더 중요하다.

76 양념(hedysma)이란 불가결한 것은 아니다.
77 '소도구 제작자'로 번역한 그리스어는 skeuopoios인데 가면과 의상 제작이 그의 주요, 또는 유일한 업무였던 것 같다.

제7장

비극의 여러 구성 요소를 정의했으니 이제 플롯의 짜임새는 어떠해야
하는지에 대해 논하기로 하자. 이것이 비극의 으뜸이며 가장 중요한
요소이기 때문이다.

우리는 비극이 완결되고 일정한 크기를 가진 전체적인 행동의 모방
이라고 규정한 바 있다. 아무런 크기를 갖지 않는 전체[78]도 있기 때문   25
이다. 전체는 처음과 중간과 끝을 갖는다. 처음은 필연적으로 다른 것
다음에 오는 것이 아니라 그다음에 필연적으로 다른 것이 존재하거나
생성되는 것이다. 반대로 끝은 필연적으로 또는 대개 다른 것 다음에
존재하고, 그다음에 다른 것은 필연적으로 아무것도 존재하지 않는   30
것이다. 중간은 다른 것 다음에 존재하고, 그다음에도 다른 것이 존재
하는 것이다.

따라서 플롯을 훌륭하게 구성하려면 아무 데서나 시작하거나 아무
데서나 끝내서는 안 되고, 앞서 말한 원칙들을 따라야 한다. 또한 아
름다운 것은 생명체건 여러 부분으로 구성된 사물이건 그 부분들의
배열에 일정한 질서가 있어야 할 뿐더러 일정한 크기를 가져야 한다.   35
아름다움은 크기와 질서에 있기 때문이다. 따라서 너무 작은 생명체
는 아름다울 수 없다. (그것의 지각은 순간적이어서[79] 분명할 수 없기
때문이다.) 너무 큰 생명체, 예를 들어 길이가 수백 척(尺)이나 되는

---

78 너무 작아서 구분이 아무런 의미도 없는 전체를 말한다. 아리스토텔레스, 『자연
학』(*Physike akroasis*) 266a 10 참조.

79 따라서 여러 부분을 구별할 수 없기 때문에 비례 감각을 가질 수 없다.

생명체도 아름다울 수 없다. (그런 대상은 단번에 관찰할 수 없고, 그
1451a 통일성과 전체성이 시야에 들어오지 않기 때문이다.) 여러 부분으로
구성된 사물이나 생명체가 일정한 크기를 가져야 하고 그 크기는 쉽
게 훑어볼 수 있는 정도이어야 하듯이, 플롯도 일정한 길이를 가져야
5 하는데 그 길이는 쉽게 기억할 수 있을 정도여야 한다.

길이의 제한은 경연[80]과 관람에 관계되는 한, 창작술의 영역에 속
하는 문제는 아니다. 100편의 비극을 경연해야 할 경우, 언젠가 그런
일이 있었다고 전해지는 바와 같이 물시계로 시간을 재야 할 것이다.[81]
10 그러나 사물의 본성에 기인하는 제한에 관하여 말하자면, 전체를 쉽
게 훑어볼 수 있는 한도 안에서는 스토리가 길면 길수록 그 크기 때문
에 더 아름답다. 대체로 말해서 주인공의 운명이 일련의 개연적 또는
필연적 과정을 거쳐 불행에서 행복으로 또는 행복에서 불행으로 바
15 뀔 수 있는 길이라면 스토리 크기의 한계로 충분할 것이다.[82]

80 다른 디오뉘소스 제에서 개최된 비극 경연에 관해서는 자세한 기록이 없어 알 수
없지만, 대디오뉘소스 제에서 개최된 비극 경연에는 세 명의 시인이 참가했고, 하루에
한 시인의 4부작(대개 비극 3편과 사튀로스 극 1편으로 된)이 공연되었다.
81 법정 변론에는 그런 시간제한이 있었다고 하나 드라마 공연에 시간제한이 있었다
는 기록은 없다.
82 여기서 말하는 비극의 '크기'니 '길이'니 하는 말은 5장에서 비극과 서사시를 비교
해서 말할 때 사용한 '길이'란 말과는 의미가 다른 것으로 보아야 할 것이다.

제8장

플롯의 통일은 어떤 사람들이 생각하듯 한 사람을 다룬다고 해서 이루어지는 것이 아니다. 한 사람에게 무수히 많은 사건이 일어나는데 그중에는 통일을 이룰 수 없는 것도 있다. 마찬가지로 한 사람의 행동이라도 하나의 통일된 행동을 이룰 수 없는 것이 많다. 따라서 헤라클레스전(傳)[83]이나 테세우스전[84]이나 이와 유사한 시를 쓴 시인들은 모두 분명 잘못 생각했다. 그들은 헤라클레스가 한 사람이므로 스토리도 당연히 하나라고 생각한 것이다. 20

그런데 호메로스는 다른 점에서도 탁월하지만, 이 점에서도 숙련에 의해서든 타고난 재능에 의해서든 제대로 이해한 것 같다. 그는 『오뒷세이아』를 지으면서 주인공에게 일어난 사건을 모두 다루지 않았

---

[83] 헤라클레스(Herakles)는 제우스와 알크메네(Alkmene)의 아들로 그리스의 대표적인 영웅이다. 그는 인간을 위협하던 괴물들을 퇴치한 이른바 12고역으로 유명하지만 그 밖에도 수많은 업적을 남긴 것으로 알려져 있다. 따라서 그의 일생을 소재로 한 시는 자연히 통일성이 결여될 수밖에 없을 것이다. 그런 시를 쓴 사람으로는 키나이톤(Kinaithon 기원전 8세기), 페이산드로스(Peisandros 기원전 7세기 또는 6세기), 파뉘아시스(Panyasis 역사가 헤로도토스의 숙부라는 설도 있으며 기원전 460년경에 죽었다) 등이 있다.

[84] 테세우스(Theseus)는 아테나이 왕 아이게우스(Aigeus)의 아들로 그때까지 이류 국가였던 앗티케를 아테나이를 중심으로 한 강력한 중앙집권제 국가로 통일하여 훗날 그리스 세계에서 가장 큰 영향력을 행사하게 했다. 그에 관한 이야기 중에는 그가 다이달로스(Daidalos)가 설계한 미궁에 갇혀 있던, 소의 머리에 인간의 몸을 한 식인 괴물 미노타우로스(Minotauros)를 크레테(Krete)의 공주 아리아드네(Ariadne)의 도움으로 퇴치한 이야기가 유명하다. 아테나이인들은 애국심에서 다른 데 속하는 전설도 그의 업적으로 돌리는 경우가 많았다. 따라서 그의 일생을 소재로 한 시도 자연히 통일을 이루기가 어려웠을 것이다. 그런 시를 쓴 사람으로는 조퓌로스(Zopyros 기원전 6세기), 디필로스(Diphilos 기원전 5세기) 등이 있다.

25 다. (예를 들어 오뒷세우스가 파르낫소스 산에서 부상 당한 일이라든

가,[85] 출전 소집을 피하려고 미친 척한 일은[86] 다루지 않았다.) 이 두

사건 사이에는 필연적 또는 개연적 인과 관계가 없기 때문이다. 그러

는 대신 그는 앞서 말한 것과 같은 통일성 있는 행동을 주제로 『오뒷

세이아』를 구성했고, 이 점은 『일리아스』도 마찬가지이다.

30   다른 모방 예술에서도 하나의 모방은 한 가지 사물의 모방이듯, 시

에서도 스토리는 행동의 모방이기에 하나의 전체적인 행동[87]의 모방

이어야 하며, 사건의 여러 부분은 그중 하나를 다른 데로 옮기거나 없

애면 전체가 흔들릴 정도로 구성되어야 한다. 있으나마나 표가 나지

35 않는다면 전체의 부분이 아니기 때문이다.

85 오뒷세우스(Odysseus)가 파르낫소스(Parnassos)에 사는 외조부를 방문하여 그곳에서 멧돼지 사냥을 하다가 멧돼지 엄니에 부상 당했다는 이야기는 『오뒷세이아』 19권(393행 이하 및 465행 이하 참조)에 잠깐 나온다. 아리스토텔레스가 호메로스는 이 사건을 다루지 않았다고 말했다고 해서 우리는 아리스토텔레스가 『오뒷세이아』에 이 사건에 관한 이야기가 나온다는 사실을 잊었다거나, 그가 가진 텍스트에는 이 사건이 빠졌다고 해석할 필요는 없다. 실제로 16장에 당시의 부상으로 생긴 흉터에 관한 이야기가 나온다. 오히려 아리스토텔레스가 이 부분을 단순한 에피소드로 보고 그렇게 말한 것이라고 보아야 한다.

86 오뒷세우스는 사랑하는 아내와 아들을 남겨두고 트로이아(Troia) 전쟁에 출전하기 싫어서, 헬레네(Helene)의 남편 메넬라오스(Menelaos)와 그의 친구이자 에우보이아(Euboia) 왕 나우플리오스(Nauplios)의 아들인 팔라메데스(Palamedes)가 데리러 왔을 때 소와 당나귀를 함께 쟁기에 매고 밭을 갈며 밭이랑에다 씨앗 대신 소금을 뿌리면서 미친 척했다는 이야기가 있다. 이 이야기는 『오뒷세이아』에는 나오지 않고 이른바 '서사시권'(epikos kyklos)에 속하는 『퀴프리아』(*Kypria*)에 나온다.

87 하나의 행동이라고 해서 반드시 '전체적인' 것은 아니다.

370

제9장

앞서 말한 사실들로 미루어 볼 때 시인이 할 일은 분명 실제로 일어난 일이 아니라 일어날 법한 일, 즉 개연성 또는 필연성의 법칙에 따라 가능한 일을 이야기하는 데 있다. 역사가와 시인의 차이가 운문을 사용 1451b 하느냐, 산문을 사용하느냐에 있는 것은 아니다. 헤로도토스[88]의 작품은 운문으로 고쳐 쓸 수도 있겠지만, 운율이 있든 없든 그것은 역시 역사임에는 변함이 없다. 차이점은 한 사람은 실제로 일어난 일을 이야기하고, 다른 사람은 일어날 법한 일을 이야기한다는 것에 있다.

따라서 시는 역사보다 더 철학적[89]이고 진지하다. 시는 보편적인 것 5 을 말하는 경향이 더 강하고, 역사는 개별적인 것을 말하기 때문이다. '보편적인 것을 말한다' 함은 말하자면 이러저러한 사람은 개연적으로 또는 필연적으로 이러저러한 것을 말하거나 행할 것이라고 말하는 것을 의미한다. 시가 비록 등장인물에게 고유한 이름을 붙이더라도

---

88 헤로도토스(Herodotos 기원전 490년경~425년경)는 그리스의 역사가로 그리스와 페르시아의 전쟁을 주제로 서양 고대사를 기술한 『역사』(*histories apodexis* '탐사 보고서')를 남겼는데, 로마의 키케로는 그를 '역사의 아버지'라고 불렀다.

89 '철학적'이라는 말 대신 '학문적'이라는 말을 사용할 수도 있다. 시는 개별적 사실로부터 보편적 진리를 귀납하기 때문이다. 연대기 편찬자와는 달리 시인은 인생을 알고 보편적 원리를 파악할 필요가 있다. 그래야만 시인은 우리에게 인간성의 변함없는 여러 특징을 보여줄 수 있다. 하지만 과연 시적 진실이 현실과 일치하는가 하는 문제는 딱 잘라 말하기가 쉽지 않을 것이다. 그리고 역사가 단순한 연대기의 단계를 넘어서서 여러 사건 사이의 복합적인 내면 관계를 규명한다고 할 때, 우리는 과연 역사가 단순히 개별적인 것을 이야기하는 데 그친다고 말할 수 있을지도 의문이다. 여기서 아리스토텔레스가 말하고자 하는 것은 역사에서는 사건과 사건 사이의 인과 관계가 시의 플롯만큼 뚜렷하지 않다는 점일 것이다.

시가 추구하는 것은 보편적인 것이다. '개별적인 것을 말한다' 함은 예
10 를 들어 알키비아데스는 무엇을 행하거나 무엇을 당했는지 말하는 것
을 의미한다.

　희극의 경우 이는 아주 명백하다. 희극에서는 개연적 사건으로 플
롯이 구성된 뒤에야 비로소 거기에 맞는 임의의 이름이 등장인물에
게 붙여지기 때문이다.[90] 이것은 풍자 시인이 특정한 개인을 두고 시
를 쓰던 것과는 다른 수법이다. 반면 비극의 경우는 기존 인명[91]에 집
15 착한다. 그 이유는 가능성 있는 것이 설득력이 있기 때문이다. 일어나
지 않은 것은 가능하다고 믿어지지 않지만, 일어난 것은 가능성이 있
음이 명백하니 말이다. 불가능한 것이라면 일어나지도 않았을 테니
20 까. 하지만 비극 중에도 유명 이름은 한둘 정도이고 나머지는 모두 가
상 이름만 나오는 작품이 있는가 하면, 유명 이름이라고는 아예 하나
도 안 나오는 작품들도 있다. 예를 들어 아가톤의 『안테우스』[92]가 그

90　아리스토텔레스의 이러한 이론은 실재 인물을 많이 다룬 아리스토파네스의 작
품에는 그대로 적용될 수 없다. 아마 여기서는 가상 인물을 통해 당시 여러 성격 유형
을 묘사하던 '신(新)희극'을 염두에 두고 그렇게 말한 듯하다. 신희극의 경우에는 먼저
플롯을 구성한 뒤 그 플롯에 맞는 임의의 이름을 붙이는 일이 흔했다. 이는 비극에도
적용될 수 있을 것이다. 물론 비극의 등장인물은 실재 인물로 생각되긴 하지만 그들은
모두 유형화되었다고 할 수 있다. 그래서 아리스토텔레스는 17장에서 비극 작가는 등
장인물의 이름과 에피소드를 끼워 넣기 전에 먼저 수미일관한 플롯의 윤곽을 잡는 것
이 바람직하다고 말한다.
91　'기존 인명'의 원뜻은 '실재한 인물의 이름'인데 여기에는 헤라클레스나 아킬레우
스(Achilleus) 같은 전설 속 인명과 좁은 의미의 역사 인명이 모두 포함된다.
92　아가톤(Agathon)은 3대 비극 시인의 후계자 가운데 가장 비중이 큰 시인이다. 그
는 기원전 416년에 레나이아 제에서 처음으로 우승했는데, 이 우승을 축하하기 위해
그의 집에서 열렸던 술잔치가 바로 플라톤의 『향연』(Symphosion)의 배경이다. 그는 비

렇다. 이 작품에서는 사건도, 등장인물의 이름도 모두 시인이 창작한 것이다. 그렇다고 해서 즐거움이 덜한 것은 아니다. 비극의 소재는 전해오는 이야기이지만 꼭 거기에만 집착할 필요는 없다. 사실 그와 같 25 은 집착은 우스운 것이다. 유명한 이야기라 하더라도 아는 사람은 소수일 뿐이고,[93] 아는 사람이 소수라 해도 모든 사람이 즐거워하기 때문이다.

앞서 말한 것들로 미루어 시인[94]은 모방하기 때문에 시인이요, 또 시인이 모방하는 것은 행동인 만큼 분명 운율보다도 플롯의 창작자가 되어야 한다. 또한 실제로 일어난 일을 소재로 시를 쓴다 해도 그 30 는 시인임이 틀림없다. 실제로 일어난 사건 중에도 개연성과 가능성의 법칙에 맞는 것이 있을 수 있고, 그 점에서 그는 이들 사건의 창작자.[95]

극 사상 처음으로 코로스가 플롯의 내용과 관계가 없는 막간가(幕間歌)를 부르게 했고(18장 참조), 처음으로 신화가 아닌 가상의 사건과 가상의 등장인물이 등장하는 비극을 소개했다. 지금 남아 있는 그의 작품은 40행도 안 된다. 『안테우스』(*Antheus*)에 관해서는 이 작품의 사건과 등장인물이 모두 시인이 창작한 것이라는 점만 알려져 있는데, 이로 미루어보아 이 작품은 후기 아테나이 비극과 중기 및 신희극 사이에 교량 역할을 한 것으로 생각된다.

93 당시 그리스인들은 초보적인 교육만 받아도 시와 친숙해질 수 있었고, 또 디오뉘소스 제전과 레나이아 제전 때면 디오뉘소스 극장이 으레 만원을 이루었다는 점만 보더라도 비극과 친숙했다는 것을 알 수 있기에 이 말을 곧이곧대로 받아들이기는 어렵다. 그리고 비극 시인과 희극 시인의 기능을 비교한 안티파네스(Antiphanes)의 유명한 단편 『시』(*Poiesis*)에도 비극의 플롯은 청중에게 일반적으로 잘 알려져 있었다는 말이 나오는데, 이 작품이 『시학』보다 그리 오래전에 나온 것이 아니란 점을 생각한다면 그동안 사정이 완전히 달라졌다고 보기는 어려울 것이다.

94 이 구절에 나오는 '시인'과 '창작자'의 원어는 둘 다 포이에테스(poietes)이다. 문맥에 따라 '시인' 또는 '창작자'로 옮겼다.

95 역사상 많은 사건 중에는 시인(여기에는 현대적 의미의 역사가도 포함된다)이 그

이기 때문이다.

　단순한 플롯[96]과 행동 중에서 최악은 에피소드적인 것이다. 나는 여러 에피소드가 상호 간에 개연적 또는 필연적 인과 관계 없이 이어 질 때 이를 에피소드적인 플롯이라고 부른다. 이러한 종류의 플롯을 열등한 시인은 무능해서 구성하고, 훌륭한 시인은 배우들에 대한 배려[97]에서 구성한다. 경연을 위해 작품을 쓰다 보면 훌륭한 시인도 가 끔 무리하게 플롯을 늘이는 바람에 사건의 전후 관계를 뒤죽박죽으 로 만들지 않을 수 없기 때문이다.[98]

　그런데 비극은 완결된 행동의 모방일 뿐 아니라 공포와 연민의 감 정을 불러일으키는 사건의 모방이다. 이런 사건들은 예기치 못한 상 황에서, 상호 간의 인과 관계에서 일어날 때 최대의 효과를 거둔다. 사 건이 그처럼 일어날 때 저절로 또는 우연히 일어날 때보다 더 놀라운 법이다. 우연한 사건이라도 어떤 의도에 의해 일어난 것처럼 보일 때 가장 놀랍기 때문이다. 아르고스에 있는 미뤼스[99] 입상(立像)이 그것

35

1452a

5

전후 관계와 인과 관계를 밝힘으로써 스토리를 '창작'하기 전까지는 설명할 수 없을 것 같이 보이는 것이 비일비재하다.

96　'단순한 플롯'에 관해서는 다음 장 참조.

97　아리스토텔레스 시대만 해도 공연에서 시인보다는 배우(또는 심사관)의 비중이 더 컸던 것 같다. 아리스토텔레스, 『수사학』(Techne rhetorike) 1403b 33 참조.

98　시인들은 경연에서 성공을 거두기 위해 예술가로서의 양심을 외면하면서 배우들 이 요구하는 발언이나 쟁점 등을 무리하게 작품에 끼워 넣었다고 한다.

99　플루타르코스(Ploutarchos), 『윤리론집』(Ethika 라/ Moralia) 553d에 따르면 미뤼 스(Mitys)는 기원전 400년경 아르고스에서 당쟁으로 피살되었다고 한다. 아르고스는 펠로폰네소스 반도의 북동부에 있는 도시이다.

을 구경하던 미뮈스 살해자 위에 넘어져 그를 죽게 한 사건이 그 한 예이다. 이런 사건은 단순히 우연한 일로만 생각되지 않는다. 따라서 이런 플롯이 필연적으로 다른 플롯보다 더 훌륭하기 마련이다. 10

제10장

플롯에는 단순한 것도 있고 복합적인 것도 있다. 플롯이 모방하는 행동이 원래 그런 특성을 지니기 때문이다. 행동이 앞서 규정한 바와 같이,[100] 연속성[101]과 통일성을 가지고 진행된다 하더라도 주인공의 운명이 급반전이나 발견[102] 없이 바뀔 때 나는 이를 단순한 행동이라고 부르고, 주인공의 운명이 급반전이나 발견 또는 이 둘을 다 수반하여 바뀔 때 이를 복합적인 행동이라고 부른다. 급반전이나 발견은 플롯의 구성 자체에서 생겨나야만 하므로 선행 사건과는 필연적이거나 개연성 있는 결과라야 한다. 한 사건이 다른 사건 '때문에' 일어나는 것과 다른 사건에 '이어서' 일어나는 것 사이에는 큰 차이가 있다.

100 7장 및 8장 참조.
101 '연속성을 가진다' 함은 플롯과 직접적 관계가 없는 사건, 즉 에피소드적 사건이 개입하는 것을 허용하지 않는다는 뜻인 것 같다.
102 급반전(peripeteia '갑작스러운 반전')과 발견(anagnorismos)에 관해서는 다음 장 참조.

376

제11장

급반전이란 앞서 말한 바와 같이,[103] 사태가 반대 방향으로 바뀌는 것을 의미하는데, 이때 변화 역시 앞서 말했듯이 개연적 또는 필연적 인과 관계에 따라서 일어난다. 예를 들어 『오이디푸스 왕』[104]에서 사자(使者)는 오이디푸스에게 반가운 소식을 전하고 그를 모친에 대한 두려움에서 벗어나게 해주려고 오지만, 그의 신분을 밝힘으로써 정반 25

103 7장 마지막 부분에 있는 '불행에서 행복으로 또는 행복에서 불행으로 바뀔 수……'라는 구절을 말한다.

104 소포클레스, 『오이디푸스 왕』(Oidipous tyrannos) 911~1805행 참조. 오이디푸스는 자기가 아버지를 죽이고 어머니와 결혼하게 될 것이라는 아폴론의 예언이 이루어지는 것을 막기 위해 코린토스를 떠난다. 코린토스 왕 폴뤼보스(Polybos)와 왕비 메로페(Merope)가 자신의 친부모라고 믿었기 때문이다. 그는 여기저기 떠돌아다니면서 유랑생활을 하다가 어느 날 어떤 삼거리에서 마차를 탄 일행과 마주쳐 서로 길을 비켜라 못 비킨다 하며 언쟁을 벌이다가, 마차에 탄 노인에게 채찍질을 당하자 격분하여 노인을 때려죽인다. 그런데 그 노인은 테바이(Thebai)의 왕 라이오스(Laios)였다. 그 뒤 오이디푸스는 테바이에 가서 스핑크스(Sphinx)의 수수께끼를 풀어 그 공로로 테바이의 왕이 되고 왕비 이오카스테(Iokaste)와 결혼한다. 그리고 라이오스가 살해될 때 도망쳐 온 라이오스의 시종은 테바이의 새로운 왕이 라이오스를 살해한 자임을 알고 테바이를 떠난다. 그리하여 오이디푸스는 자기가 친아버지를 죽이고 친어머니와 결혼했다는 사실도 모르고 이오카스테와의 사이에 네 명의 자녀까지 낳고 행복한 나날을 보낸다. 여기까지가 『오이디푸스 왕』의 전제이다. 많은 세월이 흐른 뒤, 코린토스에서 한 사자가 와서 폴뤼보스 왕이 죽었다는 소식과 함께 코린토스 시민들이 오이디푸스를 새 왕으로 모시고 싶어한다는 뜻을 전한다. 이 소식을 전해 들은 오이디푸스는 아폴론의 예언 가운데 전반부는 실현이 불가능해졌으나, 후반부는 여전히 실현 가능하다면서 두려움을 표한다. 그러자 사자는 오이디푸스를 안심시키려고 폴뤼보스 왕과 메로페 왕비가 그의 친부모가 아님을 밝힌다. 그러나 이것이 되레 화근이 되어 진상이 낱낱이 밝혀짐으로써 오이디푸스는 스스로 눈을 찔러 장님이 되고 이오카스테도 스스로 목매달아 죽는다.

대되는 결과를 초래한다. 『륑케우스』[105]에서도 륑케우스는 처형되기
위해 끌려가고 다나오스는 그를 처형하려고 데려가는 중에 이에 선행
했던 사건의 결과로 후자는 죽고 전자는 구출된다.

30 발견이라는 말은 그 자체가 의미하는 바와 같이 무지의 상태에서
앎의 상태로 이행하는 것을 뜻한다.[106] 이때 등장인물이 행운을 타고
났느냐 불행을 타고났느냐에 따라 서로 친구가 되기도 하고 적이 되기
도 한다. 그런데 발견은 『오이디푸스 왕』에서처럼 급반전을 수반할 때
가장 훌륭하다. 물론 이와 다른 종류의 발견도 있다. 생명이 없는 것
35 이나 우연한 것[107]에도 어떤 의미에서는 앞서 말한 일이 일어날 수 있

---

105 『륑케우스』(*Lynkeus*)는 아리스토텔레스 당시 인기 작가 테오덱테스(Theo-
dektes 기원전 4세기)의 작품으로 지금은 남아 있지 않으나 륑케우스의 전설은 이러하
다. 이집트 왕 아이깁토스(Aigyptos)와 다나오스(Danaos)는 형제간으로 아이깁토스
는 50명의 아들을, 다나오스는 50명의 딸을 두었다. 아이깁토스의 아들들은 다나오스
의 딸들과 결혼하기를 원하지만, 이를 완강히 반대하는 다나오스와 그의 딸들은 친족
들에게 구원을 청하려고 아르고스로 달아난다. 그러자 아이깁토스의 아들들은 결혼
하기 위해 아르고스로 뒤쫓아간다. 다나오스는 마지못해 결혼을 승낙하지만 첫날밤
에 신랑을 모조리 찔러 죽이도록 딸들에게 명한다. 다른 딸들은 모두 아버지의 명을 따
르지만 휘페름네스트라(Hypermnestra)는 신랑인 륑케우스를 죽이지 않고 달아나게
해준다. 이 비밀 결혼에서 두 사람 사이에 아바스(Abas)라는 아들이 태어나는데 이 아
들이 발각됨으로써 모든 비밀이 드러나 륑케우스도 붙잡힌다. 그리하여 륑케우스가
처형되려는 순간 다나오스의 잔인무도한 처사에 분격한 아르고스 시민들이 륑케우스
를 구출하고 다나오스를 죽인다.
106 이온은 자기를 죽이려던 여인이 자기 어머님임을 발견한다. 에우리피데스, 『이
온』(*Ion*) 참조. 아이기스토스(Aigisthos)는 오레스테스(Orestes)가 죽었다는 좋은 소식
을 전해준 자가 바로 오레스테스 자신임을 발견한다. 소포클레스, 『엘렉트라』(*Elektra*)
참조.
107 『이온』에 나오는 목걸이처럼 발견의 근거가 되는 징표를 말한다.

378

기 때문이다. 또한 어떤 사람이 무엇을 했는지 안 했는지도 발견할 수 있다. 그러나 플롯과 행동에 가장 직접적 관계가 있는 것은 처음에 말한 발견이다. 이와 같은 발견은 급반전과 결합될 때 연민이나 공포의 감정을 불러일으킨다. 비극이 그런 행동의 모방이라는 것은 이미 규정한 바 있다. 그리고 불행해지느냐 행복해지느냐 하는 것도 발견과 급반전으로 야기된 사태 변화에 의해 결정되는 것이다. 1452b

한편 발견은 인간 상호 간에 이루어지는 것이므로 한쪽 신분이 이미 알려진 경우에는 한쪽만 상대방이 누군지 발견하면 되지만, 그렇지 않을 경우 양쪽이 모두 상대방이 누군지 발견해야만 한다. 예를 들어 이피게네이아는 편지를 보냄으로써 오레스테스에게 발견되지만 5 이피게네이아에게 오레스테스가 알려지기 위해서는 또 다른 발견이 필요했다.[108]

---

108 에우리피데스, 『타우리케의 이피게네이아』(*Iphigeneia he en Taurois*) 727행 이하 참조. 이피게네이아는 트로이아 전쟁 때 그리스군 총사령관 아가멤논의 딸이다. 그리스군이 출범하기 위해 아울리스(Aulis) 항에 집결했을 때, 아가멤논은 여신 아르테미스(Artemis)에게 바쳐진 사슴을 실수로 죽인 탓에 여신의 노여움을 산다. 그래서 여신이 순풍을 보내주지 않자 아가멤논은 여신의 노여움을 풀기 위해 딸 이피게네이아를 여신께 제물로 바친다. 그러나 이피게네이아가 제물로 바쳐지려는 순간, 여신은 그녀를 납치하여 지금의 크리미아 반도에 있던 타우리케(Taurike)로 데려가 그곳에 있는 여신의 신전에서 여사제가 되게 한다. 이피게네이아가 할 일은 그곳에 표류해오는 이방인들을 여신께 제물로 바치는 것이었다. 그러던 어느 날 오레스테스와 그의 친구 필라데스(Pylades)가 아폴론의 신탁에 따라 그곳에 있는 아르테미스 여신상을 훔치러 갔다가 붙잡혀, 제물로 바쳐지기 위해 이피게네이아 앞으로 끌려간다. 그녀는 자기를 제물로 바쳤던 그리스인들을 마음속으로 늘 원망하고 미워하면서도 두 청년을 보자 왠지 고향 생각이 나서 그들의 고향을 묻는다. 두 청년이 그리스인임을 알게 된 이피게네이아는 고향의 안부를 묻고 그들 가운데 한 사람을 통해 고향에 있는 남동생

플롯의 두 구성 요소, 즉 급반전과 발견은 이상과 같다. 세 번째 구성 요소는 수난[109]이다. 이 가운데 두 구성 요소 즉 급반전과 발견에 관해서는 이미 설명한 바 있고, 수난이란 무대 위에서의 죽음, 고통, 부상 따위와 같이 파괴적이거나 고통을 야기하는 행동을 말한다.

오레스테스에게 편지를 보내기로 결심한다. 두 사람 중에서 필라데스가 가기로 결정된다. 그녀는 도중에 배가 난파되어 편지를 잃어버릴 경우에 대비해 편지 내용을 읽어준다. 그리하여 오레스테스는 그녀가 자기 누이임을 발견한다. 이어서 오레스테스는 자기가 그녀의 남동생임을 밝히는데 그 방법이 약간 인위적이다. 그는 자기가 오레스테스임을 믿게 하려고 그녀가 '황금 양모피 이야기'를 수놓은 적이 있었다는 사실과, 증조부인 펠롭스(Pelops)의 오래된 창이 그녀의 침실에 보관되어 있었다는 사실을 말해준다. 아리스토텔레스는 16장에서, 이피게네이아가 오레스테스에게 발견되는 방법은 훌륭하지만 오레스테스가 이피게네이아에게 발견되는 방법은 자연스럽지 못하다고 비판한다.

109 수난(pathos)에 대해서는 13장 및 14장에도 언급된다.

제12장[110]

비극의 구성 요소로서 갖추어야 할 여러 부분에 관해서는 앞서 말했다.[111] 그러나 양적인 관점에서 본다면 비극은 프롤로고스, 에피소드, 엑소도스, 코로스의 노래로 구분되며, 코로스의 노래는 다시 등장가와 정립가로 구분된다.[112] 이 둘은 모든 비극에 공통된 것이지만 본무

---

110 아리스토텔레스는 6장에서 먼저 비극의 본질을 정의하고 이어서 비극의 질적 또는 내적 구성 요소를 구분한 다음, 7장부터 14장까지 플롯에 대하여 논한다. 이번 장은 논지로 보아 본론에서 이탈한 감이 없지 않으나, 『시학』의 맨 첫 구절과 마지막 구절에서 비극의 질적 요소와 양적 요소의 구분을 언급한 것을 보면 비극의 양적 부분도 설명하려고 마음먹었음이 분명하다. 다만 그 위치가 좀 납득하기 어려운데, 비극의 질적 구성 요소를 구분한 6장 다음이 논리상 합당한 위치가 아닐까 싶다.

111 6장을 말한다.

112 프롤로고스(prologos)는 드라마의 주제와 상황을 설명하기 위해 드라마 맨 처음에 나오는 독백 또는 대화 부분이다. 테스피스의 창안이라는 것을 보면 아주 초기에 속하는 작품에서도 사용된 것 같다. 이 용어는 적어도 아리스토파네스 시대에는 통용되었음이 분명하다. 아리스토파네스 『개구리』 1119행 참조. 소수이긴 하지만 아이스퀼로스의 『페르시아인들』(Persai)과 『탄원하는 여인들』(Hiketides)처럼 코로스의 등장가로 시작되는 비극도 있다. 에피소드(episode)는 근대극의 막이나 장에 비교될 수 있다. 그리스 비극은 원래 코로스에서 출발하여 점진적인 개량을 거쳐 오늘날 우리가 아는 형태를 갖추었다. 처음에는 코로스의 역할이 절대적이었으며 대화 부분은 부차적이었다. 그러던 것이 차츰 개량되어 배우의 역할이 중심이 되고 코로스의 역할은 부차적인 것이 되었다. 에피소드는 배우가 연출하는 장면과 대화를 말한다. 에피소드란 말은 원래 코로스에게 무엇을 알리기 위하여 배우가 무대 위에 등장하는 것을 의미한다. 등장가(登場歌 parodos)는 코로스가 자신들이 춤추고 노래하는 자리인 오케스트라(orchestra)를 향해 걸어가면서 부르는 노래이다. 정립가(停立歌 stasimon)는 코로스가 오케스트라 위에서 부르는 노래인데 원래는 선행 에피소드를 보고 느낀 바를 읊었다. 그러나 아가톤 이후 플롯 내용과 무관한 '막간가'(embolima)로 변질되었다(18장 참조). 엑소도스(exodos)는 원래 코로스가 오케스트라에서 퇴장하며 부르는 합창가였다. 그러나 시인 대부분이 코로스 지휘자와 배우 간의 대화로 이를 대신했으므로 엑소도스는 마지막 정립가 다음에 오는 모든 장면과 대화를 뜻한다.

대 위에서 부르는 노래와 애탄가(哀歎歌)[113]는 일부 비극에서만 나타나는 특징이다.

프롤로고스는 코로스의 등장가에 선행하는 비극의 전체[114] 부분이고, 에피소드는 코로스의 전체 노래와 노래 사이에 삽입된 비극의 전체 부분이다. 엑소도스는 코로스의 마지막 노래 다음에 오는 비극의 전체 부분이다. 코로스의 노래 가운데 등장가는 코로스의 최초의 발언 전체이고, 정립가는 단단장격 운각(短短長格韻脚)[115]과 장단격 운각(長短格韻脚)[116]이 쓰이지 않는 코로스의 노래이며,[117] 애탄가는 코로스와 배우가 합창으로 부르는 비탄의 노래이다. 비극의 구성 요소로서 갖추어야 할 여러 부분에 대해서는 앞서 말했고, 양적인 관점에서 본다면 비극은 이상과 같은 여러 부분으로 구분된다.

113 오케스트라가 코로스가 춤추고 노래하는 자리라면 본무대(本舞臺 skene)는 배우가 공연하는 무대를 말한다. 그리고 본무대 위에서 부르는 노래란 배우가 부르는 노래를 말하는데, 여기에는 애탄가와 서정적 독창가(monoidia)가 포함된다. '애탄가'로 옮긴 콤모스(kommos)는 코프토(kopto '가슴을 치며 애통해하다')에서 유래한 말로 코로스와 배우(대개 한 사람이지만 경우에 따라서는 두 사람) 사이의 서정적 대화를 말하는 전문 용어이다. 콤모스는 대부분 고인을 추모하는 애도가이므로 나중에는 모든 애도가에 콤모스라는 이름이 붙여졌다.

114 '전체'라는 말이 계속해서 쓰이는데, 경우에 따라 '다른 부분에 의하여 중단되지 않는' '그 자체로 하나의 통일적인 전체를 이루는'이라는 뜻이 되겠지만 단순히 강조하기 위해서 쓰이는 경우도 있는 것 같다.

115 anapaistos 영/anapest ∪∪—

116 trochaios 영/trochaic —∪

117 이 말은 지금 남아 있는 작품들에는 적용할 수 없다. 그중 많은 작품에서 단단장격 및 장단격 운각을 쓰는 정립가의 행이 발견되기 때문이다. 그러나 아리스토텔레스가 잘 알았을 것으로 생각되는 기원전 4세기의 비극에는 적용되었을지도 모른다. 18장 마지막 부분에 3대 비극 작가 이후 코로스 사용법이 많이 변했다는 말이 나온다.

제13장

방금 논한 것에 이어서 우리는 플롯을 구성할 때 무엇을 택하고 무엇을 피해야 하는지, 어떻게 해야 비극의 효과가 산출될 수 있는지 논해야 할 것이다.[118]

가장 훌륭한 비극이 되려면 플롯이 단순하지 않고 복합적이어야 30 하며, 또한 공포와 연민의 감정을 불러일으키는 행동을 모방해야 한다.[119] (그렇게 하는 것이 이러한 종류의 모방의 특징이기 때문이다.) 따라서 다음 세 가지 플롯은 당연히 피해야 한다.

첫째, 점잖은 사람이 행복하다가 불행해지는 것을 보여주어서는 안 된다. 그것은 공포의 감정도 연민의 감정도 불러일으키지 않고 불 35 쾌감만 주기 때문이다.

못난 자가 불행하다가 행복해지는 것을 보여주어서도 안 된다. 그것은 가장 비극적인 것과 거리가 멀기 때문이다. 그것은 비극의 필요 조건을 하나도 충족시키지 못한다. 즉 그것은 인정에 호소하는 점도 1453a 없고 연민의 감정도 공포의 감정도 불러일으키지 않는다.

또한 극악한 자가 행복하다가 불행해지는 것을 보여주어서도 안 된다. 그와 같은 플롯 구성은 인정에 호소하는 점은 있을지 몰라도 연민의 감정도 공포의 감정도 불러일으키지 않기 때문이다. (연민의 감정은 부당하게 불행을 당하는 사람을 볼 때 느끼고, 공포의 감정은 우리 5

---

118 이 두 문제는 밀접한 관계가 있다. 즉 플롯을 구성하려는 것은 비극의 효과를 내기 위해서이고, 또 비극의 효과를 내려는 것은 비극의 궁극적 목표인 공포와 연민의 감정을 불러일으키기 위해서이다.

119 10장 참조.

자신과 비슷한 사람이 불행을 당하는 것을 볼 때 느낀다.) 따라서 이 경우는 연민의 감정도 공포의 감정도 불러일으키지 못할 것이다.

그렇다면 남은 것은 이들[120]의 중간에 있는 인물이다. 미덕과 정의에서 탁월하지는 않지만 악덕과 비행 때문이 아니라 하마르티아[121] 때문에 불행을 당한 사람이 곧 그런 인물인데, 그는 오이디푸스나 튀에스테스[122]나 그와 대등한 가문의 저명인사들처럼 큰 명망과 번영을 누

---

120 점잖은 사람과 못난 자를 말한다.

121 하마르티아(hamartia)를 흔히 '과실'로 옮기기도 하는데, 구체적으로 무엇을 의미하는지 학자들 사이에 의견이 분분하다. 어떤 학자들은 도덕적 및 성격적 결함을 의미하거나 그러한 의미를 내포한다고 주장하는가 하면, 어떤 학자들은 그와 같은 도덕적 의미가 아니라 단순한 판단 착오나 실수라고 주장한다. 루카스는 다음과 같은 네 가지 이유를 들어 후자의 견해가 타당함을 지적한다. 첫째, 이 말이 성격적 결함 같은 것을 의미하는 경우는 극히 드물고, 둘째, 『시학』의 이 부분에서 논하는 것은 성격이 아니라 플롯이며, 또한 15장에서 성격 문제를 다루지만 결함이나 결점에 대한 언급이 없고, 셋째, 아리스토텔레스가 의미를 명백히 하기 위해 자주 인용하는 『오이디푸스 왕』으로 예를 들더라도 오이디푸스의 불행은 어떤 성격적 결함 때문이 아니라 자기 부모를 잘못 알았다는 판단 착오 때문이며, 넷째, 14장에서 비극에 가장 적합하다고 추천하는 상황도 오이디푸스의 그것과 같은 실수에 의존한다는 것이다. 또한 아리스토텔레스가 "가장 훌륭한 비극은 소수의 가문에서 글감을 얻는다"고 말한 것도 그런 가문만이 비극적 실수의 공식에 맞기 때문이라고 보아야 할 것이다. 만약 성격적 및 도덕적 결함이 문제라면 굳이 소수의 가문에 국한하지는 않았을 것이다. 또한 14장에서 언급되는 여러 플롯을 보면 이 말은 상대방의 신분을 모른다는 그런 종류의 실수와 밀접한 관계가 있음이 분명하다.

122 튀에스테스(Thyestes)는 아트레우스(Atreus)와 더불어 펠롭스의 아들이다. 형제는 아버지의 죽음 이후 번갈아 뮈케나이(Mykenai)를 통치하기로 약속하지만 튀에스테스의 차례가 되자 아트레우스는 약속을 어기고 통치권을 양도하려 하지 않는다. 이에 튀에스테스는 아트레우스의 아내 아에로페(Aerope)를 유혹하여 통치권의 상징인 황금 양모피를 훔치다가 아트레우스에 의해 뮈케나이에서 추방된다. 아트레우스는 훗날 화해하자며 그를 다시 불러들인 뒤, 그의 자식들을 죽여 그 고기로 그를 대접한다.

리는 자 가운데 한 사람이어야 한다.

훌륭한 플롯은 단일한 결말을 가져야지, 일부 사람들이 말하듯 이중의 결말을 가져서는 안 된다.[123] 주인공의 운명은 불행에서 행복으로 바뀌어서는 안 되고 행복에서 불행으로 바뀌어야 한다.[124] 그러나 그것은 비행 때문이어서는 안 되고 중대한 하마르티아 때문이어야 한다. 그리고 주인공은 우리가 앞서 말한 바와 같은 인물이거나 그보다 뛰어난 인물이어야지 그보다 못난 인물이어서는 안 된다. (사실 또한 이를 입증한다. 초기에 시인들은 아무 스토리나 닥치는 대로 다루었지만 오늘날 가장 훌륭한 비극들은 몇몇 가문의 스토리에서 글감

15

튀에스테스는 이 사실을 알고 질겁하여 도망치며 아트레우스 가(家)를 저주한다. 그는 자기 딸 펠로피아(Pelopia)와 성관계를 맺어 아이기스토스(Aigisthos)라는 아들을 얻는데, 이 아이기스토스가 훗날 아트레우스의 아들 아가멤논이 트로이아로 원정 가고 집을 비운 사이 그의 아내 클뤼타임네스트라(Klytaimnestra)를 유혹하여 원정에서 돌아온 아가멤논을 공모하여 살해한다. 그러나 아가멤논의 아들 오레스테스는 훗날 누이 엘렉트라(Elektra)와 공모하여 아이기스토스와 클뤼타임네스트라를 죽이고 아버지의 원수를 갚는다. 소포클레스도 튀에스테스를 주인공으로 하여 비극을 썼는데 단편만 남아 있다.

123 '단일한 결말'이란 주인공의 운명이 행복에서 불행으로 바뀌는 것을 말하고, '이중의 결말'이란 못난 자의 운명은 행복에서 불행으로, 뛰어난 자의 운명은 불행에서 행복으로 바뀌는 것을 말한다. 결말이 '단일한가' '이중적인가' 하는 문제는 플롯이 '단순한가' '복잡한가'와는 별개의 문제이다.

124 비극의 주인공의 운명은 행복에서 불행으로 바뀌지 않으면 안 된다는 아리스토텔레스의 이론은 어디까지나 운명이 이렇게 바뀌어야만 비극의 효과를 잘 산출할 수 있다는 일반론으로 받아들여야 할 것이다. 그는 14장에서 오히려 범행 직전에 상대방이 자기 친구 또는 친척임을 발견하고는 범행을 그만두는 플롯을 가장 훌륭한 플롯이라고 칭찬하면서 『타우리케의 이피게네이아』를 예로 든다.

을 얻는다. 예를 들어 알크마이온,[125] 오이디푸스, 오레스테스,[126] 멜레

아그로스,[127] 튀에스테스, 텔레포스[128] 등등 끔찍한 일을 당했거나 저

125 알크마이온(Alkmaion 또는 Alkmeon)은 암피아라오스(Amphiaraos)와 에리퓔레(Eriphyle)의 아들이다. 암피아라오스는 예언자여서 '테바이를 공격한 일곱 장수'가운데 아르고스 왕 아드라스토스(Adrastos)만 살아남고 나머지는 모두 전사하리라는 것을 알고 출전을 거부하지만 그의 아내 에리퓔레는 오이디푸스의 아들 폴뤼네이케스(Polyneikes)가 준 목걸이에 매수되어 한사코 남편의 출전을 강요한다. 암피아라오스는 마지못해 떠나면서 아들 알크마이온에게 자기 죽음에 대한 복수로 어머니를 죽일 것과, 나중에 다시 테바이를 칠 것을 명령한다. 그 뒤 알크마이온은 아버지가 명령한 대로 테바이에서 전사한 일곱 장수의 아들들과 함께 테바이를 함락하고 돌아와서 어머니를 죽인다. 그 뒤부터 그는 복수의 여신들에게 쫓기는 몸이 되고 에리퓔레의 목걸이는 수많은 불행의 씨앗이 된다. 그의 이야기를 주제로 하여 작품을 쓴 시인으로는 소포클레스, 에우리피데스, 아가톤 등이 있다.

126 오레스테스에 관해서는 이 장 주 122 참조.

127 멜레아그로스(Meleagros)는 칼뤼돈(Kalydon) 왕 오이네우스(Oineus)와 알타이아(Althaia)의 아들로 그가 태어나던 날 운명의 여신들이 나타나 화덕에서 타고 있는 장작개비가 다 타면 아이는 죽을 것이라고 말한다. 이 말을 들은 어머니는 타고 있던 장작개비를 화덕에서 꺼내 불을 끈 다음 조심스레 감추어둔다. 훗날 멜레아그로스가 성인이 되었을 때, 오이네우스가 여신 아르테미스에게 제물 바치기를 소홀히 하자 이에 대한 보복으로 여신이 큰 멧돼지 한 마리를 보내 칼뤼돈 땅을 쑥대밭으로 만든다. 이에 멜레아그로스는 그리스 각지에서 수많은 영웅을 모아 멧돼지를 잡는데, 멧돼지의 목을 찌른 것은 그였지만 맨 먼저 상처를 입힌 이는 아탈란테(Atalante)라는 처녀 사냥꾼이었다. 평소에 그녀를 연모해왔던 멜레아그로스는 멧돼지 가죽을 그녀에게 준다. 그러나 그의 외삼촌들이 불공평한 처사라며 이를 도로 빼앗으려 하자 그는 외삼촌들을 죽인다. 자기 오라비들이 자기 아들 손에 죽었다는 소식을 전해 들은 알타이아는 감추어두었던 장작개비를 불 속에 던진다. 그것이 다 타고 나자 멜레아그로스는 죽고 그녀도 자살한다. 그의 이야기를 주제로 하여 비극을 쓴 시인으로는 소포클레스, 에우리피데스, 프뤼니코스(Phrynichos) 등이 있다.

128 텔레포스(Telephos)는 헤라클레스의 아들로 뮈시아(Mysia)의 왕이다. 그는 그리스군이 트로이아로 항해하던 도중 잘못 알고 뮈시아에 상륙했을 때 아킬레우스와 싸우다가 부상 당한다. 그 뒤 그는 부상을 입힌 자가 상처를 낫게 해줄 것이라는 신탁

지른 인물을 비극의 소재로 삼는다.) 그러므로 이론적으로 가장 훌륭한 비극은 그와 같은 플롯을 가진다.

따라서 에우리피데스가 그의 비극에서 이런 원칙을 따르고, 그의 비극이 대부분 불행한 결말로 끝난다고 해서 이를 비난하는 사람들은 옳지 않다. 그것은 앞서 말했듯이 올바른 원칙이기 때문이다. 가장 25 유력한 증거로, 그런 비극은 무대에서 그리고 경연에서도 제대로만 연출하면 가장 비극적이라는 인상을 주며, 또한 에우리피데스가 다른 점에서는 결함이 있다 하더라도[129] 시인 가운데 가장 비극 시인답다는 인상을 준다는 사실을 들 수 있다.

어떤 사람들은 『오뒷세이아』처럼 이중의 스토리를 가지고, 뛰어난 30

에 따라 그리스 연합군이 재집결해 있던 아울리스 항으로 아킬레우스를 찾아간다. 그러나 신탁이 말한 부상을 입힌 자가 아킬레우스 자신이 아니라 그의 창을 의미한다는 사실이 밝혀져 그는 아킬레우스의 창에 슨 녹으로 상처를 치료한다. 그의 이야기를 주제로 소포클레스와 아이스퀼로스가 작품을 썼다고 하나 지금은 남아 있지 않다.

129 아리스토텔레스가 지적하는 에우리피데스의 결함이란 다음과 같은 것들이다. ① 『메데이아』(*Medeia*)에서 주인공 메데이아는 자식들을 의도적으로 죽인다(14장 참조). ② 메데이아가 코린토스 왕 크레온(Kreon)에게서 추방 명령을 받아 난처해졌을 때 선행 사건과 인과 관계도 없이 아테나이 왕 아이게우스가 나타나 피난처를 제공한다(25장 참조). ③ 『메데이아』는 사건의 해결을 플롯 자체가 아니라 기계 장치에 의존한다(15장 참조). ④ 코로스의 노래는 소포클레스의 그것에 비해 플롯과 연관성이 적다(18장 참조). ⑤ 그의 작품 『아울리스의 이피게네이아』(*Iphigeneia he en Aulidi*)에서 주인공 이피게네이아의 성격에 일관성이 없다(15장 참조). ⑥ 『오레스테스』에서는 플롯이 요구하지 않는데도 메넬라오스의 성격이 쓸데없이 비열하다(15장 및 25장 참조). ⑦ 『현명한 멜라닙페』(*Melanippe he sophe*)에서 궤변을 늘어놓는 멜라닙페의 성격이 여자로서는 너무 지적이다(15장 참조). ⑧ 『타우리케의 이피게네이아』에서 오레스테스의 신분이 플롯에 따라 자연스럽게 발견되지 않고 본인에 의해 인위적으로 밝혀진다(16장 참조).

사람과 못난 사람의 운명을 반대 방향으로 결말짓는 플롯[130]의 구성을 가장 훌륭하다고 여기지만 이런 플롯의 구성은 역시 두 번째로 훌륭하다. 이런 플롯의 구성이 가장 훌륭하다고 여겨지는 것은 관객의 약점 때문이다. 다시 말해 시인이 관객의 취향에 영합해 관객이 원하는 작품을 쓰기 때문이다. 하지만 이때 느끼는 즐거움은 비극에서 얻을 수 있는 그런 것이 아니라 희극에나 어울리는 것이다. 희극에서는 오레스테스와 아이기스토스[131]같이 불구대천의 원수라고 전해지는 자들도 마지막에는 서로 친구가 되어 퇴장하고 살인자나 피살자는 한 명도 볼 수 없으니 말이다.[132]

---

130 이 장 주 123 참조.
131 이 장 주 122 참조.
132 지금 남아 있는 희극에서는 그런 예를 찾아볼 수 없다.

제14장

공포와 연민의 감정은 볼거리[133]에 의해서도 환기될 수 있고 사건의 짜 1453b
임새 자체에서도 환기될 수 있는데, 후자가 더 훌륭한 방법이며 더 훌
륭한 시인만이 할 수 있는 일이다. 플롯은 눈으로 보지 않고 사건 경
과를 듣기만 해도 전율과 연민의 감정을 느낄 수 있도록 구성되어야 5
하기 때문이다. 바로 그것이 오이디푸스 이야기를 듣기만 해도 느끼는
감정이다. 볼거리로 이런 효과를 산출하려는 것은 창작술과는 그다지
관계가 없으며 비용도 많이 든다. 공포의 감정을 불러일으키기 위해
서가 아니라 단지 기괴한 것을 보일 셈으로 볼거리를 이용하는 자들
은 비극과는 아무 상관도 없다. 비극에서 기대해야 할 즐거움은 모든 10
종류의 즐거움이 아니라 비극 고유의 즐거움이어야 하기 때문이다.

비극의 즐거움은 연민과 공포에서 비롯되며, 시인은 모방으로 이런
즐거움을 산출해야 한다. 따라서 시인이 모방하는 사건에는 분명 이
런 즐거움을 줄 수 있는 것을 포함하고 있어야 한다.

그렇다면 어떤 종류의 사건이 공포와 연민의 인상을 주는지 살펴
보자. 그런 사건에서 당사자들은 필연적으로 서로 친구이거나, 적이 15
거나 그 어느 쪽도 아닌 사이일 것이다. 그런데 당사자들이 서로 적대

---

133 18장을 읽어보면 극적 효과를 장면이나 분장에 의존한 작품이 있었음을 알 수
있다. 전하는 바에 따르면, 아이스퀼로스의 『자비로운 여신들』(*Eumenides*)에 나오는
복수의 여신들의 모습이 얼마나 무서웠던지 임신부가 유산할 정도였다고 한다. 그의
다른 작품 『결박된 프로메테우스』(*Prometheus desmotes*)에서도 소 머리를 한 이오(Io)
와 오케아노스(Okeanos)의 날개 달린 말이 등장했다고 한다. 그러나 여기서 아리스토
텔레스가 아이스퀼로스만을 염두에 두고 그런 말을 한다고 단정할 수는 없다.

관계에 있을 때는 피해자의 고통을 제외하고는 행동이나 의도에서 연민의 감정을 불러일으킬 만한 것은 아무것도 없다. 이 점은 당사자들이 친구도 적도 아닌 경우에도 마찬가지이다. 그러나 비극적 사건이 친근한 자들 사이에서 일어난다면, 예를 들어 살인이나 기타 그와 유사한 행위를 형제가 형제에게,[134] 아들이 아버지에게,[135] 어머니가 아들에게,[136] 또는 아들이 어머니에게[137] 행하거나 행하려 한다면 이런 상황이야말로 시인이 파헤쳐야 할 상황이다.

따라서 클뤼타임네스트라가 오레스테스에게 살해된다든가[138] 에리필레가 알크마이온에게 살해되는[139] 것과 같은 전래의 스토리는 그대로 보존되어야 한다. 그런데 시인은 이런 전래 소재를 올바로 다루는 방법을 찾지 않으면 안 된다. 그러면 '올바로 다룬다' 함이 무엇을 뜻하는지 좀더 분명하게 설명해보기로 하자.

무서운 행위는 옛날 시인들의 작품에서 볼 수 있듯이 행위자가 알면서 의도적으로 행할 수 있다. 예를 들어 에우리피데스가 메데이아로 하여금 자기 자식들을 죽이게 하는 경우가 그렇다.[140] 또한 자신의

---

134 에우리피데스의 『포이니케 여인들』(Phoinissai)에서 오이디푸스의 두 아들 에테오클레스(Eteokles)와 폴뤼네이케스는 일대일로 싸우다가 둘 다 죽는다.
135 『오이디푸스 왕』에서 오이디푸스는 친아버지임을 모르고 테바이의 왕 라이오스를 살해한다.
136 알타이아는 아들 멜레아그로스를 죽게 만든다. 13장 주 127 참조.
137 아이스퀼로스의 『제주를 바치는 여인들』과 소포클레스와 에우리피데스의 『엘렉트라』에서 오레스테스는 어머니 클뤼타임네스트라를 살해한다.
138 13장 주 122 참조.
139 13장 주 125 참조.
140 에우리피데스, 『메데이아』 1236행 이하 참조. 메데이아는 콜키스(Kolchis)의 공

행위가 얼마나 무서운 것인지 알지 못하다가 행한 뒤에야 가까운 사
이임을 발견할 수도 있다.[141] 예를 들어 소포클레스의 오이디푸스의
경우가 그렇다. 여기서는 무서운 행위가 드라마 바깥에 있다. 그러나
비극 안에 품을 수도 있다. 예를 들어 아스튀다마스[142]의 작품에 나오
는 알크마이온이나 『부상 당한 오뒷세우스』에 나오는 텔레고노스의
행위[143]가 그렇다. 제3의 가능성은 상대방이 누구인지 모르고 무서운
행위를 저지르려다가 실행에 옮기기 직전에 상대방이 누구인지 발견
하는 경우이다. 그 밖에 다른 가능성은 없다. 행위는 필연적으로 실행
되든지 실행되지 않든지, 알고 행하든지 모르고 행하든지 그중 어느

주인데 황금 양모피를 구하기 위해 그곳을 찾은 이아손(Iason)을 보고 첫눈에 반해서
나라와 부모형제를 배반하고 그를 따라 그의 나라인 이올코스(Iolchos)로 도망친다. 그
러나 그곳에 도착한 뒤 남편을 위해 그의 숙부 펠리아스(Pelias)를 죽였기 때문에 두 사
람은 추방되어 코린토스로 도망쳐 그곳에서 자식들을 낳고 행복하게 산다. 여기까지
가 에우리피데스의 『메데이아』의 전제이다. 그러던 어느 날 코린토스 왕 크레온이 이
아손에게 메데이아와 헤어지고 자기 딸과 결혼하면 왕위를 물려주겠다고 제안한다. 야
심이 많은 데다 메데이아에게 싫증이 난 이아손은 이 제안을 받아들이고, 메데이아의
복수가 겁이 난 크레온은 메데이아와 그녀의 두 자식에게 추방 명령을 내린다. 남편의
처사에 격분한 메데이아는 남편에게 복수하기 위해 마술과 간사한 꾀를 써서 코린토
스의 공주를 죽인 뒤 남편에게 고통을 주기 위해 자식들까지 죽인다.

141 오이디푸스는 어떤 삼거리에서 라이오스를 만나 서로 길을 비키라고 시비하다
가 친아버지인 줄 모르고 죽인다. 친아버지를 죽인 이 무서운 행위는 비극 『오이디푸스
왕』의 전제 부분에 속하며 비극 안에는 포함되지 않는다.

142 기원전 4세기에 활동한 아스튀다마스(Astydamas)는 다작(多作)한 비극 시인에
속한다. 그의 작품에서 알크마이온은 에리퓔레를 어머니인 줄 모르고 살해한다.

143 텔레고노스(Telegonos)는 오뒷세우스와 마녀 키르케(Kirke) 사이에서 태어난
아들로 아버지를 찾아 이타케(Ithake)에 갔다가 아버지인 줄 모르고 오뒷세우스를 살
해한다. 이 이야기를 소재로 했다는 『부상 당한 오뒷세우스』(Traumatias Odysseus)는
지금 남아 있지 않지만 소포클레스 작품으로 추정된다.

하나이기 때문이다.[144] 이상의 여러 상황 가운데 최악의 것은 알고도 행하려다가 행하지 않은 경우이다. 그것은 불쾌감만 주며, 또 아무런 고통도 없기 때문에 비극적이지 않다.

1454a 그래서 『안티고네』[145]에서 하이몬이 크레온을 죽이려다가 실행하지 않은 것과 같은 몇몇 예를 제외하고는 그와 같이 행동하는 인물을 그린 작품은 없다. 그 다음가는 것[146]은 알고도 행하려던 행위를 실제로 행하는 경우이다. 이보다 나은 것은 모르는 상태에서 행했다가 행한 뒤에야 발견하는 경우이다. 이 경우에 불쾌감을 줄 것이라고는 아무것도 없고 발견은 우리에게 놀라움을 안겨줄 것이다. 그러나 가장
5 훌륭한 것은 마지막 경우이다. 예를 들어 『크레스폰테스』[147]에서 메로

---

144 아리스토텔레스는 상대방이 누구인지 알고 행하려다가 행하지 않은 제4의 가능성을 빠뜨리고 있다. 이러한 상황은 확실히 비극적 상황이라고는 할 수 없을 것이다.

145 소포클레스, 『안티고네』(*Antigone*) 1231행 이하 참조. 오이디푸스의 아들 폴뤼네이케스는 형 또는 아우인 에테오클레스에게서 왕위를 돌려받기 위해 여섯 장수와 함께 테바이로 진격하여 에테오클레스와 일대일로 싸우다가 둘 다 죽는다. 그러자 새로 왕이 된 크레온이 테바이를 위해 싸우다 죽은 에테오클레스는 후히 장사 지내되 테바이를 치러 왔다가 죽은 폴뤼네이케스의 시신은 땅에 묻지 말고 들에 내다버리라는 포고령을 내린다. 하지만 안티고네는 혈육의 정에 이끌려 크레온의 명령을 어기고 들판에 버려진 오라비 폴뤼네이케스의 시신을 몰래 묻어준다. 이 사실이 밝혀지자 크레온은 그녀를 생매장 형에 처한다. 그러자 그녀와 약혼한 사이인 크레온의 아들 하이몬 (Haimon)이 그녀와 생사를 같이하기로 결심한다. 이 뜻밖의 소식을 전해 들은 크레온은 아들을 구하려고 안티고네가 생매장된 장소로 달려가지만 하이몬은 아버지를 보자 격분하여 칼을 빼들고 덤벼든다. 크레온은 놀라 도망치고 하이몬은 그 칼로 자기 가슴을 찔러 그사이 목매달아 죽은 안티고네의 발아래에 쓰러진다.

146 최악의 것 다음가는 것, 즉 그다음으로 나쁜 것이라는 뜻이다.

147 『크레스폰테스』(*Kresphontes*)는 에우리피데스의 작품인데 남아 있지 않다. 작품

페가 아들을 죽이려다가 아들임을 발견하고 죽이지 않는다든가, 『이피게네이아』[148]에서 누이가 오라비를 죽이려다가 오라비임을 알고 죽이지 않는다든가, 『헬레』[149]에서 아들이 어머니를 그녀의 적에게 넘겨주려다가 어머니임을 발견하는 것과 같은 경우 말이다.

이것은 앞서 말한 바와 같이[150] 소수의 가문만이 비극의 소재가 되는 이유를 설명해줄 것이다. 시인들이 소재를 구하다가 이런 종류의 사건을 자신의 플롯 속에 구현한 것은 기술에 의한 것이 아니라 우연

10

의 소재가 된 전설은 이러하다. 반역자 폴뤼폰테스(Polyphontes)는 멧세네(Messene) 왕 크레스폰테스를 살해하고 왕비 메로페를 차지한다. 왕이 살해될 때 두 아들도 같이 살해되고 막내아들 아이귑토스만 어머니의 도움으로 외조부인 아르카디아(Arkadia) 왕 퀴셀로스(Kypselos)에게 도망친다. 이 사실을 안 폴뤼폰테스는 이 아이의 머리에 현상금을 걸고 사방으로 수배한다. 많은 세월이 지난 뒤 그사이 성인이 된 아이귑토스는 복수하기 위해 멧세네로 돌아와 일단 적을 안심시킬 목적으로 자기는 아이귑토스를 잘 아는데 곧 잡아 바치겠다고 장담한다. 이 말을 듣고 놀란 메로페는 아이귑토스에게 주의를 주려고 나이든 사내종 한 명을 아르카디아로 보내는데, 그곳은 그곳대로 아이귑토스가 행방불명이 되었다고 야단이다. 이 소식을 전해들은 메로페는 아이귑토스를 잡아 바치겠다고 장담한 그 젊은이가 아이귑토스를 이미 죽인 것으로 단정하고 복수하기 위해 노복(老僕)을 데리고 밤에 그 젊은이의 침실에 잠입한다. 그를 죽이려고 메로페가 도끼를 쳐든 순간 달빛에 비친 그의 얼굴을 본 노복은 그가 바로 아이귑토스임을 발견한다. 이어서 이들은 힘을 모아 바라던 복수를 단행한다.

148 11장 주 108 참조.

149 『헬레』(Helle)에 관해서는 작가도 작품 내용도 달리 알려진 것이 없다. 헬레의 전설은 이러하다. 남편 아타마스(Athamas)에게 이혼당한 네펠레는 두 자녀 프릭소스(Phrixos)와 헬레를 황금 모피를 가진 날개 달린 숫양에 태워 흑해 동쪽 기슭에 있는 콜키스로 보내는데, 헬레는 도중에 바다에 떨어져 죽고—그래서 이 해협은 헬레스폰토스(Hellespontos '헬레의 바다')라고 불린다—프릭소스는 무사히 도착한다. 이 숫양은 그 뒤 제우스에게 제물로 바쳐졌는데 이 숫양의 양모피가 저 유명한 '황금 양모피'이다. 그러나 이 전설은 여기서 언급하는 내용과는 전혀 관련이 없는 것 같다.

150 13장 참조.

에 의한 것이었다.[151] 그래서 시인들은 여전히 이와 같은 무서운 사건이 일어난 가문을 소재로 하지 않을 수 없다. 플롯의 짜임새와 플롯이 어떠한 종류의 것이어야 하는지에 관해서는 이상으로 충분히 설명했다.

---

151 일반적으로 경험이 이론에 앞서듯이 비극 시인들도 작시 이론이 아니라 경험에 의하여 비극의 효과를 얻기에 적합한 소재를 구했다는 뜻이다. 시인들이 작시 이론에 따라 작품을 썼더라면 자신들이 원하는 플롯을 무엇이든 창안해낼 수 있었을 것이다.

제15장

성격과 관련하여 추구해야 할 점은 네 가지가 있다. 그중 첫째는 성격이 선량해야 한다는 것이다.[152] 앞서 말했듯이[153] 등장인물의 말과 행동이 어떤 의도를 드러낼 경우 그는 성격을 지니는데, 이때 의도가 선량하면 성격도 선량할 것이다. 선량한 성격은 모든 종류의 인간이 가질 수 있다. 여자와 노예도 비록 전자는 열등한 존재이고 후자는 보잘 것없는 존재이지만 선량할 수 있기 때문이다. 둘째, 성격은 적합해야 한다. 예를 들어 용감한 성격이 있을 수 있지만, 용감하거나 지적인 것은 여자에게는 적합하지 않다. 셋째, 작품 속에 나오는 성격이 전래의 스토리에 나오는 원형과 비슷해야 한다. 이것은 방금 말한, 성격은 선량하고 적합해야 한다는 것과는 전혀 별개의 것이다. 넷째는 성격이 일관성이 있어야 한다. 만약 모방 대상이 되는 인물이 일관성 없는 성격의 소유자라면 그는 시종일관 일관성이 없어야 한다.

플롯이 요구하지도 않는 비열한 성격의 예는 『오레스테스』[154]의 메

---

152 비극이 소기의 효과를 산출하기 위해서는 신량한 성격이 반드시 필요하다. '등장인물의 말과 행동이 어떤 의도를 드러낼 경우 그는 성격을 지니기' 마련이므로 성격은 곧 의도에 의해서 결정된다. 만일 주인공이 나쁜 의도에서 범행을 저지르고 그 결과 불행해진다고 한다면, 이러한 상황은 연민이나 공포를 불러일으키기는커녕 불쾌감만 줄 것이다. 그래서 13장에서도 비극의 주인공은 악덕이나 비행 때문이 아니라 하마르티아 때문에 불행을 당해야 한다고 말하는 것이다. 그리고 그리스 비극은 원래 종교 의식에서 기원한 만큼 셰익스피어의 비극 『오셀로』(Othello)에 등장하는 이아고(Iago) 같은 악당을 수용하기에는 너무 엄숙한 예술이라고 보아야 할 것이다.

153 6장 참조.

154 에우리피데스의 『오레스테스』에서 오레스테스가 아버지의 원수를 갚기 위해 어머니 클뤼타임네스트라와 그녀의 정부(情夫) 아이기스토스를 살해한 지 6일째 되던

넬라오스에게서 볼 수 있고, 걸맞지 않고 부적합한 성격의 예는 『스퀼라』[155]에 나오는 오뒷세우스의 통곡과 멜라닙페[156]의 변론에서 볼 수 있으며, 일관성 없는 성격의 예는 『아울리스의 이피게네이아』[157]에서 볼 수 있다. 살려달라고 애원하던 이피게네이아는 나중의 이피게네이

날 아르고스 시민들은 친모 살해범인 오레스테스와 그의 누이 엘렉트라를 돌로 쳐 죽이기로 결정한다. 절망적 상황에 처한 남매는 마침 트로이아 원정에서 돌아온 숙부 메넬라오스가 자신들의 행위를 변호해주리라 믿고 그에게 도움을 청한다. 그러나 가련할 정도로 비겁해진 메넬라오스는 그들의 요청을 외면한다.

155 『스퀼라』(Skylla)는 티모테오스(1장 주 2 참조)의 디튀람보스인데, 이 시에서 오뒷세우스는 전우들이 괴물 스퀼라에게 잡아먹히는 것을 보고 통곡한다. 여기서 말하는 것은 오뒷세우스 같은 영웅이 통곡한다는 것은 어울리지 않는다는 점과, 그런 오뒷세우스는 우리가 전설을 통해 아는 오뒷세우스와 다르다는 점이다. 스퀼라는 시칠리아 섬의 북동단 지금의 멧시나(Messina) 해협의 동굴에 사는 괴물인데 해협을 지나가는 선원들을 잡아먹었다고 한다. 『오뒷세이아』 12권 85행 이하에 오뒷세우스의 배가 이 해협을 통과하는 장면이 나온다.

156 현재 단편만 남아 있는 에우리피데스의 『현명한 멜라닙페』의 주인공 멜라닙페는 텟살리아 왕 아이올로스(Aiolos)의 딸로 해신(海神) 포세이돈과 성관계를 맺고 쌍둥이를 낳자 외양간에 감추어두고 쇠젖을 먹여 기른다. 이 사실을 안 아이올로스가 쌍둥이를 내다버리고 그녀를 감금하려 하자 그녀는 쌍둥이는 자기가 낳은 아이들이 아니라 소가 낳은 아이들이라는 것을 증명하기 위해 교묘한 궤변을 늘어놓는다. 여기서 말하고자 하는 것은 그녀의 성격이 여자답지 않게 지적이라는 점이다.

157 트로이아 원정군이 아울리스 항에 집결해 순풍을 기다리는 동안 아가멤논은 여신 아르테미스에게 바쳐진 사슴을 쏘아 죽이고 나서 여신 자신도 더 훌륭하게 쏘아 맞힐 수는 없을 것이라고 큰소리친다. 노한 여신이 순풍을 보내주지 않자 그리스군은 출범할 수 없게 된다. 예언자 칼카스(Kalchas)에게 연유를 묻자 그는 아가멤논의 딸 이피게네이아를 제물로 바치기 전에는 여신의 노여움이 풀리지 않아 출범할 수 없을 것이라고 말한다. 아가멤논은 사람들의 의견을 따라 아킬레우스와 결혼시킨다는 핑계로 이피게네이아를 데려오게 한다. 그곳에 도착하여 내막을 알게 된 이피게네이아는 처음에는 살려달라고 아버지에게 애원하다가 갑자기 마음을 바꿔 조국을 위하여 제물이 되기를 자청한다. 에우리피데스, 『아울리스의 이피게네이아』 참조.

아와는 성격이 전혀 다르기 때문이다.

성격에서도 사건의 짜임새에서와 마찬가지로 언제나 필연적인 것 또는 개연성 있는 것을 추구해야 한다. 이러저러한 사람이 이러저러한 것을 말하거나 행할 때 그것은 그의 성격의 필연적 결과이거나 개 35 연성 있는 결과라야 하며, 두 사건이 연달아 일어날 때는 후자는 전자의 필연적 또는 개연적 결과라야 한다. (따라서 사건의 해결도 분명 플롯 자체에 의해 이루어져야지 『메데이아』[158]나 『일리아스』[159]에서 그리스군 출범이 저지당한 이야기에서 볼 수 있듯이 기계 장치[160]에 의존해서는 안 된다. 기계 장치는 드라마 바깥의 사건, 즉 인간이 알 1454b 수 없는 과거의 사건이나 예언 또는 고지할 필요가 있는 미래의 사건

---

158 에우리피데스, 『메데이아』 1317행 이하 참조. 메데이아는 배은망덕한 남편에게 복수하기 위해 자기 남편과 결혼할 코린토스의 공주를 마법의 드레스로 죽인 다음 연달아 자기 자식들을 죽인다. 소식을 듣고 허겁지겁 달려온 남편이 잡으려 하지만 그녀는 이미 마법으로 불러낸 태양신 헬리오스(Helios)의 수레를 타고 공중에 떠 있다.

159 『일리아스』 2권 110~206행 참조. 그리스군이 트로이아의 포위를 풀고 귀국하려할 때 아테나(Athena) 여신이 오뒷세우스를 통해 그들의 출범을 제지한다.

160 '기계 장치'라고 옮긴 메카네(mechane)에 관해서는 학자들 사이에 의견이 분분하지만 사람이나 신이 공중에 떠 있는 장면을 연출하는 데 사용한 일종의 기중기인 듯하다. 아이스퀼로스나 소포클레스는 사용하지 않았지만 에우리피데스 이후 많이 사용되었다. 무대에서 사용된 기계 장치 또는 장치로 메카네 외에도 게라노스(geranos)와 테올로게이온(theologeion)과 엑퀴클레마(ekkyklema)가 있는데, 게라노스는 아이스퀼로스가 고안해냈다고 하는 장치로 배우를 무대 위로 들어올리는 데, 테올로게이온은 무대 지붕으로 신이 등장할 때, 엑퀴클레마는 집이나 신전 등의 내부를 보여줄 때 사용되었다고 하는데 어떻게 조립·작동되었는지는 확실치 않다. 에우리피데스 이후의 시인들은 사건 해결을 플롯의 짜임새에 의존하지 않고 신에게 맡기는 경향이 강해 자연히 기계 장치에 의존하는 경우가 많았는데 사건을 해결하기 위하여 기계 장치를 타고 나타나는 신을 '데우스 엑스 마키나'(deus ex machina)라고 한다.

에 한해서만 사용되어야 한다.[161] 모든 것을 아는 것은 신의 특권이니

5 까. 비극 안에서 일어나는 사건에는 사소한 불합리도 있어서는 안 된다. 그러나 불가피한 경우에는 소포클레스의 『오이디푸스 왕』에서 볼 수 있듯이 비극 바깥에 있어야 한다.)[162]

비극은 우리보다 뛰어난 사람들을 모방한 것이므로, 우리는 훌륭한 초상화가들을 본받아야 한다. 훌륭한 초상화가들은 어떤 인물의 겉모습을 재현할 때 실물과 비슷하게 그리되 실물보다 더 아름답게

10 그린다. 마찬가지로 시인도 성미가 급한 사람이나 성미가 느린 사람이나 그와 비슷한 성격의 소유자를 모방할 때 그런 특징을 가진 인물로 그리되 선량한 인물로 그려야 한다. 예를 들어 호메로스는 아킬레우스를 거칠지만 선량한 인물로 그렸다.

시인은 이상과 같은 규칙들을 준수하지 않으면 안 된다. 그 밖에도

15 창작술에 직접 관련되는 범위 안에서 무대 효과[163]에 관한 여러 규칙도 준수해야 한다. 이 점에서도 종종 과오를 범하는 일이 있기 때문이다. 하지만 이에 관해서는 이미 간행된 저술[164]에서 충분히 논했다.

---

161 예를 들어 에우리피데스의 『이온』 첫머리에서는 헤르메스(Hermes)가, 끝부분에서는 아테나가 나타나 인간이 알 수 없는 일을 알려준다. 소포클레스의 『아이아스』(*Aias*) 첫머리에서도 아테나가 나타나 인간으로서는 알 수 없는 미래사를 알려준다.

162 14장 주 141 참조. 오이디푸스는 라이오스 살해범을 백방으로 수소문해야 함에도 수사를 게을리한다. 또 자기가 삼거리에서 죽인 노인이 라이오스가 아닐까 의심조차 않는 것도 불합리하다. 그러나 이 살인 사건은 드라마 시작 전에 일어난 것으로 되어 있어 독자나 관객은 이런 불합리에 별로 신경 쓰지 않을 것이라는 뜻이다.

163 볼거리 일반을 말하는 것이 아니라 배우의 동작 등을 의미하는 것 같다.

164 남아 있지 않은 아리스토텔레스의 『시인론』(*Peri poieton*)을 말하는 것 같다.

제16장

발견이 무엇인지는 앞서 설명했다.[165] 발견의 종류에 관해서 맨 먼저 언급해야 할 것은 가장 예술과 거리가 먼 것으로 시인들이 창의력이 부족해 빈번하게 사용하는 것으로, 그것은 징표에 의한 발견이다. 이 들 징표 가운데 어떤 것들은 '땅에서 태어난 자들이 지닌 창 끝'[166]이나 카르키노스[167]의 『튀에스테스』[168]에 나오는 '별'[169]처럼 선천적인 것이고 다른 것들은 후천적인 것이다.

이 가운데 어떤 것은 흉터처럼 몸에 있고 어떤 것은 목걸이[170]나 20

---

165 11장 참조.

166 튀로스(Tyros) 왕 아게노르(Agenor)의 아들 카드모스(Kadmos)는 아버지의 명령에 따라 유괴당한 누이 에우로페(Europe)를 찾아 나섰다가 아폴론의 신탁에 따라 누이 찾기를 그만두고 카드메이아(Kadmeia 훗날의 테바이 성)를 건설하기 위해 그곳으로 가서 전쟁의 신 아레스(Ares)의 용을 창으로 찔러 죽인다. 그가 아테나의 지시에 따라 그 용의 이빨들을 뿌리자 땅에서 무장한 전사들이 튀어나온다. 카드모스가 그들을 향해 돌을 던지자, 그들이 서로 죽이기 시작하여 마지막에는 다섯만 남는다. 이 다섯 명의 스파르토이(Spartoi '뿌려진 자들')들이 카드모스를 도와 카드메이아를 건설하는데, 이들의 후손이 나중에 테바이의 귀족이 된다. 이들의 몸에는 창끝 모양의 사마귀가 있었다고 한다. 에우리피데스의 『안티고네』에서 크레온은 이 사마귀를 보고 하이몬과 안티고네의 자식을 알아본다.

167 카르키노스(Karkinos)는 기원전 4세기 비극 시인이다.

168 튀에스테스에 관해서는 13장 주 122 참조.

169 탄탈로스(Tantalos)는 신들의 전지(全知)를 시험해보려고 아들 펠롭스를 죽여 그 살점으로 신들을 대접한다. 다른 신들은 미리 알고 먹지 않지만, 딸 페르세포네(Persephone)가 납치되어 속을 태우던 여신 데메테르(Demeter)는 영문도 모르고 어깨 부분을 먹는다. 나중에 펠롭스는 원상회복되고 어깨 부분은 상아로 대치된다. 이 일이 있은 뒤부터 펠롭스의 자손들의 어깨에는 별 모양의 흰 반점이 있었다고 한다.

170 지금 남아 있는 비극 가운데 목걸이에 의하여 발견되는 예는 에우리피데스의 『이온』뿐이다.

25 『튀로』[171]에서 발견의 근거가 된 조각배처럼 바깥에 있다. 이러한 징표를 사용하는 데서도 우열이 갈린다. 예를 들어 오뒷세우스는 같은 흉터 때문에 유모에게도 발견되고,[172] 돼지치기에게도 발견되지만[173] 그 방법이 다르다. 남을 믿게 하려는 수단으로 징표를 사용하는 발견이나 이와 유사한 발견은 모두 예술과 거리가 멀다. 이에 비해 '세족(洗足) 이야기'[174]에서와 같이 급반전의 장면에서 이루어지는 발견은 훌륭하다.

30 　　그다음은 시인에 의해 조작된 발견인데, 그것은 바로 그런 이유 때문에 예술과 거리가 멀다. 예를 들어 『이피게네이아』에서 오레스테스는 자기가 오레스테스임을 밝힌다. 이피게네이아는 편지에 의해 발견되지만, 오레스테스는 플롯이 아니라 시인이 요구하는 것을 스

171　살모네우스(Salmoneus)의 딸 튀로(Tyro)는 해신 포세이돈에 의해 펠리아스(Pelias)와 넬레우스(Neleus)라는 쌍둥이 아들을 낳지만 계모 시데로(Sidero)의 학대를 견디다 못해 쌍둥이를 조각배에 실어 바다에 띄워 보낸다. 지금 단편만 남은 소포클레스의 작품에서는 어머니인 튀로가 이 배를 보고 자식들을 알아본다.

172　『오뒷세이아』 19권 386～475행 참조. 오뒷세우스는 20년 만에 거지로 변장하고 귀향한다. 당시는 하인을 시켜 손님의 발을 씻어주는 풍속이 있었는데, 마침 오뒷세우스의 발을 씻어준 하녀가 오뒷세우스의 어릴 적 유모였다. 유모는 발을 씻어주다가 옛날 파르낫소스 산에서 사냥하다가 멧돼지에게 부상 당한 그의 흉터를 보고 그가 주인임을 발견한다.

173　『오뒷세이아』 21권 205～225행 참조. 오뒷세우스는 거지로 변장하고 자기 집에 머무는 동안 아내 페넬로페(Penelope)의 구혼자들이 온갖 횡포를 부리는 것을 목격한다. 그들을 죽이려면 몇몇의 도움이 필요하다고 판단한 그는 오랫동안 집에서 가축을 먹이던 하인을 찾아가 자기 신분을 밝히고 그 증거로 다리의 흉터를 보여준다.

174　이 장 주 172 참조.

스로 말한다.[175] 따라서 이것은 처음에 말한 결점과 대동소이하다. 오레스테스가 어떤 징표를 지닐 수도 있었을 테니 말이다.[176] 소포클레스의 『테레우스』에 나오는 '베틀 북 소리'[177] 역시 이 점에서는 마찬가지이다.

　세 번째 것은 기억에 의한 발견인데, 그것은 무엇을 보고 지난 일이 회상되어 이로 인하여 발견되는 경우이다. 예를 들어 디카이오게네스의 『퀴프로스 사람들』[178]에서 주인공은 초상화를 보고 갑자기 울음 _{1455a}

175　에우리피데스. 『타우리케의 이피게네이아』 727행 이하 및 800행 이하 참조. 11장 주 108 참조.

176　『오이디푸스 왕』과 『타우리케의 이피게네이아』에 대한 아리스토텔레스의 비판 기준은 다소 엄격한 감이 있다. 사실 오레스테스가 신분을 밝히는 대목은 그러한 상황에서는 자연스러울뿐더러 어쩌면 그보다 훌륭한 것을 기대하기 어려울 정도이다. 그는 이피게네이아에게 그들의 고향집에 살아본 사람만이 알 수 있는 이런저런 사실을 말하는데, 아리스토텔레스는 그런 방법은 남을 믿게 하기 위해 징표를 제시하는 것과 다를 바 없다고 비판한다.

177　소포클레스의 『테레우스』(*Tereus*)는 지금은 단편만 남아 있다. 작품의 소재가 된 전설은 이러하다. 트라케(Thraike) 왕 테레우스는 아테나이의 전설적인 왕 판디온 (Pandion)의 딸 프로크네(Prokne)와 결혼하지만 처제 필로멜레 (Philomele)를 연모한다. 그는 처제를 유혹해 겁탈한 뒤 이 사실이 알려질까 두려워 그녀의 혀를 자르고 감금한다. 그러나 필로멜레는 자신의 불행을 베를 짤 때 짜 넣어 프로크네에게 보낸다. 이 사실을 알게 된 프로크네는 필로멜레를 찾아낸 다음 그녀의 원수를 갚기 위해 자기와 테레우스 사이에서 태어난 아들 이튀스(Itys)를 죽여 그 살점을 남편에게 대접한다. 이 사실을 안 테레우스가 자매를 죽이려 하자 제우스가 테레우스는 후투티가 되어 자매를 쫓게 하고, 필로멜레는 제비가 되어 짹짹거리게 하고, 프로크네는 꾀꼬리가 되어 아들의 죽음을 슬퍼하게 한다. '베틀 북 소리'란 직물을 짤 때 베틀의 북에서 나는 소리를 말하는 것이 아니라 필로멜레가 프로크네에게 알리기 위하여 자신의 불행을 짜 넣은 직물을 비유해서 이른 말이다.

178　디카이오게네스(Dikaiogenes)는 기원전 5세기 후반의 비극 시인인데 그의 작품 『퀴프로스 사람들』(*Kyprioi*)에 관해서는 달리 알려진 것이 없다. 테우크로스(Teukros)

을 터뜨린다. 또 '알키노오스의 이야기'[179]에서 오뒷세우스는 키타라 탄주를 듣고 지난 일들이 떠올라 눈물을 흘린다.[180] 그로 인해 두 사람은 발견된다.

  네 번째 것은 추리에 의한 발견이다. 예를 들어 『제주를 바치는 여인들』[181]에서 엘렉트라는 '나를 닮은 사람이 다녀갔다. 나를 닮은 사람은 오레스테스밖에 없다. 그러므로 오레스테스가 다녀간 것이 틀림없다'고 추리한다. 소피스트 폴뤼이도스가 『이피게네이아』와 관련해서 제안한 것[182]도 이 경우에 속한다. 오레스테스가 '누이는 제물이 되

의 이야기에서 글감을 얻었을 것으로 추정하는 이들도 있다. 그는 형 아이아스와 함께 트로이아 전쟁에 참전했지만 혼자서 돌아온 까닭에 아버지 텔라몬(Telamon)이 그를 살라미스(Salamis)에서 추방한다. 그는 퀴프로스(Kypros) 섬으로 건너가 그곳에 살라미스 시를 건설하고 살다가 아버지가 죽은 뒤 변장하고 고향으로 돌아오는데, 아버지의 초상화를 보고 울음을 터뜨리는 바람에 신분이 밝혀진다.

179 '알키노오스의 이야기'란 오뒷세우스가 귀향 도중에 알키노오스(Alkinoos) 왕에게 자신의 모험담을 들려주는, 『오뒷세이아』 9권부터 12권까지를 말한다. 따라서 '알키노오스에게 해준 이야기'라고 부르는 것이 더 타당할 것이다.

180 『오뒷세이아』 8권 521행 이하 참조. 오뒷세우스는 자신이 트로이아 전쟁 때 행한 일들을 가인(歌人) 데모도코스(Demodokos)가 노래하는 것을 듣고 눈물을 흘린 까닭에 신분이 밝혀진다.

181 아이스퀼로스, 『제주를 바치는 여인들』 166~234행 참조. 이 작품은 오레스테스가 누이 엘렉트라의 도움으로 어머니 클뤼타임네스트라와 그녀의 정부 아이기스토스를 죽여 아버지의 원수를 갚는 사건을 다룬다. 이 작품에서 오레스테스는 아버지의 원수를 갚기 위해 고향인 아르고스에 잠입한 뒤 아버지의 무덤을 찾아가 자기 머리털을 잘라 바친다. 이때 누이 엘렉트라가 시녀들을 데리고 제주를 바치러 오자 그는 몸을 숨긴다. 오레스테스의 머리털을 본 엘렉트라는 그것이 자기 머리털과 같은 빛깔임을 발견하고는 오레스테스가 돌아온 것이 아닐까 추측한다. 그러나 실제로 오레스테스가 나타나자 그녀는 자신의 추리에 만족하지 않고 다른 증거를 요구한다.

182 폴뤼이도스(Polyidos)에 관해서는 『시학』의 다른 곳에서는 언급되지 않는다. 폴

었다. 나도 누이처럼 제물이 되려 하는구나'라고 추리하는 것은 자연스러운 일이기 때문이다. 또한 테오덱테스[183]의 『튀데우스』에서 '아들을 찾으러 왔다가 내가 죽는구나'라고 추리한 것이나, 『피네우스의 딸들』에서 여인들이 어떤 장소를 보고 전에도 그곳에서 버림받은 적이 있기에 그곳에서 죽게 될 것이라고 자신들의 운명을 추리하는 것도 모두 발견의 근거가 되었다.[184]

관객의 오류 추리에 의한 복잡한 발견도 있다. 예를 들어 『거짓 사자(使者) 오뒷세우스』[185]의 경우가 그렇다. 오뒷세우스만이 활을 당길 수 있다고 시인이 전제하고, 한 번도 본 적이 없는 활을 알아볼 수 있을 것이라고 오뒷세우스 자신이 말한다고 해서 그로 인해 그의 신분이 밝혀질 것이라고 생각하는 것은 오류 추리이다.

모든 발견 가운데 가장 훌륭한 것은 소포클레스의 『오이디푸스 왕』이나 에우리피데스의 『이피게네이아』에서처럼 사건 자체에서 비롯되는 발견인데, 이 경우에는 있을 법한 사건들의 자연스러운 흐름

뤼이도스의 제안이란 『타우리케의 이피게네이아』에서 오레스테스가 제물이 되려는 순간 그로 하여금 "누이는 제물이 되었다. 나도 누이처럼 제물이 되려 하는구나"라고 부르짖게 하면 일찍이 아울리스에서 제물이 된 적이 있는 이피게네이아는 그가 자기 남동생임을 발견하게 되지 않겠느냐는 것이다.

183 테오덱테스에 관해서는 11장 주 105 참조.

184 『튀데우스』(Tydeus)와 『피네우스의 딸들』(Phineidai)에 관해서는 달리 알려진 것이 없다. 문맥으로 보아 이 두 경우 다 무의식중에 큰 소리로 자신의 운명을 추리한 것이 발견의 근거가 된 것 같다.

185 『거짓 사자 오뒷세우스』(Odysseus ho pseudangellos)도 작가와 내용을 알 길이 없다. 트로이아 원정에서 귀국한 오뒷세우스가 사자(使者)로 가장하여 아내 페넬로페의 구혼자들을 속이는 이야기를 소재로 한 것 같다.

에 따라 놀라움이 야기된다. 이피게네이아가 집으로 편지를 보내고 싶어하는 것은 있을 법한 일이기 때문이다. 이러한 종류의 발견만이

20 조작된 징표나 목걸이에 의존하지 않는다. 그에 버금가는 것은 추리에 의한 발견이다.

제17장

플롯을 구성하고 그것을 언어로 표현할 때 시인은 되도록 사건들을 마음에 그려보아야 한다. 그렇게 하면 시인은 사건을 직접 목격한 것처럼 생생하게 관찰할 수 있으므로 적절한 것을 발견할 것이고, 모순점을 그냥 지나치는 일이 가장 적을 것이다. 카르키노스[186]를 비판하는 것이 그 증거이다. 암피아라오스가 신전에서 돌아오는 장면이 문제의 장면인데[187] 이 장면은 관객이 무대 위에서 실제로 보지 않았더라면 눈에 띄지도 않았을 것이다. 그래서 이 작품은 무대 위에서는 실패하고 말았다. 관객은 이 사건의 모순점에 불쾌감을 느꼈던 것이다.

또한 시인은 되도록 작중 인물의 제스처로 스토리를 실제로 연기해 볼 필요가 있다. 두 사람의 재능이 같을 경우 표현되어야 할 감정을 실제로 느끼는 쪽이 더 설득력 있게 표현할 수 있기 때문이다. 예를 들어 격정과 분노는 이런 감정을 실제로 느끼는 사람이 가장 절실하게 그려낸다. 그러므로 비극 시인이 되기 위해서는 재능을 타고나거나 신들릴 필요가 있다. 전자는 쉽사리 필요한 기분에 빠져들 수 있고, 후자는 자신에서 벗어나기 때문이다.[188]

---

186 카르키노스에 관해서는 16장 주 167 참조.

187 암피아라오스에 관해서는 13장 주 125 참조. 암피아라오스의 전설에서 글감을 얻은 카르키노스의 작품은 남아 있지 않아 무슨 상황인지 알 수 없지만 읽을 때는 눈에 띄지 않으나 무대 위에서는 눈에 띄는 그러한 종류의 과오를 범한 것 같다.

188 여기서 '신들림'이란 단순히 격정을 의미하는 것 같다. '쉽사리 필요한 기분에 빠져들 수 있다' 함은 작가가 감정이입 능력을 통해 여러 역할에 쉽사리 몰입할 수 있다는 뜻이다. '자신에서 벗어난다' 함은 자신의 감정을 이기지 못해 정상인 심적 상태에서 벗어난다는 뜻이다. 이 둘은 우리가 생각하는 것만큼 대립적인 것이 아니라 마치 천재가

스토리에 관해 말하자면, 기존의 것이든 시인 자신이 창작한 것이든 먼저 대략적인 윤곽을 잡은 뒤 에피소드들을 집어넣으면서 살을 붙여 발전시켜야 한다. 『이피게네이아』의 경우로 예를 들면 대략적인 윤곽은 다음과 같다. 어떤 소녀가 제물로 바쳐졌는데 제물로 바친 사람들로부터 감쪽같이 사라져 이국 땅으로 옮겨진다. 그곳에는 여신에게 이방인을 제물로 바치는 관습이 있는데, 그녀는 이 의식을 주관하는 여사제가 된다. 훗날 여사제의 남동생이 그곳에 오게 된다. 그러나 신탁[189]이 모종의 이유에서 그를 그곳에 가게 한 사실과 그가 간 목적은 플롯 바깥에 있다.[190] 그는 도착하자마자 붙잡히고 제물이 되려는 순간 자신의 신분을 밝힌다. 그 방법은 에우리피데스의 작품에서 볼 수 있는 것이거나[191] 폴뤼이도스가 제안한 것처럼[192] "그러니까 나도 누이처럼 제물이 될 운명이었구나"라는 있을 법한 절규에 의한다. 그리고 그는 그렇게 신분을 밝힘으로써 구원받는다.

광기와 통하듯이 일맥상통한다고 보아야 할 것이다.

189 에우리피데스의 『타우리케의 이피게네이아』에 나오는 신탁은 이러하다. 오레스테스는 아버지의 원수를 갚기 위해 어머니 클뤼타임네스트라와 그녀의 정부 아이기스토스를 죽이지만 그 뒤로 늘 복수의 여신들에게 쫓기는 신세가 된다. 복수의 여신 중 일부는 아테나의 주재 아래 아테나이의 아레이오스 파고스(Areios pagos)에서 열린 재판 결과에 승복하고 쫓기를 그만두지만, 다른 일부는 계속해서 그를 쫓는다. 그래서 오레스테스는 아폴론에게 구원을 청한다. 그러자 아폴론이 타우리케로 가서 그곳에 있는 자기 누이 아르테미스의 여신상을 가져오면 그가 모든 불행으로부터 구원받을 것이라는 신탁을 내린다.

190 '플롯 바깥에 있다' 함은 플롯의 필요불가결한 부분은 아니라는 뜻이다. 즉 오레스테스는 다른 사명을 띠고 그곳에 갈 수도 있다는 뜻이다.

191 11장 주 108 참조.

192 16장 주 182 참조.

그런 다음 등장인물에게 적당한 이름을 붙이고 에피소드를 집어넣어야 한다. 이때 유의해야 할 점은 오레스테스가 광증으로 인해 붙잡히는 에피소드[193]나 세정(洗淨)으로 인해 구원받는 에피소드[194]처럼 플롯에 에피소드가 적합해야 한다는 것이다.

드라마에서는 에피소드가 짧지만 서사시는 에피소드에 의해 길어진다. 『오뒷세이아』의 줄거리는 길지 않다. 어떤 사람이 여러 해 동안 고향을 떠나 있다. 그는 늘 해신 포세이돈의 감시를 받고 있고 고독하다. 그런가 하면 고향에서는 아내의 구혼자들이 그의 재산을 탕진하고 그의 아들을 죽이려 모의한다. 그는 천신만고 끝에 고향에 돌아와 몇몇 사람에게만 자기 신분을 밝히고 적들에게 덤벼들어 자신은 구원받고 적들은 살해한다. 이것이 스토리의 핵심이고 나머지는 에피소드이다.

---

193 『타우리케의 이피게네이아』 281행 이하 참조. 타우리케에 도착한 오레스테스는 피로 물든 아르테미스의 제단을 보자 질겁해 고향으로 돌아가려 하지만 동행한 친구 필라데스(Pylades)의 조언에 따라 밤에 여신상을 가져오기로 하고 바닷가 높은 바위 밑에 몸을 숨긴다. 이때 목자들이 소를 씻기려고 소떼를 몰고 바닷가로 온다. 오레스테스는 소와 개가 울부짖는 소리를 복수의 여신들이 부르는 소리로 여기고 발광한다. 자기가 죽인 어머니를 안고 불을 토하며 덤벼드는 환영을 보고 이를 퇴치한다며 칼을 빼들고 소떼에게 달려들어 닥치는 대로 소를 찌른다. 발작이 가라앉자 그는 거품을 토하며 쓰러진다. 그러다 붙잡혀 제물이 되기 위해 이피게네이아 앞으로 끌려간다.

194 같은 책 1163행 이하 참조. 오레스테스를 발견한 이피게네이아는 아르테미스 여신상을 훔쳐 함께 달아나기 위해 타우리케 왕 토아스(Thoas)에게 거짓말을 한다. "제물이 될 두 사람이 구원을 청하러 여신에게 다가가니 여신상이 저절로 돌아서며 눈을 감기에 그 이유를 알아봤다. 그들은 공모해 어머니를 살해한 자였는데 그들 손이 닿은 이상 여신상을 바닷물로 세정(洗淨)하지 않으면 안 된다." 그녀는 그렇게 여신상을 들고 바다로 나가 오레스테스와 필라데스와 함께 배를 타고 그리스로 도망친다.

제18장

모든 비극은 갈등과 그 해결로 이루어진다. 갈등은 드라마 바깥의 사건과 때로는 드라마 안의 사건 가운데 일부를 포함한다. 나머지는 해결이다.

25 나는 스토리가 시작되고부터 주인공의 운명이 바뀌기 직전까지를 갈등이라 부르고, 운명이 바뀌기 시작한 때부터 끝까지를 해결이라 부른다. 그래서 테오덱테스의 『륑케우스』[195]의 경우 드라마가 시작되

30 기 전에 일어난 사건과 아이가 붙잡히고 이어서 . . .까지가 갈등이고 살인죄에 대한 고발에서부터 끝까지가 해결이다.

비극에는 네 가지 종류가 있다. (앞서 말한 바 있는 구성 요소의 수도 넷이기 때문이다.)[196] 그중 첫 번째 것은 복합적인 비극으로, 전체가 급반전과 발견으로 이루어진다. 두 번째 것은 아이아스[197]나 익시

---

195 『륑케우스』에 관해서는 11장 주 105 참조.

196 이 말이 구체적으로 무엇을 가리키는지 알 수 없다. 6장에서 열거하는 비극의 구성 요소는 플롯, 성격, 사상, 조사, 볼거리, 노래의 여섯 가지이고, 10장에서는 플롯을 다시 단순한 것과 복잡한 것으로 구분한다. 11장에서는 플롯을 급반전, 발견, 수난의 세 부분으로 구분한다. 여기서는 이 모든 것을 막연하게 가리키는 것 같다.

197 아이아스는 살라미스 왕 텔라몬의 아들로 트로이아 전쟁에서 크게 용맹을 떨친다. 그리스군의 으뜸가는 장수 아킬레우스가 죽자 그의 전투 장비를 둘러싸고 오뒷세우스와 다투는데, 그리스 장군들 또는 중재자로 뽑힌 트로이아인 포로들이 전투 장비를 오뒷세우스에게 주라고 판결하자 아이아스는 격분하여 그리스 장수들을 모조리 죽이려 한다. 하지만 아테나가 그를 미치게 만들자 그는 가축 떼를 그리스 장수들로 잘못 알고 닥치는 대로 찔러 죽인다. 아테나가 이때 그를 제정신으로 되돌려놓자 그는 자신의 행동을 부끄럽게 여기고 자살한다. 그의 이야기를 소재로 하여 비극을 쓴 시인들은 소포클레스 외에도 아이스퀼로스, 카르키노스, 테오덱테스, 아스튀다마스 등이 있는데, 지금은 소포클레스의 작품만이 온전히 남아 있다.

온[198]을 주인공으로 하는 비극들 같은 수난의 비극이다. 세 번째 것은 1456a

『프티아의 여인들』[199]이나 『펠레우스』[200] 같은 성격비극이다. 네 번째

것은 『포르퀴스의 딸들』[201]이나 『프로메테우스』,[202] 저승을 무대로

---

198 익시온(Ixion)은 장인을 불구덩이에 밀어넣는 등 악행을 일삼지만 제우스의 용
서를 받는다. 그런데도 배은망덕하게 제우스의 아내인 헤라(Hera)를 겁탈하려 하자
제우스는 구름의 여신 네펠레를 헤라처럼 보이게 하여 그를 속인다. 익시온이 헤라를
정복했노라고 자랑하자 제우스는 그를 타르타로스(Tartaros 대지의 가장 깊은 곳)에
가두고 쉴 새 없이 빙빙 도는 불타는 수레바퀴에 묶는다. 아이스퀼로스와 에우리피데
스가 그의 이야기를 소재로 작품을 썼다고 하는데 지금은 남아 있지 않다.

199 『프티아의 여인들』(Phthiotides)은 지금은 남아 있지 않은 소포클레스의 비극으
로 내용에 관해서는 달리 알려진 것이 없다.

200 펠레우스(Peleus)는 프티아(Phthia) 왕으로 아킬레우스의 아버지이다. 소포클
레스와 에우리피데스가 『펠레우스』라는 작품을 썼다고 하나 두 작품 모두 지금은 남
아 있지 않아 내용을 알 수 없다. 따라서 아리스토텔레스가 어떤 의미에서 『프티아의
여인들』과 『펠레우스』를 성격비극이라고 하는지 알 수가 없다.

201 '포르퀴스의 딸들'(Phorkides)이라는 제목으로 알려진 것은 단편만 남아 있는 아
이스퀼로스의 사튀로스 극밖에 없다. 여기서는 어떤 작품을 말하는지 확실치 않다. 그
런 성격이 등장하는 드라마가 거의 대부분 극적 효과를 주로 의상이나 분장에 의존한
다는 점을 고려하면 포르퀴스의 딸들이 나오는 모든 드라마를 막연하게 가리키는 것
이 아닌가 싶다. 포르퀴스(Phorkys)의 딸들로는 ① 눈 하나와 이 하나를 함께 사용하는
노파로 태어난 세 자매 그라이아이들(Graiai), ② 너무나 무섭게 생겨 보는 이를 돌로
변하게 한다는, 머리털이 뱀인 고르고(Gorgo 복수형 Gorgones) 세 자매, ③ 고운 노랫
소리로 지나가는 뱃사람들을 홀려 난파케 한다는 바다의 요정 세이렌(Seiren) 자매, ④
머리 6개에 발이 12개인 괴물 스퀼라 등이 있다.

202 '프로메테우스'라는 이름으로 알려진 작품으로는 아이스퀼로스의 『불을 가져
다주는 프로메테우스』(Prometheus pyrphoros), 『결박된 프로메테우스』(Prometheus
desmotes), 『풀려난 프로메테우스』(Prometheus lyomenos)의 비극 3부작과 비극 『페
르시아인들』과 함께 공연된 사튀로스 극 『불을 붙이는 프로메테우스』(Prometheus
pyrkaieus)가 있는데, 이 가운데 『결박된 프로메테우스』만이 남아 있다. 여기서는 이
가운데 어느 작품을 가리키는지 확실치 않다. 어떤 사람들은 『불을 가져다주는 프로
메테우스』를 가리키는 것으로 보는데, 『결박된 프로메테우스』와 『풀려난 프로메테우

하는 비극[203] 같은 단순한[204] 비극이다. 시인은 되도록 이러한 요소를 전부 결합하거나 아니면 그중 가장 중요한 것을 최대한 많이 결합하려고 노력해야 한다. 시인들이 부당한 비판을 받는 오늘날에는 특히 그럴 필요가 있다. 이전에는 비극의 종류마다 그것에 능한 시인들이 배출되었지만, 오늘날의 비평가들은 한 사람이 옛 시인들 각자의 장점을 모두 능가하기를 요구하니 말이다. 그런데 비극이 다른 비극과 같다거나 같지 않다고 말할 때는 플롯에 의해, 다시 말해 갈등과 해결에서 둘이 같은가 같지 않은가에 따라 판단하는 것이 옳다. 갈등에서는 훌륭하지만 해결에서 실패하는 시인들이 많은데, 언제나 이 두 가지 모두에 능해야 한다.

또한 시인은 이미 여러 차례 말한 것들[205]을 명심해 비극을 쓸 때 서

스」도 무대가 인적 드문 외딴곳이고 주인공이 고통 받는다는 점에서 여기서 말하는 취지에 어긋난다고는 할 수 없을 것이다.

203 아이스퀼로스의 『사자(死者)의 영혼을 인도하는 자들』(*Psychagogoi*), 『시쉬포스』(*Sisyphos*), 에우리피데스의(?) 『페이리토오스』(*Peirithoos*) 등이 여기에 속한다.

204 이 낱말은 파리 사본(codex Parisinus)에는 οης로 되어 있다. 이 파손된 낱말이 1458a 5에서는 ὄψις(opsis '볼거리' '얼굴')이므로 대부분의 학자는 여기서도 ὄψις로 읽어야 한다고 본다. 그러면 이 문장은 "네 번째 것은 . . . 같은 볼거리이다"라고 옮겨야 한다. 문맥상 그렇게 옮기는 것은 다소 이상한 감이 없지 않을뿐더러 파손된 이 단어는 형용사인 것으로 추정된다. 24장 맨 첫 구절에서 서사시의 종류도 비극의 종류와 동일해야 하므로 단순하든지, 복합적이든지, 성격을 바탕으로 하든지, 수난을 바탕으로 하든지 해야 한다고 주장하는 점으로 미루어 ἁπλῆ(haple '단순한')가 파손된 것으로 보아야 할 것 같다. 참고로 슈라더(Schrader)는 τερατῶδες(teratodes '무서운')로 엘제(G. F. Else)는 ἐπεισοδιώδης(epeisodiodes '에피소드적')로 읽어야 할 것으로 본다.

205 5장에서 '서사시에는 시간제한이 없다'고 말한 것과, 7장에서 전체에 대한 부분의 관계와 스토리 길이에 관해 논한 것과, 17장에서 '서사시는 에피소드에 의하여 길어진다'고 말한 것 등을 가리킨다.

사시적 구성—다수의 스토리를 가진 구성을 말한다—을 토대로 해서는 안 된다. 예를 들어 『일리아스』의 스토리를 전부 극화하려고 해서는 안 된다. 서사시는 규모가 크기 때문에 각 부분이 적당한 규모를 가질 수 있지만, 비극에서는 같은 스토리를 극화할 경우 소기의 성과를 거둘 수 없다. 그 증거로 일리오스[206]의 함락을 전부 극화하고 에우리피데스처럼 부분적으로 하지 않은 사람들이나, 니오베[207]의 이야기를 전부 극화하고 아이스퀼로스처럼 부분적으로 하지 않은 사람들은 완전히 실패하거나 경연에서 성공을 거두지 못했다. 아가톤도 바로 이 점에서 실패하고 말았다.[208] 그러나 그들은 급반전과 단순한 플롯에서는 의도하는 효과, 즉 비극적이며 인간적인 감정을 충족시켜주

15

20

---

206 일리오스(Ilios)는 트로이아 성을 달리 부르는 이름이다. 『일리오스의 함락』(*Iliou persis*)은 원래 『일리아스』에 이어 트로이아가 함락되는 장면과 전쟁이 끝나고 그리스군이 출범하는 장면까지를 그린 서사시의 이름으로, 밀레토스의 아르크티노스(Arktinos) 작품이다. 이 이야기를 전부 극화한 시인이 누군지는 확실치 않다. 이 이야기를 부분적으로 극화한 에우리피데스 작품으로는 『헤카베』(*Hekabe*), 『트로이아 여인들』(*Troiades*)이 남아 있다.

207 니오베(Niobe)는 탄탈로스의 딸로 테바이 왕 암피온(Amphion)과 결혼하여 아들 일곱(또는 여섯)과 딸 일곱(또는 여섯)을 낳는다. 남매밖에 낳지 못한 여신 레토(Leto)보다 자기가 더 많은 자식을 낳았다고 니오베가 자랑하자 레토의 아들 아폴론은 니오베의 아들을 모두, 레토의 딸 아르테미스는 니오베의 딸을 모두 활을 쏘아 죽인다. 그 뒤 니오베는 슬픔을 이기지 못해 돌로 변했는데 돌이 된 뒤에도 눈물을 그치지 않았다고 한다. 니오베의 이야기를 전부 극화한 시인이 누군지 확실치 않다. 또한 니오베 이야기 가운데 어느 부분을 아이스퀼로스가 극화했는지도 확실치 않다.

208 아가톤의 어떤 작품을 가리키는지 확실치 않다. 『그리스 비극 단편들』(*Fragmenta Graecorum Tragicorum*)의 편찬자 나우크(Nauck)는 이 구절을 근거로 아가톤이 『일리오스의 함락』이라는 작품을 썼을 것으로 추정하지만 학계는 받아들이기 어려운 견해로 본다.

는 효과를 놀랍도록 훌륭하게 산출한다. 그런 효과는 시쉬포스[209]같이 영리하지만 사악한 자가 사기를 당한다든가, 용감하지만 불의한 자가 패배할 때 산출된다.[210] 이런 일은 아가톤이 말한 것과 같은 의미에서만 있을 법한데, 아가톤은 "있을 법하지 않은 일이 흔히 일어나는 것도 있을 법하다"[211]고 말한다.

209 시쉬포스는 코린토스의 왕으로 너무나 교활하여 오뒷세우스의 친아버지라고 전해질 정도이다. 언젠가 이웃에 사는 사기꾼 아우톨뤼코스(Autolykos)가 시쉬포스의 가축을 훔친 뒤 겉모습을 감쪽같이 바꾸어놓았으나 발굽에다 표시를 해두었기 때문에 그는 자기 가축을 가려낼 수 있었다고 한다. 그는 또 죽음의 신이 자기를 데리러 왔을 때 꾀를 써서 사슬로 묶어버렸기 때문에 전쟁의 신 아레스가 와서 풀어줄 때까지 세상에 죽는 사람이 없었다고 한다. 그는 또 죽음의 신에게 끌려 저승으로 가면서 아내에게 자기 시신을 정식으로 매장하지 말라고 일러놓았다. 그러고는 저승에 가서는 아내가 자기를 매장해주지도 않는다고 불평하며, 아내에게 복수하고 돌아올 테니 한 번만 세상에 나가게 해달라고 애원하여 세상에 나온 뒤에는 늙어 죽을 때까지 저승으로 돌아가지 않았다. 그의 간계 못지않게 그가 받은 벌도 유명한데, 그는 저승에서 큰 돌덩이를 산꼭대기까지 굴려 올리는 벌을 받았다. 그러나 산꼭대기 가까이 굴려 올리면 그 돌덩이는 저절로 아래로 굴러떨어져 다시 그것을 산꼭대기로 굴려 올려야만 하는데, 이 절망적인 고역을 영원히 되풀이해야 하는 벌을 받았던 것이다. 시쉬포스 이야기는 3대 비극 시인 말고도 많은 시인이 극화했는데, 그중에는 사튀로스 극도 있었다고 한다.

210 13장에 비극의 주인공은 뛰어난 사람이어야 한다는 말이 나오는데, 못난 사람이나 불의한 사람이 주인공으로 나온다는 것은 이 원칙에 어긋나는 것 같다. 그러나 여기서는 '주인공'이라는 말이 교활한 자를 속이고 무뢰한을 혼내주는 다른 등장인물을 가리키는 것으로 보면 될 것이다. 이 둘 중 전자는 복합적이고, 후자는 단순하다고 할 수 있다. 하지만 이런 플롯은 인정에 호소하는 점은 있겠지만 비극의 효과, 즉 공포와 연민의 감정을 불러일으킬 수는 없다.

211 아가톤, 단편 9 참조. 이 2행 연구를 그대로 옮기면 다음과 같다. "인간에게 있을 법하지 않은 일이 흔히 일어나는 것, 그 또한 있을 법함 자체라고 할 수 있으리라." 이 2행 연구는 아리스토텔레스 『수사학』 1402a 10에서도 인용된다.

코로스도 배우의 한 사람으로 간주해야 한다. 코로스는 전체의 ²⁵ 한 부분이 되어 극중 행동에 참여해야 한다. 그러나 이때 에우리피데스[212]에게서 볼 수 있는 것처럼 할 것이 아니라, 소포클레스에게서 볼 수 있는 것처럼 해야 한다. 후기 시인들의 작품에서는 코로스의 노래가 플롯과 무관하므로, 마치 다른 비극의 플롯에 속하는 것 같은 인상을 준다. 코로스가 막간가[213]를 부르게 된 것은 이 때문이며, 이러한 관행은 아가톤에 의해 시작되었다고 한다. 하지만 막간가를 부르 ³⁰ 는 것과 대사나 에피소드 전체를 어떤 드라마에서 따와서 다른 드라마에 끼워 넣는 것 사이에 무슨 차이가 있겠는가?

212 에우리피데스의 초기 작품에서는 코로스의 역할이 소포클레스의 작품에서 볼 수 있는 것과 뚜렷한 차이가 없다. 그러나 그의 후기 작품에서는 코로스가 극중 행동과 직접적 관계가 없는 사람들로 구성되는 경우가 흔히 있다. 예를 들어 『아울리스의 이피게네이아』에 나오는 코로스도 단순한 호기심에서 그리스군 진영을 찾은 아울리스의 처녀들로 구성된다. 또한 모노이디아(monoidia '배우가 부르는 서정적 독창가')의 수가 점점 많아지고 코로스와 코로스 장(長)의 발언이 다른 등장인물에 의해 무시되는 경우가 흔한데, 이는 소포클레스의 비극에서는 전혀 볼 수 없는 현상이다. 심지어 디오뉘소스 신앙을 표현한다는 점에서 코로스가 결정적인 역할을 담당해야 할 것으로 생각되는 『박코스의 여신도들』(*Bakchai*)에서도 배우 한 명이 코로스와 함께 무대 위에 서는 짧막한 두 구절을 제외하고는 코로스의 존재와 발언은 배우들에 의해 언제나 무시된다.

213 12장에서 말한 정립가와 여기서 말하는 막간가의 차이점은 전자는 플롯의 내용과 연관성이 있는데 후자는 연관성이 거의 또는 전혀 없다는 점이다.

제19장

플롯과 성격에 대해서는 이미 논했으니 이제 남은 것은 조사와 사상에 대하여 설명하는 것이다. 사상에 관해서는 『수사학』에서 말한 것을 여기서도 그대로 받아들이기로 하자. 사상에 관한 연구는 시학보다는 수사학의 연구 분야에 속하기 때문이다.[214]

등장인물의 사상은 그들의 언어에 의해 이루어지는 모든 것, 다시 말해 무엇을 증명하려 하거나, 반박하려 하거나, 감정(연민, 공포, 분노 등)을 불러일으키려 하거나, 과장하려 하거나, 과소평가하려는 그들의 노력에 나타난다. 따라서 등장인물의 행동이 연민이나 공포의 감정을 불러일으키거나, 중요하다거나 있을 법하다는 인상을 주기 바란다면 그들은 행동에서도 언어와 동일한 원칙을 따라야 한다.[215] 단지 차이점이 있다면 행동의 경우 그 효과가 설명 없이도 산출되어야 하는 데 반해,[216] 언어의 경우 화자의 말에 의해 산출되어야 한다는 것이다. 사실 화자의 말이 없어도 사태가 올바로 표현될 수 있다면 화자가 무슨 소용이 있겠는가?

35

1456b

5

---

214   아리스토텔레스는 『수사학』 1권 2장에서 "수사학은 주어진 경우에 가능한 모든 설득 수단을 찾아내는 능력이라고 정의할 수 있다"고 수사학의 기능을 정의한다. 또한 『시학』 6장에서 '사상이란 상황에 맞는 말과 적절한 말을 할 수 있는 능력이다'라고 사상을 정의한다. 그러므로 아리스토텔레스는 사상에 대한 연구는 시학보다 수사학의 연구 분야에 속한다고 말하는 것이다.

215   등장인물의 사상과 감정은 그들의 언어뿐만 아니라 행동에 의해서도 표현될 수 있다. 그러므로 소기의 효과를 내기 위해서는 이 둘에 같은 원칙, 즉 수사학에 속하는 원칙이 적용되어야 한다는 뜻이다.

216   단지 상황에 의해서만 산출되는 것을 말한다.

조사에 대해 말하자면, 이 분야에 속하는 여러 연구 대상 가운데 하나는 어조,[217] 말하자면 명령, 기원, 진술, 위협, 질문, 답변 등등의 차이를 연구하는 일인데, 이런 것들을 연구하는 것은 연출 기술의 소 관이고 그 분야의 전문가가 할 일이다. 시인은 그런 것들을 알든 모르 든 그 때문에 신랄하게 비판받지는 않는다.

프로타고라스는 호메로스가 "여신이여, 분노를 노래하라"[218]고 말 한 데 대하여, 어떤 일을 하라거나 하지 말라고 요구하는 것은 명령으 로 보아야 하는 만큼 호메로스는 기원한다고 하면서 실은 명령한다고 비판하지만 호메로스의 이런 표현에 무슨 잘못이 있단 말인가? 따라 서 이런 문제는 작시술이 아닌 다른 예술에 속하는 것이므로 생략하 기로 하자.

---

217 어조란 상이한 법(法 mood), 시제(時制 tense) 등을 사용함으로써 의미 변화를 꾀하는 방법을 말하는 것 같다.

218 『일리아스』의 첫 행이다. 프로타고라스(Protagoras)는 소피스트 가운데 가장 성공한 인물로 소크라테스와 동시대인이다. 그가 어디서 『일리아스』의 첫 행을 그렇게 비판했는지 알 수 없다.

조사(措辭)는 전체적으로 볼 때 자모(字母), 음절, 접속어, 명사, 동사, 관사, 굴절과 문(文)으로 구성된다.

20　　자모는 불가분의 음(音)이다. 그러나 모든 종류의 불가분의 음이 아니라 유의미한 음을 구성할 수 있는 특수한 종류의 불가분의 음이다. 동물도 불가분의 음을 내지만 그중 어느 것도 내가 말하는 자모는 아니기 때문이다. 이 불가분의 음은 모음, 반모음, 자음으로 구분된다.

25 모음은 혀를 입천장에 대지 않아도 들을 수 있는 음을 가진 자모이고, 반모음은 S나 R처럼 혀를 입천장에 대어야 들을 수 있는 음을 가진 자모이다. 자음은 G나 D처럼 혀를 입천장에 대도 혼자서는 아무런 음

30 을 갖지 못하고 모음을 덧붙일 때만 들을 수 있는 자모이다. 자모는 또한 발음할 때의 입 모양이 어떠한가, 입안의 어느 부위에서 발음되는가, 기음(氣音)[219]이 있는가 없는가, 장음인가 단음인가,[220] 높은음인가 낮은음인가 중간음[221]인가에 따라 구별된다. 그러나 이에 관하여 세세히 고찰하는 것은 운율학에서 할 일이다.

35　　음절은 자음과 모음으로 구성되는 무의미한 음이다. A가 없는 GR

219　기음은 H음을 말한다. 그리스어에는 H라는 자모가 없는 대신 단어 맨 앞에 있는 모음 또는 중모음에는 반드시 기음 유무 표시가 있다. R도 단어 맨 앞에 있을 때는 반드시 기음이 있다. 자음으로 기음이 있는 것은 Θ(=th), Φ(=ph), X(=ch)뿐이다.

220　장음은 H(=ē)와 Ω(=ō)이고, 단음은 E(=e)와 O(=o)이다. 그 밖의 다른 모음은 경우에 따라 장음도 될 수 있고 단음도 될 수 있다.

221　높은음이란 양음(揚音) 악센트(acute accent)를 가진 음을, 낮은음이란 저(低) 악센트(grave accent)를 가진 음을, 중간음이란 곡절 악센트(circumflex accent)를 가진 음을 말한다.

는 음절이 아니지만, A가 있는 GRA는 음절이기 때문이다.[222] 이와 같은 음절의 여러 차이를 연구하는 것 역시 운율학에서 할 일이다.

접속어[223]는 μέν, δή, τοί, δέ처럼 몇 개의 음으로부터 하나의 유의미한 음이 형성될 수 있을 때 그 결합을 방해하지도 않고 돕지도 않으며, 이렇게 하여 형성된 문(文)이 다른 문들과 떨어져서 독립해 있을 때 그 문의 첫머리에 놓는 것이 적당치 않은 무의미한 음이거나, ἀμφί, περί 등과 같이 몇 개의 유의미한 음을 하나의 유의미한 음으로 결합할 수 있는 무의미한 음이다.

관사[224]는 문(文)의 처음이나 끝이나 구분점을 표시하는 무의미한 음으로서 대개 문의 양쪽 끝이나 중간에 위치한다.

명사[225]는 시간 개념을 포함하지 않는 유의미한 복합음으로서 그 어떤 부분도 단독으로는 의미를 갖지 않는다. 예를 들어 우리는 복합 명사에서 낱낱의 부분이 단독으로 의미를 갖는 것으로 생각하지 않

1457a

5

10

---

222   이 구절은 할리웰(S. Halliwell)의 교열본을 따르지 않고 루카스(D. W. Lucas)가 제안한 대로 Abu Bišr의 아랍어 번역에 따라 συλλαβὴ καί를 οὐ συλλαβή, συλλαβὴ δέ로 고쳐 읽었다.

223   여기서 말하는 접속어란 후치불변화사(後置不變化詞 postpositive particles), 연결(連結 copulative) 접속어 및 불변화사, 전치사 등을 포함하는 것으로 생각된다.

224   여기서 말하는 관사란 ① 관계대명사 및 관계부사와 조건적 및 원인적 접속어(conditional and causal conjunctions) ② 목적적 및 추론적 접속어(final and illative conjunctions) ③ 이접(disjunctive) 접속어 등을 포함하는 것 같다. ①은 명제의 시초를, ②는 종결을, ③은 명제 중간의 분할을 나타낸다. 이들은 그리스어에서는 관사와 같거나 관사를 변형시킨 것이 대부분이다. 그래서 이들을 일괄하여 '관사'라고 말한 것으로 생각된다.

225   여기서 말하는 명사에는 형용사와 대명사도 포함된다.

는다. 예를 들어 테오도로스[226]라는 이름에서〔'선물'이라는 뜻의〕도론(doron)은 아무런 의미도 없다.

15 　동사는 시간 개념을 포함하는 유의미한 복합음으로서 명사의 경우처럼 그 어떤 부분도 단독으로는 의미를 갖지 않는다. '사람' 또는 '희다'란 말은 시간 개념을 나타내지 않지만 "그는 걷는다" 또는 "그는 걸었다"라는 말은 '걷다'는 개념에 덧붙여 전자는 현재 시간의, 후자는 과거 시간의 관념을 포함한다.

　굴절[227]은 명사나 동사에서 볼 수 있는데 어떤 것은 '의'나 '에게'나
20 그와 비슷한 관계를 표시하고, 어떤 것은 '사람들' 또는 '사람'과 같이 단수나 복수를 표시하고, 어떤 것은 질문, 명령 등과 같은 어조의 차이를 나타낸다. "그는 걸어갔느냐?" 또는 "걸어가거라!"는 '걷다'라는 동사의 이 마지막 종류에 속한다.

　문(文)[228]은 유의미한 복합음으로서 그 부분 가운데 어떤 것은 단독으로 어떤 의미를 갖는다. 모든 문이 다 명사와 동사로 구성되는 것은 아니다. 인간에 대한 정의(定義)[229]처럼 동사 없는 문도 가능하다.
25 그러나 문은 언제나 유의미한 어떤 부분을 가질 것이다. 예를 들어 '클

226　Theodoros. 이 인명은 테오스(theos '신')와 도론(doron '선물')이 결합한 말이지만 일단 결합한 뒤에는 각 부분은 원래 의미를 갖지 않는다는 뜻이다.

227　여기서 '굴절'이란 명사의 곡용(曲用)과 동사의 활용을 뜻한다.

228　여기서 '문'이란 다음에 설명이 나오지만, 명사와 동사로 구성되는 문장만을 의미하는 것이 아니라 순전히 명사만으로 구성될 수도 있고, 무한정 연장될 수도 있는 유의미한 단어의 집합을 말한다.

229　예를 들어 '인간은 이족육서동물(二足陸棲動物 '땅에 사는 두 발 동물')이다'에서 '이다'를 뺀 '이족육서동물'도 '문'일 수 있다는 뜻이다.

레온이 걸어간다'는 문에서 '클레온'이라는 말이 그러한 부분이다. 문은 두 이유에서 하나라고 일컬어질 수 있는데, 말하자면 하나의 사물을 의미하기 때문이든지, 또는 몇 개의 문이 접속에 의해 하나로 결합되었기 때문이다. 예를 들어 『일리아스』는 접속에 의한 하나의 문이고, 인간에 대한 정의는 하나의 사물을 의미하기에 하나의 문이다.   30

제21장

명사에는 두 종류가 있는데, 그중 하나는 단순명사이다. 나는 γῆ(대지)처럼 무의미한 부분으로 구성된 명사를 단순명사라고 부른다. 다른 하나는 복합명사이다. 복합명사 가운데 어떤 것은 유의미한 부분과 무의미한 부분으로 구성되고[230](그러나 일단 합쳐진 뒤에는 이런 구
35 별이 없어진다), 어떤 것은 유의미한 부분만으로 구성된다. 또한 복합 명사는 서너 개 또는 그보다 더 많은 부분들로 이루어지기도 한다. 맛 살리아[231]인들의 명사 대부분이 그러한데 헤르모카이코크산토스[232]가 그 한 예이다.

1457b   모든 명사는 일상어이거나, 방언이거나, 은유(metaphora)이거나, 장식어이거나, 신조어이거나, 연장어(延長語)이거나, 단축어이거나, 변형어이다. 일상어란 한 지방에서 보편적으로 사용되는 말을 의미하고, 방언이란 다른 지방에서 사용되는 말을 의미한다. 따라서 동일한 말이 분명 방언도 되고 일상어도 될 수 있다. 예를 들어 σίγυνον(창)은
5 퀴프로스인들에게는 일상어이고 우리에게는 방언이다.

---

230   명사 또는 동사와 결합된 전치사가 그렇다. 전치사도 의미가 없는 것은 아니지만 명사나 동사와 같은 수준에서 의미가 있다고 볼 수 없으며, 또 아리스토텔레스는 20 장에서 다른 '관사' 및 '접속어'와 함께 전치사도 무의미한 것으로 분류한다.
231   맛살리아(Massalia)는 지금의 프랑스 마르세유(Marseilles)의 그리스어 이름이 다. 맛살리아인들의 명사가 '대부분' 복합명사라는 말은 특수한 종류의 말에 국한해서 생각해야지 그대로 받아들이기는 어려울 것이다.
232   Hermokaikoxanthos, 소아시아에 있는 세 강 이름 헤르모스(Hermos), 카이 코스(Kaikos), 크산토스(Xanthos)를 합친 복합어인데 무엇을 의미하는지는 확실치 않다.

은유란 유에서 종으로, 또는 종에서 유로, 또는 종에서 종으로, 또는 유추에 의해 어떤 사물에다 다른 사물에 속하는 이름을 전용(轉用)하는 것이다. 유에서 종으로 전용한 예는 배가 정박하고 있는데 "여기 내 배가 서 있소"[233]라고 표현하는 경우에서 볼 수 있다. 정박한다는 것은 어떤 특정한 사물이 서 있는 것을 의미하기 때문이다. 종에서 유로 전용한 예는 "오뒷세우스는 실로 만 가지 선행을 행했소"[234]라는 표현에서 볼 수 있다. '수많은'의 한 종인 '만 가지'가 유인 '수많은' 대신 사용되기 때문이다. 종에서 종으로 전용한 예는 "청동으로 생명을 퍼내면서"라는 표현이나 "닳지 않는 청동으로 베면서"[235]라는 표현에서 볼 수 있다. 여기서 '퍼내다'는 '베다'는 뜻으로, '베다'는 '퍼내다'는 뜻으로 사용되는데, 이는 둘 다 무엇을 제거하는 것을 의미하기 때문이다.

유추에 의한 전용은 A에 대한 B의 관계가 C에 대한 D의 관계와 같을 때 가능하다. 그럴 때는 B 대신 D를, D 대신 B를 말할 수 있기 때문이다. 때로는 은유로 대치되는 말과 관계 있는 말이 은유에 부가될

---

233 『오뒷세이아』 1권 185행 참조. 여기서 '서 있다'는 유개념 대신 '정박하고 있다'는 종개념이 사용되고 있다는 뜻이다.

234 『일리아스』 2권 272행 참조.

235 딜스(Diels)/크란츠(Kranz), 『소크라테스 이전 철학자들의 단편들』(*Die Fragmente der Vorsokratiker*) 「엠페도클레스」 단편 138 및 143 참조. 전자는 '청동 칼로 동물을 죽인다'는 뜻이고, 후자는 '청동 그릇에 물을 가득 담는다'는 뜻으로 그 의미가 겉보기와는 전혀 다르다. 그러나 '베다'와 '퍼내다'는 둘 다 '제거하다'라는 유개념의 종개념이므로 종에서 종으로의 전용이 가능하다는 뜻이다.

때도 있다.[236] 예를 들어 잔(B)과 주신 디오뉘소스(A)의 관계는 방패(D)와 전쟁의 신 아레스(C)의 관계와 같다. 따라서 잔을 '디오뉘소스의 방패'(A+D)라 하고, 방패를 '아레스의 잔'[237](C+B)이라 할 수 있다. 또는 저녁때(B)와 날(A)의 관계는 노년(D)과 인생(C)의 관계와 같다. 따라서 저녁때(B)를 '날의 노년'(A+D)이라 하든지, 또는 엠페도클레스처럼 표현할 수 있다.[238] 또한 노년(D)을 '인생의 저녁때' 또는 '인생의 일몰'[239](C+B)이라 할 수 있다. 유추 관계에 있는 것 중에는 특별한 명칭이 없는 것들도 있지만 이 경우에도 똑같은 방법으로 은유적 표현이 가능할 것이다. 예를 들어 씨를 흩뿌리는 것을 '뿌리다'라고 한다. 그러나 태양이 그 불꽃을 흩뿌리는 행위를 이르는 특별한 명칭은 없다. 아무런 명칭도 없는 이 행위(B)와 태양(A)의 관계는 뿌리는 행위(D)와 씨(C)의 관계와 같다. 그러므로 '신이 만든 불꽃을 흩뿌리면서'[240](A+D)라는 표현이 가능하다. 그런데 이런 종류의 은유는 다른 방법으로도 사용할 수 있다. 그것은 어떤 사물에다 다른 사물에 속하는 명칭을 부여하되 그 명칭에 고유한 속성 하나를 부정하는 방법인데, 예를 들어 방패를 '아레스의 잔'이라 하지 않고 '술 없

---

236 예를 들어 꽃(A):들(B)=별(C):하늘(D)이라고 한다면, (B) 대신 (D)를 사용할 수 있다. 이때 대치되는 말인 들(B)의 관계어 꽃(A)을 은유인 하늘에다 덧붙이면 '꽃의 하늘'이라는 은유적 표현이 가능할 것이다. 반대로 하늘을 들로 대치하고 그 관계어를 덧붙이면 하늘을 '별의 들'이라 할 수 있다.

237 U. v. Wilamowitz-Moellendoff, 티모테오스, 단편 22 참조.

238 엠페도클레스의 어떤 말을 가리키는지 확실치 않다.

239 플라톤, 『법률』 770a 참조.

240 누구의 말인지 확실치 않다.

는 산'이라고 하는 경우가 그렇다.

· · · · · · ²⁴¹

신조어란 한 나라에서 전혀 쓰이지 않는 말을 시인 자신이 만들어 35
낸 것을 의미한다. 아닌 게 아니라 그런 말이 약간 있는 것 같다. 예를
들어 뿔의 의미로 사용되는 ἔρνυξ(어린 가지)와 사제의 의미로 사용된
ἀρητήρ(기도하는 사람)²⁴²가 그렇다.

연장어란 본래 단모음이던 것이 장모음이 되었거나, 필요 밖의 1458a
음절이 삽입된 말이다. 예를 들어 πόλεως 대신 πόληος라고 하거나,
πηλείδου 대신 πηλιάδεω²⁴³라고 하는 경우이다.

단축어란 일부분을 상실한 말이다. 예를 들어 χρῖ나 δῶ나²⁴⁴ μία
γίνεται ἀμφοτέρων ὄψ(두 사람의 얼굴이 하나가 되었다)에서 ὄψ가²⁴⁵ 그렇다.

변형어란 일부분은 그대로 남아 있고 일부분은 시인이 꾸며낸 말 5
이다. 예를 들어 δεξιτερὸν κατὰ μαζόν(오른쪽 가슴에)²⁴⁶에서 δεξιόν이라

---

241 이 파손된 부분에 '장식어'에 대한 설명이 있었던 것으로 추정된다. '장식어'가 무
엇을 의미하는지는 확실히 알 수 없으나, 어떤 사람들은 언어의 시적 및 비정상적 사용
을 모두 포함한다고 생각하는가 하면, 어떤 사람들은 '거룩하신 하나님' 또는 '대자대
비하신 부처님'이라는 표현에서 볼 수 있는 바와 같이 늘 붙어다니며 어떤 성질을 나타
내는 수식어(epitheton)를 가리키는 것으로 본다.

242 『일리아스』 1권 11행 참조.

243 전자는 폴리스(polis '도시' '국가')의 속격이고, 후자는 펠레이데스(Peleides '펠
레우스의 아들'=아킬레우스)의 속격인데, 뒤의 것은 서사시에서 볼 수 있는 형태이다.

244 χρῖ(chri)는 χριθή(chrithe '보리')의, δῶ(do)는 δῶμα(doma '집')의 단축형이다.

245 딜스/크란츠, 『소크라테스 이전 철학자들의 단편들』「엠페도클레스」 단편 88 참
조. 여기서 ὄψ(ops)는 ὄψις(opsis '얼굴')의 단축형이다.

246 『일리아스』 5권 393행 참조.

고 하는 대신에 δεξιτερόν이라고 하는 경우가 그렇다.

그러나 명사 자체는 남성이거나 여성이거나 중성이다. N(=n)이나 P(=r)나 Σ(=s)나 Σ를 포함하는 복자음(여기에는 Ψ(=ps)와 Ξ(=ks) 두 가지가 있다)으로 끝나는 것은 모두 남성이고, 모음 가운데 언제나 장음인 H(=ē)와 Ω(=ō)로 끝나는 것과 장음이 될 수 있는 모음[247] 중에서 A로 끝나는 것은 여성이다. 따라서 남성 어미와 여성 어미의 수는 같다. Ψ와 Ξ는 Σ와 같기 때문이다. 폐쇄음이나 단모음[248]으로 끝나는 명사는 없다. I로 끝나는 명사는 μέλι(꿀), κόμμι(고무), πέπερι(고추)의 셋뿐이다. Υ(=u)로 끝나는 것은 다섯[249]이다. 중성명사는 이들 장음도 될 수 있고 단음도 될 수 있는 모음[250]과 N, P, Σ로 끝난다.

---

247 장음이 될 수 있는 모음은 A, I, Υ이다.

248 단모음은 E(=e)와 O(=o)이다.

249 δόρυ(dory '창'), ἄστυ(asty '도성'), γόνυ(gony '무릎'), νᾶπυ(napy '겨자'), πῶυ(pōy '양떼')가 그것이다.

250 이 장 주 247 참조.

424

제22장

조사(措辭)는 무엇보다도 명료하면서도 저속하지 않아야 한다. 일상어로 된 조사는 가장 명료하기는 하지만 저속하다. 예를 들어 클레오폰[251]과 스테넬로스[252]의 시가 그렇다. 이에 반해 이색적인 말을 사용하는 조사는 고상하고 비범하다. 이색적인 말이란 방언과 은유와 연장어와, 일상어가 아닌 모든 말을 의미한다. 그러나 전체가 이런 말로만 된 시는 수수께끼나 이민족의 말[253]이 될 것이다. 즉 은유로만 되어 있다면 수수께끼가 될 것이고, 방언으로만 되어 있다면 이민족의 말이 되고 말 것이다.

수수께끼의 본질은 사물을 말의 불가능한 조합으로 표현하는 데 있다. 이는 사물의 일상 명칭의 조합으로는 불가능하지만 은유의 조합으로는 가능하다. 예를 들어 '나는 어떤 사람이 다른 사람에게 불로 청동을 붙이는 것을 보았다'[254]는 표현이나 이런 종류의 유사한 표현이 그렇다. 방언만 사용하면 이민족의 말이 되고 말 것이다. 따라서 이러한 말을 어느 정도 섞어 쓸 필요가 있다. 이색적인 말, 즉 방언, 은유, 장식어 및 기타 앞서 말한 말은 조사를 평범하거나 저속하지 않게 할 것이고, 일상어는 명료하게 할 것이다. 조사를 명료하면서도 저

251 2장 주 20 참조.
252 스테넬로스(Sthenelos)는 기원전 5세기의 비극 시인이다.
253 '이민족의 말'이란 원래 그리스어가 아닌 모든 외국어를 의미하지만 여기서는 외국어처럼 알아들을 수 없는 말을 의미한다.
254 이 은유는 청동 단지로 남의 몸에 부항을 뜨는 것을 표현한 것이다. 이 은유는 6절운율로 수수께끼를 지었다는 클레오불리나(Kleoboulina)의 것으로 알려져 있다.

1458b 속하지 않게 하는 데는 연장어와 단축어와 변형어가 적잖이 도움이
된다. 이런 말들은 일상어와 차이가 있기에 언어를 관용어와 다르게
만듦으로써 언어를 비범하게 하는 한편, 또 관용어와 공통점이 있기
5 에 언어를 명료하게 할 것이다. 따라서 이러한 어법을 비판하거나, 이
러한 어법을 사용했다 해서 시인을 조롱거리로 삼는 자들은 옳지 못
하다. 예를 들어 노(老)에우클레이데스[255]가 그중 한 사람인데, 그
는 말을 마음대로 연장할 수 있다면 작시하기는 쉬울 것이라며 스스
로 그러한 어법을 사용하여 다음과 같은 풍자시를 지음으로써 그러
한 어법을 조롱거리로 삼았다. 말하자면 Ἐπιχάρην εἶδον Μαραθῶνάδε
10 βαδίζοντα (나는 에피카레스가 마라톤 쪽으로 걸어가는 것을 보았다)와 οὐκ
ἐγκεράμενος τὸν ἐκείνου ἐλλέβορον (그는 그 사람의 미나리아재비를 섞지 않았
다)[256]이 그것이다. 사실 이런 수법을 너무 노골적으로 사용하는 것은
우스운 일이다.

중용은 시어(詩語)를 구성하는 모든 요소에 적용되는 원칙이다.
은유나 방언이나 그 밖의 다른 말도 부적절하게 웃음을 자아낼 목적
15 으로 사용한다면 똑같은 결과를 가져올 것이다. 그러나 이런 것들을
적절하게 사용하면 얼마나 큰 차이가 나는지 서사시의 한 행을 일상

---

255 에우클레이데스(Eukleides)라는 이름을 가진 사람으로 가장 널리 알려진 사람
은 기원전 403년 아테나이의 아르콘을 지내며 이오니아(Ionia) 문자를 아테나이 문자
로 공인한 사람과 소크라테스의 제자로 메가라학파를 창설한 사람이 있는데 여기서는
누구를 가리키는지 확실치 않다.
256 여기서 문제가 되는 것은 의미가 아니라, 이와 같이 평범한 표현도 만약 단음을
마음대로 장음으로 할 수 있다면 운문이 될 수 있다는 것이다.

426

어로 바꾸어보면 알 수 있다. 또한 방언이나 은유나 그 밖의 다른 말

들도 일상어로 바꾸어보면 우리 주장이 진실임을 알 수 있을 것이다.

예를 들어 아이스퀼로스와 에우리피데스는 똑같은 단장격 시를 썼는 20

데, 전자의 시는 평범한 데 반해 후자는 단어 하나를 바꿈으로써 즉

일상어 대신 방언을 사용함으로써 자신의 시를 아름답게 만들었다.

아이스퀼로스는 자신의 작품 『필록테테스』[257]에서 φαγέδαιναν ἥ μου

σάρκας ἐσθίει ποδός (내 발의 살을 파먹는 종기)라고 했는데, 에우리피데스

는 단지 ἐσθίει (먹다)를 θοινᾶται (파먹다)[258]로 고쳤을 뿐이다.

또한 25

νῦν δέ μ᾽ ἐὼν ὀλίγος τε καὶ οὐτιδανὸς καὶ ἀεικής (그런데 지금 한 왜소하고 쓸모

없고 볼품없는 자가 나를)[259]를 일상어로 바꾸어

νῦν δέ μ᾽ ἐὼν μικρός τε καὶ ἀσθενικὸς καὶ ἀειδής (그런데 지금 작고 힘도 없고

꼴사나운 자가 나를)로 고쳤다고 생각해보라.

---

257 필록테테스(Philoktetes)는 아버지에게서 물려받은 헤라클레스의 활과 화살을
갖고 트로이아 원정에 참가하지만 도중에 테네도스(Tenedos) 섬에서 독사에게 발을
물린다. 그 상처에서 심한 악취가 나는 데다 그가 정신을 잃고 비명을 지르는지라 그리
스군은 참다못해 그를 렘노스(Lemnos) 섬에 버리고 간다. 여러 해가 지난 뒤 오뒷세
우스에게 포로가 된 트로이아의 예언자 헬레노스(Helenos)가 헤라클레스의 활과 화
살 없이는 트로이아가 함락되지 않을 것이라고 예언한다. 그래서 오뒷세우스와 아킬레
우스의 아들 네옵톨레모스(Neoptolemos)가 필록테테스를 트로이아로 데려오자 그가
파리스(Paris)를 쏘아 죽임으로써 트로이아 함락을 앞당긴다. 3대 비극 작가가 모두 필
록테테스의 이야기를 소재로 하여 비극을 썼는데, 그중 소포클레스의 작품만 온전하
게 남아 있고 다른 두 시인의 작품은 단편만 남아 있다.

258 두 단어 모두 같은 뜻이지만, 후자는 서사시의 분위기를 강하게 풍긴다.

259 『오뒷세이아』 9권 515행. 그러나 현행본 『오뒷세이아』에는 ἀεικής(aeikes '볼품없
는') 대신 ἄκικυς(akikys '허약한')로 되어 있다.

또한

δίφρον ἀεικέλιον καταθεὶς ὀλίγην τε τράπεζαν (볼품없는 의자 하나와 조
30 그마한 탁자 하나를 갖다놓고)²⁶⁰를 일상어로 바꾸어 δίφρον μοχθηρὸν
καταθεὶς μικράν τε τράπεζαν (허름한 의자 하나와 작은 탁자 하나를 갖다놓고)로
고쳤다고 생각해보라.

또한

ἠϊόνες βοόωσιν (해안이 울부짖는다)²⁶¹을 일상어로 바꾸어 ἠϊόνες
κράζουσιν (해안이 비명을 지른다)로 고쳤다고 생각해보라.

또한 아리프라데스²⁶²는 ἀπὸ δωμάτων (집에서부터)라고 하는 대신
δωμάτων ἄπο (집으로부터)²⁶³라 하고, σέθεν (당신의)²⁶⁴나 ἐγὼ δέ νιν (그런데
나는 그를)²⁶⁵과 같은 말을 사용하고, περὶ ᾿Αχιλλέως (아킬레우스에 대하여)

1459a 라고 하는 대신 ᾿Αχιλλέως πέρι (아킬레우스에 관하여)²⁶⁶라고 하는 등 일상
대화에서 사용하지 않는 말을 사용한다고 해서 비극 시인을 비웃었
다. 이와 같은 표현은 모두 일상어에서는 볼 수 없는 것이기에 조사를

---

260 『오뒷세이아』 20권 259행.
261 『일리아스』 17권 265행.
262 아리프라데스(Ariphrades)에 관해서는 달리 알려진 것이 없다.
263 전치사 ἀπὸ(apo)의 위치만 다를 뿐 둘 다 같은 뜻이다. 그러나 후자는 시에서는
가끔 쓰이지만 일상 대화에서는 거의 쓰이지 않는다.
264 일상 대화에서는 쓰이지 않는다. 보통 때 쓰이는 것은 σοῦ(sou)이다.
265 소포클레스, 『콜로노스의 오이디푸스』(Oidipous epi Kolonoi) 986행 참조. 여
기에 나오는 νιν(nin '그를')은 보통 때는 쓰이지 않는 말이다. 보통 때 쓰이는 것은
αὐτόν(auton)이다.
266 전치사 περὶ(peri)의 위치만 다를 뿐 둘 다 같은 뜻이다. 후자는 일상 대화에서는
쓰이지 않는다.

비범하게 하는데도 아리프라데스는 이 점을 이해하지 못했다.

앞서 말한 여러 시어체와 복합어와 방언을 적절하게 사용하는 것도 중요한 일이지만 그보다 훨씬 더 중요한 것은 은유에 능한 것이다. 이것만은 남에게 배울 수 없는 것이며 천재의 징표이다. 은유에 능하다는 것은 서로 다른 사물들의 유사성을 재빨리 간파할 수 있다는 것을 뜻하기 때문이다.

지금까지 열거한 여러 말 가운데 복합어는 디튀람보스에 가장 적합하고, 방언은 영웅시에 적합하며, 은유는 단장격 시²⁶⁷에 적합하다. 영웅시에서는 앞서 말한 여러 말을 모두 사용할 수 있지만, 가능한 한 일상 대화를 모방하려는 단장격 시에서는 일상어나 은유나 장식어처럼 일상 대화에서도 사용할 수 있는 말이 적합하다.

비극 즉 무대 위에서 이루어지는 행동에 의한 모방에 관해서는 이 정도면 충분하다고 해두자.

267 여기서는 비극의 대화 부분을 말한다.

제23장

단지 서술만 하는 시, 즉 무대 위에서 이루어지는 행동 없이 운문에 의해서만 모방하는 시[268]에 관해 말하자면, 그것은 분명 비극과 몇 가지 공통점이 있다.

그 스토리의 구성은 드라마의 그것과 같지 않으면 안 된다. 즉 스토리는 처음과 중간과 끝을 가진 하나의 전체적이고 완결된 행위를 다루어야 한다. 그래야만 작품이 유기적 통일성을 지닌 생명체와 같을 것이며, 그 고유한 즐거움을 만들어낼 수 있을 것이다. 그 스토리가 흔히 볼 수 있는 역사와 같은 것이라고 생각해서는 안 된다. 역사는 필연적으로 하나의 행위를 다루지 않고 한 시기와 그 시기에 한 사람 또는 여러 사람에게 일어난 모든 사건을 다루며, 사건 상호 간에는 연관성이 없어도 무방하다. 살라미스 해전과 시켈리아 섬에서 벌어진 카르케돈인들과의 전투는 동시에[269] 일어났지만 같은 결과에 이르지 않았듯이, 한 사건이 다른 사건과 연달아 일어나는 경우에도 하나의 결말에 이르지 못하는 때가 종종 있다. 그런데 거의 대부분의 시인들이 그런 식으로 작시하고 있다.

호메로스는 앞서 말한 바와 같이,[270] 이 점에서도 다른 시인들보다

---

268 서사시.

269 시켈리아 참주 겔론(Gelon)이 카르케돈(Karchedon 라/Carthago)인들을 패퇴시킨 것과 아테나이인들이 살라미스에서 페르시아인 함대를 격파한 것은 같은 해(기원전 480년)에 일어난 사건이다. 헤로도토스에 따르면 (『역사』 7권 166장 참조) 두 사건은 같은 날에 일어났다고 한다.

270 8장 참조.

탁월한 것 같다. 그는 트로이아 전쟁이 처음과 끝을 가진 전체임에도 그것을 전부 다 다루려 하지 않았다. 그 스토리가 너무 길어 통관(通 觀)하기가 어려울 것이라고 생각했기 때문이거나, 길이를 줄인다 해 도 그 안의 사건이 다양해서 너무 복잡할 것이라고 생각했기 때문일 것이다. 그래서 그는 전체에서 한 부분[271]만 택하고, 그 밖의 많은 사 건은 에피소드로 사용했다. 예를 들어 '함선 목록'[272]이나 다른 사건 들은 이야기의 단조로움을 덜기 위해 사용한다. 그러나 다른 시인들 은 한 사람 또는 한 시기 또는 하나의 행위를 다루지만 거기에는 여러 부분이 포함된다.

예를 들어 『퀴프리아』와 『소(小)일리아스』[273] 작가들의 경우가 그 렇다. 그 결과 『일리아스』나 『오뒷세이아』로부터는 각각 한 편, 많아 야 두 편의 비극이 만들어질 수 있는 데 비해 『퀴프리아』로부터는 다 수의 비극이,[274] 『소일리아스』로부터는 8편 이상의 비극이 만들어질

1459b

---

271 『일리아스』의 주제는 아킬레우스의 분노이다.

272 『일리아스』 2권 484~785행 참조. 『일리아스』의 이 부분은 그리스 장군들이 인 솔해온 함선들의 수를 열거하기에 흔히 '함선 목록'이라고 불린다.

273 『퀴프리아』와 『소(小)일리아스』(Ilias mikra)는 이른바 '서사시권'에 속하는 시인 데 지금은 남아 있지 않다. '서사시권'이란 『일리아스』와 『오뒷세이아』를 제외한 그리 스 서사시 모음집에 붙여진 이름이다. 기원전 7~6세기에 쓰였는데 지금은 120행쯤 남 아 있다. 스타시노스(Stasinos) 작품이라는 『퀴프리아』는 파리스의 심판에서 그리스 군의 트로이아 도착까지를, 아르크티노스(Arktinos) 작품으로 알려진 『소일리아스』는 아킬레우스 사후 그의 전투 장비를 놓고 아이아스와 오뒷세우스가 서로 다투던 일에 서 트로이아 함락 후 그리스군 출범까지를 다루었다.

274 『파리스의 심판』, 『헬레네의 납치』, 『그리스군의 집결』, 『스퀴로스의 아킬레우 스』, 『텔레포스』, 『아킬레우스와 아가멤논의 말다툼』, 『아울리스의 이피게네이아』 등 많은 비극의 소재가 되었다.

시학 / **제23장** 431

5 수 있다. 즉 『무구 재판』,[275] 『필록테테스』,[276] 『네옵톨레모스』,[277] 『에우뤼퓔로스』,[278] 『걸인 오뒷세우스』,[279] 『라케다이몬의 여인들』,[280] 『일리오스의 함락』,[281] 『출범』,[282] 『시논』[283] 및 『트로이아의 여인들』[284]이 그것이다.

275 『무구 재판』(Hoplon krisis)은 아이스퀼로스의 『아이아스』 3부작 가운데 첫 작품이라고 한다. 내용은 아킬레우스가 죽은 다음 그의 전투 장비를 놓고 아이아스와 오뒷세우스가 서로 다툰 일에 관한 것이다. 이에 관해서는 18장 주 197 참조.

276 소포클레스의 비극을 가리키는 것이 아니라, 그의 『트로이아의 필록테테스』를 가리키는 것으로 추정된다. 필록테테스에 관해서는 22장 주 257 참조.

277 누구의 비극을 가리키는지 확실치 않다. 오뒷세우스가 신탁에 따라 스퀴로스 (Skyros) 섬에 있던 아킬레우스의 아들 네옵톨레모스를 트로이아로 데려온 다음 전사한 아버지의 갑옷과 무기를 그에게 돌려준 이야기를 다룬 것으로 추정된다.

278 작가는 확실치 않다. 텔레포스의 아들 에우뤼퓔로스(Eurypylos)가 트로이아를 도우러 갔다가 네옵톨레모스의 손에 죽은 이야기를 다룬 것으로 추정된다.

279 Ptocheia. 작가는 확실치 않다. 오뒷세우스가 정탐을 위해 변장하고 트로이아 성으로 들어간 이야기(『오뒷세이아』 4권 247행 이하 참조)를 다룬 것으로 추정된다.

280 Lakainai. 이 비극은 소포클레스의 작품으로 생각된다. 오뒷세우스와 디오메데스가 트로이아 성에 잠입하여 헬레네와 그녀의 시녀들인 라케다이몬 여인들의 도움으로 아테나 여신상을 훔쳐간 이야기를 다룬 것으로 추정된다. 라케다이몬은 여기서 스파르테(Sparte)를 달리 부르는 이름이다.

281 Iliou persis. 이오폰(Iophon)의 비극이라고 하는데 지금은 남아 있지 않다. 목마가 성안으로 들어간 것에서 트로이아의 함락까지를 다룬 것으로 추정된다.

282 Apoplous. 이 제목으로 알려진 비극은 없다. 그리스군이 트로이아를 함락한 뒤 트로이아 왕 프리아모스(Priamos)의 딸 폴뤽세네(Polyxene)를 아킬레우스의 무덤에 제물로 바치고 나서 고국으로 떠나는 이야기를 다룬 것으로 추정된다.

283 소포클레스의 비극으로 추정된다. 그리스군의 첩자 시논(Sinon)이 의도적으로 트로이아군의 포로가 된 다음 목마를 성안으로 들여보내도록 트로이아인들을 설득한 이야기를 다룬 것으로 추정된다.

284 Troiades. 에우리피데스의 현존하는 비극을 가리키는 것 같다. 이 비극은 포로가 된 트로이아 여인들의 비참한 운명을 소재로 삼는다.

제24장

서사시의 종류도 비극의 그것과 같아야 한다. 즉 서사시는 단순하든지, 복합적이든지,[285] 성격을 바탕으로 하든지, 수난을 바탕으로 해야 한다. 또한 그 구성 요소도 노래와 볼거리를 제외하고는 비극의 그것과 동일해야 한다. 서사시에서도 급반전과 발견과 수난의 장면이 필요 ₁₀하기 때문이다.[286] 그 밖에도 사상과 조사도 나름대로 훌륭해야 한다.

이 모든 요소를 최초로 가장 효과적으로 사용한 시인은 호메로스이다. 그의 두 시는 각각 그 구성이 서로 다른데, 『일리아스』는 단순하고 수난으로 가득 차 있고, 『오뒷세이아』는 복합적이고(이 시는 발 ₁₅견이 넘쳐난다) 성격을 바탕으로 한다. 또한 그는 조사와 사상에서도 모든 사람을 능가한다.

그러나 서사시는 작품의 길이와 운율에서 비극과 다르다. 길이는 앞서[287] 말한 정도면 충분하다. 즉 작품의 처음과 끝을 죽 훑어볼 수 있는 정도라야 한다. 이런 조건은 작품의 길이가 옛날 서사시[288]보다 ₂₀

---

285 10장 참조.

286 11장 참조.

287 7장 참조.

288 '옛날 서사시'가 무엇을 의미하는지 확실치 않다. 어떤 사람들은 호메로스 이전의 서사시를 가리키는 것으로 보고, 다른 사람들은 주로 호메로스의 시를 가리키는 것으로 본다. 전자의 논지는 아리스토텔레스가 호메로스의 시를 거의 완벽한 것으로 보는 만큼 이상적인 서사시 길이가 그의 시보다 짧아야 한다고 생각하는 것은 논리상 모순이 아니겠느냐는 것이다. 후자의 논지는 호메로스 이전에 시가 있었다 하더라도 문헌으로 입증되지 않는 만큼 문헌으로 입증된 범위 안에서 대상을 찾을 수밖에 없는데, 그렇다면 '옛날'이라는 명칭을 붙일 만한 서사시 가운데 가장 길이가 긴 것은 호메로스의 시밖에 없다는 것이다. 사실 호메로스 이후에 나온, 이른바 '서사시권'에 속하는 서

는 짧고 한 번의 관람에 제공되는 분량의 비극만큼 길면 충족될 것이
다. 서사시는 길이를 늘이는 데 큰 이점이 있다. 비극은 여러 부분이
동시에 진행되는 사건을 모방할 수 없고, 오직 무대 위에서 배우가 연

25 기할 수 있는 부분에만 국한되는 데 반해, 서사시는 서술 형식이므로
동시에 일어나는 많은 사건을 그릴 수 있다. 그리고 이런 사건들이 주
제와 밀접한 관계가 있을 경우 시의 분량은 늘어난다. 그것은 시의 규
모를 웅대하게 하고 듣는 이의 기분을 전환시키고 여러 에피소드를

30 끼워 넣는 데 도움이 된다. 비극이 무대 위에서 실패하기 쉬운 것도 그
사건의 단조로움에 관객이 곧 싫증을 느끼기 때문이다.

사시 중에서 가장 길이가 길다는 『퀴프리아』만 하더라도 전체 11권에 그 길이가 『일리
아스』의 반도 채 안 된다. 어느 쪽 견해를 택하느냐에 따라 다음에 나오는 '한 번의 관
람에 제공되는 분량의 비극'이라는 말도 그 의미가 달라진다. 전자의 견해를 따른다면,
그 말은 디오뉘소스 제전 때 제공되는 비극 전부를 의미하는 것으로 보아야 할 것이다.
기원전 5세기에는 디오뉘소스 제전 때, 세 시인이 각각 비극 3부작과 사튀로스 극 1편
으로 하루에 한 사람씩 사흘 동안 경연을 벌였는데, 그 전체 분량을 합치면 대략 1만
5,000행쯤 된다. 그것은 『일리아스』의 길이에 가깝다. 하지만 후자의 견해를 따른다면
앞서서 한 번 관람하는 분량의 비극을 의미하는 것으로 보아야 할 것이다. 아리스토텔
레스 당시에는 제전에서 사튀로스 극은 통틀어 1편밖에 공연되지 않았다. 따라서 그
당시 비극의 평균 길이가 기원전 5세기의 그것과 거의 같다고 본다면 비극 3편의 길이
는 대략 4,000~5,000행쯤 된다. 이것을 다 공연하자면 한나절 넘게 걸린다. 서사시는
물론 이 시간에 더 많은 행을 들려줄 수 있겠지만 사실 이보다 더 오래 끌면 청중의 주
의력이 산만해질 것이다. 후자의 견해를 따른다면, 아리스토텔레스가 여기서 생각하
는 것은 한 번에 들려줄 수 있는 서사시 가운데 가장 긴 시가 아니라, 적정 규모의 짜임
새 있는 시가 아니겠느냐는 것이다. 기원전 3세기 초에 활동한 아폴로니오스 로디오스
(Apollonios Rhodios)의 『아르고 호 선원들 이야기』(*Argonautika*)가 대략 이 길이에 해
당될 것이다.

운율에 관해 말하자면, 영웅시 운율[289]이 서사시에 적합하다는 것이 경험을 통해 알려졌다. 누가 이와는 다른 한 가지 또는 몇 가지 운율로 서사시를 작시하려 한다면 부적합하다는 것이 드러날 것이다. 영웅시 운율은 실로 모든 운율 가운데서 가장 안정감 있고 위엄 있는 운율이다. (그래서 이 운율은 다른 운율보다도 방언과 은유를 더 잘 35 받아들이며, 또 이 점에서 서사시는 다른 시들을 능가한다.) 이에 비해 단장격 운율과 장단격 운율은 동적인 운율로서 전자는 행동에, 후자는 무용에 적합하다.[290] 누가 카이레몬[291]처럼 여러 운율을 혼용하여 서사시를 작시하려 한다면 부자연스러울 것이다. 그래서 영웅시 1460a 운율 외에 다른 운율로 긴 스토리를 구성한 사람은 지금까지 아무도 없었던 것이다. 앞서도 말했듯이 자연 자체가 그와 같은 스토리에 적합한 운율을 선택하도록 시인들에게 가르치기 때문이다.[292]

호메로스는 다른 많은 점에서도 칭찬받을 만하지만 시인 중에서 그 5 만이 작품에서 시인의 역할이 무엇인지 알았다는 점에서 특히 칭찬받을 만하다. 시인 스스로 작품 안에 등장해서 말하는 것은 되도록 피해야 한다. 그렇게 할 때 그는 모방자가 아니기 때문이다. 다른 시인들은 계속해서 몸소 작품 안에 등장하고 모방하는 것이 적은 데 비해, 호메로스는 짧은 머리말을 앞세운 다음 곧바로 한 남자나 한 여자 또는 다 10 른 인물을 등장시키는데, 어느 인물도 개성이 없지 않고 모두 성격이

---

289 장단격 6절운율을 말한다.
290 4장 참조.
291 카이레몬에 관해서는 1장 주 12 참조.
292 4장 참조.

뚜렷하다.

비극에도 경이로운 것이 어느 정도 필요하지만, 서사시에서는 경이로운 것의 주된 요인인 있을 법하지 않은 것이 더 많이 허용된다. 서사시에서는 행위자가 우리 눈앞에 있지 않기 때문이다. 헥토르를 추격하는 장면[293]이 무대 위에서 연출된다면 우스꽝스러울 것이다—그리스군은 멈춰 서서 그를 추격하지 않고 아킬레우스는 그들에게 참견하지 말라고 머리를 흔들어대고. 그러나 서사시에서는 그런 것이 눈에 띄지 않는다. 놀라운 것은 우리를 즐겁게 해준다. 그 증거로 모든 사람이 무슨 이야기를 할 때는 듣는 사람을 즐겁게 해주려고 과장해서 말한다는 사실을 들 수 있다.

또한 제대로 거짓말하는 방법을 다른 시인들에게 가르쳐준 것은 누구보다도 호메로스였다. 거짓말을 한다 함은 오류 추리를 두고 하는 말이다. A가 존재하거나 일어날 경우 B가 존재하거나 일어난다면 사람들은 B가 존재하면 A도 존재하거나 일어난다고 생각한다. 그러나 그것은 오류 추리이다. 그러므로 A는 거짓이지만 A가 존재할 경우 B가 반드시 존재하거나 일어난다면 거짓말을 하기 위해서는 A에 B를 덧붙이면 될 것이다. 즉 우리는 B가 참임을 알기 때문에 A도 참이라고 마음속으로 그릇된 추리를 한다. 그런 예는 '세족 이야기'에서 볼 수 있다.[294]

---

293 『일리아스』 22권 205행 이하 참조.

294 『오뒷세이아』 19권 220~248행 참조. '세족 이야기'에 관해서는 16장 주 172 참조. 이 부분은 엄격히 말하면, '세족 이야기'에 선행하는 부분이다. 여러 해 유랑 생활 끝에 고국으로 돌아온 오뒷세우스는 거지로 변장하고 자기 집에 머물면서 아내 페넬로

가능하지만 믿어지지 않는 것보다는 불가능하지만 있을 법한 것을 택하는 것이 바람직하다. 스토리는 있을 법하지 않은 사건으로 구성되어서는 안 되며, 그런 사건은 되도록 하나도 포함하지 말아야 한다. 그러나 불가피한 경우에는 『오이디푸스 왕』에서 주인공이 라이오스가 죽은 사건의 전말을 모르고 있다는 사실처럼 작품 밖에 있어야지,[295] 『엘렉트라』에서 퓌토 제전에 관해 보고하는 사람들[296]이나 『뮈시아인들』[297]에서 테게아에서 뮈시아까지 말 한마디 않고 간 사람처

페에게 자기는 크레테에서 온 사람인데 오뒷세우스가 트로이아로 항해하던 도중 풍랑을 만나 크레테에 왔을 때 자기 집에 묵은 적이 있다고 거짓말을 한다. 그는 이 말을 믿게 하려고 당시 자신의 용모와 의복을 자세히 설명한다. 이 말을 들은 페넬로페는 그의 말이 모두 참말이라고 믿는다.

295 14장 주 141 및 15장 주 163 참조.

296 소포클레스, 『엘렉트라』 680~763행 참조. 오레스테스는 아버지의 원수를 갚기 위해 친구 퓔라데스와 노복 한 명을 데리고 고향인 아르고스에 잠입한다. 그는 적을 일단 안심시키려고 노복을 퓌토에서 온 사자로 가장시켜 어머니 클뤼타임네스트라에게 가서 오레스테스가 그곳의 전차경주에 참가했다가 사고로 죽었다고 전하게 한다. 여기서 아리스토텔레스가 불합리하다고 하는 점은, 오레스테스 시대에는 아직 퓌토 제전이 없었는데도 그가 그곳에서 죽었다고 하는 것은 시대착오라는 점이거나, 설령 그것이 사실이라 하더라도 그곳에는 그리스 전역에서 수많은 사람이 모여드는데 클뤼타임네스트라가 노복으로부터 그의 죽음을 알리는 소식을 처음 듣는다는 것은 믿기 어렵다는 점일 것이다. 퓌토 제전은 올림피아(Olympia) 제전, 이스트모스(Isthmos) 제전, 네메아(Nemea) 제전과 더불어 그리스 4대 제전의 하나이다. 퓌토는 델포이의 옛 이름이다.

297 *Mysoi*. 아이스퀼로스 아니면 소포클레스의 작품으로 추정된다. 주인공 텔레포스가 펠로폰네소스 반도에 있는 테게아(Tegea)에서 소아시아의 뮈시아 지방까지 말 한마디 않고 간 것은 불합리하다는 것이다. 그의 침묵은 중기 희극에서도 희극적 풍자의 대상이 되었다(암피스Amphis 단편 30. 6; 알레시스Alexis 단편 178. 3 참조). 그러나 그가 침묵한 것은 테게아에서 숙부를 살해한 죄로 누구와도 접촉하지 못하게 되어 있었기 때문이다.

럼 작품 안에 있어서는 안 된다. 따라서 그런 부분이 없었다면 플롯이 손상되었을 것이라고 말하는 것은 가소로운 일이다. 그런 플롯은 처음부터 구성하지 말아야 한다. 시인이 그런 플롯을 구성했을 경우 좀 더 합리적으로 할 수도 있었을 텐데 하는 인상을 준다면 그는 예술상 35 의 과오만 범한 것이 아니라 불합리도 저지른 것이다. 『오뒷세이아』에서 오뒷세우스가 해변에 버려지는 것[298]과 같은 있을 법하지 않은 일 1460b 은, 열등한 시인이 그렸다면 분명 참을 수 없는 것이 되었을 것이다. 그런데 호메로스는 자신의 여러 장점으로 양념을 쳐서 불합리한 점이 눈에 띄지 않게 한다.

아무런 행동도 없고 따라서 아무런 성격도 사상도 표현되지 않는 부분에서는 조사를 다듬을 필요가 있다. 지나치게 화려한 조사는 오 5 히려 성격과 사상을 모호하게 만든다.[299]

---

298 『오뒷세이아』 13권 116행 이하 참조.
299 화려한 조사는 불합리한 점을 가려주기도 하지만 주의를 요하는 것에 대해 주의를 산만하게 할 우려도 있다. 그러므로 행동이 없는 부분에 국한시켜야 한다는 뜻이다. 비극의 경우 사자(使者)의 보고가 여기에 속할 것이다.

제25장

여러 문제점[300]과 그 해결에 관해 말하자면, 그런 것들의 종류가 얼마나 되며 또 어떠한 성질의 것인지는 다음과 같은 방법으로 고찰하면 명백해질 것이다.

시인은 화가나 다른 모상(模像) 제작자[301]와 마찬가지로 모방자이므로 사물을 언제나 세 국면 중 한 국면에서 모방하지 않을 수 없다. 즉 그는 사물이 과거에 처했거나 현재에 처한 상태를 모방하거나, 사물이 그런 상태에 있다고 말하거나 그렇게 보이는 상태를 모방하거나, 사물이 마땅히 그렇게 되어야만 하는 상태를 모방하지 않을 수 없다.[302] 10

시인은 이런 모든 것을 언어로 표현할 때 방언이나 은유나 여러 가지 변형된 말을 섞어 쓸 수 있다. 우리는 시인이 이런 말을 사용하는 것을 허용하기 때문이다.[303]

또 한 가지 유의해야 할 점은 시학과 정치학,[304] 또는 기타 예술을 두고 동일한 정당성의 기준을 적용할 수 없다는 것이다. 그러나 시학

300　여기서 '문제점'이라고 하는 것은 작시에서 비평가들의 비판 대상이 되는 여러 문제점을 말한다. 아리스토텔레스는 주로 『일리아스』를 두고 제기되었던 비판과 이에 대한 반론을 토대로 자신의 견해를 전개한다.

301　예를 들어 조각가가 있다.

302　2장 참조.

303　21장 참조.

304　'정치학'이라는 말은 그리스인들에게는 광범위한 뜻을 지닌 말로서 개인의 사회적 처신을 비롯하여 사회도덕 일반을 포괄한다. 그러므로 정치학과 시학의 관계는 인생과 예술의 관계에 비교될 수 있는데 이 양자에게 동일한 가치 기준을 적용할 수는 없다. 예를 들어 오이디푸스는 사회적으로는 중대한 결함을 가진 인물일 수 있지만 비극의 주인공으로서는 더없이 훌륭하다.

자체의 테두리에서는 두 종류의 과오가 있을 수 있는데 하나는 창작
술에 직접적으로 관련되고, 다른 하나는 부차적으로 관련된다. 시인
이 사물을 올바로 모방하려 했으나 능력이 부족해서 실패했다면 이
는 그의 창작술 자체에 관련되는 과오이다. 그러나 시인이 달리는 말
을 그리되 동시에 두 오른발을 앞으로 내딛게 그림으로써 사물을 올
바르지 못한 방법으로 그리는[305] 기술상의 과오(예컨대 의술이나 다
른 기술상의 과오)를 범했거나, 어떤 종류의 것이든 불가능한 것을 그
렸다면 이때 그가 범한 과오는 창작술 자체에 관련되지 않는다. 우리
는 이와 같은 구분에서 출발해서 반론을 검토하고 해결하지 않으면
안 된다.

먼저 창작술 자체를 향한 비판에 관해 말하자면, 시인이 불가능한
것을 그렸다면 과오를 범한 것이다. 하지만 이런 과오도 시의 목적(시
의 목적이 무엇인지는 이미 설명한 바 있다)을 달성하는 데 이바지하
거나, 그것이 속한 부분이나 다른 부분을 더 놀라운 것으로 만든다면
정당화된다. 예를 들어 헥토르의 추격[306]이 그렇다. 그러나 이런 점에
서 기술상의 과오를 범하지 않았어도 시의 목적이 그에 못지않게 또는
더 훌륭하게 달성될 수 있는 경우였다면 과오가 정당화될 수 없다. 되

---

305 시인의 착상은 처음부터 올바르지 못할 수도 있다. 그러나 이러한 착상도 효과
적으로 표현한다면 이때 시인이 범한 과오는 예술상의 과오는 아니다. 예를 들어 뿔 달
린 암사슴을 그린 것이 무엇을 그렸는지 알아볼 수 없는 그림을 그린 것보다 더 낫다.
이때의 과오는 동물학상의 과오이지 예술상의 과오는 아니기 때문이다. 그런데 아리스
토텔레스는 앞뒤 오른발을 동시에 내딛는 말을 그릇된 착상의 한 예로 드는데 실제로
말은 경우에 따라 앞뒤 오른발을 동시에 움직인다고 한다.
306 『일리아스』 22권 205행 이하 참조.

도록이면 모든 점에서 과오는 범하지 말아야 하니까. 또한 우리는 과
오가 어떤 종류의 것인지, 즉 창작술에 직접 관련되는 사항에 관한 것
인지 아니면 부차적으로 관련되는 사항에 관한 것인지 물을 수 있다. 30
암사슴에는 뿔이 없다는 사실을 모르는 것은 알아볼 수 없는 그림을
그리는 것보다는 경미한 과오이기 때문이다.

그다음, 시인이 그린 것이 참이 아니라는 비판을 받는다면 우리는
이에 대해 소포클레스가 자기는 이상적 인간을, 에우리피데스는 있는
그대로의 인간을 그린다고 말한 것처럼 시인은 사물의 이상적 상태를
그리지 않으면 안 된다고 답변할 수 있다. 그러나 시인이 그린 것이 그 35
어느 것도 아닐 경우, 그것은 세상 사람들의 견해와 일치한다고 답변
할 수 있다. 예를 들어 여러 신에 관한 설화는 크세노파네스[307]가 생각
하는 것처럼 부도덕한 것으로서 참도 아니고 이상을 말하는 것도 아
닐 수 있다. 하지만 아무튼 세상 사람들은 그렇게 말한다. 다른 종류 1461a
의 서술에 관해서는 시인이 그것을 그린 것은 그것이 이상적이기 때문
이 아니라 과거에 실제로 그랬기 때문이라고 답변할 수 있다. 예를 들
어 "그들의 창은 창날을 위로 하고 꼿꼿이 서 있었다"[308]는 무기에 관

---

307 딜스/크란츠, 『소크라테스 이전 철학자들의 단편들』「크세노파네스」(Xenophanes)
단편 10~12 참조. 크세노파네스는 기원전 6세기의 철학자로 호메로스의 시에서와 같
은 인격화된 다신교적 신관(神觀)을 부도덕하다며 통렬히 비판한다. 이에 대해 시인은
"나는 세상의 통념을 따를 뿐이다"라고 답변할 수 있을 것이다.

308 『일리아스』 10권 152행 참조. 창을 이렇게 세워두는 것은 여러 가지로 위험하므
로 옳지 못하다는 비판에 대하여 시인은 "그러나 당시에는 실제로 그랬고 오늘날에도
일뤼리콘(Illyrikon)인들은 그렇게 한다"고 답변할 수 있다. 일뤼리콘은 그리스 북서부
아드리아 해 동안에 있는 지방이다.

한 묘사가 그렇다. 창을 그렇게 세워두는 것은 오늘날에도 일뤼리콘인들에게서 볼 수 있지만 당시에는 관습이었기 때문이다.

5   등장인물의 언어나 행동이 도덕적으로 옳은가 옳지 않은가를 판단하려면 행동이나 언어 자체만 보고 그것이 고매한지 저속한지 검토할 것이 아니라 행동하는 자나 말하는 자, 그 상대자가 누군지, 때, 수단, 동기가 무엇인지 이를테면 더 큰 이익을 얻기 위해서인가 아니면 더 큰 손해를 피하기 위해서인가를 고찰해야 한다.

   다른 비판에 대해서는 시인이 사용하는 조사를 고찰함으로써 답
10   변할 수 있다. 예를 들어 οὐρῆας μὲν πρῶτον (먼저 노새들을)[309]이라는 구절에서는 방언을 사용한 것으로 가정하면 답변이 가능하다. 호메로스가 사용한 οὐρῆας는 '노새들을'이 아니라 '지켜줄 사람들을'을 의미한다고 생각되기 때문이다. 또한 돌론에 관해 ὃς ῥ ἦ τοι εἶδος μὲν ἔην κακός (그는 생김새는 흉했지만 걸음은 빨랐다)[310]고 말하는데, 이 말은 돌론

309 『일리아스』 1권 50행. 이 구절은 보통 '먼저 노새들을'이라고 해석하는데 이 행을 전부 옮기면 "그는 화살로 먼저 노새들과 날랜 개들을 공격했다"는 뜻이다. 이 구절은 아가멤논의 교만에 노한 아폴론이 그리스군 진영에 역병을 보내 사람과 가축을 쓰러뜨리는 장면을 그린 것이다. 이른바 '호메로스의 채찍'(Homeromastix)이라 불리는 조일로스(Zoilos)는 사람보다 가축을 먼저 공격하는 것은 불합리하다 하여 '신께 바치는 작은 사슴'이냐고 비웃었다. 아리스토텔레스는 이에 대해 οὐρῆας(oureas)라는 말이 '노새들을'을 의미하는 것이 아니라 '지켜줄 사람들을'(οὔρους, 『오뒷세이아』 15권 89행) 대신 사용되는 것 같다고 답변한다. 그러더라도 '날랜 개들'이라는 말은 여전히 비평가의 비판을 면하기 어려울 것이다.
310 『일리아스』 10권 316행. 생김새(εἶδος)가 흉한 자(=불구자)가 어떻게 잘 달릴 수 있느냐는 비판에 대해 아리스토텔레스는 '생김새가 흉하다'는 말은 불구란 뜻이 아니라 얼굴이 못생겼음을 의미하는 것 같다고 답변한다. 크레테인들은 얼굴이 잘생긴 것을 εὐειδής(eueides '생김새가 좋은')라고 하기 때문이다. 돌론(Dolon)은 그리스군 진영

의 신체가 불구임을 의미하는 것이 아니라 그의 얼굴이 못생겼음을 의미하는 것으로 생각된다. 크레테인들은 얼굴이 잘생긴 것을 εὐειδής 라고 하니까. 또한 ζωρότερον δὲ κέραιε (물을 빨리 타라)[311]는 말은 술꾼에게 권하기 위한 것처럼 '포도주에 물을 적게 타라'는 뜻이 아니라 '더 빨리 타라'는 의미일 것이다.

다른 표현들은 은유적인 것으로 해석할 수 있다. 예를 들어 호메로스는 "신과 인간은 모두 밤새도록 잠들어 있었다"[312]고 말하고 이어서 "트로이아 들판을 바라볼 때마다 그는 피리 소리와 목적에 놀랐다"[313]고 묘사하는데, 이 두 구절을 비교해보건대 '모든'이라는 말은 '많은'이라는 말 대신 은유적으로 사용된다. '모든'은 '많은'의 일종이기 때문이다. 마찬가지로 "이 별만이 홀로 거기에 참여하지 않는다"[314]는 표현도 은유적이다. '가장 잘 알려진 것'은 '유일한 것'의 일종

의 동태를 파악하기 위해 헥토르가 야간에 내보낸 트로이아군 첩자이다.

311 『일리아스』 9권 202행. 이 구절은 아킬레우스가 자기 막사를 찾아온 그리스 장군들을 접대하기 위해 죽마고우인 파트로클로스(Patroklos)에게 명령하는 말인데, 물을 적게 탄 포도주(=도수가 센 포도주)를 권하는 것은 예의에 어긋나는 것이 아니냐는 비판을 두고 아리스토텔레스는 이 구절은 '물을 적게 타라'는 뜻이 아니고 '물을 빨리 타라'는 뜻인 것 같다고 말한다. 참고로 고대 그리스인들은 포도주를 물로 희석하여 마셨다.

312 『일리아스』 2권 1~2행, 10권 1~2행 참조. 이 구절은 사실 2권 1~2행에 해당하는데 아리스토텔레스가 10권 1~2행과 혼동하는 것 같다.

313 『일리아스』 10권 11~13행 참조. '모든' 신과 인간이 잠들었다면 어떻게 피리 소리가 날 수 있겠느냐는 비판에 대해 아리스토텔레스는 '모든'이라는 말은 '많은'이라는 말 대신 은유적으로 사용된다고 답변한다.

314 『일리아스』 18권 489행 및 『오뒷세이아』 5권 275행 참조. 여기서 '이 별'이란 큰곰을 말한다. '거기에 참여하지 않는다'는 말은 '오케아노스(Okeanos)의 목욕에 참여하

이기 때문이다.

그 밖에 다른 난점은 악센트나 기음을 바꿈으로써 해결할 수 있다. 타소스의 힙피아스[315]가 διδομεν δέ οἱ (그대는 그에게 허용하라)[316]는 구절과 τὸ μὲν οὗ καταπύθεται ὄμβρῳ (그 일부는 비에 썩었다)[317]는 구절의 난점을 해결한 것이 그 한 예다. 다른 난점은 구두점을 찍는 자리로 해결할 수 있다. 예를 들어 엠페도클레스의 αἶψα δὲ θνήτ᾽ ἐφύοντο τὰ πρὶν μάθον ἀθάνατ᾽ εἶναι, ζωρά τε πρὶν κέκρητο[318]라는 구절이 그렇다. 또는

지 않는다', 즉 지지 않는다는 뜻이다. 큰곰 외에도 지지 않는 별들이 많은데 하필이면 큰곰만이 지지 않는다고 말하느냐는 비판에 대해 아리스토텔레스는 큰곰이 가장 유명하기 때문에 '큰곰만이'라는 표현이 가능하다고 답변한다. 즉 '가장 유명한 것'은 '유일한 것'의 종개념이므로 여기서는 유개념이 종개념 대신으로 사용된다는 것이다(21장 참조).

315 힙피아스(Hippias)는 기원전 5세기의 호메로스 주석학자로 추정된다.

316 이 구절은 현행 판본 『일리아스』 텍스트에서는 21권 297행에 해당되지만 아리스토텔레스 당시 텍스트에서는 제우스가 꿈의 신을 보내 아가멤논을 속이는 장면이 나오는 2권에 해당되었던 것 같다. 이 구절을 전부 옮기면 "우리는 그에게 영광을 얻기를 허용한다"는 뜻이다. 그렇게 되면 제우스 자신이 거짓말을 하는 결과가 되므로 부당하지 않느냐는 비판에 대해, 아리스토텔레스는 힙피아스가 그랬듯이 διδομεν(didomen '직설법 현재형')의 악센트를 다음 음절에 놓아 διδόμεν(didomen '부정사'. 그리스어에서는 부정사를 명령법 대신으로 사용할 수 있다)으로 하면 '그대는 그에게 허용하라'는 의미가 되어 거짓말을 하는 것은 제우스가 아니라 꿈의 신이 된다고 답변한다.

317 『일리아스』 23권 328행 참조. 앞뒤를 다 옮기면 "참나무인지 소나무인지 한 길이나 되는 마른 말뚝 하나가 땅 위에 서 있는데, 그 일부는 비에 썩었구나"는 말이 된다. 참나무나 소나무는 비에 잘 썩지 않는데 그 일부분이 비에 썩었다고 하는 것은 불합리하지 않느냐는 비판에 대해 아리스토텔레스는 힙피아스가 그랬듯이 οὗ(hou '그것의')의 기음을 없애고 οὐ(ou '아니다')로 하면 '비에 썩지 않았다'는 뜻이 될 것이라고 답변한다. 그러지 않아도 요즘 텍스트에는 οὐ로 되어 있다.

318 딜스/크란츠, 『소크라테스 이전 철학자들의 단편들』 「엠페도클레스」 단편 35

다의성을 통해 해결할 수 있다. 예를 들어 παρῴκηχεν δὲ πλέω νύξ[319]라 ·25
는 구절이 그렇다. 여기서 πλέω는 다의적이기 때문이다. 또는 언어의
관습으로 해결할 수 있다. 예를 들어 우리는 물을 탄 포도주도 포도
주라 한다. 호메로스가 "새로 제련된 주석으로 만든 정강이받이"[320]
라고 한 것도 같은 이유에서이다. 또한 우리는 무쇠를 다루는 사람도
"청동 대장장이"라고 부른다. 신들은 술을 마시지 않음에도 가뉘메
데스[321]가 제우스의 '술 따르는 시종'[322]이라고 불리는 것도 같은 이유
에서이다. 그러나 후자는 은유로 볼 수도 있을 것이다.[323]   ·30

14~15행 참조. 이 구절에서 ἀθάνατ'(athanat')까지는 '전에는 불멸의 도(道)를 배웠던
것들이 갑자기 사멸하는 것이 되고'라는 뜻으로 문제될 것이 없고, 나머지 부분은 구
두점이 πρίν(prin '전에는') 앞에 있느냐 뒤에 있느냐에 따라 그 의미가 달라진다. 앞에
있으면 '전에는 혼합되었던 것들이 순수해졌다'는 뜻이 되고, 뒤에 있으면, '전에는 순
수했던 것들이 혼합되었다'는 뜻이 된다.

319 『일리아스』 10권 253행 참조. 이 구절 앞뒤를 다 옮기면 '별들은 멀리 가고 밤은
이미 3분의 2 이상이 지나고 3분의 1만이 남았다'는 말이 된다. 밤의 3분의 2 이상(πλέω
pleō)이 지났는데도 3분의 1이 남았다는 것은 수학적으로 불가능하다는 비판에 대해
아리스토텔레스는 πλέω에는 '이상'이라는 뜻도 있지만 '더 많은 부분'이라는 뜻도 있어
'밤의 더 많은 부분(=반 이상)이 지나고'라고 해석하면 될 것이라고 답변한다.

320 『일리아스』 21권 592행. 정강이받이는 주석과 구리의 합금으로 만들어졌는데
주석으로 만들었다고 하는 것은 모순이 아니냐는 비판에 대해 아리스토텔레스는 물
을 탄 포도주도 포도주라 하듯이 정강이받이도 주석으로 만들었다고 할 수 있다고 답
변한다.

321 가뉘메데스(Ganymedes)는 트로이아 왕 트로스(Tros)의 아들로 미소년이었기에
신들에 의해(『일리아스』 20권 234행 참조), 또는 제우스의 독수리에 의해, 또는 제우스
자신에 의해 납치되어 제우스의 술 따르는 시종이 되었다.

322 『일리아스』 20권 234행 참조.

323 넥타르 : 신 = 술 : 인간이다. 따라서 유추를 통해 넥타르를 '신들의 술'이라고 은
유적으로 표현할 수 있다.

어떤 말이 모순을 내포하고 있는 것같이 생각될 때는, 문제의 구절에서 그 말이 얼마나 많은 의미를 지닐 수 있는지 고찰할 필요가 있다. 예를 들어 "거기서 청동 창이 멈추었다"[324]는 구절에서 "거기서 멈추었다"는 말의 가능한 모든 의미를 고찰하되 여러 가능성 가운데 글라우콘[325]이 말하는 과오를 가장 잘 피할 수 있는 것을 택해야 한다. 그는 이렇게 말한다. "어떤 사람들은 불합리한 가정에서 출발하여 선입관을 갖고 추론한다. 그리고 시인이 한 말이 자기들 견해와 상반될 때는 시인이 한 말의 진의가 실은 자신들이 해석하는 바와 같거나 한 양 시인을 비난한다." 이카리오스[326]의 경우가 그렇다.

35

1461b

324 『일리아스』 20권 272행 참조. 이 구절은 트로이아의 영웅 아이네이아스(Aineias)가 창을 던지고 아킬레우스가 방패로 이를 막는 장면을 그린 것이다. 아킬레우스의 방패는 다섯 겹의 금속판, 즉 청동 판 두 겹, 주석 판 두 겹, 황금 판 한 겹으로 되어 있다. 주석 판 두 겹은 맨 안쪽이다. 황금 판은 장식이므로 맨 바깥쪽에 있을 것이 틀림없는데 창이 두 겹을 뚫고 들어간 다음 거기서(즉 황금 판에서) 멈추었다고 말하는 것은 모순이 아니냐는 비판에 대해 아리스토텔레스는 명확히 답변하지 않지만 아리스타르코스(Aristarchos)의 해답을 그대로 받아들이는 것이 아닌가 싶다. 아리스타르코스는 창이 황금 판 밑에 있는 청동 판 두 겹을 뚫고 들어간 것은 사실이지만 그 이상 뚫지 못하게 제지한 것은 바깥에 있는 황금 판의 힘이 아니겠느냐고 말한다.

325 글라우콘(Glaukon)은 흔한 이름인데 여기서는 플라톤의 대화편 『이온』 530d에서 '여러 훌륭한 견해'를 가진 학자로 언급되는 그 글라우콘을 가리키는 것이 아닌가 싶다.

326 이카리오스는 오뒷세우스의 아내 페넬로페의 아버지이다. 오뒷세우스의 아들 텔레마코스(Telemachos)가 라케다이몬에 갔을 때(『오뒷세우스』 4권 참조) 그곳에 사는 외조부를 만나지 않은 것은 이상하다는 비평가들의 비판에 대해 아리스토텔레스는 그것은 비평가들의 잘못된 선입관 때문이라고 답변한다. 실제로 이카리오스는 『오뒷세이아』에서는 이타케나 그 가까운 곳에(2권 52행 및 15권 16행 참조) 살았던 것으로 보인다.

446

비평가들은 이카리오스가 라케다이몬 사람이라고 단정하고 텔레 ⁵
마코스가 그곳에 갔을 때 그를 만나지 않은 것은 불합리하다고 생각
한다. 하지만 사실은 케팔레니아[327] 사람들 말처럼 오뒷세우스의 아
내는 케팔레니아 출신이고, 그녀의 아버지 이름은 이카리오스가 아
니라 이카디오스(Ikadios)인 것으로 생각된다. 따라서 이 문제는 비평
가들의 착오 때문에 제기된 것으로 보아야 한다.

일반적으로, 불가능한 것이라 해도 그것이 시의 목적에 이바지하거
나, 이상적인 상태를 말하거나, 세상 사람들의 견해일 경우에는 정당
화될 수 있다. 시의 목적을 달성하기 위해서는 가능해도 믿어지지 않 ¹⁰
는 것보다는 불가능해도 믿어지는 것이 더 바람직하기 때문이다.[328]
또한 제욱시스[329]가 그린 것과 같은 사람들이 실제로 존재한다는 것
은 불가능할지 모르지만 그래도 그와 같은 사람들을 그리는 편이 더
바람직하다. 예술가는 모델보다 더 나은 것을 그려야 하기 때문이다.

불합리한 것에 대해서는 그것이 세상 사람들의 견해라고 말하거나,
불합리한 것도 때로는 불합리하지 않을 때가 있다고 답변함으로써 정
당화할 수 있다. 있을 법하지 않은 일이 일어나는 것도 있을 법하기 때
문이다. 시인의 언어에서 발견되는 모순점을 검토할 때는 토론에서 상 ¹⁵
대방의 논박을 검토하듯 해야 한다. 즉 시인이 스스로 한 말이나 건전
한 판단력을 가진 사람의 견해와 모순된 말을 한다고 단정하기에 앞

---

327 케팔레니아(Kephallenia)는 오뒷세우스의 고향인 이타케의 서남쪽에 있는 섬
이다.

328 24장 참조.

329 제욱시스에 관해서는 6장 주 66 참조.

서, 우리는 그가 과연 같은 사물을 같은 관계에서 같은 의미로 말하는
20 지 검토해야 한다. 그러나 『메데이아』에서 아이게우스의 불합리한 등
장[330]이나 『오레스테스』에서 메넬라오스의 비열한 성격[331]처럼 아무
필연성도 없이 불합리한 플롯이나 비열한 성격이 도입되는 경우라면
이는 변명의 여지가 없다.[332]

따라서 비평가들의 비판은 다섯 가지이다. 그들의 주장인즉 어떤
것이 불가능하거나, 불합리하거나, 유해하거나,[333] 모순을 내포하거
나, 기술상의 과오[334]를 범한다는 것이다. 이런 비판에 대한 해결책은
25 앞서 열거한 여러 항목에서 찾아야 하는데, 그것은 열두[335] 가지이다.

---

330 에우리피데스, 『메데이아』 663행 이하 참조. 주인공 메데이아가 코린토스 왕 크
레온에게서 추방 명령을 받고 난처해졌을 때 아테나이 왕 아이게우스가 느닷없이 나타
나 피난처를 제공하겠다고 약속하는데, 그의 등장은 선행 사건과 아무런 인과 관계가
없으므로 불합리하다는 것이다(15장 참조).

331 15장 주 155 참조. 15장 본문에 "플롯이 요구하지도 않는 비열한 성격의 예는
『오레스테스』의 메넬라오스에게서 볼 수 있다"는 말이 나온다.

332 비극에 나오는 성격은 선량해야 하며(15장 참조), 플롯이 요구하지도 않는 비열
한 성격은 피해야 한다.

333 '유해하다'는 데 관해서는 다른 곳에서는 언급되지 않아 구체적으로 무엇을 가
리키는지 알 수 없다. 그러나 지금까지의 이야기를 종합해보면 플롯이 요구하지도 않
는 메넬라오스의 비열한 성격이라든가 신들에 관한 거짓 이야기 등이 여기 속하는 것
으로 생각된다. 아리스토텔레스는 후자의 경우에는 '세상 사람들의 견해'라고 말하면
된다고 답변을 제시한다.

334 일반적으로 창작술의 과오가 아닌, 다른 기술상의 과오를 가리키는 것으로 해
석된다.

335 지금까지 말한 항목을 다 합치면 전부 14항목이 되는데 이를 12항목으로 줄이
는 것은 방법론상의 문제에 속할 것이다.

제26장

우리는 서사시적 모방과 비극적 모방 가운데 어느 것이 더 우수한가 하는 문제를 제기할 수 있다.[336] 덜 저속한 모방이 더 우수한 모방이고 더 훌륭한 관객을 상대하는 모방이 언제나 덜 저속한 모방이라면, 아무나 가리지 않고 상대하는 모방이 분명 저속한 모방이다. 배우들은 자신이 무엇을 덧붙이지 않으면 관객들이 이해하지 못할 줄 알고 별의별 제스처를 다 지어 보이는데, 예를 들어 보잘것없는 피리 취주자들 은 원반던지기를 모방할 때면 몸을 빙글빙글 돌리고, 스퀼라가 작품의 주제일 때는 코로스 장을 잡아당긴다.[337]

그런데 비극은 이런 종류에 속하는 예술로서 옛날 배우들이 볼 때 요즘 배우들이 지닌다고 생각되는 것과 같은 결함을 지닌다고들 한 다. 예를 들어 뮌니스코스는 연기가 지나치다 하여 칼립피데스를 '원 숭이'라 불렀고, 핀다로스도 그와 비슷한 평을 들었는데,[338] 서사시에

---

336 예를 들어 플라톤은 『법률』 658d에서 비극은 교양 있는 부인과 소년이 선호하지만 서사시는 나이든 점잖은 사람이 선호한다 하여 서사시의 우수성을 인정한다.

337 여기서 비극의 지나친 연기를 디튀람보스 공연을 통해 설명하고 있다. '원반던지기를 모방할 때면 몸을 빙글빙글 돌린다'는 것은 원반이 빙글빙글 날아가는 모양을 흉내 내는 것을 말하고, '스퀼라가 작품의 주제일 때는 코로스 장을 잡아당긴다'는 것은 머리 6개에 발 12개가 달린 괴물 스퀼라가 오뒷세우스 일행을 잡아당기는 모양을 흉내 내는 것을 말한다. 그리스 음악은 원래부터 모방적 제스처를 수반하는 경향이 강했는데(1장 주 3 참조), 후기로 갈수록 이러한 경향이 더 뚜렷해진 것 같다.

338 뮌니스코스(Mynniskos)는 아이스퀼로스의 작품에 출연한 배우로 기원전 422년에 주연상을 받았다는 기록이 있는 걸 보면 주로 그의 후기 작품에 출연한 것 같다. 칼립피데스(Kallippides)는 기원전 418년 레나이아 제에서 젊은 나이에 상을 받았다고 한다. 크세노폰의 『향연』 3, 11에도 그가 관객의 눈물을 짜낼 수 있다고 자랑했다는 이야기가 나온다. 배우 핀다로스(Pindaros)에 관해서는 달리 알려진 것이 없다.

대한 모든 비극의 관계도 옛날 배우들에 대한 요즘 배우들의 그것과

같다는 것이다. 그러므로 서사시는 제스처가 필요 없는 교양 있는 관

객들을 상대하고, 비극은 교양 없는 관객들을 상대한다는 것이다.[339]

비극이 이처럼 저속한 예술이라면 비극은 분명 서사시보다 열등한 예

술이다.

이런 견해에 대해서는 두 가지 답변이 가능하다. 첫째, 이런 비판은

5 비극 시인의 창작술에 관련되지 않고 배우의 연기에 관련된다. 지나

친 제스처는 예를 들어 소시스트라토에게서 볼 수 있듯이 서사시 음

송에서도 가능하고, 오푸스의 므나시테오스[340]에게서 볼 수 있듯이

노래 경연에서도 가능하기 때문이다. 그다음 우리는 모든 동작을 배

척할 것이 아니라—그렇지 않다면 무용까지도 배척해야 할 것이다—

교양 없는 사람의 동작만 배척해야 할 것이다.[341] 바로 이 점이 과거에

칼립피데스가, 그리고 오늘날 다른 배우들이 비난받는 점인데, 말하

10 자면 그들이 모방하는 여인들이 숙녀답지 않다는 것이다.[342] 그 밖에

도 비극은 서사시와 마찬가지로 동작 없이도 효과를 낼 수 있다. 우리

는 작품을 읽기만 해도 그것이 어떤 성질[343]의 것인지 알 수 있기 때문

339 누구의 말인지 확실치 않으나 원전에 "말하고들 있다"고 복수형이 나오는 걸 보면 상당히 많은 사람의 견해였던 것 같다.
340 소시스트라토스(Sosistratos)와 므나시테오스(Mnasitheos)에 관해서는 달리 알려진 것이 없다.
341 교양 없는 사람들의 제스처나 태도로 연기하는 것을 말한다.
342 그가 품위 없는 여인의 역을 맡았다는 의미가 아니라 그의 동작에 품위가 없었다는 뜻이다. 고대 그리스에서는 여자 역도 남자 배우가 맡았다.
343 개개 작품의 성질이 아니라 비극 일반의 본질을 말한다.

이다. 따라서 비극이 다른 점들에서 더 우수하다고 한다면 이 점[344]은 비극에 꼭 필요한 부분은 아니다.

또한 비극은 서사시가 가진 것을 다 가질뿐더러(서사시의 운율까지도 사용할 수 있다),[345] 그 밖에도 중요한 요소로 음악과 볼거리를 갖 15 는데 전자는 드라마의 즐거움을 가장 생생하게 산출한다. 또한 비극은 우리가 읽을 때에도 무대 위에서 연출되는 것을 관람할 때 못지않게 생생함을 실감한다. 또한 비극적 모방은 더 짧은 시간에 그 목적을 달성한다. (더 압축된 것이 오랫동안 희석된 것보다 더 큰 즐거움을 준다.) 예를 들어 소포클레스의 『오이디푸스 왕』을 『일리아스』만큼 많 1462b 은 행수로 늘인다고 가정해보라. 또한 서사시인들의 모방은 통일성이 적다. 그 증거로 그들의 어떤 작품에서도 여러 편의 비극이 만들어질 수 있다는 사실을 들 수 있다.[346] 따라서 그들이 다루는 것이 단 하나의 스토리일 경우 짤막하게 표현되면 꼬리가 잘린 듯한 인상을 줄 것 5

344 '이 점'이 무엇인지 확실치 않다. 바이워터(I. Bywater)는 '이러한 결점'(this element of inferior)으로 옮겼고, 엘제(G. F. Else)는 '이러한 비난'(this reproach)으로, 구데만(A. Gudeman)은 '제스처가 많은 것'으로 본다. 루카스는 옛날 비극 공연에는 과도한 동작이 없었다는 점을 생각할 때 비극이 무미건조하게 공연되는 것이 비극에 필요한가 필요하지 않은가 하는 것은 처음부터 논의의 대상이 될 수 없으므로 이런 해석은 받아들이기 어렵고, 그보다는 오히려 비극이 공연되지 않고 읽힐 때 비극의 불가결한 부분이 될 수 없는 '배우들의 연기'를 의미하는 것으로 보는 것이 더 타당할 것이라고 말한다.

345 극히 드문 일이지만 비극에도 6절운율이 사용된 예가 있다. 소포클레스, 『트라키스의 여인들』(Trachiniai) 1010~1022행 및 에우리피데스, 『탄원하는 여인들』(Hiketides) 270~274, 282~285행 참조.

346 23장 참조.

이고, 보통 서사시의 길이로 표현되면 물을 너무 많이 탄 포도주와 같은 느낌을 줄 것이다.

서사시가 통일성이 적다 함은 서사시가 다수의 행위로 구성되었음을 의미한다. 예를 들어 『일리아스』와 『오뒷세이아』는 그와 같은 부분을 많이 가지며, 각 부분은 또 나름대로 일정한 크기를 가진다. 하
지만 이 두 편의 시는 가능한 한 가장 완전하게 구성되며, 가능한 한 하나의 행위를 모방한다.

따라서 비극이 이런 모든 점에서, 또 시적 효과를 내는 데서(비극과 서사시는 임의의 즐거움이 아니라 앞서 언급한 특정한 즐거움[347]을 산출해야 하니까) 더 우수하다면 서사시보다 시의 목적을 더 훌륭하게 달성하므로 더 우수한 형식의 예술임이 분명하다.

비극과 서사시의 일반적 본질과 그 종류, 구성 요소의 수와 성질, 성공과 실패의 여러 원인, 비평가들의 비판과 그에 대한 해결에 관해서는 이쯤 해두자 . . .[348]

---

347 14장 참조. '비극의 즐거움은 연민과 공포에서 비롯되며, 시인은 모방으로 이런 즐거움을 산출해야 한다.' 서사시의 즐거움에 관해서는 구체적 언급이 없지만 문맥으로 보아 비극의 그것과 같은 것으로 보아도 될 것이다.
348 이 파손된 부분에서는 비극과 희극의 비교론이 펼쳐졌을 것으로 추정된다.

참 고 문 헌

수사학

(자세한 참고 문헌은 J. Barnes (ed.), *The Cambridge Companion to Aristotle*, Cambridge 1995, pp. 301~384 참조)

J. Ackrill, *Aristotle the Philosopher*, Oxford 1981.

E. Cope, *Introduction to the 'Rhetoric' of Aristotle*, Cambridge University Press 1867.

D. J. Furley and A. Nehamas (eds.), *Aristotle's Rhetoric*, Princeton University Press 1994.

F. Grayeff, *Aristotle and his School*, Duckworth: London 1974.

W. Jaeger, *Aristotle: Fundamentals of the History of his Development*, Oxford [2]1948(A translation by Richard Robinson of *Aristoteles*, *Grundlegung einer Geschichte seiner Entwicklung*, Berlin 1923).

G. Kennedy, *The Art of Persuasion in Greece*, Longman, London 1963.

W. Roberts, *Greek Rhetoric and Literary Criticism*, Cambridge University Press 1928.

A. O. Rorty, *Essays on Aristotle's Rhetoric*, University of California Press: Berkeley/Los Angeles/London 1996.

W. D. 로스 지음, 김진성 옮김, 『아리스토텔레스』, 세창출판사 2016년.

시학

(자세한 참고 문헌은 S. Halliwell, *Aristotle' Poetics*, The University of Chicago Press [2]1998, pp. 357~364 참조)

G. Else, *Plato and Aristotle on Poetry* (North Carolina 1987).

S. Halliwell, *Aristotle' Poetics* (The University of Chicago Press [2]1998).

H. House, *Aristotle' Poetics* (London 1956).

J. Jones, *On Aristotle and Greek Tragedy* (London 1971).

M. Kommerell, *Lessing und Aristoteles* (Frankfurt 1940).

B. Weinberg, *A History of Literary Criticism in the Italian Renaissance*. (Chicago, 1961, 2 vols.).

지은이 **아리스토텔레스**

고대 그리스의 철학자. 기원전 384년 에게 해 북단 칼키디케 반도의
스타게이로스에서 출생했다. 의사인 아버지는 마케도니아 왕 아뮌타스 2세의
궁정 의사였다. 17세 때 아테나이로 나와 플라톤의 제자가 되었으며
플라톤이 죽은 뒤에는 소아시아의 앗소스 등지에서 연구와 교수 생활을 했다.
41세 때에는 마케도니아 왕 필립포스 2세에게 초빙되어 그의 아들,
즉 훗날 알렉산드로스 대왕의 교육을 맡았다. 기원전 336년 다시 아테나이로 돌아와
뤼케이온에 자신의 학원을 열고 그의 생애에서 가장 중요한 시기를 보낸다.
그러나 기원전 323년 알렉산드로스 대왕이 죽고 아테나이에 반(反)마케도니아
기운이 팽배하자 아테나이를 떠났으며, 이듬해 어머니 고향인 에우보이아 섬의
칼키스에서 62세의 나이로 세상을 떠났다.
그는 스승 플라톤의 사상을 이어받아 발전시켰을 뿐만 아니라
철학·윤리·논리·정치·문학·과학 등 여러 학문의 기초를 세워
서양 학문의 방향과 내용에 지대한 영향을 끼쳤다. 지금 남아 있는 저서들은
강의를 위해 집필한 것으로 『범주론』 『명제론』 『자연학』 『영혼론』 『형이상학』
『정치학』 『니코마코스 윤리학』 『철학에 대하여』 『시학』 『수사학』 등이 있다.

옮긴이 **천병희**

서울대학교 독어독문학과를 졸업하고 같은 대학원에서 문학박사 학위를 받았다.
독일 하이델베르크 대학교에서 5년 동안 독문학과 고전문학을 수학했으며
북바덴 주정부가 시행하는 희랍어 검정시험(Graecum)과 라틴어 검정시험(Großes
Latinum)에 합격했다. 지금은 단국대학교 인문학부 명예교수로,
그리스 문학과 라틴 문학을 원전에서 우리말로 옮기는 작업에 매진하고 있다.
대표적인 원전 번역으로는 호메로스의 『일리아스』와 『오뒷세이아』,
헤시오도스의 『신들의 계보』, 베르길리우스의 『아이네이스』,
오비디우스의 『변신이야기』 『로마의 축제들』, 아폴로도로스의 『원전으로 읽는 그리스 신화』,
『아이스퀼로스 비극 전집』, 『소포클레스 비극 전집』, 『에우리피데스 비극 전집』,
『아리스토파네스 희극 전집』, 『메난드로스 희극』, 『그리스 로마 에세이』,
헤로도토스의 『역사』, 투퀴디데스의 『펠로폰네소스 전쟁사』,
크세노폰의 『페르시아 원정기』, 플라톤전집, 아리스토텔레스의 『니코마코스 윤리학』
『정치학』 등 다수가 있으며, 주요 저서로 『그리스 비극의 이해』 등이 있다.

수사학/시학

제1판 1쇄 2017년 2월 25일
제1판 6쇄 2022년 4월 25일
–
지은이–아리스토텔레스
옮긴이–천병희
펴낸이–강규순
–
펴낸곳–도서출판 숲
등록번호–제406-2004-000118호
주소–경기도 파주시 돌곶이길 108-22
전화–(031)944-3139   팩스–(031)944-3039
E-mail–book_soop@naver.com
–
ⓒ 천병희, 2017. Printed in Paju, Korea
ISBN 978-89-91290-74-7 93100
값 32,000원
–
디자인–씨디자인
–
–
이 도서의 국립중앙도서관 출판시도서목록(CIP)은 서지정보유통지원시스템 홈페이지
(http://seoji.nl.go.kr)와 국가자료공동목록시스템(http://www.nl.go.kr/kolisnet)에서 이용하
실 수 있습니다. (CIP제어번호: 2017002121)